説明的文章の学習活動の構成と展開

吉川　芳則　*KIKKAWA Yoshinori*

溪水社

目　次

序　章 …………………………………………………… 3
　第1節　研究の目的 ………………………………………… 3
　第2節　研究の方法 ………………………………………… 5
　第3節　論文の構成 ………………………………………… 7

第1章　先行研究の検討 ………………………………… 11
　第1節　説明的文章教材の特性 …………………………… 12
　　第1項　説明的文章の特質とジャンル　12
　　第2項　説明的文章の自律性　17
　　第3項　文体的特徴　20
　　第4項　学習者の側からの教材把握　23
　第2節　説明的文章の学習内容 …………………………… 26
　　第1項　論理的思考力・認識力　26
　　第2項　類推・想像する力　40
　　第3項　情報活用力　42
　　第4項　スキーマ　44
　第3節　説明的文章の学習活動のあり方 ………………… 48
　　第1項　筆者想定法　48
　　第2項　説得の論法　52
　　第3項　筆者の工夫を評価する読み　54
　　第4項　レトリック認識の読み　55
　　第5項　「筆者」概念についての批判的考察　58
　　第6項　読みの能力を高める学習活動の組織　59
　　第7項　構造、要約、要旨を読む学習指導過程　61
　　第8項　表現形式を変換して読む学習活動　62
　　第9項　教材の特性を生かした読み　66

i

第4節　先行研究から得られた成果と課題 ……………………… 68

第2章　説明的文章の学習指導過程における
　　　　　学習活動の実態 …………………………………………… 78
　第1節　1980年―1996年の実態について ………………………… 80
　　第1項　実態分析の方法　80
　　第2項　実態分析の結果と考察　81
　　第3項　1980年―1996年の実態分析から得られた
　　　　　　学習活動改善の要件　90
　第2節　1997年―2006年の実態について ………………………… 92
　　第1項　学習活動の多様性とその特徴　92
　　第2項　実態分析の方法　92
　　第3項　学習指導過程の各段階における学習活動の特徴　93
　　第4項　学習活動改善に向けての観点　100

第3章　説明的文章の学習活動を構成するための
　　　　　仮説的枠組み ……………………………………………… 103
　第1節　説明的文章教材の特性に応じた多様な学習活動を
　　　　　設定するための要素構造図 …………………………… 103
　　第1項　「説明的文章教材の特性」セクション　104
　　第2項　「学習内容」セクション　109
　　第3項　「学習者が夢中で取り組む活動類型」セクション　118
　　第4項　「具体教材言語活動」セクション　121
　第2節　「要素構造図」の構想基盤となった実践 ……………… 123
　　第1項　文章をイラスト化する学習活動の構成と展開　123
　　第2項　推理する力に培う学習活動の構成と展開　133
　　第3項　関連性が複合的な学習活動の構成と展開　147

第3節　「要素構造図」を活用した実践……………………………… *164*
　　　第1項　教材と文章の距離を縮小することを意図した
　　　　　　　学習活動の構成と展開　*164*
　　　第2項　教材のイメージ性に着目した学習活動の構成と展開　*183*
　　　第3項　叙述の順序性に着目した学習活動の構成と展開　*191*
　　　第4項　筆者・読者・文中人物に着目した学習活動の構成と展開　*202*
　　第4節　「要素構造図」を活用することの成果と課題 …………… *217*
　　　第1項　成果　*217*
　　　第2項　課題　*218*

第4章　「要素構造図」の改善と新たな実践の方向性…… *224*
　　第1節　「要素構造図」の改善 ……………………………………… *225*
　　　第1項　「説明的文章教材の特性」セクション　*226*
　　　第2項　「学習内容」セクション　*231*
　　　第3項　「説明的文章の学習活動を多様にする視点」セクション　*234*
　　　第4項　「具体的言語活動」セクション　*237*
　　第2節　「要素構造図」の改善に寄与する先行研究の検討 …… *239*
　　　第1項　メタ認知　*239*
　　　第2項　批判的思考・批判的読み　*244*
　　　第3項　自立した読者　*266*

第5章　「要素構造図」の改善内容に寄与する実践 ……… *275*
　　第1節　説明的文章の学習指導におけるメタ認知 ……………… *275*
　　第2節　中学年における論理の展開構造に着目した学習指導 … *277*
　　　第1項　授業づくりの考え方　*278*
　　　第2項　学習指導の実際　*279*
　　　第3項　中学年における基本的な論理の展開構造の段階的、継続的な
　　　　　　　把握　*295*

第3節　高学年における論理の展開構造のメタ認知を促す
　　　　学習活動 ……………………………………………………… *297*
　第1項　各実践におけるメタ認知活動の構想　*297*
　第2項　実践におけるメタ認知活動のありよう　*300*
　第3項　展開構造のメタ認知能力育成の観点から構想する
　　　　　カリキュラム　*311*
第4節　自己の考えを形成する読みを促進する学習指導
　　　　―批判的読みの観点から― ……………………………… *314*
　第1項　自己の考えを形成する説明的文章の読み　*314*
　第2項　実践の方法　*314*
　第3項　実践の結果と考察　*316*
　第4項　既有知識の想起・活用による新たな読みの形成　*331*
第5節　自立した読者を育成する学習指導 ……………………… *333*
　第1項　説明的文章の読みの学習指導における自立した読者　*333*
　第2項　授業づくりについて　*335*
　第3項　実践の方法　*336*
　第4項　学習指導過程における読みの様相・特徴ならびに考察　*339*
　第5項　読者の立場と筆者の立場を相互交流させることによる
　　　　　自立的な読者主体の育成　*350*

第6章　「要素構造図」と説明的文章教材の開発 ……… *355*
第1節　教材開発の拠り所としての「要素構造図」 ………… *355*
　第1項　説明的文章教材の開発上の留意点　*355*
　第2項　国語科教育における教材開発の先行研究　*356*
第2節　教材開発の実際 ………………………………………… *365*
　第1項　4年生教材文案「ジャンケンの仕組み」について　*365*
　第2項　「説明的文章教材の特性」セクションの観点から　*370*
　第3項　「学習内容」セクションの観点から　*372*

第4項　「説明的文章の活動を多様にする視点」セクションの
　　　　　　観点から　373
　　第5項　「具体的言語活動」セクションの観点から　375

第7章　説明的文章の授業論……………………………………379
　第1節　学習指導過程における「目標―内容―方法」の整合性…379
　第2節　学習指導過程の改善に向けて　……………………………384
　　第1項　目的性・必然性　384
　　第2項　学習活動の流れ、順序性　386
　　第3項　説明的文章の基本的な学習指導過程　392
　第3節　説明的文章の単元の学習指導過程における
　　　　　終末段階の学習活動設定の要件　……………………………394
　　第1項　説明的文章の単元の終末段階における学習活動の問題　394
　　第2項　実践事例についての考察　396
　　第3項　情報活用、情報生産の観点からの学習活動の位置づけ　409
　第4節　説明的文章の学習活動としての図表化活動の
　　　　　意義と可能性……………………………………………………411
　　第1項　説明的文章の学習活動としての図表化活動　411
　　第2項　教科書の学習の手引きに見られる図表化活動の特徴　412
　　第3項　効果的な図表化活動の設定・活用方法　419
　　第4項　読む力に培う多様な図表化活動の開発　424
　第5節　説明的文章の学習指導における複数教材活用の視点　426
　　第1項　説明的文章の学習指導における複数教材の活用　426
　　第2項　分析・考察の対象とする実践事例　427
　　第3項　実践事例についての考察　428
　　第4項　複数教材活用に向けての示唆　438

第8章 他教科における説明的文章と国語科説明的文章の連携を図る学習活動の設定に向けて ……… 446
　第1節　教育課程における説明的文章の学習指導 ……… 446
　第2節　他教科教科書における説明的文章の検討 ……… 450
　　第1項　社会科教科書における説明的文章の検討　450
　　第2項　算数教科書における説明的文章の検討　466
　　第3項　理科教科書における説明的文章の検討　474

終　章 ……… 495

　引用・参考文献一覧 ……… 501
　おわりに ……… 519
　索引 ……… 525

凡　　例

1. 書名、雑誌名及び作品名には基本的に『　』を用い、論文名には「　」を用いた。
2. 本書においては、「テクスト」と「テキスト」の表記が混在している。本文中は基本的に「テクスト」を用いたが、「テキスト」を用いた引用や引用に関わって論じる必要が生じた場合には「テキスト」の表記を用いた。
3. 注は各章の末尾にまとめて示した。

説明的文章の学習活動の構成と展開

序　章

第1節　研究の目的

　説明的文章の学習指導に関しては、読みにおける内容と形式の乖離の問題、画一的な学習活動のあり方の問題等が解消されない傾向があり、学習者にも指導者にも説明的文章の授業はあまり好まれてはいない。通読後は事典、ＶＴＲ等を用いて調べ学習や内容補充の学習が中心となる事柄、内容中心の授業。指示語や接続語の意味を形式的に問うていき、学習者が必要感を感じないところで繰り返される要約や要旨まとめの操作的な授業。これらの授業は、いずれにしても表面的な楽しさ、論理的思考力を育てるという漠然とした意識から脱却できていない。

　それはなぜか。一つには、当該学習活動が説明的文章で育つどのような内容、能力の習得に結びついているのか、その吟味の欠如があげられる。このことは、さまざまな題材、内容、表現形式で記述されている説明的文章教材を、学習指導となるとそうした特性に関係なく画一的な見方、読み方で捉えることになりがちな教材研究のあり方にも通じている。

　二つには、学習活動を設定する際に、文章の論理に基づいて考えようとすることが中心になっている点があげられる。このような構成の、このような内容、論理展開の文章だから、これらを正確に読み取らせれば、それで論理的思考力は身に付くのだという発想のアプローチである。もちろんそれも大事な観点ではある。しかし、そこに学習者の側からの発想、アプローチを加味することが必要である。例えば教材テクストを捉える観点としても、内容面、表現（形式）面それぞれで学習者にどれくらいの既知性があるのかといったことや、学習者が絵図や表形式に変換できる叙述部分はどこか、それをどのように絵図や表に変換できる（すればよい）か、ま

たもっと詳しく述べた方が読み手にわかりやすい箇所はどこかといった見方も重要である。テクストの内容を縮約することだけなく、敷衍することでも読みの力を育てることは可能である。さらに筆者と同じ立場になって考え、表現する活動も学習者の側からのアプローチの一例である。こうした発想による授業づくりは、学習者である子どもの論理を重視した学習活動の開発であると言える。

　ものごとを論理的に捉える行為と方法を学習者に意識化させ、実の場に生きる力の伸張、定着を図ることを説明的文章の授業の中で実現することが重要である。その際、上述したような柔軟な発想で、読み手である学習者の側へテクストを引き寄せてくる努力が指導者にもっとなされねばならない。すなわち、説明的文章の学習活動を学習者である子どもの側からどのように構成し、展開していけばよいのかということについての究明である。説明的文章教材のありよう、説明的文章の授業において学ばせるべき内容、説明的文章教材にふさわしい学習活動、それぞれについて学習者の側の論理を重視して捉え直す作業を求めるということである。その上で、捉え直したそれらを説明的文章の授業論としてどのように総合し取り扱っていけばよいのか検討することが必要となる。

　しかし、そうした作業を効果的に推進するために拠り所とするものが実践的には十分ではない。そして、そのことが学習者の論理を生かすことのない、画一的で学ぶ意欲を喚起しない説明的文章の授業を繰り返し生産する大きな要因になっていると考えられる。

　本研究では、こうした課題を解決するための実践の指針として、227-228ページに掲載した「説明的文章教材の特性に応じた多様な学習活動を設定するための要素構造図」(以下、「要素構造図」)を提示し、その意義や活用のあり方について考究した。すなわち、学習者が主体的に取り組み、論理的思考力等、身に付けさせるべき力を保障する説明的文章の学習活動を構成するためには、どのような要素が必要、重要であるかを、説明的文章の教材論、学力論、教授方法論の観点から一覧できる構造図の開発を試み、実践における活用方途について考察した。またあわせて「要素構造

図」の発想をもとに、説明的文章教材の開発、説明的文章の単元構成や組織のあり方、他教科の学習指導と国語科説明的文章の学習指導との連携のありようについても論究した。

第2節　研究の方法

　本研究の中核となるのは「要素構造図」の案出と、それを活用した説明的文章の学習活動、学習指導過程の開発（第3章―第7章）である。「要素構造図」については、説明的文章領域における先行研究の検討、ならびに論者自身の授業実践における成果等を総合して、まず「要素構造図」（初版）を提示した。次いで、その「要素構造図」（初版）に加除・修正を加え、「要素構造図」（改訂版）を提示した。さらに改善内容の根拠となった先行研究及び論者自身が「要素構造図」（初版）を活用して行った授業実践の成果や課題を整理、検討することによって、その妥当性、意義等について考察した。「要素構造図」（初版）の設定に関する考察内容と、（初版）を改善した（改訂版）に関する考察内容とによって本研究を大きく二分し、そのどちらの検討過程においても、理論研究と実践研究の両側面からアプローチする手法をとった。

　「要素構造図」を案出する際に重要な位置を占めた実践研究を本書に掲載した順に整理すると、以下のようである。いずれも「要素構造図」の内容に関係した一連の実践として位置づけた。

　　A　「要素構造図」（初版）の構想基盤となった実践群……第3章第2節
　　B　「要素構造図」（初版）を活用した実践群（＝「要素構造図」改善の方向性を模索した実践群）……第3章第3節
　　C　「要素構造図」（改訂版）の改善内容に寄与する実践群……第5章
　また本書では、説明的文章の学習指導に関する実態を捉える作業として、次のような考察も試みた。

a　説明的文章の学習指導過程における学習活動の実態分析……第2章

　　　1980—1996年の特定の専門雑誌（『実践国語研究』明治図書）に掲載された実践記録における単元計画の記述に着目し、その内容から3種類の類型化を試みた。
　　b　説明的文章教材の「学習の手引き」のありようの分析……第7章第4節

　　　説明的文章の単元構成・組織のあり方を検討する作業の一環として行った。説明的文章テクストを図や表にまとめる、表現するという観点から見た場合、小学校国語科の各社教科書における「学習の手引き」は、何を、どのように学習させようとしているのか分析した。
　　c　国語科以外の教科書のテクスト分析……第8章

　　　他教科の学習指導と国語科説明的文章の学習指導との連携のあり方を検討するために、社会科（5年生）、算数科（2年生、5年生）、理科（6年生）の特定単元におけるテクストを説明的文章のあり方の観点から分析した。

　aでは、説明的文章の学習指導のあり方がどのような成果や課題を有しているのか、単元の学習指導過程の特徴を分析することで明らかにしようとした。説明的文章の学習指導の全体像を捉える作業でもある。aの学習指導過程における学習活動の実態分析においてマクロな視点で学習指導のあり方を捉えようとしたことに対して、bの教科書掲載の「学習の手引き」のありようの分析では、ミクロな視点で説明的文章の学習指導における具体的指導のあり方を考察した。すなわち、説明的文章の学習指導の方法としてよく採用される図表化活動のあり方の効果、問題点を探った。cの国語科以外の教科書のテクスト分析では、説明的文章の学習指導の広がりという観点から、他教科教科書掲載の説明的文章テクストを分析した。国語科説明的文章テクストとの共通性や差異性を明らかにすることで、説明的文章の学習活動の多様化、焦点化への視点を得ようとした。

以上のように、説明的文章の実践を基盤に理論構築を図ろうとしたこと、説明的文章の実践そのものや、実践に関する実態を捉えて理論構築に反映させようとしたことが、本研究の研究方法としての特徴である。

第3節　論文の構成

　本書は、序章、終章を除き、全8章で構成されている。研究の中核は「要素構造図」の提示（第3章）と、それを活用した説明的文章の学習活動、学習指導過程の開発である。「要素構造図」は、先行研究と論者の実践研究の成果から案出された「要素構造図」（初版）と、これに基づくさらなる実践研究の成果と新たな先行研究の内容を加味して改善を図った「要素構造図」（改訂版）の2種類を提示し、それらを研究全体の中心部（第3章、第4章、第5章）に位置づけた。すなわち、「要素構造図」（初版）を得るための先行研究、実践研究の検討と、「要素構造図」（改訂版）の根拠となった先行研究、実践研究とによって、2種類の「要素構造図」の内容を補足、強化する構成となっている。こうした本研究の構成の概略を示すと次のようである。

　第1章　先行研究の検討
　　　・「要素構造図」（初版）の内容（四つのセクション）に関する先行研究の整理。
　第2章　説明的文章の学習指導過程過程における学習活動の実態
　　　・「要素構造図」（初版）の内容を反映した学習指導過程がどのように設定されているかの実態を分析。
　第3章　説明的文章学習活動を構成するための仮説的枠組み
　　　・「要素構造図」（初版）の提示。
　　　・（初版）の構想基盤となった実践群の検討。
　　　・（初版）を活用した実践群の検討。

第4章 「要素構造図」の改善と新たな実践の方向性
　　　・「要素構造図」（改訂版）の提示。
　　　・（改訂版）に新たに位置づいた内容に関する先行研究の整理。
第5章 「要素構造図」の改善内容に寄与する実践
　　　・（改訂版）に新たに位置づいた内容に関する実践群の検討。
第6章 「要素構造図」と説明的文章教材の開発
　　　・「要素構造図」に基づく教材開発のあり方。
第7章 説明的文章の授業論
　　　・「要素構造図」の内容を含む学習活動の実際的展開のあり方の検討。
第8章 他教科における説明的文章と国語科説明的文章の連携を図る学習活動の設定に向けて
　　　・社会科、算数科、理科の教科書説明的文章テクストの分析と活用方法。

　第1章では、「要素構造図」の案出に係る先行研究について検討した。検討する観点としては、教材論、学力論、教授方法論の3点を設定し、それぞれを本論文の「第1節　説明的文章教材の特性」「第2節　説明的文章の学習内容」「第3節　説明的文章の学習活動のあり方」に対応させた。これらは「要素構造図」における「説明的文章教材の特性」「学習内容」「学習者が夢中になる活動類型」「具体的言語活動」の各セクションの内容と対応するものである。得られた成果と課題は、第3章の「要素構造図」（初版）の内容に反映させた。
　第2章では、説明的文章の学習指導過程における学習活動の実態分析を行った。1980—1996年の特定の専門雑誌に掲載された実践記録における単元計画の記述に着目し、その内容から3種類の類型化を試みた。その結果、学習活動を改善するための要件として、次の5点を導出した。
　　○教材の特性と関連した多様な学習活動の開発
　　○各段階における学習活動の意味や機能の確認

○関連的、総合的な学習活動導入の可能性の検討
　　○スキーマを賦活、駆動する学習活動の開発
　　○情報認識力、情報活用力、読書力に培う学習活動の開発
　第３章では、第１章の先行研究を検討した成果、第２章の学習指導過程の実態分析の成果、さらに第３章第２節で論述した論者による実践研究の成果をもとに、説明的文章の学習活動を構成するための仮説的枠組みとしての「要素構造図」（初版）を第１節で提示した。図の内容や図中の要素の設定根拠等の概要とともに、図の構造について述べた。また第３節では「要素構造図」を活用した実践例を示した。すなわち、第３章では「要素構造図」（初版）を提示し、図を得る前後の実践例を、図の内容（要素）との関連で述べた。
　第４章では、「要素構造図」（初版）の改善を試み、新たな実践の方向性を求めた。まず第１節において「要素構造図」（改訂版）を示し、（初版）との異同ならびに改善内容について述べた。その上で、第２節において「要素構造図」の改善に関する先行研究の検討を行った。検討作業は図の中でもっとも改変が大きかった「学習内容」セクションにおける「メタ認知」「批判的思考・批判的読み」「自立した読者」の三つの観点によって行った。
　第５章では、「要素構造図」（改訂版）の改善内容に寄与する実践研究について論じた。具体的には第１節―第３節でメタ認知を促す学習指導に関する実践について、小学校中学年、高学年それぞれを対象とした事例を取り上げた。第４節では批判的読みを促す学習指導に関する６年生の実践例を取り上げ、学習者が自己の読みや考えを形成する説明的文章の学習指導のあり方について示した。第５節では６年生を対象として、自立した読者を育成する観点で行った実践事例について考察した。
　以上、第４章第２節の先行研究の検討および第５章の実践研究の検討は、第４章第１節で提示した「要素構造図」（改訂版）の改善内容とその根拠、意図について述べたものである。すなわち、図における「学習内容」セクションを中心に、「メタ認知」「批判的思考・批判的読み」「自立

した読者」の三つの観点から、理論的、実践的に改善内容について論究した。

　第6章では、説明的文章教材の開発と「要素構造図」の関係について論じた。教材開発に関する先行研究を整理することで「要素構造図」の内容と重複する部分が少なからずあること、さらに具体的なテクストを用いて「要素構造図」を教材開発のインデックスとして活用した実際について指摘した。

　第7章では、説明的文章の授業論（単元構成・組織のあり方）について検討した。すなわち、「要素構造図」を用いて構想した学習活動をどのように構成・組織し、単元をつくっていくかを学習指導過程における「目標─内容─方法」の整合性、単元の終末段階の学習活動設定の要件、図表化活動の意義と可能性という観点で考察した。また、本研究では単数教材を扱う場合を主として想定して論じているが、複数教材活用の観点からも単元構成・組織のあり方について論じた。

　最終第8章では、他教科の学習指導と国語科説明的文章の学習指導との連携について検討した。多種多様なテクストを読解し、活用していくことが要求されるようになってきている状況においては、ことばの力、説明的文章を読む力を国語科の中だけで保障しようとする発想には限界がある。国語科という枠を超えて教育課程全体の中で、説明的文章を読む力、説明的に表現する力を付けること、総合的にことばの力を育成することが求められている。こうした観点から、本章では社会科（5年）と理科（6年）の教科書における説明的文章テクストのありようを国語科の説明的文章テクストと比較しながら考察し、国語科と他教科双方で共通して培うべき力、各々で独自に培うべき力の一端について考究した。

第1章　先行研究の検討

　学習者が主体的に取り組み、論理的思考力・表現力等の力を身に付けることができるような説明的文章の学習活動を開発するためには、当該テクスト（教材）はどのような特性を有しているか、当該教材でどのようなことばの力を保障できるか、そうした特性を生かし、ことばの力をつけさせる方法はどのようなものが適しているか、これら三つの観点での考察を欠くことができない。すなわち、教材論、学力論、教授方法論による考察である。本章では、これらを「説明的文章教材の特性」「説明的文章の学習内容」「説明的文章の学習活動のあり方」という枠組みによって整理し、説明的文章の学習指導研究における先行研究について検討を行うことにする。この枠組みは、第2章において提示する「要素構造図」（初版）の四つのセクション（説明的文章教材の特性、学習内容、学習者が夢中になる活動類型、具体的言語活動）とも符合する。

　検討対象とする先行研究の範囲としては、概ね1960年以降とした。これは『戦後国語教育研究の到達点と改革課題』（『教育科学国語教育』臨時増刊号、No.528、明治図書、1996）において、小田迪夫、森田信義、長崎伸仁らが1960年代前後に説明的文章指導論が本格化したと指摘していることによる。1950年代の読み方学習指導では、文章ジャンルの特徴と教材解釈と指導法との関係は精密に考察されることはなかったが、1960年代になると、昭和33年版の学習指導要領国語科編において説明的文章教材の指導が文学的文章教材との対比において本格的に問題にされるようになった。実践研究としても、形式段落と意味段落との関係を調べての文章構成の吟味、要旨の把握、要点調べ等の学習指導の検討が本格的に行われるようになったのである（渋谷孝1999）[1]。したがって、以下では概ね1960年

以降を対象に先行研究、実践を検討する。

第1節　説明的文章教材の特性

　説明的文章の読みにおいて、主体的な学習活動を構成し展開するには、教材文（テクスト）を指導者としてどのように捉え、どのようにして学習材化を図っていくかが重要となる。要点をまとめ、要約するためのものとしてのみ文章を捉えているのであれば、画一的な学習活動しか発想されない。以下では説明的文章教材の特性を捉える観点として、説明的文章の特質とジャンル、説明的文章の自律性、文体的特徴、学習者の側からの教材把握の4点を設定し検討する。

第1項　説明的文章の特質とジャンル

1　文章のジャンル意識
　説明的文章の文章としての特質、独自性、ジャンル、指導過程等のありようについて本格的な考察を行ったのは渋谷孝である。渋谷孝（1973）は、文章の種類別の特色と読解指導、指導過程のあり方の関係を検討した[2]。そこでは、垣内松三の『国語の力』において示された文章の全体像からの直観に始まり、部分の分析を経て最後に直観の証明をもって理解が成り立つとする読解指導過程や、西尾実の『国語国文の教育』における素読、解釈、批評の三つの作用による読みの成立などを取り上げ、これらで問題にされた文章は文芸的文章に相当するものであるが、意識的に文芸的文章であるという指摘もなかったために、こうした考え方が文章の種類を問わずに適用されたと論じた[3]。

　また、芦田恵之助の『読み方教授』に「説明文」の語が見られることについても検討し、文章の内容を読み手の経験と結び付けることへの発想があまりないことや、そこで対象となった文章は、文芸的・哲学的・歴史的

な日本精神の涵養のためにふさわしいとみなされたものであり、文章のジャンル意識はないことを指摘した[4]。

文章のジャンル意識については「昭和22年度（試案）学習指導要領国語科編」において強く考えられる契機をなしたが、その文章の分類の根拠は、多面的な読みの材料の全体を整理してよく知るために、文章の表現形式の上から分けられたものであって、文章の類型に応じたものとは言い難いこと、指導過程との関連が考えられているわけではなかったことを指摘した[5]。

1950年代には説明的文章という文章のジャンルを意識しない指導法、指導過程が当然のように行われていた実態からすると、渋谷の指摘は付けたい力を明確にした意図的な指導を目指すという点で重要である。文芸的文章とは違う独自性を意図した教材の見方、把握の仕方に配慮し、説明的文章特有の表現性に着目した指導を目ざさねばならない。

2　説明のタイプによる分類

大西忠治も説明的文章の特質を規定し、指導に反映することを意図した。大西忠治（1981）は、説明的文章を①書かれていることがら＜事実＞、②ことがらとことがらとの関係＜論理＞という二つの基本的要素によって成立しているものとして捉えた[6]。その上で、ことがら＜事実＞の論理関係のあり方によって、時間的順序で統一されている文章と時間的順序以外で統一されている文章の二つに大別し、前者の文章を「記録するタイプ（記録文）」、後者の文章を「説明するタイプ（説明文）」と呼んだ[7]。

大西は時間的順序は事象の、つまり「ことがら」と「ことがら」の関係のもっとも自然に即した論理関係だとし、時間的順序によって統一された文章こそが「ことがら」（事実）が最も単純な論理関係によって統一された文章であると考えた。そして、これに対応した文章として「記録するタイプ（記録文）」を位置づけた。

一方の「説明するタイプ（説明文）」は、時間的順序ではないあらゆる順序関係によって統一されているすべての文章を指す。重要なものの順

序、興味をひくものを最初に書いていく順序、前提、結論の関係などあらゆる関係が文章統一の原理として働いている文章であり、これらの文章は現実の事象を見たまま、認識したままの順序で書くのではなく、書き手の側にある何らかの「時間・空間」以外の基準によって再構成されていると捉えた。

　大西は記録文の指導の重点は「事実」の読み取りを、説明文では「論理」関係（文と文、段落と段落の関係）を、論説文では「仮説」の検証を行うと述べている。説明的文章の特質を表現としての時間的、空間的な順序性に着目して捉えたこと、そこから得られた特質に対応して事実、論理、仮説という読みの重点内容を位置づけたことは注目に値する。

3　自然科学的な説明的文章の文章構成モデル

　説明的文章のあるジャンルに特有の典型的な文章構成モデルを見いだし、個々の学習者や教室の状況に即した教材提示の手法に資することが可能であることを主張したのは寺井正憲（1987）である[8]。寺井は題材的に約半数の割合を占める自然科学的な説明的文章に着目し「フジタカバチの秘密」（光村図書、中1）の教材分析を行い、列挙型、対比型、展開型等の文章構成類型や、広く説明的文章の読解指導で用いられる「はじめ・なか・おわり」や「起・承・転・結」などの具体的に内容を反映した形で論理展開を捉えられない文章構成類型を説明的文章の読解指導に用いることは問題視されねばならないことを指摘した。「フジタカバチの秘密」の場合、その論理展開を展開型と抽象化しても、学習者には具体的な論理展開が想起されず、読み取った内容を確信させたり、さらに理解を深めたりする指導とはなり得ない。一方「事実への着目―問題提示―仮説設定―検証（観察・実験）―問題解決」という文章構成の捉え方は文章の論理展開を具体的に反映しており、学習者が読み取った内容をこの文章構成に沿って整理し秩序立てていくことに役立つと考えたのである。

　寺井は修辞学研究における文章研究のキニービー（James L. Kinneavy）の成果を援用して自然科学的な文章を説明型文章と探究型文章として捉え

直し、それぞれを文章構成モデルの特性から規定される二つのジャンルを設定した。具体的な文章構成モデルとしては理科教育の成果等も援用し、「事象の認定―問い―解決部」として捉えることができること、その解決部の差異性によって説明型文章と探究型文章に分けられることを示した。探究型文章については、従来国語教育の分野で活用されていた「問題提示―問題解決」という文章構成を新たに捉え直したものであり、説明型文章は新しい文章構成モデル、類型であると説明した。

　また、小学校国語教科書における自然科学的な説明的文章の文章構成について、上記の文章構成モデルを類型として機能させ分類を試みている。事象の認定、及びどのような問いが提示されているか（いないか）を確認し、問いが文章中に提示されていない文章では問いが暗示されていると見て、分析者が全文の構成を考慮して問いを設定した。そして、問いに対する解決部について、説明を行うものか探究を行うものかを確認した。具体的には、以下のような「問い―解決部」の類型を設定し分析した。

　○一つの問いが文章全体を規定してくるもの
　○複数の問いが文章全体を規定してくるもの
　○問い―解決部が文章の部分的な要素として用いられないもの

　こうした観点に基づいて、全74作品中、説明型文章…46作品、探究型文章…13作品、問い―解決部のないもの…15作品という結果を得ている。すなわち「事象の認定―問い―解決部」という文章構成モデルの類型を用いると、作品の8割が分析可能であることを指摘した。学習者に具体的な展開が意識される文章構成、展開構造のあり方として示したモデルや「問い―解決部」の類型などは、教材文（テクスト）の把握の仕方としても示唆的である。

4　説明的文章の構造

　浜本純逸（1988）は、説明的文章と文学作品とを対比する形で、その構造の特質を検討した[9]。文章を説明的文章と文学作品とに二大別し、文を題述部と叙述部とに分けて両者の構造の差異を明らかにしようとしたので

ある。浜本の言う説明的文章の基本形は次のようである。

| Aの + Xは | + | Yのとき | + | Bである |

「AのXは」の部分は題述部であり、説明的文章の場合は「話題語句」と名づけている。「YのときBである」の部分は叙述部であり「説明語句」である。その中のYは「状況語句」と名づけている。これらの部と語句に着目して文章の脈絡を構造化したものを文脈表と呼び、教科書教材文や新書にある評論文等を分析した結果、話題語句は読者にとって未知と思われる語句であり、説明語句は読者にとって既知と思われる語句であると言うことができるという。そこから浜本は「説明的文章とは未知の『もの・こと』を既知の語句で説明した文章である」と定義した。これによって、説明語句が当該学年の学習者に未習得の語句である文章はその学年には不適当であるとする教材選択の目安が得られることを示した。

　この「未知の『もの・こと』を既知の語句で説明した文章」という説明的文章の定義は重要である。既有知識をもとに未知を読むことは、内容的にも表現形式的にも言えることであり、説明的文章の読みの基本的なあり方を示すものである。

　浜本は、説明的文章の構造と文学作品の構造の差異についても次のように述べた。

　　　第一に、説明的な文章は「書き手」が文章に登場するが、文学作品は「書き手」が作品に登場しない。説明的文章の判断主体は「書き手」であり、文学作品で心情を表明するのは登場人物または話者である。（中略）
　　　このことから、授業では、説明的文章の場合は「筆者はどう考えていますか」という発問には必然性があるが文学作品の場合は許されな

い。文学作品では「この状況で人物〇〇はどう思っていますか」という発問しか許されないことになる。「作者はどう考えていますか」という発問はかなりの手続きを経た後でないと許されない。

　説明的文章の読みの学習指導において、筆者の立場での読みを学習活動として位置づけることの意義について確認することができる。説明的文章固有の学習活動を開発する際に筆者の存在を配慮する必要がある。また浜本は次のようにも指摘した。

　　第二に、説明的文章は「題述」の語句が変わり、「叙述」の語句は変わらない、文学作品は「題述」の語句が変わらず「叙述」の語句が大きく変わる。（中略）
　　このことから、教材研究において、説明的文章の場合は、まず変わる話題に着目しついで反復される同一語句か類義語句に着目することが重要であると言えよう。文学作品の場合は、人物が何に出会ってどのように変わったかということに着目すること、とりわけ空所に着目することが重要であると言えよう。

　ここには、変わる「題述語句」が指し示す内容について、変わらない「叙述」を比較しながら読み進めることになる説明的文章テクストの特徴が示されている。未知の事柄、内容について既有の知識を用いて類推し、関係づけて読むことを要求する説明的文章の特徴が確認できる。

第2項　説明的文章の自律性

　渋谷孝（1980）は、日常生活の実用的必要性に迫られて読む"説明書き"と、自律的な目的（新知識に基づく思想的発見）のために読む説明的文章との違いを明らかにし、説明的文章の読み方学習においては説明書きを読むときのような、せっぱつまった（具体的必要性による）動機づけは行いにくいとした[10]。その上で、次のような整理を行った[11]。

1 「説明書き」は、説明的文章に附属するものではない。だから、説明書きは、説明的文章に含まれるものではない。
2 両者の価値の方向は、それぞれ別である。説明書き、それ自体にも説明不足ということはあるし、くどすぎる説明がなされているということもある。説明的文章においても同様である。
3 説明書きは、ある対象のための文章であり、具体的な、実用的知識を提供するものである。そして、その対象における行為が完了すれば、その説明書きの用途は達せられたことになる。従って、書かれている事柄について、ある行為を成すつもりのない人が説明書きを読んでも、少しも興趣（インタレスト）をよびおこされないであろう。

なお、説明書きはただ一通りの、正確で客観的な読みとりが行われなければならない。百人一色の読みが必要である。
4 説明的文章は、ある対象についての文章であり、何かの対象に関する行為のための実用的知識を提供するものではない。

従って、事柄や事実や問題についての思想もしくは情報が、物を通して語られているのであって、読み手は、その文章を読むこと自体に目的がある。従って説明的文章は、自律的世界を形成していると言える。だから、情報を正確に読み取ることという名目のものとに、ただ一通りの読み取りを求めることは無理なことである。類推や想像の作用が関わってくるのである。

説明的文章の学習においては、読みを一義的に収斂させねばならないという意識が当然であった状況に、表現上の過不足があること、説明的文章は自律的世界を形成していること、よって類推や想像という作用が学習内容として位置づくこと等のこれらの指摘は、説明的文章教材の見方を豊かにそして柔軟にし、指導のあり方に広がりを持たせるものであったと言える。こうした説明的文章テクストや読みの力の捉え方は、2010年の現時

点でこそ、PISA 型読解力の提起による「熟考・評価」の読み方やその指導の普及によって受容できる余地のあるものであるが、当時、実践現場には浸透しにくかったと考えられる。

　また、説明的文章教材の自律性に配慮すべきであるとする観点から、渋谷は以下のようにも述べた[12]。

　　（前略）執筆者は、ひとつの立場を持って、問題を取りあげながら、問題相互を全体的なまとまりの中に位置づけなければならない。そこには、当然、切り捨てなければならないものも出てくる。だから、教材論においては、取りあげられた個々の事柄や素材が、全体的に、どのような位置を保って（どのような意味を持って）まとまりをつくっているかという立場から検討しなければならない。それは、説明的文章の世界の自律性の問題になるのである。

渋谷が主張するのは、説明的文章というのは執筆者（筆者）がある特定の立場を取ることなしには叙述できないものであるということであり、情報の不足や脱落を単純に批判することは適していないということである。その上で、批判の対象となるのは「その事柄や情報が取りあげられていないために、文章のひとまとまりを構成すべき叙述そのものが、不正確、ないしはあいまいである時に限るべきである」ということである[13]。ここには、筆者の説明対象の捉え方や表現の仕方に対して読者として主体的に対峙すること、テクストを常に全体と部分との関係性において捉えて読むことの重要性が指摘されている。

　さらに、こうした教材の自律性については、渋谷は読み手である子どもの側から捉えることが重要であることについても、次のように述べている[14]。

　　（前略）これからの教材論の主要な問題点は、文章内容の吟味とともに、説明的文章に自律性をどの程度に認め得るかにかかっている。

この問題を考えるにあたって、私たちが説明的文章の教材論を行う時、その当該文章について、大人の立場に立ってそして一方的に、児童・生徒に知識を与えていたことをいまさらのごとく痛感させられるのである。

説明的文章教材を捉えるときの自律性という観点も、子どもの立場で見た場合と、大人の立場で見た場合とでは違うのではないかという指摘である。具体的には渋谷は、説明的文章の表現の過不足の問題について、文章の自律的世界としての完結性という観点から、同一話題（堀江謙一青年のヨットによる世界一周）に関する「朝日小学生新聞」と「朝日新聞」に掲載された記事内容を比較し、検討した。渋谷は、大人の立場から見た場合、「朝日小学生新聞」の文章には情報が不足していると言えるだろうが、問題は児童の立場から見た場合にどうかであると述べた[15]。

説明的文章の教材研究に当たっては、学習者である子どもの側から捉え、どのような情報が不足しているか、逆に多過ぎてわかりにくくなっていることはないか、子どもが読む文章としての自律性という観点を考慮することが重要となる。渋谷は「詳細にすぎるか、簡潔にすぎるかということは、読み手の立場に立って行われなければならない」と述べている。読者である子どもたちが当該文章の内容や表現のあり方をどのように捉え、意味づけ、価値づけを行うか。またどのように納得したり疑問を感じたりするか。そういった能動的で主体的な読みを促す観点でテクストのありようを評価しなければならない。渋谷は「従来、説明的文章の教材論でもっとも欠落していたのは、この教材としての文章の相対的な自律性についての心くばりである」とも述べ、説明的文章特有の教材把握のあり方について検討を促した[16]。

第3項　文体的特徴

小田迪夫（1986）は、説明的文章の教材文体の特質を明らかにし、指導に生かすことを提案した。小田は、近代国語教育において「学習者の発

第1章　先行研究の検討

見」がなされたことが、説明文教材の文体改革を促すことになったことを指摘し[17]、井上敏夫の言う「説明機能の潤色」[18]を有した説明的文章が登場するようになった経緯について説明した。こうした学習者の興味・関心をひくための教材文の表現上の特徴は、以下の小田の論述にあるように現在の説明的文章教材にも位置づいている[19]。

　（前略）読むこと自体を楽しむことも兼ねた読物的説明文であれば、読み手の個別的生活性をそれほど考慮することなく、教科書の編成に組み込みやすい。現在の教科書の説明文教材の多くは、この読物的性格を帯びたものとなっている。

　小田はこうした読み物的性格を帯びた説明的文章教材の特色の源流を、大正から昭和初めにかけて鈴木三重吉が編集・発行した童話童謡雑誌『赤い鳥』に掲載された科学読み物の文体に認められることを考察した。小田は鈴木三重吉の文体の典型と感じられる例のいくつかを取り上げ、同時代の他の科学読み物や教科書教材の文体と対比することで得られた特質を以下の3点に整理して指摘している[20]。

・説明文体のレトリックとして、科学の論理を読み手の生活事象に結びつけて理解させようとしていること。
・読み手の生活経験につながりにくい事象の場合は、描写性豊かな文体の工夫により、イメージ体験をくぐらせて科学的認識を得させようとしていること。
・科学論理のイメージ化とその伝達を容易にさせているのが、三重吉流の語りの文体であること。

　『赤い鳥』が科学読み物を掲載したのは大正11年である。小田も述べているように、『赤い鳥』の文体に現在の説明的文章教材のモデルを求めることはできない。しかし、上の三つの点の内容、すなわち読み手の生活事

象と結び付けること、描写的表現に着目させ科学的認識を得させること、論理のイメージ化などは、説明的文章教材をレトリックの観点から捉える際の重要な示唆になると考えられる。

また小田は、具体的な文体の種類について次のように述べている[21]。

> （前略）説明文は抽象的表現を本位とするが、説き明かす相手によっては抽象的表現のみによらず、わからせる手段として描写体、物語体、対話体などの表現形態を利用することになる。その結果、さまざまな読物的説明体の文章作品が存在することになるのである。

説明するという機能のみの一色の特徴では括ることのできない、多様な文体を有する説明的文章は、その文体的特徴を生かした指導が適切になされることによって、主体的な学習を生み出すためのテクストになる。小田はそれを「読み手学習者の教材文体への感応力を増幅させるような読ませ方を工夫すること」であると位置づけ[22]、「教材の文体すなわち書き手のレトリックを読み手につなぐといった発想およびその実践力を指導者がもつ必要がある」ことを主張した[23]。読み物的説明体としての特徴を有する説明的文章テクストをレトリックの観点から捉えることで、読み手＝学習者とテクストとをつなぎ、テクストを読み手側に引き入れることの必要性を論じていることは、説明的文章教材を捉える観点として重要である。

同様に、こうした説明的文章の文体的特徴に着目し、読み手＝学習者の主体性を重視する実践的提案をしている研究に長崎伸仁（1997）がある。長崎は説明的文章教材を、A　読み物的説明体（a　物語的、b　説得的、c　読者との対話的、d　描写的）、B　抽象説明体に分けて整理した[24]。分類結果から、長崎は読み物的説明体の「説得的」文体と、説明あるいは説得的な性格を有する「読者との対話的」文体とを合わせると90％近く占めることを報告している。そこでは、これらの文体に対しては「よくわかったかどうか」「納得したかどうか」という観点での読みの指導が重要になることが指摘されている[25]。また「読み物的説明体─描写的」文体

を有する教材では、「イメージ化しながら読む」ことが有効であることが示されている[26]。このように井上敏夫の言う説明的文章教材の潤色性[27]の観点に通じる文体的特徴に着目し、それを生かした学習活動の発想は、説明的文章の学習を楽しく、主体的なものにする可能性を有していると考えられる。

第4項　学習者の側からの教材把握

前項で考察した説明的文章教材の文体的特徴に関する小田迪夫や長崎伸仁の言及は、学習者の側からの教材を捉えることに通じるものであった。同様な観点での教材の把握について、渋谷孝（1973）は次のように述べている[28]。

> 新しい対象に対した時、第一に児童がその対象に共通する既有の体験や知識や、知識の程度によって、読み取りの深さが左右されるとともに、第二に対象の理解に不足する自分の認識なり、知識なりをどの程度意識しているかによって読みの理解度の条件が規定される。この両者は一つのことの両面であって、不可分の関係にある。たとえば前者における対象についての共通の認識、知識の度合いが浅いということは、対象に関する認識、知識の不足の度合いが大きいということである。このへだたりが大きければ、その対象となった文章は、その児童にとって過重であって、ふさわしくないということである。（中略）児童にとってふさわしい文章（教材）とは、対象についての共通の認識、知識の度合が適度である教材のことである。

そもそもあるテクストを読んでその内容を理解するということは、それまでに自分が持ち得ていた知識や体験の内容を基盤にし、そのこととの関係性においてでしかなされないものである。既有の知識や体験から類推し、想像することでテクストの内容の理解は進展していく。それゆえ、類推、想像の基盤となるべき知識や体験が、当該テクストが有する内容とあ

まりにかけ離れたものであれば、読者は自身の知識や体験を活用しようがないため理解することは困難になる。

　上記の渋谷の指摘は教材選定の際の条件であるわけだが、授業においては、教科書にある教材を順次扱わざるを得ない状況が現実としてある。したがって、逆に当該教材の内容、表現に関して、学習者の既有の体験や知識がどのような程度であるかを推測、勘案するような教材研究、教材把握の仕方を意識することが必要となる。既有の体験や知識に関する学習者と教材との距離がどの程度あるのかがつかめれば、それを補うような学習活動を構想することが可能である。

　説明的文章教材を学習者の側から捉えることの重要性は、倉澤栄吉（1972）も主張した。倉澤は説明的文章教材の研究の柱として、情報としての研究と指導論的研究の二つを立てた[29]。

　このうち教材を学習者側から捉えることに関係するのは、主に「指導論的研究」にある「学習者との関係」の項である。その中の「既有の知識・情報・生活経験・個人差・学年差から」捉えるというのは先に渋谷孝も指摘していた点であり、スキーマに関わるものである。読み手（学習者）の状況に基づく教材把握のアプローチを意図していることは注目される。ただ、これらが内容、構造の両側面でのものについてあげているのかは明確ではない。

　また同じ「指導論的研究」として「学習者の反応の予想」もあげている。説明的文章として整った表現で、内容的にも過不足なく書かれているように見えても、学習者がそれをどのように読めるか、受容できるかは別問題である。これは「既有の知識・情報・生活経験・個人差・学年差から」捉えることとも関連する。

　この点について、青木幹勇（1965）は、論理性に対する強い要求が子どもたちを説明的文章から離れさせていること、対策として論理性もさることながら、そこに書かれている事実・知識・解説・意見などに驚異し、同感し、共鳴し、反発するなどの情意的反応をもっと大きく取り上げ、それを強く打ち出せるような読ませ方を提案している[30]。

指導内容は当然把握しておかねばならないが、読み手である子どもたちがどのようにテクストの内容や表現のあり方について反応をするかについて見定める学習の場を確保すること、そうした観点から教材を捉えるよう努めることの必要性を指摘しているものとして注目される。

　学習者の側から説明的文章教材のあり方を検討したものとしては、櫻本明美（1987）がある[31]。櫻本は「児童がその教材から学ぶことは何か」を軸にして、認識の対象と認識の方法の二つの分類項目を設定し、認識の対象としては、知識を広げる情報、実験・観察・調査に基づく実証、筆者の主張の三つを置き、これらに関する具体例の既知、未知という観点から捉えることとしている。また認識の方法としては「仮説または問題提示の有無」「論述の仕方」（時間的順序、非時間的順序）を設定している。

　こうした教材を把握するための観点は、指導者の教材研究や指導法開発の際の指標ともなる。単に指示語や文末表現等を表現面だけから捉えるという発想ではなく、児童が何を、どのように「認識」することができるのかという点でテクストを見ている点が従来のものと比べて斬新であった。とりわけ「認識の対象」の中に「主な対象に関する具体例の既知・未知」の観点を位置づけ、児童の既有知識や先行経験との関係で教材のあり方を捉えようとしている点が、渋谷や倉澤らとも共通しており特徴である。櫻本は、上記の項目による教材分析は「児童に充実感を与える授業を実現する（授業を改善する）糸口になるもの」と述べている。学習者の既有の認識、思考のあり方をどのように変革していくことになるのかという観点でテクストを捉え、研究できるように明示していることに着目したい。

第2節　説明的文章の学習内容

　説明的文章で何を学習内容とするかについては、内容重視の立場と形式重視の立場とがあり、ともすれば一方に偏った指導がなされてきた。渋谷孝（1980）によると、「内容」重視の立場とは「新知識もしくは実用的と目される知識をくわしく与えることに重点をおく読み方指導」であり、一方の「形式」重視の立場とは「語句の語彙的な意味、漢字の書きとり、素読などに重点をおく読み方指導」である[32]。これは言い方を換えると「社会科や理科の領域で扱う問題を、文章の読みを通して認識させる」という立場と「説明の型、説得の論法などを教えるべき」という立場でもあるとし、両者はしばしば対立的になると述べた[33]。

　渋谷孝（1999）では、1930年代の実践状況を検討し「好むと好まざるとにかかわらず、説明文教材においては、『事柄』重視と文章の叙述『形式』のいずれかにならざるを得なかった」とするとともに、「内容軽視の形式指導の無意味なこと、形式軽視の内容指導は無意味なことについての漫然とした疑問と不満を引きずって今日まで来ている」と指摘した[34]。しかし、こうした状況は必ずしも解消したとは言えない。これは、説明的文章の授業では何を学習内容とするのかが明らかでなかったことに起因した問題であった。

　本節では、説明的文章の学習内容について論じた代表的な先行研究を検討する。

第1項　論理的思考力・認識力

1　言語論理教育

　説明的文章の学習指導においては、テクストの文体的特徴に基づき論理的思考力・認識力を育成することが中心的な目標、内容として位置づけら

れることが通常である。論理的思考力について国語科教育の立場で早くから言及していたのは井上尚美である。井上尚美（1977）は国語科授業で育てるべき思考力について、内外の文献を引きながら、その重要性について述べた[35]。ここでは、井上（1977）に加除修正を施して出版された井上尚美（1989）及び井上尚美（1998）によって、井上の言う論理的思考について検討する[36][37]。

井上は「論理的」ということばが一般的に論者によって広狭さまざまな意味合いのもとに使われているとした上で、「論理的思考力」は大きく分けると次の三つに分類できるとした[38]。

(1) 形式論理学の諸規則にかなった推論のこと（狭義）
(2) 筋道の通った思考、つまりある文章や話が論証の形式（前提—結論、また主張—理由という骨組み）を整えていること
(3) 広く直観やイメージによる思考に対して分析、総合、抽象、比較、関係づけなどの「概念的」思考一般のこと（広義）

これらのうち、論理的というと普通は(2)や(3)のように解釈されることが多い。しかし、井上は例えば(2)のように論証の型式にレイアウトされていればよしとする傾向については否定的であり、(1)の観点もあわせて論理的思考力を捉えることを主張している。すなわち、論や主張の根拠となっている事柄について、それがその主張の必然性を裏づけているかどうか、前提と結論の間に論理的必然性があるかどうかなど、関係が形式論理にかなっているかどうか判断することが必要であるとした。単に他者の考えを理解するだけでなく、その考えや意見を批判するためには、(1)の観点で考慮することが重要であるとしたのである。井上は、言語教育でよく使われる論理的思考力と上記のように整理した批判的思考力とを心理学者のギルフォードの分類によって対応させ、収束的思考—論理的思考、拡散的思考—創造的思考、評価（的思考）—批判的思考と一応の整理をした上で、これらは別々に分離しているのではなく、互いに関連し合っているとした[39]。ま

た、このように思考を分類することについては、どういう範囲の事柄がその中に含まれるのか、また含まれないのかを意識し吟味して、一応の目安と考えて使うことが重要であることを指摘した。

こうした思考の捉え方に立って井上が主張する言語論理教育とは「情報の真偽性・妥当性・適合性を一定の基準にもとづいて判断し評価できるようにすること」である。具体的には、①情報の中味がホントかウソか（真偽性）、②考えの筋道が正しいか正しくないか（妥当性）、③情報はどの程度確かであるか、また、現実と照らし合わせて適当であるか（適合性）の3点について判断できる能力を身に付けさせることとしてあげている[40]。批判的、評価的に対象を検討することができる力の伸長を意図したものであることがうかがえる。与えられた情報を鵜呑みにする主体ではなく、的確に対象を捉え、それについての適切な自己判断を下すことができる主体の育成を重視している。井上は、次のようにも述べている[41]。

> 「思考の文法」ともいうべき論理の指導を目指す言語論理教育も、その目的は、子どもが論理というものを意識し、論理的に考えるように仕向けることにある。子どもは、毎日、いろいろな問題状況に直面し、彼らなりに思考を働かせ、論理を使っている。言語論理教育は、それを自覚させ、自分の考えの筋道や方法が正しいかどうかを反省させ（メタ思考）、再構造化させるのである。

論理的、批判的に思考することの意義や技能を自覚し、意識的に活用できるような主体を育てなければ、言語論理教育を推進することの価値は十分ではない。

さらに井上は、広く日常の議論の中に含まれている論理的な骨組みとして、主張と理由づけについて、図1-1のような構造であるこ

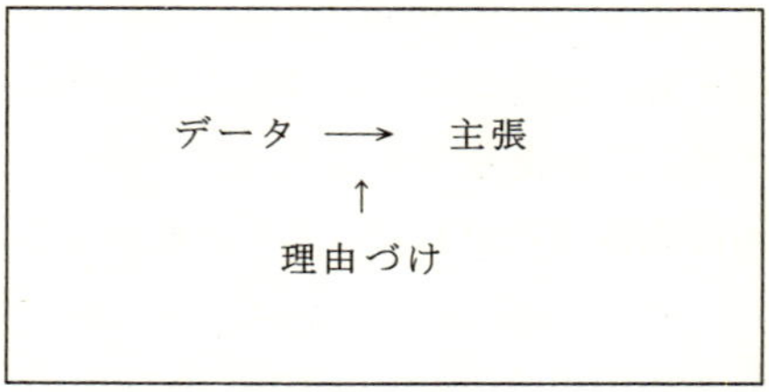

図1-1　主張と理由づけの構造

とを示した[42]。ここで言う「データ」というのは、「ある主張を支える証拠となる事実」のことである[43]。相手を納得させるためには、何かあることを主張するだけではなく、証拠となるデータを示さなければならない。また、なぜそう言えるのか理由づけをしなくてはならない。

しかし井上は、論を精密に行うにはこれだけでは不十分であるため、イギリスの分析哲学者トゥルミンの考えたモデル（図1-2）を用いて説明した[44]。このモデルについて、井上は次のように解説している[45]。

　（前略）ある主張C（claim, conclusion）がなされるためには、それを支える根拠としての事実D（data）が必要であり、更に、どうしてDからCが主張できるのかという理由づけW（warrant）がなければならない。しかし、これだけではまだ十分でなく、その理由づけの確かさの程度を示す限定Q（qualifier）、反証（「〜でない限りは」）を示すR（rebuttal）、Wを支えるための裏づけ（backing）がつけ加えられる。（中略）トゥルミンによると、従来の三段論法では、このWとBとの区別が隠されたままになっているから論証としては不十分だとされます。また、このモデルだと三段論法の場合よりもはっきりと各部分の関係がわかり、不完全な推論の際にも各項目のどこに弱点があったかが明らかになるとされます。

説明的文章の読みにおいても、どのような根拠に基づいて、どのようなことが説明されているか、それはなぜか、どのような条件下でも言えることかと自身に問うていくことは、身につけさせたい技能である。論理的思考に培う読みとはどのようなものであるべきかは、こうしたモデル図を参考枠にし、授業の中に位置づけることによって、指導者にも、学習者にも、明確な形で意識できると考えられる。

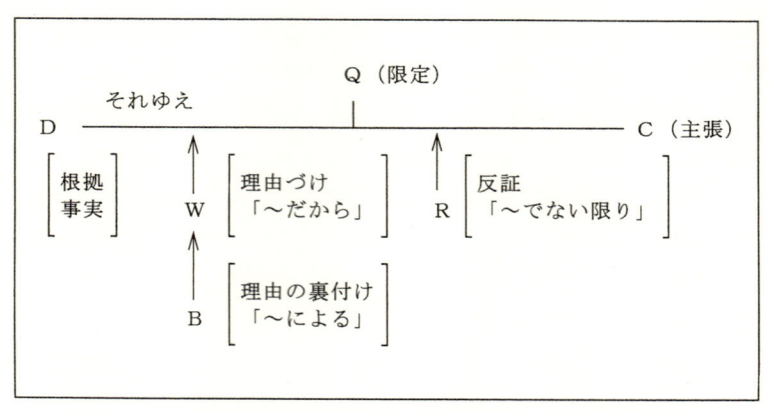

図1-2　トゥルミンモデル

2　思考力としての関係把握力

　藤原宏（1987）は、国語学力の基底となる言語思考力の組み立てについて考える際、思考という精神作用が起こるときの契機、思考の進展、展開に際して常に働く能力の探究が必要であるとし、その契機や能力を「関係把握力」と捉えた。藤原の言う関係把握力は「あるものと別のものとを結び付け、その結び付きが次々と重ねられることによって思考作用を成立させていく原動力といってよいもの」である[46]。その上で、結び付ける対象となる「あるもの」を、その属する四つの分野に分けて捉えた[47]。すなわち、A（言語（記号））、B（言語記号の表す事物・事象・現象など）、C（言語表出者固有のもの（言語主体者の要素））、D（言語受容者固有のもの（理解主体者の要素））である。各分野に属する諸要素は重層的に重なっていると考え、知覚可能なA分野を第一層とし、その他のB、C、Dの各分野をそれぞれ、第二層、第三層、第四層と位置づけた上で、言語による理解の活動が行われる際は、第一層が糸口となり、言語による表現活動は第一層が終着の出口となると捉えた。

　これらの各分野の諸要素のうち、誰にもまったく同じように客観性をもって存在しているのはA分野に属する諸要素だけであり、その他の分野に

属する諸要素は、言語活動をする主体者が異なれば、自ずから異なってくるものだとした。その上で、A分野の要素相互の関係把握は、語句と語句相互、文と段落など、語、語句、文、段落、文章全体などの各要素が複雑に絡み合っているのに対して、とくに関係の緊密な箇所を見いだすことができる指導を行うことの必要性を指摘した。また、A分野の要素相互の関係をどう把握するかは、対応するB分野の要素相互の関係把握に依存しながら決まることから、第一層と第二層とは、緊密に密着した層であると主張した。

さらに第一層の諸要素に関係する第二層の内容に加え、言語活動主体独自の思考内容を付加する原動力ともなっているのが、第三層の諸要素であり、言語活動主体の解釈、意見、感想、感動、批判といった内容を加えながら、A分野の諸要素に対処する思考を成立させる源泉となる諸要素だとした。

説明的文章の授業でも、こうした第一層―四層の読みのあり方を意識して授業を構築、展開することが肝要である。第三層、四層の読みは、筆者のものの見方や考え方、発想、表現のあり方について評価、検討することに通じる。関係を把握することで思考力に培うことを目ざす学習活動を設定する場合、A―Dのどの分野、層の内容を位置づけるのかということへの意識を持つことが望まれる。各分野、層の内容は相互に関連しあっているわけだが、中核的にねらう思考力の内実として、Aを置くかCを置くかでは、実際の活動のありようは変わる。

3　論理的思考力の構造

櫻本明美（1995）は、教科書所収の説明的文章教材と説明的表現教材の表現分析、輿水実、田近洵一、井上尚美、西郷竹彦らの論理的思考に関わる先行研究等を参考にし、また国語科の授業記録や説明的表現の分析をとおして子どもたちの思考の実態をつかみ、説明的表現において働く論理的思考力のいくつかの要素を取り出して設定した項目を「知覚する力」「関係づける力」「意義づける力」の3段階に分け、論理的思考力の各項目相

互の関係を構造化して示した[48]。中でも「比較する力」「原因や理由を求める力」「推理する力」等の多様な思考力が含まれる「関係づける力」を重視した。

さらに「指導の重点化（試案）」として、「関係づける力」の内部事項である6観点相互の系統案も次のように示した。

  1年……「比較」
  2年……「比較」「順序」
  3年……「理由づけ（因果関係）」「類別」
  4年……「理由づけ（因果関係）」「定義づけ」
  5年……「理由づけ（因果関係）」「推理」
  6年……「理由づけ（因果関係）」「推理」

どの観点の力も軽重や方法に配慮しながら培っていくわけだが、限られた授業時間の中で効果的に力をつけようとすると、上記の「指導の重点化（試案）」は教材研究や授業構想の際に有効である。また「要素構造図」における「学習内容」セクションの中核的要素である論理的思考力の内実を措定する際の有効な指標にもなると考えられる。

4　認識の系統

読むことをとおして対象を的確に認識する（捉える）力を提案したのが西郷竹彦である。西郷竹彦（1985）は、従来の読解主義、読解中心の授業を否定し、「ものごとの本質・法則・価値・意味を認識し、表現する力を育てる」ことを目的に授業づくりを提案した[49]。西郷が考える説明的文章の読みというのは、表現されている情報、内容が単に理解できればよいというものではない。書き手である筆者が、説明対象の本質をどのようにして捉えて論じているか、その筆者の認識の方法を文章表現から学ぶことこそが説明的文章の目指すべき読みだと主張した。

西郷竹彦（1983）は、認識・表現の力を育てる系統指導を試案として提

示し、実践における検証を推進していった[50]。西郷は、認識の各要素を発達段階に分けて位置づけ、何をどのように読み、考えることが諸要素の認識の中身に該当するのかを説明した。

こうした西郷の系統指導について、浜本純逸（1984）は、作文教育、言語教育、読書指導においては発達に応じた系統案づくりは試みられてきたものの不完全であった経緯をあげ、西郷の系統案の試みを評価した。しかし、すでに教師の経験知、大村はまの作文指導、福岡教育大学国語科研究室の作文教育の指導仮説、井上尚美の言語論理教育の提案等を引いて、西郷の系統案に示されている内容の一つ一つは必ずしも新しいものではなく、国語教育研究においては古くて新しいテーマであるとした上で、この系統案の新しさは「認識・表現の力」という視点、発達段階の視点、価値意識の観点から関連づけて系統化したことであると指摘した[51]。

浜本は西郷の認識・表現の系統案を構造化し、以下のような区分での整理を試み、上位概念、下位概念の区別を図ろうとした。

　　A　類別（比較・選択）
　　B　理由
　　C　予想
　　D　構造（順序・関連）

こうして捉えてみると、西郷案では羅列的に見えていたものを構造的、関連的に位置づけることができ、指導の重点化を図りやすくなる。

この認識・表現の要素について、さらに系統的な整理を試みたのが長崎伸仁（1989）である[52]。長崎は図1-3のような構造で、説明的文章指導内容としての認識・表現の方法を位置づけた。長崎案では、「観点」を縦軸に、「総合」を横軸に捉え、その中に各学年の中心課題を段階的に配置する形とした。

長崎案の特徴は、説明的文章の学習内容としての認識・表現の方法を、小学校の各学年段階に重点（中心）課題として系統的に配置したことである。文学とは違って説明的文章では何を指導すべきなのか、またどの学年の授業においても同じような内容を画一的に指導するのではなく、当該学

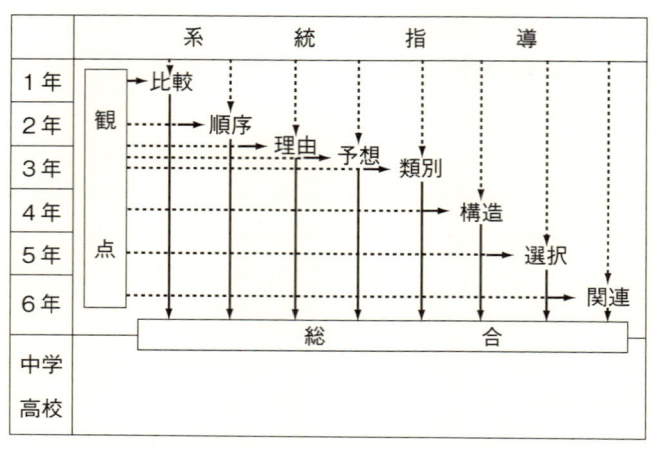

図1-3 長崎伸仁による認識の系統案

年で育成すべき読みの力を系統性を意図して措定したことは意義があった。記述された事柄を取り出し、確認することに終始しがちであった説明的文章授業の実態からすれば、こうした系統案は授業づくりの貴重な観点であった。

5 質の高い認識主体の育成

　森田信義は、学習者を「質の高い認識の主体」に育てることを目ざすべきであることを主張した。森田信義（1984）は、説明的文章指導の、固有の、そして最も重要な任務とは、子どもたちのうちに、論理的な認識の力を育てることであり、ことばで表現された教材を、書き手の認識の表現過程と見て、その認識のありよう、認識のありようを支える表現上の工夫を捉え、吟味し、子どもたち自身の認識の内容、方法の創造を実現しようとするものとして捉えた[53]。

　教材テクストを筆者の認識の表現過程と見て、テクスト表現を検討することで、学習者に認識の内容と方法を習得させることを学習内容とした。こうした捉え方によって、森田は説明的文章指導固有の目的、内容を定位しようとした。単なる「もの知り」を育てることを目ざして説明的文章教

材を扱うのでも授業を行うのでもないこと、説明的文章の学習のねらいは、学習者自身が「自らを認識主体として高めていく」ことであると明言した。

また説明的文章テクストについては、知識的な情報量が多彩であればよいのではなく、対象認識の新たなありように気づかせ、その習得を促す記述、内容が保障されていなければ学習材としての価値はないとする。森田は「未知のもの、ことさら珍しいものを扱った説明的文章は、そのようなものごとに対応する子どもの認識内容、方法を用意することが難しく、一方的に教材を受け容れてしまいやすく、形式的な論理操作が中心になった学習を生み出しやすいものである」ことも指摘している。学習者の認識内容、認識方法の更新を促す述べ方がどのようになされているかを読み取ることが、指導者としての教材把握の観点として重要である。こうした考え方が、書き手の認識のありよう、認識のありようを支える表現上の工夫を捉え、吟味することを意図する指導論と結びついていくのである。

さらに森田はこうした説明的文章の読みの目ざすところを、教科レベルの学習内容としても位置づけ、次のように述べた[54]。

　　情報量の多い複雑な現実に生き、これからも生き続けなくてはならない子どもたちに対して、国語科の説明的文章指導がになうべき任務は、できる限り多量の情報を提供することではなく、氾濫している情報を選り分け、その質を問うて、現実を本質的に認識する方法を保証することなのである。このことが主体的な読者を育てることであり、国語科として最善の、子どもの自己確立を実現することになるといえる。

情報時代に生きる主体として、大量、多様な情報を取捨選択すること、その情報の本質を見抜き、認識することは不可欠な力である。そこで森田は教室における読みの深まりを「内容、ことがら」「表現や論理構造」「筆者の立場」を読む三層の構造を持つものとして捉えた[55]。この点につい

ては、次の第3節「説明的文章の学習活動のあり方」において論じることにする。

6 実感的認識

　植山俊宏（1996）は、説明的文章の学習指導で育てるべき論理的認識力の実質として実感的認識と価値認識を置き、ことばの実感的な理解の経験や習慣の形成を意図しない説明的文章の学習は、ことばを操作的に扱うことが中心となり、実感の伴わない成果しか得られないことを指摘した[56]。

　説明的文章の授業は、学習者にも教師にも人気がない。植山が指摘するような実感を伴う読みの学習を低学年段階から行うことで、無味乾燥で言語操作的な活動に終始する事態から脱却することが可能になると考えられる。植山は、次のようにも述べている[57]。

　　まず実感的認識は、文章に対して感覚を働かせて読みを行うだけでなく、文章が働きかけてくるもの、おおげさにいえば、叙述のしかけに応じて自らの内面に感覚活動を生起させ、そこから起動する認識活動を生動的・力動的にし、結果として認識の実質を充実させるのではないか（後略）

　「叙述のしかけに応じて」と言っても、自動的にどの学習者も応じられるわけではない。指導者としては、述べられている事象を実感的に捉えさせるためにも、具体化する、類推するといった思考に裏打ちされた学習活動を展開する必要がある。形式的、操作的に陥りがちな説明的文章授業の状況を考えると、「自らの内面に感覚活動を生起させ」る学習指導は意識しなければならない観点である。

　この感覚活動を生起させ、実感的認識を読むことについて、植山俊宏（1998）は次のように述べている[58]。

　　説明文では、科学的な事実が内容となることが多く、しばしばその

表現は、一般化、抽象化の方向をもつ。そのため、読みに際しては、同様の方向性をもつことが多く、一般化、抽象化された内容を理解できれば、一応成果とみなされてきた。しかし、その時の子どもの読みをよく見てみると、形式的な一般化の方式を用いることは巧みでも、反対の具体化、個別化の読みは不得手であることがよく見受けられる。説明文学習における閉塞感はこのことと無関係ではない。読者の五感に働きかけて、ことばと自らの実感との関係を強く結んで、事実を理解していないと活用可能な認識力は形成されない。

　説明的文章学習においては、一般化、抽象化と具体化、個別化とを相互に切り結ぶ読み、学習活動のあり方がとりわけ重要になることの指摘である。五感に働きかけて読むこと、そうした読書行為によって、ことばと読者自身の実感とのつながりを意識し、述べられている事実を納得して捉えることの推進が検討されねばならない。
　ただ、そうした事実を実感的に捉える際にも、大槻和夫（1998）の言う「説明文の指導においても、それらを読解したら「事実」がわかったような錯覚に陥らせないようにする配慮が必要ではないか。（中略）説明されていることがわかると同時に、何が説明されていないかにも考えをめぐらす必要があるのではないか」という指摘は意識しておかねばならない[59]。
　教材文テクストの中に書かれていることの実感的理解もさることながら、述べられていない事実や考えについての実感的理解については、実践的にはまだまだ不十分な点ではないかと思われる。
　また植山は、情報は価値判断を抜きに扱うことが不可能となっており、当該情報の価値を見抜き、自らの生活に生かしていける能力が真の生活力であるとして、価値認識の重要性にも触れた。植山は、実感的認識と価値認識の両方に共通する点は、主体が文章の読みにおいて働かせる認識活動という点であることを指摘し、「実感的認識は、読み自体を活性化し、読みの行為の主体を自覚させる性質のものであり、価値認識は、読みの成果が読み手自身にどのように作用するのかを自覚する性質のものである」と

述べている。読み手側から積極的にテクストに対する観点として、実感的認識と価値認識は、意図的、積極的に取り組むべき実践課題であると考えられる。

7　「思考・論理・認識」概念の整理

難波博孝（1998）は、1980年―1998年までの説明文指導研究をレビューし精細な検討を行った[60]。難波の問題意識は「思考・論理・認識」概念の整理であり、各論者が提出している「思考・論理・認識」の概念には、以下のような混乱状況が認められることを指摘した。

一つ目は、各論者が提出している「思考・論理・認識」が同じあるいは類似の概念なのかどうかということである。その上で、筆者、テクスト、読者（学習者）それぞれの論理というものを区別し、授業で問題にされ学習者が学ぶ対象となる「論理・思考・認識」の実態、概念を明らかにすべきであることを提起した。

二つ目は、「論理・思考・認識」が仮に文章内部にもあるとして、何と何の間にどのようにあるのかということについての検討である。段落相互、文相互、ことば（語句）相互の関係を「論理」と考えるか、言語が表示（指示）する物事の関係を「論理」と考えるのかが重要であるとし、これら両者の「論理」の関係性を明らかにしないことには、研究者や実践者の恣意的な捉え方のまま実践研究が進められてしまうことの問題点を指摘した。

これらの問題点を難波は次のようにまとめて提示した。

　　読み手の内部に起こっていることか→読解と同じか異なるか
　　書き手の内部に起こっていることか
　　文章の内部にあるものなのか
　　　　文章中にある言語記号の関係なのか
　　　　文章に表現された「ものごと」の関係なのか

そして、こうした概念の混乱を解決するために、先に述べた藤原宏(1987)の「関係把握力」としての思考力の提案を援用し、藤原の言うA分野（言語（記号））内部の関係およびB分野（言語記号の表す事物・事象・現象など）内部の関係、すなわち「テクストの顕在的構造」と「テクストの潜在的構造」各々の考察ならびに両者相互の関係の考察の把握が必要であることを主張した。さらに、A・B分野とD分野（言語受容者（理解主体者の要素））の関係についても、読み手がテクストの顕在的、潜在的構造とどうかかわっていくかが問題であること、すなわちそれは「通常の読みの過程」に関する問題であることについて、次のように述べた。

　　まず、書き手には書き手の「論理・思考・認識」（以後これを「思考意識」と呼ぶことにする）がその内部にあるはずである。それと書き手のテクスト生産過程によって、テクストが表れるのであるが、もちろん書き手の「論理・思考・認識」がそのまま表現されるのではなく、テクストの顕在的あるいは潜在的な構造にその痕跡が表示されるだろう。読み手は、その痕跡と読み手自身が持つ「思考意識」に従って、書き手の「思考意識」を推論することになる。この過程ももちろん読み手の内部で起こることだが、通常の読みの過程とは異なる過程ではないかと考えている（難波・牧戸（1997）参照）。

　書き手、読み手、文章、ものごと、それぞれの思考意識、論理を読みの過程の観点から言及したものである。これについて難波は「説明文を読む過程についての整理」として、以下のようにまとめた。

　　読み手の内部に起こっていること
　　　　　　　　……テクスト読解過程＋「思考意識」の推論過程
　　書き手の内部に起こっていること
　　　　　　　　……「思考意識」＋テクスト生産過程
　　文章中にある関係……テクストの顕在的構造

文章中に表現された「ものごと」の関係
　　……テクストの潜在的構造

　こうした「思考・論理・認識」概念の整理の成果として、難波は説明的文章指導研究全体の枠組みを明確にし、研究対象を自覚化させることにつながることをあげている。すなわち、顕在的構造と潜在的構造との峻別を伴うテクスト自体の分析、テクストの読解研究である。説明的文章の授業において、論理的思考力、認識力を指導のねらいとすると言いつつ、その対象を何にするのかという自覚のないままに実践されることが多いのが現実であると思われる。難波が整理した4観点のどれを（または、どれとどれとを関係づけて）学習活動として構成するかを意図することによって、授業で培うべき論理的思考力・認識力が明確になり、適切な指導を実現することに通じるものと考えられる。

第2項　類推・想像する力

　説明的文章の学習内容として、類推と想像という概念を導入したのが、渋谷孝である。渋谷孝（1973）は文章を読むこと、理解することに関して、読み手の過去経験の質と類推能力の問題を指摘し、「その文章（対象）に未知の部分がないと読む動機が起こらないし、読む意味もない。未知の対象に直面した時、既有の体験、知識、技能が不十分であることを自覚した時、その溝を埋める類推による作業が読みである」と述べた[61]。

　また、渋谷孝（1980）は説明的文章の読解における類推や想像の作用の重要性について、類推、とくに想像の行為は文学特有のものと捉えられがちであったが、読みのあり方の観点から説明的文章の読解にも当てはまるものだと述べた[62]。こうした主張の根底には、文章の読みはどこまでも間接的な理解であること、間接的であるからこそ、その限りにおいて世界は広がっていくとする考え方がある。

　さらに、渋谷孝（1973）は類推、想像は生活体験に密接に関係しており、当事者のそれまで培ってきた経験の質と認識力をもとにした未来の予

知の力でもあるとして、文章を読んで分かるということは、既得の過去経験の作用によって未知の対象（文章）について知り、またはあいまいな認識を明確なものにしていくこと、認識が明確になること、既知の体験によって未知の対象について類推、推測、想像することだと捉えた[63]。問題はその類推、推測、想像活動などの原動力となる既有の経験をどのように作用させていくかにある。

また、渋谷孝（1984）では、文章を読んで分かるということは文章中のものごとと実生活上のものごととを対応させて確認することではなく、既有の体験的知識や考え方を基盤として、未知のことを類推できるということであり、文章を読んで分かるということと、物を見たり、分析して分かるということとは次元の違うことを主張した[64]。

説明的文章を読むというのは、書かれてある事柄を確認したり、要点や要旨をまとめたりすることとする学習指導論では、類推、想像という力を説明的文章の学習内容として意図的、積極的に位置づけることはない。こうした読み方は、小田迪夫（1986）が引用した外山滋比古の「アルファー読み」（既知を読む）と「ベーター読み」（未知を読む）[65]と内容を同じくするものであり、またスキーマを活用した読みのあり方にも通じるものである。

渋谷孝（2008）では、説明的文章の読み方学習指導においては、実際の事物や現象に即した理解と、それと対応関係を持たせようとしている文章における叙述に対して類推や想像で分かることとの関係が問題になることも指摘している[66]。

説明的文章の学習指導への意識が高い実践者以外の授業においては、学習内容としての類推・想像の作用が必ずしも自覚されているとは言えない。学習者の既知と未知との橋渡しがなされず、類推し、想像することの楽しさ、おもしろさを実感させることなく終わる授業も多いと思われる。実践における類推・想像して分かることのありようを確認することが必要である。

第3項　情報活用力

　情報活用力を説明的文章の学習指導の目標として明確に位置づけたのは小田迪夫（1996）である。小田は文学が中心であった国語科授業、文章構成を形式的に捉え、要点をまとめることが目的化したような要素的な読み方に終始していた説明的文章の授業の見直しとともに、実生活における読書行為のありようと、説明的文章の特性とを考え合わせ、情報読みの重要性を説くとともに、高度情報化社会への対応という社会的要請にも、説明的文章教材を用いた情報読書の授業によって対応していくことの必要性を述べた。その上で、「国語科の読み、すなわち＜学習読み＞においては、情報そのものに目的があるのではなく、情報を読み取る力、情報がわかる力を付けることに目的がある」として、説明的文章教材で学ばせるべき具体的な目標を、次の4点に整理して示した[67]。

　1　情報の読み方・わかり方を学ばせる
　2　情報の表し方・伝え方を学ばせる
　3　情報の求め方・生かし方を学ばせる
　4　情報の分かり方や表し方を明快、明確にする思考の仕方を学ばせる

　ここで小田が繰り返し主張しているのは、情報を伝える説明表現のあり方について学ばせること、そして情報発信者の立場から情報活用力を育てることである。
　情報を受容するだけの読み手、主体では、高度情報社会では自己の確立はなされない。多様、大量の情報の中から自己にとって価値あるものを取捨選択し、それらを活用して新たな情報を生産し、それを積極的に発信・伝達していくことが望まれる。教科書教材に汲々とする閉鎖的な読みではなく、教科書以外の情報も取り入れ、関連させ、情報を創造すること、学習者を情報の作り手、送り手の立場に立たせるとし、そのための基礎学習として、説明表現の方法を学ばせることが必須の学習事項とならねばなら

ぬとした小田の指摘は、それまでに倉澤栄吉らの提言があったにもかかわらず、説明的文章の学習指導が情報活用という観点からは十分に対応しきれなかった実践研究への再提案でもあった。

また国語教育実践理論研究会（KZR）（1996）も、説明的文章を情報という視点から捉えた提案を行った[68]。そこでは、情報化社会における説明的文章の学習のあり方として、目的のある読み、見抜く目をはぐくむ学習、メディアの活用をあげた。まず、目的のある読みに関しては、読みにおける創造することを重視し、以下のように述べた[69]。

　　（前略）権威ある知識の体系を丸ごと理解することによって自分の知を高めていこうとするような発想から、外部の情報を利用して自分なりの知の体系を組み立てていこうとするような発想への転換が必要である。読み取った情報を、学習者それぞれが、自分の知識や考え方の中に組み込んでいく過程を保証していかなければならない。そのために、教材を資料とおして位置付け、再構成、創造、表現、伝達等の活動を展開しなければならない。目的のある読みによって学習者の主体は保証され、生き生きとした授業が作り出されていくであろう。

ここには「受容する読み」から「発信する読み」へという転換がうかがえる。再構成、創造、表現、伝達等の活動を位置づけようとしていることも特徴的である。こうした読みの方向性は、必然的に次の「見抜く目をはぐくむ学習」という観点を重視することになる[70]。

　　多くの説明文は、「説得」あるいは「誘惑」の構造を持っているものだ。それは、筆者が自分の考えに読者を引き込もうとする語り口、つまり文体のことであると言ってもよい。（中略）
　　だが世の中には、善意に基づいたとは言えないレトリックが氾濫している。説得や誘惑の構造を見抜く目を育てなければならないのだ。自分の目的にあった情報を的確に取り出すには、その資料が持ってい

る説得や誘惑の構造を見抜き、それを差し引く能力が必要なのである。
　さらにこれからは、書き手として、読み手にどのような態度をとるかということも、表現技術の問題として、かつモラルの問題として考えさせていかなければなるまい。

　これは、批判的読み、メディアリテラシーに通じる内容である。情報を取捨選択する力、情報の質を吟味する力等、主体的、創造的な読み手を育てる上で重要な学習内容である。しかし、所収の実践例では十分に対応しているところまではうかがえなかった。
　以上、KZRが主張した内容は、先に検討した小田（1996）でいう「2　情報の表し方・伝え方を学ばせる」「3　情報の求め方・生かし方を学ばせる」に該当すると考えられる。

第4項　スキーマ

　説明的文章の読みの学習指導に新たな観点を持ち込んだものとして、認知科学の知見によるスキーマ理論がある。国語教育においてスキーマに早くから着目していたのは、井上尚美である。井上尚美（1983）は、次のように述べている[71]。

　　（前略）私たちは読みに際して、これまで読んだところから得た知識と関係づけるという活動を通じて、一定の構え・枠組（これをスキーマという）を形成し、その構えを通して先を読み進めていく、だから補いながら読めるし、またその枠組みがあるからこそ、思いちがいが生じ、結果として読み違いが生じるのです。（中略）
　　ここでスキーマ（schema）といっているのは、ある人が過去の先行経験から得た世界に関する諸知識や、また何か作品を読んでいる場合には、これまで読んだところから得た知識を通じて、心の中に構成された枠組・構えのことと定義づけておきます。

第 1 章　先行研究の検討

　読むことの授業づくりにおいては、主体的な読み、自己の読みの形成等を重視するわけだが、主体が持っている先行経験との関連で実践を構築するという発想は、それまでの国語教育界では乏しかった。井上は読みのメカニズムとしては、次のように論じている[72]。

　　（前略）私たちが何かを読む時の心理過程は、絶えずスキーマを作りながら、またその途中でどんどんそのスキーマを修正しながら読み進んでいく、ダイナミックな活動にほかならないのです。いったん形成されたスキーマと作品の文章の展開とがうまく合致すれば、その文章がよく理解されたことになり、すらすらと安定した読みを続けることができます。

　構築されたスキーマをもとにさらに新たなスキーマを形成し、調節し修正する。そのプロセスこそが読むことに他ならないとしている点が重要である。こうしたスキーマの形成、活用を取り入れた読むこと、授業は、井上が言うように「ダイナミックな活動」になり得るものであり、与えられたテクストを与えられるまま表面的、形式的に読むのではなく、創造的な読みを構築していく手がかりになるものである。
　井上の他にも国語教育の観点から、このスキーマ理論に早くから着目したのが寺井正憲、岩永正史、塚田泰彦である。
　寺井正憲（1987）は、自然科学的な説明的文章を対象に、このジャンル特有の文章構成モデルとして「事象の認定─問い─解決部」を見出し、解決部の差異性によって説明型文章と探究型文章に分けた。そして、こうした文章構成モデルは、当該ジャンルの文章理解には最適であること、したがって、そのような文章構成を備えた文章を教材として、文章理解の過程でテキストスキーマを活用させながら、そのような文章構成を経験させることが重要であることを説いた[73]。
　また、寺井正憲（1988）は、文章理解における読み手の思考状態を捉え

る指標が必要であることを主張した。すなわち、文章理解過程において、文字の分析から全体の意味を積み上げ方式で構成する「上向き（bottom-up）」の処理だけでなく、賦活されたスキーマを枠組みにして仮説を立て、それに基づいて「下向き（top-down）」に処理するという二つの処理が考えられるとし、文章が理解されるためにはこれらが相互交渉しなければならないことを述べた。そして、スキーマを内容処理に関わるものと、構造処理に関わるものとに分けて捉え、説明的文章指導で問題となる内容と形式に当てはめて考察した。その上で、説明的文章指導で批判される読解指導はいずれもボトムアップな思考を学習者に行わせ、文章上に表現されたものを既有の知識構造内に組み込んでいくトップダウンな思考を切り捨てていると指摘した[74]。

　また寺井正憲（1989）では、読み手に筆者の立場を意識化させることで、表現されている題材と表現自体を統一的に理解、学習させる読解指導を「修辞学的読み」と指定し、小田迪夫の「レトリック認識の読み」、西郷竹彦の「説得の論法」、藤井圀彦の「述べ方読み」の指導理論を対象に検討を加え、問題点を指摘した。問題認識・理念の側面からは、検討した諸理論は、最優先されるべき課題である読み手の先行知識に文章の情報（表現も内容も含む）をいかに組み込んでいくか（トップダウンな思考の保障）ということについて、西郷、藤井の提案は対応が不十分であることを主張した[75]。

　岩永正史（1990）では、小学校中学年になると、文章内容が明確に記述された典型的な説明的文章が現れるようになるとして、小学校3年生を対象に、文章の題名（一部）をもとに文章全体を予測すること、ランダムに配列された教材文を児童に与え並べ換えることを行わせ、その実態について考察を加えた。結果、文章全体を見る必要のある場面では、説明的文章の構造についての知識が使われ、児童はトップダウンに文章に取り組んでいること、小学校3年生は、児童の説明的文章の構造についての知識が変貌を遂げ、「説明文＝書き出し＋説明の展開＋まとめ」といった成人の理解・知識に大きく近づいてくることを見いだした[76]。

また岩永正史（1991）では、小学校2、4、6年生を対象に、同一説明的文章教材を一段落ごとに印刷して与え、どのように続きの文章を書くか反応を調査した。結果、小学校2—6年生の説明的文章スキーマは、新奇な情報を提出する「結果」を骨格として、次第にそこへ読み手を導く「設定」や「問題」、新奇な情報の発見に至る「試み」などの要素を獲得する発達過程をたどることを指摘した[77]。

　塚田泰彦（1989）は、説明的文章テクストの読解に先立つ事前指導には、学習者の既有知識の構造とテクストの情報構造との意識的な「重ね合わせ」がテクスト理解を促すとする考え方があることを示した上で、意味マップ法の導入を提案した。意味マップ法というのは、中心となるトピック語を選択し、図の中央に書き、丸で囲む。このトピックにまつわる情報を整理するためにいくつかのカテゴリーを放射線状に表示し、そこに詳細な情報を付け加えていくというものである。この意味マップは、テクストの情報構造と読者の知識構造との仲介者として、理解の共通項によって語彙構造とスキーマとにアナロジカルに結びつくことになる[78]。

　これらスキーマ理論に関わる提案は、寺井正憲（1990）の整理によると、文章理解過程における読み手の先行知識の活用であり、読み手の思考の質を問う視点を持ったものであった[79]。この点において、文章側の因子を問うだけの説明的文章読解指導を否定するものであり、要点・要約等の文章構成読みに画一化されていた説明的文章の学習指導に新たな観点を導入する契機となるものであった。

第3節　説明的文章の学習活動のあり方

　ここまで、学習者が主体的に取り組む説明的文章の授業の構築に向けて、本章第1節では説明的文章の教材論の観点から、第2節では学習内容の観点から先行研究の検討を進めてきた。本節では、三つ目として説明的文章の学習活動そのもののあり方について先行研究を対象に考察する。

　説明的文章の学習が書かれている内容・事柄を取り出し確認することや、文章構成のあり方を形式的に学んだりすることだけであるなら、それは学習者にとっては興味を持って取り組む対象にはならない。説明的文章の教材、学習内容の特性に即した学習活動をどのように構成し展開すべきか、多様性と機能性、価値性などをインデックスに、多くの研究に認められた「筆者」の取扱い、読みの立場、教材の特性の反映等に着目した研究、実践を対象に整理、検討を試みることにする。

第1項　筆者想定法

　説明的文章の学習指導研究が本格的になされたのは、1960年代に入ってからのことであったが[80]、読みの行為のあり方を問題にし、「筆者」の存在を正面から取り上げたものに筆者想定法がある。これには、倉澤栄吉が指導し野田弘・香国研（以下、香国研）が著した『筆者想定法による説明的文章の指導』（新光閣書店、1970年）で示されたものと、倉澤栄吉と青年国語研究会（以下、青国研）による『筆者想定法の理論と実践』（共文社、1972年）で示されたものとがある。野田弘・香国研（1970）の序文において、倉澤は次のように述べている[81]。

　　　説明的文章は、筆者はある特定の状況の中で、必要に迫られ意図に
　　駆られて生産したのである。このときの筆者は、どんな経験のどんな
　　職種のどんな教養を持った人であろうか。これらの要因は必ず文章の

うえに影響を及ぼさざるを得ない。影響どころか、作品の生産原点なのである。

　倉澤は説明的文章における筆者の存在を強調し、特定の筆者が特定の考えや意図を持って生産されたものが説明的文章であると捉えた。したがって、筆者の書こうとするときの意図や目的にとくに注意しなければならないことを主張した。
　倉澤の指導を受けた香国研の筆者想定法は、第一次想定と第二次想定の二つからなる。第一次想定は「筆者そのものの想定—筆者その人の追求」であり、第二次想定は「筆者がどのような調査、どのような研究、どのような文献を資料としたか。作文でいうならば、取材と構想のプロセスを追跡していくこと」である。それぞれの具体的な読みの観点は、著書の目次によると以下のようである[82]。

　　筆者の想定　—筆者の行為の読みとり—
　　　・筆者は、ふだんどんなことを考えていたか
　　　・筆者は、どんな環境にいるか
　　　・筆者は、どんなときに書こうと思ったか
　　　・筆者は、どんな目的をもって文章を書こうとしたか
　　筆者の表現過程の想定　—筆者の文章生産過程をたどる—
　　・筆者は、どのようにして材料を集めたか
　　・筆者は、相手との関係においてどのようにして材料を選んだか
　　・筆者は、目的との関係においてどのようにして材料を選んだか
　　・筆者は、読み手の興味を喚起するためにどのようにして材料を集めたか
　　・筆者は、自分の言いたいことをうらづけるためにどんなくふうをしているか
　　筆者の表現意図のあらわれ　—叙述表現への接近—
　　・筆者は、文末表現にどのようなくふうをしているか

・筆者は、書き出しをどのようにくふうしているか

　「筆者の想定」の内容が第一次想定に、後の「筆者の表現過程の想定」と「筆者の表現意図のあらわれ」の二つの内容が第二次想定に該当する。筆者の存在を前面に出して読みを推進させることで、文章内容を確認しなぞるだけの従来型のものとは異なる読みを産出させようとする意図が見られ、具体的な読み（学習活動）の観点が示されている。
　香国研の筆者想定法は第二次想定までであったが、青国研は次のように第三次想定まで位置づけた[83]。

　　　第一次想定　　文章作成の動機や意図を想定する。
　　　第二次想定　　取材、構想の過程を想定する。
　　　第三次想定　　筆者と直接に対面し、読み手の世界を拡充する。

　香国研も主張していたことであるが、青国研は「その文章を生み出した筆者と、直接に対面しようとする読み」を目ざした[84]。具体的には「『筆者想定法』によって、筆者の世界を豊かに想定するとともに、読み手の世界をも創造することができる」と考えるのであり、「筆者想定法というのは、読み手の主体性を尊重する、開かれた、自由な読みを目ざしている」という考えに基づく実践論であった[85]。香国研では明示しなかった、筆者に従属しない、主体的で自立した読者のあり方を求めることを意図したのが注目される。その意味では、第三次想定の位置づけ、あり方が重要となる。
　青国研は第三次想定を「筆者の想に正確に着地する」前段と「読み手自身の新しい世界をひらく」後段とに分けて捉えた。中学生を対象に、こうした自己世界の拡充を促すためのものとして示された「山頂」という教材を用いた場合の手引きは次のようである[86]。

　　　A　ものの見方、考え方

1　へえー、「……」そんな考え方もあるのかな。一つ勉強させて
　　　　もらった。
　　　2　「……」のところは、ずいぶん古めかしい考えだな。
　　　3　「……」こういうことが言えるのは作者が……、こんな人だか
　　　　らだろう。
　　　4　「……」ここは矛盾しているように思う。むしろ、……このよ
　　　　うに考えるべきではないか。
　　　5　わたしだったら、「……」ここは……と考えるな。
　　　6　「……」ここのところを……さん（……という本）は、……と言
　　　　っていたな。
　　B　材料
　　　1　「……」こんなことが実際にあるのかな。まったく知らなかっ
　　　　た。
　　　2　自分にも「……」これとよく似た経験がある。それは、……
　　　（以下、3、4、5は略）
　　C　表現
　　　（1、2、5は略）
　　　3　わたしだったら、「……」ここは「……」ということばを使
　　　　う。それは……だからだ。
　　　4　「……」ここは断定してもよいのではないか。それは……
　　※　以下、「D　構成」「E　発展」の内容は省略。

　これらの観点は、批判的な読みに該当する。「わたしだったら……」「む
しろ……べきではないか」という構えで臨む学習者は主体的にテクストに
対峙することになり、批判的に吟味し、評価しながら読むことになる。し
かし、「A1、B1、C1、C2は、第三次でいう読み手の拡充にはなら
ないかもしれませんが」という解説[87]にも見られるように、第三次想定
の趣旨に沿った実践の展開という点では、十分な実践研究は進まなかった
と考えられる。

この点について、森田信義（1993）は、束縛と自由の間を行き来するのが読みであるとして「恣意的で野放図な読み手を作らないためには、『検証』としての第三段階（第三次想定のこと―引用者注）は大きな意味をもっている」と指摘した上で、次のように述べた[88]。

　　ところで、この第三段階の指導は、十分に行われているかどうかということは、改めて考えてみなくてはならない。同書（『筆者想定法による説明的文章の指導』のこと―引用者注）の実践に見る限りでは、第三段階の意義、この段階の扱いに揺れが見られる。その揺れも、「離陸」という行為を「着地」よりも重く見るという点では共通している。読み手は、「特定の教材の読み手」であるかぎり、その教材から限りなく自由であるという存在ではない。教材という客観的な存在の仕組みに正対し、その特徴を把握しなくてはならない。読むとは、読み手の論理を尊重する権利とともに、書き手の論理を尊重する義務との相互関係によって成立する行為である。こうした意味では、青国研の第三段階の前半、つまり、読み手の世界の拡充の前段階である「読み手（書き手の意か―引用者注）の想に正確に着地する」という行為を、実践レベルでさらに重視することが課題であったように思われる。

　読み手主体の学習活動、授業を構想するに当たって、筆者の論理、認識のありようを捉えた上での読み手の世界を拡充する方向性、観点を重視しなければならない。単にテクストの内容を読解し読み取るだけの活動から、読み広げ、読み深め、自己を豊かにするための読むことへと展開する学習活動のあり方、発想を筆者想定法から学ぶことができる。

第2項　説得の論法

　西郷竹彦（1978）は、まず子どもたちが読みの対象とする教材は「良い説明文」でなければならないことを主張した。西郷が言う「良い説明文」

とは「(内容の価値はいまさら言うまでもなく)、一読して文章の要旨、筆者の考えがなるほどと納得できるもの」である。そして、その上で筆者の表現の工夫について学ぶことの意義を「説得の論法」として提案した[89]。すなわち、テクストの叙述、展開に沿って、わかりやすさ、おもしろさ、逆につまらなさや納得できるところ、分かるところ、疑問に思うところを捉えていく作業、筆者が読者を相手に、自己の考えや言い分を説得的に述べていく順序や表現の仕方等に対してなされた様々な工夫の跡をたどる読み方を提案した。書かれた内容をそのまま読み取るという従来の読み方とは異なり、筆者を前面に押し出した指導論であった。

　こうした西郷の考えに対し、小田迪夫(1978)は、国語科の学習は認識面と伝達面とが統合された形で扱われることが必要であるとし、表現法分析の観点を伝達・説得に限定せず、読み手意識に基づく伝達法が同時に書き手の対象認識の仕方と深く関わることによって説得性が得られるとする視点を持つことを指摘した[90]。説得するという行為が伝達機能の面からだけ捉えられることを案じ、言語機能のもう一つの核である対象認識の面をも重視することについて言及した。何を取り上げて論じているのかのみならず、何を取り上げなかったのか、論じなかったのか、そうした筆者の認識のありようを問題にする読み手の育成を唱えた。

　また小松善之助(1978)は、読み手が書き手の説得の論法を捉えるには、文章表現の分析が必要であり、ことばの分析をする中で、書き手の認識を捉え、他方でそれに触発されつつ自身の対象についての認識を想起すること、そして、その双方の認識が交流し合いながら書き手の発想をとらえることができる(題材認識と読み手の発想の自覚・変革が行われる)ことを主張した[91]。渋谷孝(1978)は、西郷の言う説得の論法は文章構成法上の類型的な形式であると見られても仕方がないこと、当該教材文が分かるということは論理の裏づけを伴う内容が全体として分かるのであり、その逆の読解指導が終わってから説得の論法などというものが分かるのではないことを指摘した[92]。

　小田、小松、渋谷のいずれも、認識内容を伴わない形式的な表現面から

の論じ方の指導になることに対する疑問の提示であった。単に内容を正確に読み取り、要約することだけに終始する読み方からすれば、書き手（筆者）の表現のありようを説得性の観点から「論法」として位置づけようとした指導は、新たな説明的文章の学習指導の方向性を示すものであったが、その後の西郷竹彦（1985）、西郷竹彦（1988）等では「説得の論法」という表現は後退し、認識の方法と認識の内容を学びとらせることと、その系統性へと主張の軸はシフトしていった[93)][94)]。

第3項　筆者の工夫を評価する読み

　読むという行為を読みの対象である文章と読み手との相互作用であると捉え、読むという行為を教材の極から子どもの極に引き戻し説明的文章の授業づくりを行うことを提言したのは森田信義である。森田は、読むという行為を「教材」の極から「子ども」の極に引き戻して捉え直すことが求められることを主張した。森田のこのような考えは、読むという行為を理解行為にとどまるものではなく、一種の表現行為というべきものであると位置づけていることによっている。

　森田信義（1984）は、読むという行為を読み手の極に近いところから捉えるなら、書き手の存在が自ずと問題になってくると指摘し、「読書行為を内容、ことがらを理解することを主とする」第一層、「表現や論理構造の把握を主とする」第二層、「筆者の立場を追究することを主とする」第三層の三層から捉えた[95)]。

　読書行為を読み手に近い地点から捉えるときには、第一層の読みにとどまるのではなく、第二層の読みの先に第三層の読みが問題になる。そして、第三層の読みの構えを意識するなら、第一層、第二層の読みは各々「なぜ筆者がそれらのことがらを取り上げたのか」「なぜ筆者がそのような論理を用い、表現したか」という観点で捉えることになる。

　読むとは、第一の認識と第二の認識との交渉によって、第三の認識を生み出すことであるとする森田にとって、読み手自身の認識の内容と方法を重視するということは、必然的に筆者の認識の内容と方法を検討すること

になった。森田は、筆者の認識（過程と結果）と表現をつなぐ基本用語として「筆者の工夫」ということばを提示し、第三の認識を生み出すための読みは、「筆者の工夫」を求める読みでなくてはならないと主張した[96]。

森田信義（1989）では「筆者の説明の工夫を確認し、評価する」読みと呼び、次のように述べた[97]。

> この特定の書き手が、私たち読者に対して、何らかの事象についての説明をするために、どのような角度から、どのようなことがらを選び、どのような論理展開で、どのようなことばを用いているのかを確認し、それが、私たちにとって、最も分かりやすく、また、説明されている事象の本質を最も明確に解明しているものであるのかどうかを吟味、評価することこそが、私たちの認識能力を育て、表現意識を高める読みである。

このように「評価」ということばを用い、筆者の認識と表現の工夫を見いだすことを学習内容としても学習活動としても明示し、読み手（学習者）主体の学習活動を展開することで、自立した認識主体の育成を目ざした。

また森田は、第一層、第二層にあたる読みのあり方を「確認読み」（＝何が、どのように書かれているかを文章に即し、確認する読み）、第三層にあたる読みを「評価読み」（＝筆者の工夫は、説明の対象である事象の本質の解明に成功しているのかどうか問う読み）と呼び、評価読みの能力を重視した。

森田の一連の提案は、倉澤栄吉らが筆者想定法を提唱しながらもそれらが実践現場で必ずしも定着しなかったのとは対照的に、文章構成読みの呪縛から解放されないままの感があった授業づくりに筆者の存在を位置づけることで活性化を促す契機となった。

第4項　レトリック認識の読み

小田迪夫は、レトリック認識の読みを提唱した。小田迪夫（1986）は、

説明的文章教材の読みの学習活動が不活発である要因は、説明という文体の抽象的伝達性にあり、その理解に正確性、論理性を求める読ませ方の形式化、画一化を問題視し、読みの活性化の手だてをレトリック（修辞学）に求めようとした。書き手＝筆者は説明対象とする事物、内容について、読み手の理解を容易に、また深めるために表現上の様々な工夫、配慮をする。読み手個々の能力や生活経験、置かれている状況によって理解度は異なるが、それをも踏まえて使用語彙、展開・構成、文体等のレトリックに意識を向ける。その点に着目して指導を行おうというものである。小田は次のように提案する[98]。

　　そこで、書き手のレトリックに感応しにくい読み手学習者に、その感応力を増幅させる手だてがのぞまれることになる。つまり、教材の文体すなわち書き手のレトリックを読み手につなぐといった発想およびその実践力を指導者が持つ必要がある。伝達力の増幅がレトリック本来の役割であることを考えれば、それは、指導者によるレトリックの実践と言ってよい。先に、レトリカルな指導力が教師にのぞまれると述べたのは、その意味であった。説明文教材の指導法の課題の一つがそこにあると考えるのである。

　情報内容が読みの中心になりがちであり、そのレベルの読みにとどまる学習経験で終わってしまうことが決して少なくないのが実践現場での大方の傾向であると言っても過言ではない。レトリックに指導者自身が意識を持つことが前提である。先に述べたように、書き手のレトリックへの感応力、対応力は様々であることを考えたとき、それらの感応、対応のありようを教室内で互いに交流することも意義がある。
　レトリック認識の読みとは「文章の構成・叙述を読み手意識の観点から捉えさせ、それらを説得の表現法として理解させる」読みのことである。小田は説明的文章の読みの内容として「論理」の他に、書き手の論理を読み手に伝える「レトリック」を設定し、得られたレトリック認識を表現力

に転移させるべきものとして位置づけ、要点・要約読みに代表される形式的・画一的な説明的文章の読みの学習を活性化しようとした。そのために、読み手（学習者）をレトリックの場に立たせること、レトリック感受の言語体験を得させる（レトリックの射程内に読み手を導き入れる）ことが必要となることを提案した[99]。

また「レトリックを読む」ことを、書き手と読み手との関係性の観点から次のように述べた[100]。

> （前略）読むことの指導は、結局、書き手の認識の視点と読み手学習者の認識の素地（先行経験や思考力レベルのありよう）を両極として、教材を学習者につなぐ作業であるといえる。情報を読むことも、論理を読むことも、レトリックを読むことも、それらのために構成をとらえ要点・要旨を把握することも、すべてこの二極をつなぐ作業の過程に取り込まれるべきものである。
>
> 教材の文体と読み手をつなぐレトリカルな指導ということも、その文体をもたらした書き手の視点の把握可能な場を作り、そこに学習者を立たせるとともに、そこでの思考・認識活動のさせ方を学習者の状況すなわち認識の素地のありように即して工夫するものとならなくてはならない。

小田は、従来の説明的文章の指導が教材（文章）を学習者に与え、文章構成読みの観点から一方的に内容を読み取らせることに終始していた状況認識に基づき、学習者（読み手）の側からの授業づくりを提案した。説明的文章の主体的な読みを促すためには、書き手（筆者）の視点を踏まえ、自己の認識のありようを相対化し客体化する場を形成することが重要である。学習活動を構成する際に、こうした教材を学習者につなぐ作業、書き手の視点と読み手の素地をつなぐ作業をどのように位置づけていくかが実践上の重要な課題として意識されることになった。

第5項 「筆者」概念についての批判的考察

　ここまで倉澤栄吉、西郷竹彦、森田信義、小田迪夫らの提案を検討する中で、いずれも「筆者」が重要な概念として学習指導に位置づけられていることを認めることができた。説明的文章の学習指導において筆者の存在を重視することの意義や課題については、寺井正憲（1990）が「『筆者』概念」ということばを用いて、西郷竹彦、森田信義、小田迪夫、藤井圀彦の4氏の先行研究を対象に詳細な考察を加えている[101]。寺井は時点の問題として、課題にあげた4点が一層現実化してくるとの判断によって、「筆者」概念の強調に慎重にならざるを得ないことを指摘した。ただ一方で、時点における材料のみで性急に判断を下すことは「筆者」概念の利点と可能性を捨てることにもなるとする危惧を示し、「筆者」概念の有効性についての研究の進展を期待する旨を述べた。

　これに対し、長崎伸仁（1990）は、寺井正憲が「『筆者』概念の強調が教材の絶対化を生むことがある」とした課題について、次のように反論した[102]。

> （前略）西郷氏の考えの基盤は、すぐれた説明文教材から筆者の表現の方法や認識の方法を学ぶ、というところにあるのだから、教材の絶対化を生む可能性は当然ある訳である。しかし、すべておいて「筆者」概念の強調が教材の絶対化を生むとは言い切れない。それは、西郷氏のような考えに適用できるのであり、同じようにその外の「筆者」概念提案者にも適用されるべきではない。

　長崎はこのように指摘した上で、「筆者」概念の範囲をどこまでとするのかが課題であることを示し、「筆者を読む」ことを「筆者の考えを読む」と捉えた上で、この点については検討の余地を残すとしつつも「筆者を読む」ことの有効性を主張した。

　「筆者」概念の導入は、学習活動の多様性と説明的文章というジャンルの特性に対応した学習指導を開発する可能性をもたらすと考えられる。し

かし、寺井の指摘にあるように、学習者の問題を軽視することや教材の絶対化を生むことにならないよう配慮した形で検討されることが望まれる。

第6項　読みの能力を高める学習活動の組織

　小松善之助は、児童言語研究会（児言研）に所属し、一読総合法による読むことの学習の実践研究を推進した。中でも説明的文章について精力的な提言を行った。小松善之助（1969）では説明的文章の読みにおいては対象としている題材についての知識、説明的文章という文章の特性についての知識が必要であり、「どのような事項を、どのように指導したら、子どもの説明文の読解力を高めることができるか」を実践課題にあげている[103]。また小松善之助（1981）においても、説明的文章の学習活動の主要部分は、情報を獲得して実際に知識を深めたり、認識を変えたりすること、その情報を組み立てていることば―日本語の働きを理解し、情報を創造する言語能力を養い育てることの2点から組織されねばならないことを主張している。一貫してことばの力を付ける、説明的文章特有の学習活動のあり方を追究したと言える[104]。

　小松（1969）は、言語分析の面からのアプローチを重視した。これは取り立てて文法指導のようなことを行うものではなく、当該説明的文章の題材、内容理解と直結した形でなされる複合的なものである。小松は「複雑な表現にあっては、この副助詞の理解がその文、文章の理解を左右すると言っても言いすぎではない」と述べ[105]、その指導について「とりかえ法」「とりはずし法」「変形法」などの具体例を示した。

　「具体化・一般化のスピードアップ」と題する読み方では、「『たとえば』で考える」ということ、「『何につながるか』で考える」こと、「コトバの網でとらえる」ことを示している[106]。このうち、「『たとえば』で考える」ということについては、次のような例文によって考え方を示した。

　　むかしは船で一か月もかからないと行けなかった遠い国へ、今は飛行機に乗れば、一日か二日で行ける。（学図、六年下「世界を結ぶ」）

小松によると、この文を理解するということは、表面的に事柄が把握できることではない。「むかしは船で一か月もかからないと行けなかった遠い国」とは、例えばどこの国か、どの海を渡って行ったのかなどの空間の表象が形づくられていないことが多い。単に字面の読みに終わってしまったのでは意味がないと小松は考えるのである。
　小松（1981）では、説明的文章の学習活動の組織に向けて「正しく」「批判的に」「速く」の３点を説明的文章の読みの授業で育てるべき学力（方向目標）として設定した。「批判的に」については、２年生「たんぽぽのちえ」における読みのあり方を例に、具体的に述べている[107]。

　　（前略）ですから彼らは、④、⑤文（④こんな日には、わた毛がしめって、おもくなります。⑤これでは、とおくまでわた毛をとばすことができないからです。―引用者注）の内容を読み重ねてみて「教科書には―と書いてあるんだけど」「―なぜひろがるのかよくわからないね」、「なぜすぼむのか、よくわからない」、「そのわけをもっと詳しく知りたい」という、新しい追求課題を自覚します。これがわたしのいう「批判的に読む」ということの低学年的水準の例なのです。「自分自身の反応―既有知識・情報との照らし合わせを自覚しつつ、ことばを吟味しながら読むこと」と言いかえてもよいほど広い概念です。「批判的に読む」というと、「悪い文章にケチをつけること」と受けとられることがありますが、そうではありません。弱点の少ない（ない）文章を読む場合にも、このような読みの態度、能力が当然大切なのです。読みの能力において批判性は欠くことのできない構成要素であり、読みの本性だと思うのです。

　低学年の段階から、単に情報を受容し確認するだけの読みではなく、自己の既有知識と対応させ批判的に内容、表現を検討させようとしており、小松が学習者を主体的な読者、認識者、表現者に育てようとしている指導

の意図を見ることができる。

　小松は5年生「魚の感覚」の実践において図式化の学習活動を取り入れた[108]。教材文に書かれている「魚の視覚」の実験過程―実験内容、実験の結果、実験結果からの判断（結論）などを正確に読みとらせることを当該時間の授業のねらいとし、そのねらいを達成するために、主な学習活動として次に示すような形式によって、図式化のノート作業を行わせた。

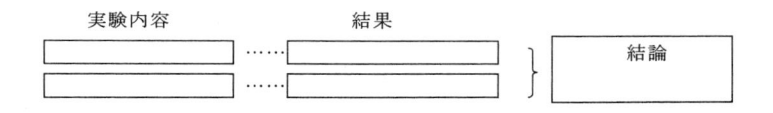

実験内容	結果	結論
	……	
	……	

　小松はこの図式化の作業を行うには「要点づかみ」を確実に行わなければならないこと、前時の授業との不断の関係づけも必要になることを指摘した。また、こうした「図式化法」は文章の展開という抽象度の高い理解内容に具体的な外形を与えるもの、読みの思考を進めるための外的行為であると述べている[109]。

第7項　構造、要約、要旨を読む学習指導過程

　大西忠治（1981）は、文学作品の読みの読解指導で採用されてきた通読、精読、味読からなる三読法に対応させて、説明的文章の学習指導過程を「構造読み」「要約読み」「要旨読み」の三段階で捉えた。

　「構造読み」については、読みの初期段階において、文章全体を概括的にとらえること、その際に説明的文章の基本構造である「前文、本文、後文」（「序論、本論、結論」）の枠組みに即して大きく捉えることとして位置づけている[110]。内容について深く読んでいる段階ではないため、分析的で詳細な読みに基づく枠組みの決定は無理である。しかし、基本構造に即した読み方を意識し、大まかな文章展開のありようを頭に置きながら内容を細かく読み取ろうとする読みの構えを形成することには資するものがあると思われる。

　精読に相当する「要約読み」については、「一文一文、一段落一段落を

こまかく読み込んでいくこと」「文章構造読みで、いくつかにまとめたそれぞれのなかみを要約していくこと」と位置づけた[111]。大西はこの「要約読み」の方法として、いくつかの段落の中の「柱になる段落」と「柱以外の段落」を読み分け、柱になる段落を要約として把握することをあげている。

　味読に相当する「要旨読み」については、「こまかく読みとってきた要約をふまえて、何がこの筆者の一番強く言わんとしたことか──つまり筆者の意図を把握理解し、それについて、読み手が自分の判断を持ち、ある場合、それを文章に対置してみる段階」と説明している[112]。

　ここでは、筆者の一番強く言わんとしたこと＝筆者の意図を読むこととしており、要旨を読むことは直接的に出てきていない。しかし、大西は筆者の意図、筆者の言いたいことというのはかならずしも正確な言い方ではなく、筆者のというのならそれは憶測になってしまうこと、筆者の意図は筆者に尋ねてみなくてはわからないし、筆者の意図は、筆者にたずねてみても、文章にはそのとおりが表現されているとは言いがたいことを指摘し、文章の中で、文章全体を通して書かれている要旨・論旨を理解し把握することだという方が正確だと述べた。しかし、学校教育、国語教育の現場では、この文章の中に書かれている要旨・論旨を「筆者のいいたいこと」「筆者の意図」と言い慣れているために「要約読み」としたと説明している。語句の使い方、表現の仕方に違いはあっても、最終的に再度文章を全体的に捉え、文章が語っているものを把握する読み方を位置づけ、自分の考えと筆者の考えとを照らし合わせ、新たな考えを創造する段階を位置づけていることは重要である。

第8項　表現形式を変換して読む学習活動

　要点、要旨をまとめる等に代表される、説明的文章の要素分析的読解活動から脱却し、子どもたちが意欲的に取り組む学習活動の考案・展開を試みたものに、青木幹勇の一連の実践[113]がある。青木実践の特徴は、書くことを学習活動の中核に位置づけ、表現形式を変換して読むこと、すなわ

ち教材本文を表化、絵図化したり、本文の文体を換えたりすることで読みを深めるようとしたことにある。

1 主体性の重視について

「一万一千メートルの深海へ」という5年生の記録文を用いた実践では、時刻を軸に書かれている本文の記述の特徴を生かし、表化する学習活動を導入している[114]。文章内容、情報をそのまま受容するのではなく「文章を、平面的に読まないで立体的・関係的に読んでみようというもくろみ」として位置づけたものである。具体的な表化活動としては、表の項目名（時刻、深度等）を決定し、文章を読んで内容を表の中に書き込んでいく作業を位置づけている。

その際、青木は「問題は、深度の右へのばしていく項目をどうするか、どのような項目を掲げれば記述内容がうまく整理されて、この冒険が立体的に読みとれるかということです」と述べ、学習者自身が表の項目を決定することを学習活動として重視している。学習者によって最終的に作成された表の枠組みとしては、時刻から右へ、深度、船の状況、深海の状況、感動という順序に項目が設定されている。

記述内容を表化する活動を導入する場合、授業展開上の混乱、煩雑さを避け、効率的に進めたいがために、形式や観点などについては指導者側で統制することが多くなりがちである。しかし青木実践では、本文を表の形に変換する際にも学習者の発想や考え方を意図的に生かそうとする姿勢が見られる。

これら学習者の主体性を重視した表化活動が取り入れられている背景には、図式・図表をかく際の留意点・工夫点としてあげている、以下のような青木の考え方が反映されている[115]。

　　1　図式は複雑でないこと。
　　2　教師が考えた図式を子どもに押しつけないこと。
　　3　子どもの自由な発想による図式化が望ましい。ただし、全員をこ

の学習に取組ませるためには、手引指導が必要である。
　　4　図式化は抽象化です。統括つまりまとめでもあります。低学年の
　　　子どもや下位の子どもには抵抗があります。そこで絵画化を混用す
　　　ることも考えられます。
　　5　全文章の図式化はむずかしい。部分的なところの図式化をたびた
　　　び学習させる。

　学力が低位な学習者には指導者側で枠組みを与えることがあっても、基本的には学習者の発想を大事にし、彼らの見方、考え方で図（表）を構成させることを強調している点が特徴である。シンプルな形式を重視していること、抽象的思考や総合的思考が要求されることから、手引きの必要性や部分的で継続的、反復的な図表化を提言した。

2　学習展開への配慮について

　図式化等、教材本文の表現形式を変換する読みを導入する際に、青木は学習展開に配慮を施している。「一万一千メートルの深海へ」の場合には、表化する活動をその後の学習にどう生かすかについて指摘した。青木は「この情報整理ができたからといって、読みの学習が完了したわけではありません」と述べ、各自の整理した情報や知識をもとに次のような授業を展開している[116]。

　　○深度をいくつかの段階に区切り、深度差による海の状況と比較す
　　　る。
　　○潜水速度と、船の操作との関係を考えてみる。
　　○ふたりの探検家の心境の動きを、追ってみる。

　こうした学習を青木は「この学習のポイントは、時間にそっていわゆる線状的に書かれた記録を、面にひろげてみたというところ」だと分析している。表現形式を変換することで、線から面へと学習に幅と深みを出そう

としているが、さらに広がりを持たせるために、上記三つの学習活動を展開していると考えられる。

　表化や図式化の活動が、その活動の中で閉じてしまわないように学習の流れを意識しなければならない。表化する活動の前後の学習活動をどのように展開するかについての吟味は、表化すること自体が目的化してしまう事態を避ける意味でも検討を要する。表化するプロセスと表化後の学習とが論理的思考力に培う観点でつながっていかないと、労多くして実りが少ないということになりかねない。

3　青木幹勇の表現形式を変換して読む学習活動のまとめ

　青木幹勇の表現形式を変換して読む学習活動の特徴をまとめると、次のようである。

　○表化、絵図化のいずれにおいても、学習者の発想、見方、考え方を大切にし、主体的な学習を志向している。すなわち、学習者自身が自力で教材文の表現形式を変換して読むことができるよう授業展開を工夫している。

　○情報内容を再構成し、情報を活用、生産することに培う要素があるため、総合的な学習におけるレポート作成などの表現学習に資する意味でも見直されるべき点が多い。

　○表化すること等、表現形式を変換することそのものが目的化するのではなく、当該教材の読みの（授業の）全体構造の中で、すなわち前後の学習展開のありようと対応させる形で、表現形式を変換して読むことの位置づけを適切に図ろうとしている。安易な、方便としての単発的な導入には陥っていない。

　従来の要素分析的読解活動にとらわれた学習活動によって構成されている学習指導から脱却するために、青木実践に見られた「表現形式を変換する読み」は、実践の場に様々に適用できる要素を持つものと考えられる。

第9項　教材の特性を生かした読み

　長崎伸仁（1997）は、説明的文章の授業改革について、教育改革の作業の際に用いられたスクラップ・アンド・ビルドの概念を援用し、「正しさ」をスクラップし「確かさ」と「豊かさ」をビルドすべきとして、比喩的にスクラップの対象となる「正しさ」だけを追う読みは「教材の枠に拘束された読み」であり、ビルドの対象となる「評価読み」や「納得」の読みは「教材を突き抜ける読み」だと位置づけた。長崎が主張するのは、教材の特性を的確に捉え、それを指導に生かしていくというものである。すなわち「ある時は、教材や筆者から学び、またある時は、教材を厳しく捉え、筆者の意見や判断などに対して、学習者自らが真正面から関わっていく」ことをめざす読みである[117]。具体的には「論理の整合性を考える」「イメージ化しながら読む」「筆者を読む」「描きながら読む」「視点を変えた読み」などの方法を提案した。

　このうち「論理の整合性を考える」については、「冒頭部と結論部に着目した読み」「問題提示を有しない教材に問題提示を作る」「全体構造の中で、ある文章（段落）の必要性の有無を考える」「内容を補足して読む」などの特徴的な実践が報告されている。

　「全体構造の中で、ある文章（段落）の必要性の有無を考える」ことの場合、長崎は次のように述べた[118]。

　　（前略）書き手の論理を鵜呑みにするのではなく、読み手の論理から、「この文章（段落）は、全体の構造から考えると、なければいけないのか」というように、積極的に教材に働きかけることにより、結果的に、論理的認識力や思考力を培おうとするのである。このように、読み手の論理から、教材に積極的に働きかける学習行為では、「教材」を「学習材」と捉える視点が決め手となる。

　こうした考えにもとづいて、6年「マリモの秘密」（学図）の実践では「③～⑥段落に書かれているアイヌ民話は、この説明文にとって必要な事

柄といえるのかどうか」について学習がなされている。教材の特性を把握し、それに即応した学習活動を構成することが、学習者の主体的な読みの行為を生成することにつながることを長崎の提案は示している。

第4節　先行研究から得られた成果と課題

　本章では、学習者が主体的に取り組むことができる説明的文章の学習活動を見いだすために、「説明的文章教材の特性」「説明的文章の学習内容」「説明的文章の学習活動のあり方」という三つの観点から、概ね1960年以降の説明的文章の学習指導に関する先行研究を検討した。得られた成果と課題は、以下のようである。
　「説明的文章教材の特性」に関しては、自律性にしろ文体的特徴にしろ、「子どもが読むことにとって」という視点を導入することによって、その捉え方を変えねばならないことが示唆された。例えば、当該テクストの表現が十分であるか否か、わかりにくいか否か等は、読者である子どもにとってどうかという視点を外さないことが肝要である。読者である子どもを想定して、潤色性を施した説明的文章の文体に意識を向けることができる指導者は、文体の持つイメージ性、抽象性、曖昧性等の特性を楽しく、主体的に読む学習活動の開発に生かしていけるはずである。森田信義（1988）は、こうした教材の捉え方について、指導法の前提となる指導者の読みそのものの性格と質、つまりは教材研究としての読みの性格と質こそが問題にされなくてはならないことを指摘した[119]。指導者がどのように説明的文章としての特性を把握すべきか、そのことの重要性と、そのための手がかりを確認できたことが成果である。
　次に、「説明的文章の学習内容」に関しては、一般的に共通理解がなされていると思われている論理的思考力・認識力についても、その内容や系統のあり方の本質、概念整理を求めて研究がなされてきた。何をこそ学ぶべき（指導すべき）内容として定めるか、このことの明確化は主体的な学習を創出するための根本である。指示語の検討と要点見つけ、要約活動を行うことが論理的な思考力を育てる授業なのであるという漠然とした画一的な意識が、説明的文章授業を無味乾燥なものにしてきた。

その点で、類推・想像する力や情報活用力、さらには認知科学の見地からスキーマ等が説明的文章の学習内容として位置づけられるようになったことは、学習者の考え、読み方、反応等から授業を構築しようとする実践への試みの契機となった。また、それは同時に説明的文章授業の多様性をもたらすことにも機能することとなった。ただ、実際の学習活動、学習指導過程といったレベルでは、必ずしも十全な成果が上がったわけではなかった。

三つ目の観点である「説明的文章の学習活動のあり方」に関しては、先の「説明的文章教材の特性」や「説明的文章の学習内容」における研究成果と何らかの形で連動したり、あるいは独自に開発、実践されたりしていった。筆者の存在をどのように意識化させるか、筆者の立場での読みをどのように行わせるかに配慮した実践が多く見られるようになったが、それは読者としての主体をどう確立するかという問題に正対することでもあった。筆者の表現意図、工夫をテクストの内容（価値）の側面と展開構造の側面から関連的、統合的に評価、批判しながら読む学習活動をどのように構成するかについては、実践的な解明は十分にはなされていない。

説明的文章の特性を生かした学習活動の展開という面では、小松善之助、青木幹勇、長崎伸仁などが独自の成果をあげた。学習者側から発想された主体的な説明的文章の学習としての独自性を追究していく素地が各氏の実践研究によって構築されたと見ることができる。言語活動を多彩に関連させ、表現形式を換えることで説明的文章の読みを促進させ、学習内容の習得へ導こうとしていた点が共通していた。

以上、画一的で、操作主義的な学習活動から脱却する要素を、三つの観点での先行研究から様々に見いだすことができた。しかし、そこには整理すべき課題もある。

まず、三つの観点それぞれにおいて示された要素を、例えば「説明的文章教材の特性」であれば、その内部の要素として実践に活用できる形で、どのように整理しインデックス化して明示するかという課題である。先行

研究で得られた、学習者の側から教材の特性を捉える観点をどのように整理すれば、学習活動を構想することに生きてはたらくかである。これは「学習内容」「学習活動のあり方」についても同様である。

　もう一つの課題は、仮に各観点の内部の要素が実践に機能する形で整理できたとして、次にそれらをどのように連関させ、組み合わせて学習者が主体的に取り組むことができる、説明的文章の学習活動としてふさわしいものに構成していくかということがある。すなわち、学習活動を発想・構想するための各観点における要素相互の関連のあり方の要諦、手順といったことについては明らかになっていない。例えば、学習内容としてのスキーマの重要性は理解したが、それは教材の特性のどういったところに着目するとよいのか、そして、それらをどのような言語活動の、どのような関連のさせ方でなすことが可能となるのか、そうしたことについての包括的、構造的な実践的知見は乏しい。この点の解明が必要である。

　また、こうした子どもがテクストをどのように捉えるのかといった問題については、植山俊宏が行った一連の読者反応研究[120]のようなものの成果にも学ぶ必要があるだろう。植山俊宏（1987）は、説明的文章の読みの過程の実態を認識過程に視点をおいて分析し、説明的文章の読みの過程がどのような条件によって、いかに規定されているかを究明しようとした[121]。植山は説明的文章の読みの過程を規定する条件として、教材側と読者側二つの条件を想定し、前者の具体的条件としては文章展開、叙述を、後者としては基礎的な読解力、読み以前の認識状況、叙述への反応力を置いた。結果としては、読みを規定する条件の中で、叙述への反応力を最も重要な条件とすることができるとした。叙述への反応力として設定したのは、以下の内容である。

　　・認識の場へと導く叙述への反応力
　　・既有の認識内容・認識方法をゆさぶる問いかけの叙述への反応力
　　・認識の関係づけを促す説明的な叙述への反応力
　　・事実・事象のイメージ化を促す描写的・比喩的な叙述への反応力

第1章　先行研究の検討

・認識の総括へと導く要約的な叙述への反応力
・事実・事象の具体的な把握を促す数量・時間を表す叙述への反応力
・認識のまとまり・関係づけを促す判断・決定を示す叙述への反応力
・発展的な認識への誘導を行う文章終結部の叙述に対する反応力

　ここに取り上げられた観点の叙述への反応のありようを意識することで、学習活動の構成のあり方は変わってこよう。
　第2章では、本章で見いだされた説明的文章教材の特性（説明的文章の文体が持つイメージ性、抽象性等、子どもたちが読むという観点を配慮した捉え方）、学習内容（類推・想像する力や情報活用力、スキーマ等）、学習活動のあり方（筆者の立場での読み、言語活動の多彩な関連等）それぞれにおける特徴が実践においてどのように把握され具体化されているのか、またいないのかについて、実践記録における単元の学習指導過程の分析を中心に行うことによって検討する。

注
1）渋谷孝（1999）『説明文教材の新しい教え方』明治図書、p.1
2）渋谷孝（1973）『説明的文章の指導過程論』明治図書、1982年7版
3）同上書、pp.7-10
4）同上書、pp.10-13
5）同上書、pp.14-15
6）大西忠治（1981）『説明的文章の読み方指導』明治図書、p.41
7）同上書、p.45
8）寺井正憲（1987）「自然科学的な説明的文章における文章構成モデル―問いに対する解決過程としての説明・探究の論理に着目して―」『人文科教育研究』人文科教育学会、第14号、渋谷孝編集・解説『国語教育基本論文集成　第15巻国語科理解教育論（5）説明文教材指導論Ⅱ』明治図書、pp.500-525に所収
9）浜本純逸（1988）「説明的文章の構造と文学作品の構造」『国語科教育』全国大学国語教育学会、第35集、pp.28-35
10）渋谷孝（1980）『説明的文章の教材研究論』明治図書、p.127

11）同上書、p.133
12）同上書、p.103
13）同上書、p.199
14）同上書、p.59
15）同上書、p.148
16）同上書、p.109
17）小田迪夫（1986）『説明文教材の授業改革論』明治図書、pp.20-21
18）井上敏夫が、明治・大正期の読本の教材用文体を「説明機能の潤色」と呼び、その潤色の仕方を＜対話＞化、＜韻文＞化、＜物語文＞化、＜独話講話＞化、＜日記文・生活文＞化、＜手紙文＞化の7種に分類していることを、小田は同上書 p.25 において指摘している。
19）17）に同じ、p.31
20）17）に同じ、p.211
21）17）に同じ、p.34
22）17）に同じ、p.37
23）17）に同じ、p.42
24）長崎伸仁（1997）『新しく拓く説明的文章の授業』明治図書、p.114
25）同上書、p.123
26）同上書、p.126
27）井上敏夫（1995）『説明的文章の読み方読ませ方』光村図書、pp.62-63 において、潤色性とは、色づけして潤いを持たせることであり、「糖衣化」であるとし、ドライな説明的文章も、近代では、潤色したり糖衣化したりして、できるだけ読み手の方に近づいてくるような書きぶりになっていると述べている。
28）2）に同じ、p.99
29）倉澤栄吉（1972）「説明的文章の教材化について」『講座説明的文章の教材研究　第四巻』明治図書、pp.7-16
30）青木幹勇（1965）「論理主義の強い圧力」『教育科学国語教育』明治図書、No.75、pp.32-36
31）櫻本明美（1987）「説明的文章の教材に関する研究」『国語教育攷』「国語教育攷」の会、第3号、pp.49-65
32）10）に同じ、p.26
33）10）に同じ、p.27
34）1）に同じ、p.27
35）井上尚美（1977）『言語論理教育への道―国語科における思考―』文化開発社

36) 井上尚美（1989）『言語論理教育入門―国語科における思考―』明治図書
37) 井上尚美（1998）『思考力育成への方略―メタ認知・自己学習・言語論理―』明治図書
38) 36) に同じ、pp.32-36
39) 36) に同じ、pp.52-53
40) 36) に同じ、p.49
41) 36) に同じ、p.52
42) 36) に同じ、p.87
43) 36) に同じ、p.100
44) 36) に同じ、p.89
45) 36) に同じ、pp.87-88
46) 藤原宏（1987）「国語学力論序説」『思考力を育てる国語教育』明治図書、pp.22-23
47) 同上書、p.24
48) 櫻本明美（1995）『説明的表現の授業―考えて書く力を育てる―』明治図書、pp.21-24
49) 西郷竹彦（1985）『説明文の授業　理論と方法』明治図書、p.1
50) 西郷竹彦（1983）「認識と表現の力を育てる系統指導」『文芸教育』明治図書、40号、pp.6-32
51) 浜本純逸（1984）「認識と表現の力を育てる系統指導について」『文芸教育』明治図書、44号、pp.57-64
52) 長崎伸仁（1989）「説明的文章の読みの系統―西郷竹彦氏の場合―」『国語科教育』全国大学国語教育学会、第36集、pp.43-50
53) 森田信義（1984）『認識主体を育てる説明的文章の指導』渓水社、p.2
54) 同上書、p.25
55) 同上書、pp.12-13、pp.65-67
56) 植山俊宏（1996）「言語論理の教育―説明的文章学習による論理的認識力育成の実質―」田近洵一編集代表『国語教育の再生と創造―21世紀へ発信する17の提言―』教育出版、pp.156-168
57) 同上書、p.167
58) 植山俊宏（1998）「説明文における事実表現の読み―＜説得＞と＜納得＞を軸にして―」『月刊国語教育研究』日本国語教育学会、No.320、pp.28-33
59) 大槻和夫（1998）「言葉と事実」『月刊国語教育研究』日本国語教育学会、No.320、p.1
60) 難波博孝（1998）「説明文指導研究の現状と課題」『国語教育の理論と実践　両輪』神戸大学発達科学部　浜本研究室内　両輪の会、pp.6-15

61) 2) に同じ、p.99
62) 10) に同じ、p.271
63) 2) に同じ、pp.99-100
64) 渋谷孝（1984）『説明的文章の教材本質論』明治図書、p.128
65) 小田迪夫（1986）『説明文教材の授業改革論』明治図書、pp.27-28
66) 渋谷孝（2008）『国語科教育はなぜ言葉の教育になり切れなかったのか』明治図書、p.65
67) 小田迪夫（1996）「説明文の指導―何のために、何を、どう学ばせるか―」小田迪夫・渡辺邦彦・伊崎一夫編著『二十一世紀に生きる説明文学習―情報を読み、活かす力を育む―』東京書籍、p.12
68) 国語教育実践理論研究会編著（1996）『情報化時代「説明文」の学習を変える』学芸図書
69) 同上書、p.24
70) 同上書、pp.24-25
71) 井上尚美（1983）『国語の授業方法論』一光社、pp.36-37
72) 同上書、p.38
73) 寺井正憲（1987）「自然科学的な説明的文章における文章構成モデル―問いに対する解決過程としての説明・探究の論理に着目して―」『人文科教育研究』人文科教育学会、第14号　ここでは渋谷孝編集・解説『国語教育基本論文集成　第15巻国語科理解教育論（5）説明文教材指導論Ⅱ』明治図書、pp.500-525　によった。
74) 寺井正憲（1988）「説明的文章の読解指導論―認知的側面からみた形式主義・内容主義の検討―」『日本語と日本文学』筑波大学国語国文学会、8号、pp.9-17
75) 寺井正憲（1989）「説明的文章の読解指導における現状―『修辞学的な読み』の指導に関する問題―」『文教大学国文』文教大学国語研究室、第18号、pp.15-29
76) 岩永正史（1990）「ランダム配列の説明文における児童の文章理解」『読書科学』日本読書学会、第131号、pp.26-33
77) 岩永正史（1991）「『モンシロチョウのなぞ』における予測の実態―児童の説明文スキーマの発達―」『読書科学』日本読書学会、第138号、pp.121-130
78) 塚田泰彦（1989）「読みの事前指導における意味マップの活用法について」『国語科教育』全国大学国語教育学会、第36集、pp.75-82
79) 寺井正憲（1990）「説明的文章の読解指導研究の文献レビュー―問題状況に関する現状認識を中心に―」『国語指導研究』筑波大学国語指導研究会、第

３集、pp.21-38
80）小田迪夫（1996）「読解力の内実と読解過程のさらなる研究を」『戦後国語教育研究の到達点と改革課題』明治図書、pp.93-94　この中で小田は「説明的文章教材が文学教材と領域を画して、独自の読解指導の目標や方法を求めるようになったのは、一九六〇年代に入ってからのことであった」と述べている。また、同書所収の森田信義「一九六〇年代の理論と実践」（pp.95-96）においても、「一九六〇年代の終わりに、児童言語研究会の林進治氏の著書『一読総合法による説明文の読解指導』によって、『説明文』（説明的文章）というものが、『文学』に対して、どのような機能を有するものであるかが、ほぼ明らかにされている」と述べている。
81）野田弘編／香国研著（1970）『筆者想定法による説明的文章の指導』新光閣書店、p.1
82）同上書、pp.5-7
83）倉澤栄吉・青年国語研究会（1972）『筆者想定法の理論と実践』共文社、pp.151-171
84）同上書、p.151
85）同上書、p.154
86）同上書、pp.169-171
87）同上書、p.171
88）森田信義（1993）「説明的文章指導論の史的研究　Ⅱ―『東京都青年国語研究会（青国研）』の場合―」『広島大学学校教育学部紀要』広島大学学校教育学部、第Ⅰ部、第15巻、pp.13-26
89）西郷竹彦（1978）「説明文指導のめざすもの―説得の論法を中軸として」『文芸教育』明治図書、24号、pp.6-26
90）小田迪夫（1978）「必要条件として活かすべき提案」『文芸教育』明治図書、24号、pp.26-34
91）小松善之助（1978）「読解との関連があいまい」『文芸教育』明治図書、24号、pp.35-42
92）渋谷孝（1978）「自律的世界の全体的な理解の必要性―西郷氏の提案を全面的に否定する」『文芸教育』明治図書、24号、pp.35-42
93）西郷竹彦（1985）『説明文の授業　理論と方法』明治図書
94）西郷竹彦（1988）『説明文の指導―認識と表現の力を育てるために―』部落問題研究所出版部
95）森田信義（1984）『認識主体を育てる説明的文章の指導』渓水社、pp.12-13
96）同上書、p.88
97）森田信義（1989）『筆者の工夫を評価する説明的文章の指導』明治図書、

p.49
98) 17) に同じ、p.42
99) 17) に同じ、p.113
100) 17) に同じ、p.114
101) 寺井正憲（1990）「説明的文章の読解指導論における『筆者』概念の批判的検討」『読書科学』日本読書学会、第133号、pp.110-120
102) 長崎伸仁（1990）「『筆者を読む』の理論的考察」『国語教育攷』「国語教育攷」の会、第6号、p.59
103) 小松善之助（1969）『説明文読解指導の構想』明治図書、p.17
104) 小松善之助（1981）『楽しく力のつく説明文の指導』明治図書、p.1
105) 103) に同じ、p.25
106) 103) に同じ、pp.38-45
107) 104) に同じ、pp.15-16
108) 104) に同じ、p.141
109) 104) に同じ、p.162
110) 大西忠治（1981）『説明的文章の読み方指導』明治図書、pp.148-150
111) 同上書、p.150
112) 同上
113) 代表的なものとしては、『問題をもちながら読む』『書きながら読む』『考えながら読む』（いずれも明治図書、1976初版、1989新装版初版）、『第三の書く　読むために書く書くために読む』国土社、1986年所収の実践などがある。
114) 青木幹勇（1976）『考えながら読む』明治図書、1989年新装版初版、pp.91-102
115) 青木幹勇（1986）『第三の書く　読むために書く書くために読む』国土社、p.111
116) 114) に同じ、p.102
117) 24) に同じ、p.15
118) 24) に同じ、p.75
119) 森田信義（1988）「説明的文章の教材研究論（1）」『広島大学学校教育学部紀要』広島大学学校教育学部、第Ⅰ部　第11巻、pp.77-89
120) 植山俊宏（1986）「説明的文章の読みを規定する条件」『国語科教育』全国大学国語教育学会、第33集、pp.115-122、植山俊宏（1986）「認識変革・認識形成の契機となる説明的文章の叙述―学習者の反応を手がかりとして―」『広島大学大学院　教育学研究科博士課程論文集』広島大学大学院教育学研究科、第12巻、pp.117-123、植山俊宏（1988）「説明的文章の読みにおける

児童の反応力と認識形成との関わり―発達論的考察を通して―」『国語科教育』全国大学国語教育学会、第 35 集、pp.36-43 などがある
121) 植山俊宏（1987）「説明的文章の読みの過程―読みの実態調査の検討を通して―」『教科教育学会紀要』広島大学教科教育学会、第 4 号、ここでは『国語教育基本論文集成　第 15 巻／国語科理解教育論（5）説明文教材指導論Ⅱ』明治図書、pp.525-548 所収の同論文によった。

第2章　説明的文章の学習指導過程における
　　　　学習活動の実態

　本章では、前章で見いだされた教材の特性、学習内容や学習活動のありようの特徴が実践においてどのように把握され具体化されているのか、いないのかについて、実践記録における単元の学習指導過程の分析を行うことによって検討する。その分析結果を踏まえながら、説明的文章の授業に対する学習者の好意性、主体性を高め、論理的思考力・認識力に培う学習指導過程ならびに学習活動を設定するための要件を探ることにする。これは理論から実践の内容や方法を規定していくというアプローチではなく、実践のありようからそこに内在する学習指導過程構築のための要件を探ろうとするものである。記録・報告されている学習指導過程は、何らかの理論的影響を受けている場合があるにせよ、教師が学習者を目の前にし、具体的教材を取り扱うにあたって構想し、実践したものである。したがって、そこには様々な実践上の問題点や工夫が内包されているはずである。こうした点において実践記録における学習指導過程の実態分析を試みることには意義がある。

　分析を行うに際しては、年代的に2期に分けた。一つは1980年―1996年（第1節）であり、もう一つは1997年―2006年（第2節）である。植山俊宏（2002）は、説明的文章領域における実践研究の成果と展望を考察した中で、1960年代に始動した説明的文章指導論は、1970年代に入り60年代の積み上げの他、情報化社会の到来への対応、読解指導から読書指導への展開、筆者想定法やレトリック認識の読み、説得の論法の読みなどの新しい指導法の提案が行われ、総じて、原論、基礎論的探究よりも方法論への関心が高く、その開拓が進んだ時期であると分析した。そうした前提に立って、1980年代以降の状況について、次のように述べた[1]。

第2章　説明的文章の学習指導過程における学習活動の実態

　　総括すれば、1980年代は、理論研究的には、それまでの説明的文章指導論を集約し、問題を構造的に整理した時期といえる。また実践理論面では、核となる指導法を確立した上でその有効性を提唱する実践が行われた。またこれまで中心であった指導過程論をさらに実証的に発展させる意味で授業研究論への着手が見られた時期でもあった。
（中略）
　　1990年代に入って、それまでの成果を生かして、一定の視点や視座を示した上で、多様、多彩な指導過程・指導法が提案され、授業による検証を重ねる状況が出現した。

　この植山の整理によると、1980年代は指導法や指導過程論の充実期、1990年代は80年代の研究・実践成果を生かした拡充・発展期とも解釈できる。すなわち説明的文章が本格的に実践されていった過程の時期とも言える。本章の分類でいうと1期目（1980年—1996年）にほぼ該当する。2期目（1997年—2006年）は、植山の考察にはないそれ以降の実態ということになる。
　一方で学習指導要領との対応も考慮することが必要である。平成元年版学習指導要領が出されたのが1989年であり、以後10年間にわたって1997年まで実践現場に影響を与えた。「新しい学力観」が提唱され、小学校低学年では社会科、理科が廃止、新教科「生活科」が設置され実践研究が盛んになされた時期であった。国語科では「表現」「理解」の2領域編成最後の学習指導要領である。この点においても分析対象とした1980年—1996年と重なる。次の平成10（1998）年版学習指導要領では国語科の領域編成は「話すこと・聞くこと」「書くこと」「読むこと」の言語活動を観点としたものに変わった。「伝え合う力」がキーワードとして新たに登場し、コミュニケーション能力重視が叫ばれた時期でもあり、実践の様相も変化を見せた。平成20（2008）年版の学習指導要領が出るまでの時期、すなわち平成10年版の学習指導要領下での実践の実態ということでもある。

こうしたことからも実態分析に際しては、1980年—1996年と1997年—2006年の2期に分け、とくに後者の2期目の実態分析においては前者1期目の実態と比較検討する形で分析、考察することにした。

第1節　1980年—1996年の実態について

第1項　実態分析の方法
　説明的文章における単元の学習指導過程の実態分析を行うにあたっては、実践記録における単元計画の記述に着目し、その内容から類型化を試みた。記述されている単元計画は、部分的・形式的記述にとどまっているともいえるが、一方そこには学習指導の道筋が端的に示されていると見なすこともできる。
　分類にあたっては、従来の説明的文章実践の主流となっていた要素分析的な読解活動を中核とする学習指導過程を「標準型」とした。それ以外の要素分析的読解活動にとらわれない学習活動を位置づけようとしている学習指導過程を「試行型」と見て、作業仮説的に次の三つのタイプを想定し、分析・類型化を行った。
　　「標準型」…………要点、要約、構成等の要素分析的な読解活動が単元計画の中核となっている事例。
　　「部分試行型」……標準型の事例には見られない特別な活動（すなわち要点・要約等の要素分析的な読解活動にとらわれない活動）が配されているが、どちらかというと部分的・突発的な位置づけになっているもの。
　　「全体試行型」……標準型の事例には見られない特別な活動（すなわち要点・要約等の要素分析的読解活動にとらわれない活動）が配されており、それらの活動に何らかの一貫性が認められるもの。
　具体的には、実践記録の単元計画を検討し、記されている学習活動を

「はじめ」「中」「終わり」の3段階に振り分けて位置づけ、その上で標準型、部分試行型、全体試行型のうちのどれに該当するかを決定し整理した。なお対象とした実践記録は、すべて『実践国語研究』（明治図書）所収のものとした。これは『実践国語研究』が比較的特定の主義主張にとらわれない実践事例を掲載している全国誌と判断したことによる。文献は1980年—1996年までのもの（全112実践例）とした。

第2項　実態分析の結果と考察

1　類型別の割合

表2-1は調査実践数（112事例）に占める各類型の割合を示したものである。また表2-2は各類型の実践例である。全学年を通しては標準型が69％を占め、部分試行型の17％、全体試行型の14％に比べ、要約・構成などの技能を中心とした要素分析的読解活動を中核とする学習指導過程が圧倒的に多い結果となり、説明的文章の読みの理論の提案状況とは別に、学習指導過程のありようは旧態依然とした傾向にあることがうかがわれた。

学年層ごとに見た場合には、1・2年、3・4年において、標準型の比率がそれぞれ72％、76％と高い数値を示した。これは、分類した資料を通覧し推察したところによると、1・2年生においては、基本文型に培お

表2-1　調査実践数に占める学習指導過程各類型の割合

類型＼対象学年	1・2年 （全36事例）	3・4年 （全34事例）	5・6年 （全42事例）	全学年 （全112事例）
標準型	26/36 = 72%	26/34 = 76%	25/42 = 60%	77/112 = 69%
部分試行型	4/36 = 11%	7/34 = 21%	8/42 = 19%	19/112 = 17%
全体試行型	6/36 = 17%	1/34 = 3%	9/42 = 21%	16/112 = 14%

表2-2　学習指導過程各類型の実践例　（注：まる中数字は授業時数）

型	文献	学年	教材名	目　標	「はじめ」の段階	「中」の段階	「終わり」の段階
標準型	1990 No.95	6	ノグチゲラの住む森（光村）	●自然界のつりあいについて知り自然を守っていく大切さについて考える。 ●文章を正確に味わって読む。 ●文章構成の理解を深める ●事象の説明と筆者の意見の関わり方をつかむ。 ●要旨を捉える方法をつかむ。	・題名から内容をさぐる。 ・音読する。①	・内容を理解する。　② ・それぞれの段落の役割をつかむ。　①	・要旨を生かしながら要約文を書く。①
部分試行型	1996 No.156	6	「わたし」とはだれか（光村）	（記述なし）	・本文を読み、学習課題をもつ。　①	・河合隼雄さんの事例を読み河合さんがおかれている状況をイラストに描き、さらにシナリオに書き替える③ ・羽仁進さんの見た美しい夕日を水彩絵の具で描き、羽仁さんの体験を書き替えや書き足しをする。　③	・自分とはだれかと考えた体験を紹介し合い、学習の感想をまとめる。①
全体試行型	1994 No.138	6	長屋王木簡の発見（光村）	●対談記事を書くという活動を通して、表現の工夫に目を向けながら読んだり、進んで筆者の心情について考えたり書いたりする。 ●筆者がどのように工夫しているか読み取りながら、筆者の感動やものの考え方を理解し、自分の考えを深める。 ●語句と語のつながりや、文、文章の関係に気をつけながら論理的に読む。 ●感動や驚きを表現するための素材を集め、感動が伝わるように文章展開を工夫して作文する。	・通読し初発の感想を書く① ・筆者の感動体験を対談記事にまとめていくことを知り学習計画を立てる。　①	・筆者の感動を表す効果的な表現に着目しながら各段落を読み取り、内容を対談記事に書く。④	・筆者の主張に対して、自分なりの感想を書く。①

うとの意識からオーソドックスな学習指導過程になることが多いためだと思われた。

82

3・4年生においては、要点指導や段落指導が前面に出され、直接的に指導される学習指導過程が多いことによるものである。この点において、3・4年生は、他の学年層以上に学習指導過程が画一化・硬直化しているともいえる。これは、全体試行型が1事例のみという結果になったことにも表れている。

一方、5・6年になると、標準型は60％と若干減少し、その分、全体試行型が21％に増加した。これは学習者の理解力や表現力の高まりによって、総合的な学習活動が設定しやすくなったことが要因の一つだと考えられる。

2 学習指導過程の各段階における学習活動の特徴

従来の学習指導過程における学習活動は要素分析的読解活動が多かったことを考え合わせると、学習指導過程を改善するためには、どのような学習活動が展開されているかが重要な考察の観点となる。そこで実践例における学習指導過程の「はじめ」「中」「終わり」の各段階の学習活動を検討・整理した上で、複数にわたって出現する学習活動をまとめ、それぞれ11〜12に項目化して分析することにした。そして、低・中・高の学年層別による発達の変数と標準型、部分試行型、全体試行型による類型の変数とを合わせて各項目についての出現数を調べた。以下各段階ごとに学習活動の特徴を述べることにする。なお文中の（→＜要件＞）における番号は、三つの段階の分析・考察を終えた後に一括して掲げた説明的文章の学習活動を改善するための要件の番号を示したものである。そこで述べられた事柄が、後掲の要件のどれとつながりが深いかを示している。

2-(1)「はじめ」の段階

表2-3は、学習指導過程における「はじめ」の段階の特徴的な学習活動とその出現数を示したものである。3類型を通じて多く見られた学習活動は「題名読み」（22例）と「要点、要約、文章構成の検討」（17例）であり、その両方の活動ともが標準型において顕著に認められた。

題名読みを通読に先だって位置づけることは、説明的文章の読みの授業

においては、半ば当然のようになっている。題名を手がかりに、文章内容についての既有知識を喚起し、主体的な読みを保障しようとすることの意義は認めつつも、要素分析的な読解活動を中心とする標準型に多いことからすると、長崎伸仁（1997）が「題名読みをさせやすい教材だからそうした扱いをする、という既成の概念から脱却し、説明的文章教材をどのように扱おうとするのか、という地平から『題名読み』を捉え直してみる必要があるだろう。そうした行為が、説明的文章の指導に活性化をもたらすのである」と指摘しているように[2]、題名読みが単元の導入時においてルーティン化された学習活動に陥っていないかどうかということに対する点検が必要である。（→＜要件②＞）

「要点、要約、文章構成の検討」については、「文章の組み立てのあらましをとらえる」（3年「道具を使う動物たち」No.77）というレベルのものもあれば、漢字・語句、一読して驚いたことやわかったことを見つけた後、いきなり「各段落の要点をまとめる」学習活動に入っている実践例もあった（5年「大陸は動く」No.82）。さらには低学年であっても、通読、感想発表、学習計画の後「事柄の順序に従って、段落ごとのあらましを読み取り、小見出しをつける」というもの（2年「たんぽぽ」No.47）や、通読、感想の話し合いの後「段落ごとに題をつける」（2年「ビーバーの大工事」No.144）などの実践例もあった。

全体構成を大まかにつかんでおいて小段落の読みを展開していくことは、読みのあり方として好ましい場合もあるが、情報の吟味もままならない段階から、直接的な形式技能の学習活動に入るのは問題であろう。（→＜要件②＞）

また低学年に特徴的な学習活動として「実物による説明対象の意識化」や「挿絵・図表の読み」などが3類型に共通して見られた。「実物による説明対象の意識化」が全体試行型に多く、逆に「挿絵・図表の読み」が標準型に多いという実態は、標準型がテクスト内にとどまる方向を志向し、全体試行型の学習指導過程はより生活に開いていく方向を志向していると捉えることもできる。しかし、実物や挿絵・図表などが本文の読みの深化

第２章　説明的文章の学習指導過程における学習活動の実態

表2-3　学習指導過程における「はじめ」の段階の特徴的な学習活動と出現数

学習活動 \ 類型・学年層	標準型 低/26	標準型 中/26	標準型 高/25	部分試行型 低/4	部分試行型 中/4	部分試行型 高/8	全体試行型 低/6	全体試行型 中/1	全体試行型 高/9	計/112
題名読み	5	5	6	1	3				2	22
要点、要約、文章構成の検討	2	6	6			1			2	17
先行知識・経験の想起	3	1		1	1	1	2			9
実物による説明対象の意識化	2			2			5			9
読みの構えづくり	4	1	1						2	8
挿絵・図表の読み	4			2			1		1	8
次段階の準備的学習活動				2				1	3	6
説明対象に対する認識レベルの自覚		1			1	2				4
感想等を書く・話す活動	3									3
学習課題の設定・解決	1	1								2
説明内容についての問題・解答作成	1							1		2
関連内容のＶＴＲ等視聴				1	1					2

（注）　３類型を通じて該当する実践例が一つである項目は消去した。また、1実践例中に複数の項目内容の学習活動が認められる場合には、それぞれの項目に1ポイントずつを加算した。（以下、表2-4、2-5も同じ。）

にどう関係するかという点への配慮が欠落すると、それらを取り入れる意義は薄れることになる。（→＜要件①②＞）

2-(2)「中」の段階

表2-4は、学習指導過程における「中」の段階の特徴的な学習活動とその出現数を示したものである。この段階で最も多く認められた学習活動は「要点、要約、文章構成の検討」（27例）である。これは標準型にこの種の活動が非常に多いことによるものである。逆に全体試行型では、各学年層

表2-4 学習指導過程における「中」の段階の特徴的な学習活動と出現数

学習活動 \ 類型・学年層	標準型 低/26	標準型 中/26	標準型 高/25	部分試行型 低/4	部分試行型 中/7	部分試行型 高/8	全体試行型 低/6	全体試行型 中/1	全体試行型 高/9	計/112
要点、要約、文章構成の検討	3	7	11		2	4				27
説明内容の再構成	1				3	2	1	1	5	13
筆者の考え方や工夫の検討	1		5			1	2		3	12
学習課題の設定・解決		3	3		1	1			1	9
説明内容についての問題・解答作成			2		1	1	1	1	2	8
視写	1			4	1					6
挿絵・図表の読み	3					1	1			5
情報読書的活動					1				2	3
先行知識・経験の想起	1						1			2
説明内容に対する体験や考えの表出						1			1	2
特定の立場に同化した読み					1			1		2

ともこの種の学習活動を有した実践例がないのが特徴的である。(→＜要件①＞)

　次には「説明内容の再構成」が13例、「筆者の考え方や工夫の検討」が12例で続いている。「説明内容の再構成」については、総数のうちのほとんどを部分試行型と全体試行型で占めており、標準型には低学年に1例が認められたのみであった。この種の活動は「見つけた不思議の答えを探して『博士のひとこと説明』を作る」(2年「たんぽぽのちえ」No.141)、「筆者の感動を表す効果的な表現に着目しながら各段落を読み取り、内容を対談記事に書く」(6年「長屋王木簡の発見」No.138) など、関連的な学習になることが多く、その意味では標準型の学習指導過程から脱する要素を持った学習活動であると考えられる。(→＜要件①③⑤＞)

「筆者の考え方や工夫の検討」については高学年に多いが、これは森田信義（1984）（1989）や小田迪夫（1986）の研究成果が反映されたものだと考えられる[3][4][5]。ただし、低学年において標準型に1例、全体試行型に2例あったこの種の学習活動は、低学年では難しいものと思われる。

また2例と数は少ないが、「はじめ」の段階に続いて「先行知識・経験の想起」に関する学習活動を有する実践例が標準型、全体試行型に各一つずつ見られた。寺井正憲（1989）が提案するスキーマを働かせたトップダウンな読み[6]が展開されるためには、この種の学習活動がこの段階にはもっと見られるべきだが、実践的にはまだまだ機能していない状況であることがうかがわれた。もしくは授業ではトップダウン的な読みが行われていても、特徴的な学習活動として単元計画に明示されるレベルまで至っていないとも考えられる。（→＜要件④＞）

これも2例と少ないが、「特定の立場に同化した読み」を学習者の視点に立った多様な学習活動を発想する要素を持ったものとして取り上げておきたい。実践例においては「ウスモンオトシブミ（説明対象物のこと－引用者注）になってゆりかごが完成するまでの仕事の手順や様子をくわしく書く」（3年「虫のゆりかご」No.156）、「キョウリュウ博士になって質問に答える」（4年「キョウリュウをさぐる」No.156）などがあるが、青木幹勇の書くことを取り入れた様々な実践例[7]や、筆者や読者の立場で主体的・批判的な読みを形成させようとする実践[8]等を考え合わせると、「特定の立場に同化した読み」は新しい学習活動を生むヒントを提供する可能性があると思われる。（→＜要件①③＞）

2-(3)「終わり」の段階

表2-5は、学習指導過程における「終わり」の段階の特徴的な学習活動とその出現数を示したものである。この段階では、上位7項目のそれぞれが10実践例を越える総数を有しており、学習指導過程における最終段階の学習活動が多様に、また複合的な学習活動として展開されていることがうかがえた。

最も多かったのが「同様なテーマについての表現活動」（24例）であ

る。この学習活動は「表現方法を生かす活動」とセットになる場合が多く、標準型に多く見られた。標準型における事例としては「消防自動車や他の乗り物について説明する文を書く」（１年「じどう車くらべ」No.98）、「『氷と私達の生活』についての作文を書く」（３年「夏の氷」No.26）、「理解した文章構成や表現の工夫を参考に、自然を守ることについての説明文を書く」（６年「人間がさばくを作った」「生物の大発生」No.50）などがあった。

全体試行型の事例としては「『人間と道具』で学んだことや考えたことをもとに取材し、意見文を書く」（６年「人間と道具」No.108）、「感動体験を説明文に書く」（６年「長屋王木簡の発見」No.152）などがあった。これらの学習活動は、理解したことを表現に収斂させ、筆者の認識内容や認識方法の深化・拡充を促そうとするものだが、全体試行型の場合に比べて標準型は、教材文とテーマが類似しているものの、やや学習者の生活実態から離れた漠然としたものになる傾向も見られ、「中」の段階での学習との関連のあり方が問題になると思われた。（→＜要件①②③⑤＞）

理解と表現の関連的学習活動ということでは、「説明内容の再構成」が多いのも特徴的である（15例）。具体的には、標準型においては「たんぽぽのことを教えてあげる文章を書き発表する」（２年「たんぽぽのちえ」No.47）、「動物の赤ちゃんや筆者への手紙を書く」（１年「どうぶつの赤ちゃん」No.71）、「自分なりの表現で筆者の考えをまとめ、発表する」（６年「責任というもの」No.39）などがあった。部分試行型や全体試行型では、「読み終わって、転校した友達に『教えたいこと』を手紙文の形で書く」（３年「ありの行列」No.47）、「説明文を筆談形式で表現する」（６年「太陽のめぐみ」No.156）などがあった。

いずれの類型の場合も、他者へ伝達するという目的性を持たせ、表現方法を説明的文章の文体にこだわらず採用している傾向にあった。学習活動としては変化が出て、学習者も楽しんで取り組むことが多いと考えられるが、認識方法の側面での深化・発展を保障したものとしての活動のバリエーションについては、まだまだ検討の余地がありそうに思われた。（→＜要

第2章 説明的文章の学習指導過程における学習活動の実態

表2-5 学習指導過程における「終わり」の段階の特徴的な学習活動と出現数

学習活動 \ 類型・学年層	標準型 低/26	標準型 中/26	標準型 高/25	部分試行型 低/4	部分試行型 中/7	部分試行型 高/8	全体試行型 低/6	全体試行型 中/1	全体試行型 高/9	計/112
同様なテーマについての表現活動	3	10	4	1	1	1	1		3	24
要点、要約、文章構成の検討	1	9	10		1	1				22
表現方法を生かす活動	7	2	3	2	1		1		2	18
情報読書的活動	5	6	2		1		2		1	17
感想等を書く・話す活動	6	5	2			1			1	15
説明内容の再構成	4	1	1	1	2	2	3	1		15
説明内容に対する体験や考えの表出	1		5			2	1		4	13
学習成果の発表	1					1	3		1	6
筆者の考え方や工夫の検討		1					1		1	3
学習記録の再構成・まとめ	1			1						2
発展的・関連的学習活動	1				1					2

件①②③⑤＞）

　情報読書的活動も、標準型を中心にこの段階では多く見られた（17例）。これには「図鑑や本で他の動物の赤ちゃんについて調べ、説明する文章を書く」（1年「どうぶつの赤ちゃん」No.98）、「知りたいことを調べそれをもとに簡単な説明文を書く」（4年「ヤドカリとイソギンチャク」No.153）などのように、発展的に表現活動を行うための取材を目的とする読書活動である場合と、「各地に伝わる祭り、歴史、風習などの本を読み、知識を広げる」（3年「秋祭り」No.37）、「他の動物の例や感覚に関する話を聞いたり、他の動物を読んだりして関心を深めさせる」（5年「魚の感覚」No.76）などのように、情報・認識内容に関連する知識や関心を広げることを目的と

する読書活動である場合とが認められた。新しい知識や認識の拡充を主要な学習の目的の一つとする説明的文章の授業においては、情報活用能力や複数教材の取り扱いの観点にも照らして、こうした情報読書的活動を学習指導過程にどう有機的に位置づけるかは実践課題として重要であろう。（→＜要件②③⑤＞）

　「要点、要約、文章構成の検討」は、「中」の段階に引き続いて、標準型の中・高学年に集中して見られた。その内容は「全体の文章構成を捉える」（4年「キョウリュウの話」No.51）、「文章の構成を考え要旨をつかむ」（5年「富士は生きている」No.41）といった類のものがほとんどである。まとめにあたって文章全体をメタ的に捉える学習は、論理的思考力・表現力に資する要素が多いと思われるが、形式的学習に陥らないよう学習者がその必要性、納得性を実感できる形で行われることが望まれる。

　また、この「要点、要約、文章構成の検討」活動が、部分試行型に2例、全体試行型には皆無であることも考え合わせると、学習指導過程の締めくくり方については従来の発想を変えることが検討されてよい。同様な指摘は「感想を書く・話す活動」にもできる（ただし終末の感想をまとめることを否定するものではない）。（→＜要件①②＞）

第3項　1980年―1996年の実態分析から得られた学習活動改善の要件

　以上、1980―1996年の実践を対象に、各実践の単元計画を「はじめ」「中」「終わり」の3段階に分けて、学習指導過程における各段階の学習活動の実態と問題点、改善点等について考察をしてきた。各段階における学習活動を考察し、＜→要件①＞等の形で部分的に示してきたものを集約すると、学習活動を改善するための要件として以下の5点を確認することができた。

　＜要件①＞従来からの要素分析的な読解活動の枠組みにとらわれず、
　　　　　　教材の特性との関連で多様な学習活動を求めること。
　＜要件②＞各段階における学習活動の意味や機能を確認すること。
　＜要件③＞関連的、総合的な学習活動導入の可能性を検討すること。

第2章　説明的文章の学習指導過程における学習活動の実態

＜**要件④**＞スキーマを賦活、駆動させる学習活動を意図すること。
＜**要件⑤**＞情報認識力、情報活用力、読書力に培う観点での活動を意図すること。

これらの要件をさらに整理し直してみると、説明的文章の授業における学習内容の問題（要件①④⑤）、学習活動の組織・展開の問題（要件②③）、学習活動の目的性・必然性の問題（要件②③）、教材の特性との関連・対応の問題（①）などについての検討を迫っているものとも解することができる。

「はじめ」「中」「終わり」のいずれの段階でも、教材の特性にしろ学習内容にしろ、文章の側から把握しようとする全体的な傾向は見られ、それが学習活動のあり方としての要点、要約、文章構成の検討等の割合が高くなっていることに現れていた。ただ、一方で筆者の立場に立たせて読む活動や説明内容を再構成する活動等、言語活動を関連させることを試みたり、先行知識・経験を想起させることに取り組み、学習内容としてのスキーマを意識したりするなど、学習者である子どもの側から発想していると思われる実践も、数としては多くはないが見られた。

第2節　1997年―2006年の実態について

第1項　学習活動の多様性とその特徴
　前節の分析、考察結果から、説明的文章の学習指導においては、従来の要点、要旨の把握等を中心とする画一的な学習活動、学習指導過程から脱却することを意図して、多様性を志向する方向で実践がなされるようになってきたことが明らかになった。確かに説明的文章の授業に対する学習者の好意性が高まり、指導者の実践への意欲も増す点では好ましい傾向ではある。しかし、学習活動が多様になればそれでよいというものではない。説明的文章の学習指導固有のねらい、保障すべき学力等の観点からも検討がなされねばならない。
　本節では、第1節における1980年―1996年（以下、第1期）の分析と同様に、教育雑誌所収の実践報告をもとに、1997年以降の説明的文章の学習活動の多様性の実態を把握するとともに、その特徴を明らかにする。こうした近年の説明的文章の学習指導状況から、説明的文章の学習活動を多様に構想、設定するための留意点を第1節での考察内容とあわせて見いだすことにする。

第2項　実態分析の方法
　説明的文章の学習活動の多様性の実態、特徴を把握するに当たっては、『実践国語研究』（明治図書）所収の実践例のうち、1997年―2006年の10年間49例を対象に分析した。具体的な分析に際しては、実践報告の主に単元（指導）計画の内容をもとに、実践例ごとに、学習指導過程の「はじめ」「中」「終わり」の各段階に配されている学習活動を分類した。分類の観点としては、第1期調査の観点に今回新たに見いだされた学習活動の種類についても若干付加し、結果の比較考察ができるようにした。また、寺井正憲（1998）の自己世界創造のための学習活動の類型（言語文化の表現形

式の活用と変更）の観点からも分析した[9]。

第3項　学習指導過程の各段階における学習活動の特徴

1 「はじめ」の段階

　表2-6は、「はじめ」の段階の学習活動の設定状況を示したものである。（以下、内容的に特別な価値や独創性が見られない場合には、該当事例が一例のみの項目は省略した。）

　「はじめ」の段階では、「感想等を書く・話す活動」「題名読み」等、従来から見られた学習活動が上位を占めた。第1期と比べると、感想等を書く・話す活動は3％→20％と17ポイントの増加であったが、題名読みは20％→12％と逆に若干減少した。

　特徴的だったのは「先行知識・経験の想起」である。前回は8％であったのが、今回は31％と23ポイント増加し、最も事例数が多かった。前回の上位2項目が「題名読み」「要点、要約、文章構成の検討」であり、「先行知識・経験の想起」はこれらに次いで3番目であったことからすると、単元の導入段階における「先行知識・経験の想起」を意図する学習活動へ

表2-6　「はじめ」の段階の学習活動の設定状況

学習活動	事例数	比率	前回比率
先行知識・経験の想起	15	31%	8%
感想等を書く・話す活動	10	20%	3%
題名読み	6	12%	20%
関連内容のＶＴＲ等視聴	5	10%	2%
次段階の準備的学習活動	3	6%	5%
実物による説明対象の意識化	2	4%	8%
読みの構えづくり	2	4%	7%

※　「前回」とは、第1節において1980年―1996年の『実践国語研究』所収の実践例112例を今回と同様に分析した結果を指す。以下同じ。

の意識が高まる傾向にあることがうかがえる。

ただ具体的な活動では、「これまでに、学校や家庭で動物を飼った経験について振り返り、動物を飼ってみてよかったことについて話し合う」（3年「動物とくらす」、No.237、2002）のように、大まかに既有知識を出し合うようなものや、「読みの構えをつくる」として「A　知っている『体を守る仕組み』を引き出す。B　『病気』の概念づくりをする。C　『病気』になり、治るまでの過程を予想しておく」という観点を設け、具体的な場面を思い出して話し合わせる実践（4年「体を守る仕組み」、NO.260、2004）のように、教材本文の認識内容等を直接的に意識したものなど、レベルは様々である。単元導入段階での学習者のスキーマ形成を図る学習活動のあり方については、検討の余地がある。

「関連内容のＶＴＲ等視聴」については、「キョウリュウに関する写真を子供たちに提示して、自分たちがキョウリュウについて知っていることや思ったこと等を発表した」（4年「キョウリュウをさぐる」、No.211、2000）のように興味・関心を持たせることを意図した場合と、「体を守る仕組みについて、話し合ったり、ＮＨＫ番組『コロンブスのたまご』を視聴したりして、『体を守る仕組み』紹介番組を作る見通しを持つ」（4年「体を守る仕組み」、No.199、1999）のように、今後の学習活動のイメージを持たせるために活用する場合とが見受けられた。

2　「中」の段階

表2-7は、「中」の段階の学習活動の設定状況を示したものである。

「要点、要約、文章構成の検討」「説明内容の再構成」「筆者の考え方や工夫の検討」の上位3項目は、前回と同様な学習活動であり、いずれも前回より比率が増加した（1位から順に、15、16、8ポイント増）。内容を読み取る段階の学習活動として、これら三つが定着している傾向にあることがうかがえた。

「要点、要約、文章構成の検討」は依然として精読段階の学習活動の主流であった。要約を特集テーマにしている号があったことも、こうした結

第2章　説明的文章の学習指導過程における学習活動の実態

表2-7　「中」の段階の学習活動の設定状況

学習活動	事例数	比率	前回比率
要点、要約、文章構成の検討	19	39%	24%
説明内容の再構成	13	27%	11%
筆者の考え方や工夫の検討	10	20%	12%
筆者の立場になっての読み	4	8%	―
情報的読書活動	2	4%	3%
小見出しを書く	2	4%	―
視写	2	4%	5%

果の一因ではあるのだろうが、画一的な授業からの脱却が叫ばれている説明的文章領域であるにもかかわらず、むしろ増加する結果となった。実践例の中には、旧態依然としたタイプの「要点、要約、文章構成の検討」活動が散見された。この種の学習活動の充実、多様性を求める研究も必要であると思われる。

　「説明内容の再構成」については、クイズ、メッセージ、紙芝居、図鑑、リーフレット、新聞、ブックなど、多様な形態が見られた。タイプとしては、表現形式を変換することで読み深めを促すもの、従来型の学習活動によって読み取った内容を表現形式を変換してまとめるものとに大別される。

　前者の例としては、内容を図式化し、図中に体を守る仕組みのはたらきを可能な限り短く書き添えるようにした「体を守る仕組み」（4年、No.199、1999）の実践がある。後者の例としては、課題に対する話し合い後に、授業の中で確認された読み深めのためのキーワードや板書を参考に、図や絵を描き加えてパンフレット形式の内容のまとめを作った実践（「ムササビのすむ町」No.175、1997）がある。どちらのタイプにしても、学習活動に変化は出るものの、表現の仕方は学習者に自由に任されている場合も見られ、読み取るための手だてと合わせた形での周到な活動として、

どのように組織化するかが課題であると思われる。

この段階の学習活動を、言語活動の関連という観点から検討し示したのが表2-8である。これによると、「読む―書く」の関連が33％（16事例）であった。その他の関連のあり方としては「読む―話す・聞く」の1事例（2年「たんぽぽのちえ」：質問者と博士の二人組で、たんぽぽのちえを説明する）のみだった。これは「説明内容の再構成」の活動が「読む―書く」の関連によるものであることと関係している。説明的文章の読み取りのための学習活動を多様に設定しようとするに当たっては、書くことの導入による場合が多いことが明らかになった。「読む―話す・聞く」という関連での学習活動の開発が、多様性という点ではもっとなされてよいと思われる。

また、言語活動の関連のありようを学習活動の類型化によって整理すると、要約型……12％（6例）、立場、視点の変換型……10％（5例）、絵図、表の付加型……10％（5例）、文体変換型……6％（3例）、敷衍型……6％（3例）となった。要約型がやはり多いが、視点の変換型や絵図、表の付加型も各5事例見られ、画一化から脱却しようとする方向性が見いだされる。しかし、絵図や表を付加した学習活動など、青木幹勇（1986）や長崎伸仁（1997）の先行実践の成果を生かしたような取り組みが、まだ少ない状況であることも確かである[10) 11)]。

表2-8 言語活動の関連の観点から見た「中」段階の学習活動の設定状況

活動類型	実践事例数	比率
読む―書く	16	33%
要約型	6	12%
立場、視点の変換	5	10%
絵図・表の付加	5	10%
文体変換	3	6%
敷衍型	3	6%
読む―話す・聞く	1	2%

(3)-3「終わり」の段階

表2-9は、「終わり」の段階の学習活動の設定状況を示したものである。

この段階では、表現活動が多いのが特徴である。「同様なテーマについての表現活動」が1位であるのは前回と同様であり、18ポイント増加している。「表現方法を生かす活動」は6ポイント減少したものの、「説明内容の再構成」は11ポイント増加した。

この段階の前回と比べての大きな違いは、「要点、要約、文章構成の検討」が20%→4%と16ポイント減少したことに代わって「情報的読書活動」が15%→35%と20ポイント増加したことである。また、「発展的・関連的学習活動」も10ポイント増加している。

こうした変化については、学習指導要領の改訂に伴う「総合的な学習の時間」の導入により、表現活動の重視、国語科学習との連携が叫ばれたことによる影響があると推察される。また、小田迪夫・渡辺邦彦・伊崎一夫（1996）による情報活用の視座からの提案[12]に基づく実践も行われるようになったことから、そうした実践動向の影響も考えられる。

単元の最終段階における表現活動の種類と事例数をさらに具体的に示すと、以下のようである（全49例中）。

表2-9 「終わり」の段階の学習活動の設定状況

学習活動	事例数	比率
同様なテーマについての表現活動	19	39%
情報的読書活動	17	35%
説明内容の再構成	12	24%
発展的・関連的学習活動	6	12%
表現方法を生かす活動	5	10%
学習成果の発表	4	8%
要点、要約、文章構成の検討	2	4%
感想等を書く・話す活動	1	4%

説明文・意見文	8例	新聞	7例
本・絵本	5例	紹介カード、紹介文	3例
図鑑	3例	番組・ＶＴＲ	2例
メッセージ	2例	パンフレット	2例
クイズ	1例		

　要約したり文章構成の確認をしたりする硬直化した感のあったまとめの学習活動が、表現に開く方向へと変化していることは、学習活動の多様性、表現力の育成という点からは望ましいことだと考えられる。ただ「説明内容の再構成」の学習活動が中心となる「説明文・意見文」「メッセージ」等は、教材本文と直接関わる形での表現、情報生産となるが、中には精読段階での学習活動とは独立した形での表現活動となり、付けたい力や学習者の負担の観点からは課題が感じられる実践例もあった。

　例えば、「図鑑」タイプの4年「キョウリュウをさぐる」の実践（No.211、2000）では、最終段階で「キョウリュウ図鑑」を作成する学習活動が設定されている。実践者は「ただ、『キョウリュウ図鑑を作りましょう』と投げかけただけでは、表現活動のよさも半減する」と指摘しながらも、手だてとしては「導入段階であらかじめこの図鑑作りの学習を提示」し「単元の終わりを意識化」させることで「目的的な活動」として位置づけることにとどまっている。興味・関心、表面的な情報内容レベルでの精読段階でのつながりはあっても、教材文で得られた認識内容・方法面でのつながりが希薄な形での表現活動となったのでは、学習者にとって負担であるばかりでなく、植山俊宏（2002）が情報活用的な読みの実践に関して、読みの緊張感の軽視や、読みの浅さが課題であるとした指摘には応えられない[13]。

　この点で、問題があると思われたのが、精読段階における学習活動のあり方である。最終段階で表現、情報生産に開く活動が志向される傾向にある中で、精読段階の学習活動は停滞している様相がある。すなわち、検討した49例のうち、「小段落ごとに要点をまとめ、本論1、本論2の実験1、実験2と、内容のまとまりごとに段落関係を文章構成図に書く」「文

章全体の構成図を完成させ、筆者の考え方について話し合う」（No.167、1997）のような、とくに工夫は認められない「従来型」の学習活動を配している実践例は、33例（67％）であった。さらに、これら33例のうち、単元の最終段階において、先に示したような何らかの表現活動を配している実践例は26例（79％）であった。

　このことから、今回検討対象とした実践例については、精読段階の学習活動のありようと関係ない形で最終段階における表現活動が設定されている傾向にあるということが言える。吉川芳則（2004）では、終末段階の学習活動設定の要件として、精読段階から一貫して情報を生産し、発信していく学習の流れ、スタイルをとることや、精読段階の読み（学習活動）が認識内容、表現方法面に関して、最終の表現活動のためのシミュレーション的な情報生産活動の要素を有することなど6点をあげたが[14]、上記の26例はこれらの要件が保障されているとは言い難く、実質的な情報生産活動にはなり得ていない可能性が高い。読むことと、表現することとの相互関連性が適切に図られた学習活動の開発が必要である。

　最終段階における表現活動のありように関しては、寺井正憲（1998）の自己世界創造のための学習活動の類型（言語文化の表現形式の活用と変更）の観点からも分析した。寺井は、自己世界の創造は自ずと何らかの表現活動を伴い、表現によって自己世界を創造することができるとした上で、学習指導における表現活動を以下の二つのタイプに分類した。

・主体的に豊かに内容や表現形式に関する情報を読み取ることによって表現活動に展開するもの
・生活の中で用いられる言語文化としての情報発信の表現形式に作り変えることで、自己世界の創造を促すもの

　便宜上、前者を「内容・表現形式に関する情報の活用」、後者を「表現形式の変更」とし、実践例を検討した結果は以下のとおりである。
　内容・表現形式に関する情報の活用……13例　27％

表現形式の変更……………………………25例　51％

　この結果からも、先に指摘した精読段階の学習活動のありようと関係ない形で最終段階における表現活動が設定されている傾向が見受けられる。最終段階に来て、急にこれまでのテキスト形式のものと違う表現形式を与えられても、自己世界の創造につながる表現ができるかどうかは難しい側面がある。自己世界の創造という観点から主体的な学習者の育成を図るためには、両者統合型の表現活動に収斂する学習指導過程の開発が必要になると思われる。

第4項　学習活動改善に向けての観点

　本節では、実践報告をもとに1990年代以降の説明的文章の学習活動の多様性の実態を把握するとともに、その特徴を明らかにすることによって説明的文章固有の学習活動を多様に構想、設定するための留意点を見いだした。以下に、前節の1980年—1996年の分析、考察結果もあわせて成果と今後の課題を示すことにする。

- ○「はじめ」の段階で、レベルは様々でも、学習者のスキーマ形成につながる学習活動を配する方向での多様性が認められた。ただし、その活動のありようについては検討すべき課題がある。
- ○それに比べ、「中」の段階では、「要点、要約、文章構成の検討」タイプの「従来型」がむしろ増加傾向にあった。この段階におけるスキーマ形成を意図した学習活動は少ない。
- ○多様性をもたらす「説明内容の再構成」については、前回よりも増加した。また、表現形式の変換により読み深めを促すタイプと、「従来型」によって読み取った内容を表現形式の変換によってまとめるタイプの二つに分類できた。ただし、表現方法が学習者の自由に任されているものも認められた。これらについては、手だてを組織化する必要がある。
- ○言語活動の関連では、「読む―書く」が多数を占めた。一方で「話す・聞く」活動によるものは少なく、この種の活動における多様性の

第２章　説明的文章の学習指導過程における学習活動の実態

　　開発も必要である。
○「終わり」の段階では、表現活動、情報的読書活動にひらく傾向が顕著であり、多様性が見られた。ただし、認識内容・方法の面での精読段階での学習活動との関連性が希薄な表現活動もあった。安易な表現活動に終わらないよう、自己世界の創造の観点等からの充実が求められる。
○メタ認知の観点からの学習活動を強調した実践は、とくには見られなかった。多様性という点からも、論理的思考や学びのあり方の点からも、積極的に開発・実践されることが望ましい。

　本章で説明的文章の単元の学習指導過程のありようを分析、検討することで、第１章の先行研究で見いだされた以下の事柄を志向する実践が多くはないものの行われていることが明らかになった。
　・文章の論理だけによらない教材の特性の把握
　・類推・想像力、情報活用力、スキーマ等、従来にはあまり意識されなかった学習内容の設定
　・筆者の立場に立って読む活動や言語活動の関連を意図した活動等、多様な学習活動のあり方
　しかし、それらの実践は単発的であったり、明確な理論的な根拠に基づいたものではなかったりするものであると推察された。
　そこで第３章では、文章側からだけでなく、子どもの側から発想された、説明的文章の教材の特性に応じた多様な学習活動を設定するための拠り所となる仮説的枠組み（「要素構造図」）を提示し、あわせてその枠組みを形づくる基盤となった実践、その枠組みを活用した実践（いずれも論者が行った実践）を報告し、仮説的枠組みの内容や活用方法について検討する。

注
1）植山俊宏（2002）「説明的文章の領域における実践研究の成果と展望」全国大学国語教育学会編『国語科教育学研究の成果と展望』明治図書、pp.277-286
2）長崎伸仁（1997）『新しく拓く説明的文章の授業』明治図書、p.38
3）森田信義（1984）『認識主体を育てる説明的文章の指導』溪水社
4）森田信義（1989）『筆者の工夫を評価する説明的文章の指導』明治図書
5）小田迪夫（1986）『説明文教材の授業改革論』明治図書
6）寺井正憲（1989）「説明的文章の読解指導における現状―『修辞学的な読み』の指導に関する問題―」『文教大学国語国文』文教大学国語研究室、第18号、pp.15-16
7）代表的なものとしては、『問題をもちながら読む』『書きながら読む』『考えながら読む』（いずれも明治図書、1976初版、1989新装版初版）、『第三の書く―読むために書く　書くために読む―』国土社、1986所収の実践などがある。
8）筆者や読者の立場で主体的・批判的な読みを形成させようとする実践例としては、岡本恵太「リポーターになって筆者の『願い』を探ろう」「インタビュー作り」で説明文を読む」小田迪夫・渡辺邦彦・伊﨑一夫編著（1996）『二十一世紀に生きる説明文学習―情報を読み、活かす力を育む―』東京書籍、pp.84-94　や、河野順子（1996）『対話による説明的文章セット教材の学習指導』明治図書に所収されている筆者対筆者による対話形式の実践などがあげられる。
9）寺井正憲（1998）「説明的文章教材の学習における自己世界の創造」『月刊国語教育研究』日本国語教育学会、No.317、pp.56-61　この中で、寺井は説明的文章の授業実践の特質のとらえる視点として、形式と内容、ボトムアップとトップダウンという指標では不十分になったとして、自己世界の創造という視点を提案している。
10）青木幹勇（1986）『第三の書く　読むために書く　書くために読む』国土社
11）2）の文献に同じ。
12）小田迪夫・渡辺邦彦・伊﨑一夫編著（1996）『二十一世紀に生きる説明文学習―情報を読み、活かす力を育む―』東京書籍
13）1）に同じ。
14）吉川芳則（2004）「説明的文章の単元の学習指導過程における終末段階の学習活動設定の要件」『国語科教育』全国大学国語教育学会、第56集、pp.50-57

第3章　説明的文章の学習活動を構成するための仮説的枠組み

　本章では、まず第1節において、説明的文章の学習活動を構成するための仮説的枠組みとして、図3-1にある「説明的文章教材の特性に応じた多様な学習活動を設定するための要素構造図」(以下「要素構造図」)を提示する。「要素構造図」は、第1章の先行研究、第2章の学習指導過程における学習活動の実態分析、ならびに本章第2節に示した論者のそれまでの実践の成果をもとに構想されたものである。
　第2節では「要素構造図」を発想、構想する基盤となった実践例を図との対応を示しながら論述する。また第3節では「要素構造図」を得た後に、図に基づいて構想、設定された学習活動を配した実践例を示す。そして、その活用の実際と意義、課題等について第6節で述べることにする。

第1節　説明的文章教材の特性に応じた多様な学習活動を設定するための要素構造図

　「要素構造図」は大きく分けて四つのセクション(「説明的文章教材の特性」「学習内容」「学習者が夢中になる活動類型」「具体的言語活動」)から構成されている。各セクションの内容については、第1章の先行研究の成果に基づくところが大きいが、ここではそうした先行研究のうちの主なものを再度示して、各セクションの概要を述べることにする。

第1項 「説明的文章教材の特性」セクション

　説明的文章教材の特性を捉える観点としては、「子どもの側から教材を捉えるときの特性」「文章論的な特性」の二つを設けた。このうち特徴的なのは「子どもの側から教材を捉えるときの特性」である。従来、論述のタイプを把握したり教材研究をしたりするときには「文章論的な特性」だけを問題にすることがほとんどであった。例えば、頭括型か尾括型か（①文章構成の型）、接続語や指示語にはどんなものが使われているか（⑤接続語・指示語）などの観点だけから教材を捉え、指導事項を考えるというものである。しかし、こうした教材の捉え方が画一的な学習指導過程につながり、説明的文章の授業を閉塞状況に追い込んでいった要因の一つとなっている。

　図では、仮説的に既知性、具体性・抽象性、イメージ性、ストーリー性の四つの観点から「子どもの側から教材を捉えるときの特性」を考えようとした。以下に各観点についての解説を加える。

1　既知性

　既知性については、①「情報内容、文章展開構造」、②「子どもの現実生活との距離」の2要素を設けた。

　学習者は、説明内容に対して既有の知識を対応させ、共感したり、ずれを感じたりしながら情報を読む。それまでの学習における読みの傾向から判断して、文章表現のどういう箇所に反応しそうかという視点での教材研究ができれば、あるいは事前調査で把握できれば、第一次の学習活動や第二次におけるキーワードの選定、情報内容の補い方などは変わってくる。文章展開構造についても、これまでにどのような展開構造を有する説明的文章を学習しているかによって、彼らの読みの意識も指導者の意識も変わってくる。

　既知性については、渋谷孝（1984）が既習の体験的見聞をもとにしての類推・想像作用による間接的認識の拡充が説明的文章を読む意義であるとした見解[1]や、スキーマ理論にもとづいて寺井正憲（1989）らによって提

〈学習活動の具体的方法〉

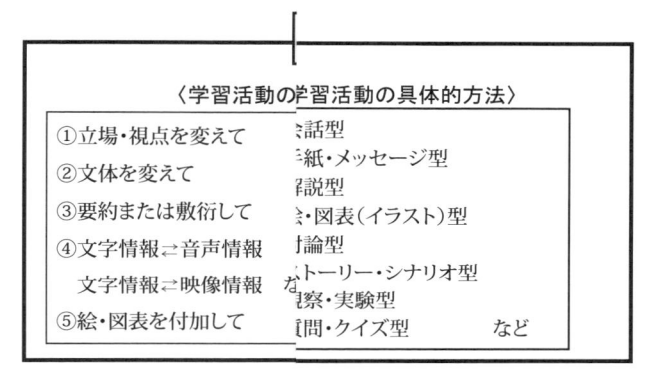

①立場・視点を変えて	会話型
②文体を変えて	手紙・メッセージ型
③要約または敷衍して	解説型
④文字情報⇄音声情報	絵・図表(イラスト)型
文字情報⇄映像情報	論型
	ストーリー・シナリオ型
	観察・実験型
⑤絵・図表を付加して	質問・クイズ型　　など

説明的文章教材の学習内容

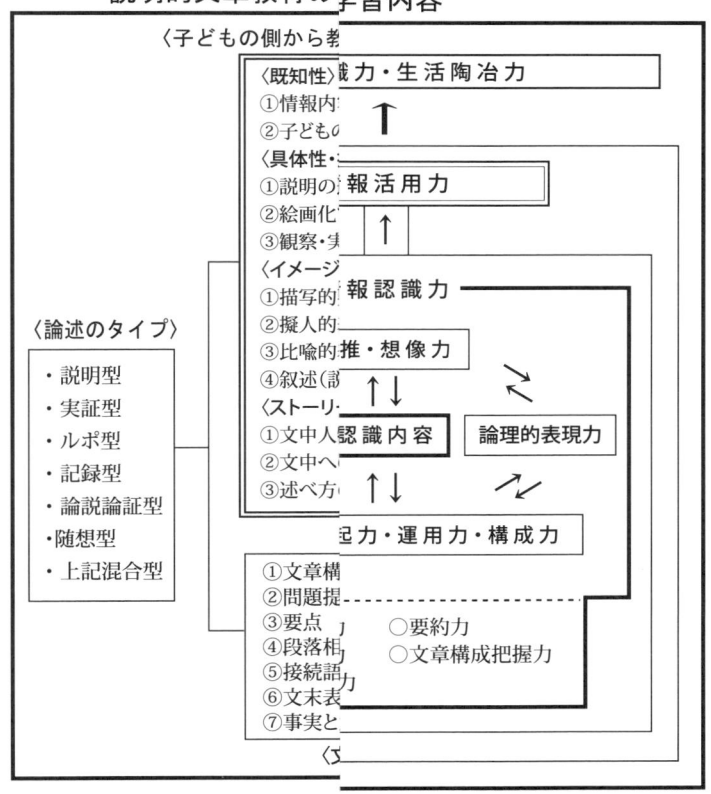

〈子どもの側から教〉

〈既知性〉　　力・生活陶冶力
①情報内
②子どの

〈具体性・
①説明の　報 活 用 力
②絵画化
③観察・実　　↑

〈イメージ
①描写的　報 認 識 力
②擬人的
③比喩的　推・想 像 力
④叙述(記

〈ストー
①文中人　認 識 内 容　　論理的表現力
②文中へ
③述べ方　　↑↓

〈論述のタイプ〉
・説明型
・実証型
・ルポ型
・記録型
・論説論証型
・随想型
・上記混合型

　　　　　力・運 用 力・構 成 力
①文章構
②問題提 - - - - - - - - - - -
③要点　　　○要約力
④段落相　　○文章構成把握力
⑤接続語
⑥文末表
⑦事実と

案されたトップダウンな読みを保障する観点[2]等を参考にした。

2 具体性・抽象性

次に具体性・抽象性では、①「説明の過不足・納得度」、②「絵図化できる余地」、③「観察・実験の有無」の3要素を設けた。これらは、読み手にとって教材文の表現や認識方法はわかりやすいか、納得できるかという問題に通じる事柄である。説明不足の部分を学習者に類推させ、補い、敷衍させることで、読みを活性化させることを意図した。

②の「絵図化できる余地」については、③の「観察・実験の有無」とも関連するが、文章のある部分を絵図化すると、読みの曖昧さを自覚したり、読み手によって理解にずれがあることに気づいたりすることが多い。また抽象語一言にも多くの内容が含まれていることに気づく場合も少なくない。逆に絵図化して示されている内容を文章表現で敷衍したり要約したりすることも考えられる。

具体性・抽象性については、森田信義（1989）が筆者の工夫を確認する読みとして、事柄、論理構造、表現の3点から教材が分かりやすいか、分かりにくいかを問う読みの有効性を提案していること[3]を参考にした。

3 イメージ性

イメージ性では、①「描写的要素」、②「擬人的表現要素」、③「比喩的表現要素」、④「叙述（説明）の空所」の4要素を設けた。これらは井上敏夫（1982）が「説明機能の潤色」と呼んだ内容[4]を参考にした。

教科書所収の説明的文章は、純粋な抽象的表現のみで書かれているのではなく、学習者の心理面、学習の総合性の面から描写的説明体、物語的説明体、対話的説明体などの表現形態をとるものが混在している。したがって、こうした教材の潤色性の側面に着目することから授業を展開し、情報認識を深化させることや、認識方法や文章構成の論理性を問題にすることへ進めていく学習が考えられる[5]。

ところが要素分析的読解活動の授業では、潤色性の観点から見るといく

つかに分類される教材を等しく文章論という一つの尺度で解釈し、そこから授業を構想しようとするため、学習者の意識とずれた学習指導過程を設定してしまう場合が少なくない。

4　ストーリー性

　ストーリー性には、①「文中人物の有無」、②「文中への筆者の登場度」、③「述べ方の時間性・空間性」の３要素を設けた。
　①②は文章中の人物に関するもので、この要素の有無によって当該文章が読み物的になるかどうかが左右される。それはまた、学習者のその文章に対する親近感の持ち方にも作用する。③は時間経過に即した述べ方であれば、使い慣れている物語の展開構造に関する知識（スキーマ）を生かせる面があるが、空間的な述べ方になると、拠り所とすべき展開構造についての知識（スキーマ）がない（ことが多いと考えられる）ため、読みの難度は増す。
　①の「文中人物の有無」でいうと、「流氷の世界」（菊池慶一、平成14年度版大阪書籍５年下）には次のような叙述がある（下線引用者、以下同じ）。

　　　流氷がやってくると、オホーツク海の漁船は、次々と陸にあげられ、冬みんに入ります。大きな船だけは、太平洋や日本海に出かけて漁をしますが、<u>ほとんどの漁民は仕事を休みます。</u>／三か月近く漁を休むことは、<u>漁民のしゅう入を減らし、生活に大きなえいきょうをあたえます。</u>（中略）／ところで、<u>流氷のある間は、漁民にとっては、待たされるばかりで、なんの利益もないのでしょうか。</u>

　流氷と漁民との関わりが中心となっているこの教材の場合、不特定多数ではあるが文中人物である漁民に着目した学習活動を設定することで、要素分析的読解活動を繰り返すこととは違った主体的な学習ぶりが期待できる。
　②の「文中への筆者の登場度」については、「波にたわむれる貝」（森主

第3章　説明的文章の学習活動を構成するための仮説的枠組み

一、平成８年度版東京書籍６年上）では、冒頭から次のように「わたし」が頻繁に現れる。

　　　<u>わたしが大学生だった、昭和の初めのころのことです。</u>夏になると、よく、徳島の沖州の海水浴場に泳ぎに行きました。（中略）／<u>ある日、わたしは泳ぎつかれた体を砂に横たえて、見るともなしに波打ちぎわを見ていました。そこでふしぎなものを見ました。</u>（中略）／しばらく観察しているうちに、<u>わたしは急に心配になってきました。</u>

　筆者（「わたし」）の存在が文中にも明らかなこうした教材の場合、学習活動に筆者を取り込み、例えば筆者との対話を設定することなどは効果的だと思われる。
　各教材を検討したときに、ストーリー性の①②③のどれかが認められれば、そうした特性が生かせる学習活動を足がかりに学習をスタートさせ、筆者がストーリー性を意図的に導入した意味や意義の検討を行うなど、論理性を中心とした学習活動への展開も可能である。またはストーリー性を生かした学習活動を継続的に行うことそのものに、論理性を中心とした学習が内包される学習指導過程を構想することもできるだろう。
　以上、「子どもの側から教材を捉えるときの特性」の四つの観点である既知性、具体性・抽象性、イメージ性、ストーリー性それぞれについて説明を加えた。図にもあるように、決してこれらだけが取り立てられるのではなく、文章論的な特性把握も行った上で、それとの関連を意識しながら、従来あまり着目されなかった「子どもの側から教材を捉えるときの特性」の把握に努めて、その教材ならではの学習活動を見いだすことが肝要である。

第２項　「学習内容」セクション

　教材としての特性が把握できれば、次はその教材で何を強調的に学習させるかという学習内容を検討する。「要素構造図」における「学習内容」

のセクションの内部要素の主なものとしては、生活認識力・生活陶冶力、情報活用力、情報認識力を置いた。自己の認識活動に必要、有益な情報を適切に受容し、不正な情報、事実と異なる情報を的確に批判できる力を身につけることが高度情報化社会には不可欠である。こうした情報認識力は情報活用力へと高められるべきものであるが、情報認識力に培う学習活動を展開する過程そのものが情報活用力に培う過程であると捉えることもできる。

　情報認識力、情報活用力については、小田迪夫（1986）の「読解指導は情報認識をめざす文脈形成をむねとし、それに資する言語意識のはたらかせ方を究明、実践していくべき」とする指摘[6]、さらに小田迪夫（1996）が、説明的文章の読みのおもしろさは情報活用、情報創造のための読みによって体験させることができるとして、指導のねらいに情報の読み方・分かり方、情報の表し方・伝え方、情報の求め方・生かし方の三つを掲げていること[7]、河合章男（1996）の「権威ある知識の体系を丸ごと理解することによって自分の知を高めていこうとするような発想から、外部の情報を利用して自分なりの知の体系を組み立てていこうとするような発想への転換が必要である」[8]とする説明的文章指導における情報活用力育成の観点等を参考にした。

　そしてこの情報認識力、情報活用力は生活認識力・生活陶冶力へとつながり、発展していくものであるという道筋を考えた。自己の生活を見つめ直し、改善し、高めようとする意志や行動力に培うことへの視点や展望を持たない情報認識力や情報活用力は、本質的なものではないからである。

　生活認識力・生活陶冶力を位置づけたことに関しては、植山俊宏（1996）が従来の説明的文章指導の問題点の一つとして「学習者の主体を唱えながら、学習者が踏みしめている生活の場・状況との接点が弱く、生活における実質的な能力へと深化・発展する方向性を持ち得なかった」[9]ことをあげ、「ことばによる認識と生活との関係を見極める重要性」[10]を指摘していることを視野に入れた。

　また情報認識力の内部事項には、認識内容を中核に論理的思考力、論理

第3章　説明的文章の学習活動を構成するための仮説的枠組み

的表現力をはじめとして、渋谷孝の主張した類推・想像力を、またスキーマ理論を援用する立場からスキーマ喚起力・運用力・構成力なども位置づけ、それらが関わり合う構造とした。意味理解力や要約力などは基底的な力としてそれらを支える構造とした。

以下では、論理的思考力、スキーマ、類推・想像力に関する力について説明を加える。意味理解力、要約力、批判・評価力などは情報認識力の基底的能力として捉えた。

1　論理的思考力

「要素構造図」において論理的思考力はひとまとまりのものとして提示したが、その具体的な内容としては、図3-2 に示したように大きく二つの力から捉えて実践を構想しようとしている。すなわち「ものの見方・考え方・感じ方などを形成する基礎的な認識力」と「論理の展開構造に着目して読む力」である[11]。

まず「ものの見方・考え方・感じ方などを形成する基礎的な力」についてである。ものの見方や考え方、感じ方などの力を育てるために、西郷竹彦（1968）の認識の系統案[12]や櫻本明美（1995）の論理的思考力の系統案[13]などを参考に、低学年から順に「比較―順序―類別―因果関係―推理」という系統を設定した。

さらにこうした思考とともに、多面的、多元的、総合的な思考との相互作用を重視した。もちろん比較したり、類別したり、推理したりすることそのものが対象を多面的に捉えたり、総合的に考察したりすることにもなるわけだが、瑣末な読みに陥らないように留意することも踏まえて別に右側に位置づけ、相互作用がなされる構造とした。説明的文章の授業の中で、これら思考力の観点を指導者も学習者も意識することで、教材文の読みは深く、鋭くなる。また「ものの見方、考え方、感じ方などを形成する基礎的な力」は、これ単独での学習内容にするというより、以下に述べる「論理の展開構造に着目して読む力」の内容と、関連的、輻輳的に培われることが多いと思われる。

ものの見方・考え方・感じ方などを形成する基礎的な認識力	論理の展開構造に着目して読む力	学年
推理して / 因果関係を捉えて / 類別して / 順序立てて / 比較して ⇄ 多面的・多元的・総合的に捉える	論証型 / 論説型 / 実証型 / 紹介・観察・記録型 / 説明型　　部分⇅全体への着目／対比・類比構造への着目／事例列挙への着目　　序論―本論―結論／はじめ―中―終わり	6／5／4／3／2／1

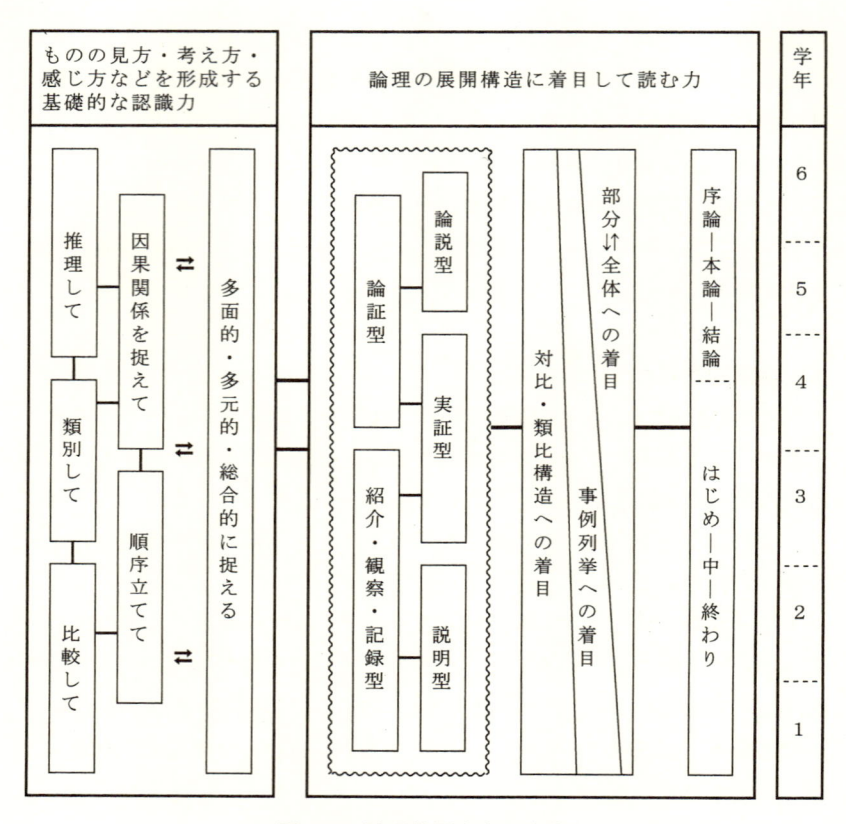

図 3-2　論理的思考力の内容

　次に、もう一つの「論理の展開構造に着目して読む力」についてである。文章ジャンルに即した展開構造が学習者（読者）にメタ的に認知されていれば、教材文の理解はより容易になされる。文学には文学の、説明的文章には説明的文章の、特徴的な展開構造へ意識が向けられるような学習（読み方）を推進することが必要である。

　「論理の展開構造に着目して読む力」の具体的な内容として図に示した中の一つ目は、「序論―本論―結論」（4年生までは「はじめ―中―終わり」）の文章構造をつかむことである。教科書所収の説明的文章には様々な述べ

方のものがあるが、何らかの形で「序論―本論―結論」という展開をとっている。そのため、この三つの段階に述べられている内容の関連性、整合性の適否を読むことを説明的文章の学習の眼目の一つとしたい。また、この「序論―本論―結論」の展開構造の把握は、説明的表現に生かすという点でも重要な学習内容になると考えられる。

「論理の展開構造に着目して読む力」の具体的な内容の二つ目は、「対比・類比構造への着目」である。これは、西郷竹彦が認識と表現の基本的な方法としてその系統案に位置づけている比較（類比・対比）と同様なものである。西郷竹彦（1985）はこの類比・対比的な認識方法を小学校1年生段階から繰り返し学ばせることが大切であると主張している[14]。

この「対比・類比構造への着目」に関しては、櫻本（1995）が国語科教科書にある説明的文章教材について、論理的思考力にかかわる表現例に着目し分析している。そこでは、低学年段階から「比較」と「類別」に関する表現例が数多く認められることを報告している[15]。また実践的にも、論者によって「対比・類比構造への着目」を重視した実践が成果を収めることを認めている[16]。これらのことから、「対比・類比構造への着目」を重要な学習内容として低学年段階から位置づけた。割合としても、低学年でより多く、そして中学年、高学年へと継続的に学ぶものとして設定した。

「論理の展開構造に着目して読む力」の具体的な内容の三つ目は、「事例列挙への着目」である。事例列挙のあり方に着目することについては、澤本和子（1991）の詳細な報告がある[17]。澤本は3年生を対象として、2編の列挙型の説明的文章を順次学習材とすることで、事例のあげ方を中心とした文章の構造的な特徴を捉えさせようとし、「三年生事例列挙型説明文の学習指導は一見簡単に見えるが、その意図するものは中学年以降の学習に大きな影響を与える基本的な学習である。それゆえ、この時期に、読みの目的と教材の特徴をとらえて読みの方法を定める基本的な学習方法を体得することは、以後に続く高学年での説明文学習に重大な影響を与える」と述べている。

澤本は「中学年以降の学習に大きな影響を与える基本的な学習である」と述べているが、事例の列挙に着目する構造的な認識は、むしろ低学年の頃から基本的な読みの方略として位置づけることが望ましい。この点については、櫻本（1995）の論理的思考力の構造（試案）においても、「列挙する力」を最も基礎的な力として位置づけていることから[18]、先に示した図では、学習内容としての比重を低学年から中学年にかけて大きくする形とした。
　「論理の展開構造に着目して読む力」の具体的な内容の四つ目は、「部分⇄全体への着目」である。部分と全体との相互関係についての考察が教材文の読みを深めることは異論のないところであろう。問題は、そうした部分と全体との相互作用的な読み方をメタ的に獲得することができる学習指導を構想できるか否かである。
　例えば論者による６年「人間がさばくを作った」の実践では、「読者を納得させるための筆者の書き方の作戦」をまとめる学習活動を単元を貫いて組織した。第二次の読み深める段階のまとめの書く活動においては、学習者（Ｓ・Ｒ子）は以下のように文章表現している[19]。（ゴチック部は、あらかじめ指定した。下線は引用者による。）

　　小原さん、私（ぼく）たちは、これまでずっとあなたの「書き方の作戦」を探ってきました。みんなで話し合った小原さんの「書き方の作戦」をまとめてみると……小原さんは、いろんなところで分けてやっていると思います。／まず初めに、②〜⑦段落と、⑧〜⑫段落で二つに分けています。これの中心で「つり合う」という言葉を出して、一方は、つり合いが保たれている方、もう一方は、つり合いが保たれていなくて、砂漠を作っている方、とやっていると思います。そして、その中で、⑦のところで少しまとめて、わかりやすくしていると思いました。／小原さんの書き方は、初めに答えのような呼びかけをした後に、本論に入って、まとめて、本論の続きに入って、まとめて、結論に入っていると考えました。その大まかに分けたところが、

第3章　説明的文章の学習活動を構成するための仮説的枠組み

<u>この前と後のところの二つで</u>、一つは<u>動物関係で、もう一つは人間のことを書いているけど、これはとてもわかりやすい分け方だと思ったです。</u>／⑬⑭のところでも、<u>⑬まではアメリカのことだけど、⑭からは世界のことに入っていて、アメリカだけではないところも砂漠を作っているというのがよくわかります。</u>そして、<u>序論と結論のところで、初め「だが次のような事実がある。」というのと、最後の「作ったらしい」というのがつながっているのではと私は見つけた。</u>だから、私が思うに、<u>この小原さんは、いろんなバランスをとっていて、すごい</u>と思いました。そして言葉も、いろいろ考えていると思いました。

　この学習者のまとめからもわかるように、第二次の学習が、単に内容を確認するだけの読みや文章構成を形式的になぞる読みではなく、生態系のバランスの重要性や、人間の手による砂漠化の現象が世界的な問題になりつつあることなどの内容を、筆者がとった構造的な書き方（認識の仕方）の効果という観点からの読みとあわせた形で展開され、深められていったことがうかがえる。部分と全体との関係を意識しながら、筆者の認識の仕方を考察することによって、説明的文章の一つの読み方を自覚しつつある一例である。こうした読み方が意図的になされるような学習指導を行うためにも「部分⇆全体への着目」を学習内容として位置づけておきたい。

　以上、「論理の展開構造に着目して読む力」の四つの具体的な内容と、実際の学習活動との関連について述べたが、枠の中央部分に置かれた「対比・類比構造への着目」「事例列挙への着目」「部分⇆全体への着目」は、右部分の「序論―本論―結論」のあり方を学ぶ学習と連動する形で習得されることを期待するものである。

　また、枠の左部分に波線囲みで置いた「説明型」「紹介・観察・記録型」等は、教科書の説明的文章に見られるタイプを示したものである。およそ学年発達に対応して、教科書の説明的文章のタイプは割合的にも図のような並びになっているように思われる[20]。こうした文章のタイプを図

の中に配したのは、できれば「序論―本論―結論」等の「展開構造に着目して読む力」の四つの具体的な内容が、これらの文章タイプとセットになって学習者に（それよりも、まず指導者に）自覚されればという願いによるものである。そうすれば、説明的文章の展開構造の特徴とその読み方とが連動されたスキーマとなって、未知の教材を読む機会に、当該文章の型の判断とともに有効に作用するのではないかと考えるからである。型を置いただけでは実践に機能しにくいのは承知しつつ、図の改善に向けての課題であることも含めて位置づけた。

2　スキーマ

　スキーマについて、多鹿秀継（1994）は、学習者の有する知識構造（スキーマ）と問題との主体的な相互作用の中で問題の再構造化が行われること、問題の再構造化とは、問題のすべての要素を様々な観点から適合させ、目標に到達するために必要で十分な条件を明確にすること、さらには学習者が問題状況に柔軟に対処でき、問題のもつすべての要素を適合させて新しいスキーマを構成することができるとき、問題は適切に解決できることを述べている[21]。

　これを説明的文章の読みのあり方に置き換えてみると、文章を読んで理解するためには、スキーマと教材文との相互作用の中で読みの再構造化が行われることになる。すなわち教材文の表現に自分が有する内容、展開構造、両面のスキーマを対応させ（現有スキーマを喚起し、それを働かせ）、新しいスキーマを構成することで、創造的な読み、より高次の情報認識に向かうのである。したがって、スキーマ喚起力、スキーマ運用力、スキーマ構成力というように三つの能力に分けて捉えることで、学習指導過程におけるスキーマの活用が容易になると考えた。

　文章理解におけるスキーマには、文章の展開構造に関するものと内容に関するものとがあるが、岩永正史（1996）は展開構造に即したスキーマについて、読みの指導場面を想定して次のように述べている[22]。

第3章　説明的文章の学習活動を構成するための仮説的枠組み

（前略）文章理解の過程で読み手のもつスキーマ、とりわけ、さまざまなジャンルの文章の展開構造に即したスキーマが重要な役割を演じていたとすると、文章構成に関する指導は見直しを迫られることになる。読み手の内に説明文の展開構造に関するスキーマを育てること、読みの指導にあたっては、そのスキーマを引き出し、はたらかせることが必要になるからである。つまり、文章構成は、指導の終末部ではなくて読み進んでいく過程で重要になるし、当該文章から得られた文章構成は、その固有性よりもどの程度の一般性をもつかの方が重要になる。

　スキーマを喚起する力、運用する力、構成する力等を学習内容として位置づけ、自力で説明的文章を読む力を育てていきたい。ただし、「状況論に立つなら、文章の理解では、スキーマのはたらきによってトップダウンに実行される過程よりも、複数の読み手による相互交渉を通して、各人の解釈が構成されていく過程が重視されることになる」[23]という岩永の指摘を考慮に入れ、実践へのスキーマの取り入れ方については検討が必要である。

3　類推・想像力

　教科書所収の説明的文章は、読者である子どもたちに配慮し、井上敏夫（1982）のいう潤色性[24]が施された文体となっている。したがって、類推・想像の読みを発揮しやすい箇所へのかかわりが適切になされるような学習指導過程を設定することで、小田迪夫（1986）がいう「日常の読書行動の内面に形成され流動する情報意識を、集中性の強い、密度の高いものとして、学習者の内面に作り出させること」[25]が可能になると考えられる。

　渋谷孝（1984）は類推・想像作用の重視は、説明的文章の読みにおける間接認識の効用にもつながるとしている[26]。

ものごとを見たことがないための大きな限界を考慮した上で、でき
　　る限りの手だてをつくして（既習の体験的見聞を基にしての類推と想
　　像）間接体験としての認識をひろげ、深めていくことが、文章を読ん
　　で分かることである。文章による分かり方には、当然、長所と短所が
　　ある。私たちは、その長所を積極的に生かしたい。ことばによって新
　　たな世界を発見した人が、ことばを高度に構成した世界を創造する。
　　それは自律的な世界である。

　これは、理科や社会科という内容教科と基礎教科である国語科との教科
内容との違いにも通じる点であり、その意味でも類推・想像力を説明的文
章の学習内容として位置づけておきたい。ただその場合、類推・想像力の
具体的な発揮のさせ方が、文学作品の場合とどう共通し、どう違うのか留
意しておく必要がある。
　また、渋谷孝（1980）は「ある体験的な学習経験があって、それを土台
としての興味、関心が、それとの関連で未知のものにめぐりあう。そこで
類推・想像作用が働いて、一つ高い次元の間接的な知識が獲得される。こ
れが分かることである」[27]とも述べている。これは説明的文章の読みにお
けるスキーマの重要性を指摘していることに他ならない。

第3項　「学習者が夢中で取り組む活動類型」セクション

　「学習者が夢中になる活動類型」セクションは、学習者の側から学習指
導過程を設定する際のキー・セクションである。これを加味することで、
要素分析的読解活動とは異なる学習活動が見いだせる。活動類型の具体と
しては「演じる」（＝特定の立場・視点で読む）「調べる」「伝える」「味わ
う」「競う」などを設け、これらの活動類型を実際に機能させるために、
活動の立場、活動の観点、活動の具体的方法という三つの内部事項を考え
た。

第3章 説明的文章の学習活動を構成するための仮説的枠組み

1 活動の立場

　まず活動の立場としては、青木幹勇（1986）の「視点を転換した読み」を導入した実践例[28]を参考にしながら七つ設定した。

　①「主体的読者」については、批判・評価精神を有する読者を想定した。井上尚美（1996）が「これからの国際化の時代に対応するには、自分の意見を論理的・説得的に主張することのできる教育、つまり発信型の言語教育を目指さなければならない」と指摘しているように[29]、批判的、評価的に情報を受容し、自己の考えとして発信できる力が、これからは必要である。学習活動としても主体的な情報受容・発信が可能となるものを考えたい。

　②「筆者」、③「文中人物」については、先に「説明的文章教材の特性」の項で教材例を引きながら既に説明した。

　④「文中人物以外だが存在が容易に連想され納得される人物」、⑤「説明対象（物）に関わって生活している第三者的立場の人物」、⑥「想定された人物に」については、教材文を拡張し、第三者の立場から筆者の認識・表現のあり方を評価する機能を有するものとして位置づけている。想像的に説明的文章を読むという行為にもつながるわけだが、教材文の内容、展開、表現などとの対応をよく吟味しておかないと、活動の多様性だけが強調された形となり、認識力に培う要素が希薄になる危険性もある。よって、導入時の吟味が①「主体的読者」や②「筆者」以上に重要になる。

　⑦「説明対象（物）の立場」で学習活動を組織することについては、長崎伸仁（1997）が認識内容を深めることに有効である旨を報告している[30]。ただし教材によって、この立場が生かせるものと生かしにくいものがあると考えられる。また発達段階的には、どちらかというと低・中学年において採用しやすいと思われる。

　いずれにせよ一つの教材、単元で①〜⑦の要素すべてについて学習活動が設定されるのではなく、教材の特性やねらいとする学習内容との関係で取捨選択されるべきものである。また①の「主体的読者」の立場と②の「筆者」の立場に学習者を分けて、内容や表現方法について討論するな

ど、複数の要素を組み合わせて学習活動を組織することも必要である。

　こうした活動の立場をとることで学習活動は多様になり、学習指導過程にも変化が出てくるが、文学教材の学習活動との接点もあるため、説明的文章の学習内容を保障する点での遺漏がないように留意したい。

2　活動の観点

　次に、活動の観点としては5点を設定した。これは設定した活動の立場をどういう観点で学習活動に仕立てていくかというものである。①の「立場・視点を変えて」については、活動の立場のところでその意図については既に述べているので解説は省略する。

　②の「文体を変えて」については、本文を会話文に変える、対話体の会話文に変える、インタビュー形式に変える、リライトするなどが考えられる。

　③の「要約または敷衍して」については、要素分析的読解活動においてもなされている。図では、さらに立場を換えて読むことによる要約・敷衍をも意図している。これは筆者の視点・見方に寄り添って読んでいたものが、立場の転換によって異なった見方で読めるようになる機能を要約・敷衍活動に生かそうとするものである。

　④の「文字情報⇆音声情報、文字情報⇆映像情報などの変換によって」については、②の「文体を変える」と共通する要素があるが、文章内容を会話文体に変えて録音したり解説者風にVTR収録したりして、情報媒体を変換するものである。文字情報を音声情報に変換して、読みを深化させようとするものということもできる。

　⑤の「絵・図表を付加して」については、説明が不足していたり、表現が入り組んでいるところを絵や図表に置き換えて表現し、詳しく、わかりやすくするというものである。どんな絵を描けばよいか、どんな図表にして、どういう項目を立てればよいかなどを考えることが読みを深化させることになる。

3　活動の具体的方法

　活動の具体的方法としては、①「会話型」、②「手紙・メッセージ型」、③「解説型」、④「絵・図表（イラスト）型」、⑤「討論型」、⑥「ストーリー・シナリオ型」、⑦「観察・実験型」、⑧「質問・クイズ型」などを置いた。他にも様々な活動形態が考えられるだろうが、総じて総合的・再構成的な特徴を持っていると言える。

　以上、活動の立場、活動の観点、活動の具体的方法の三つの内部事項の具体を述べ、「学習者が夢中になる活動類型」の内容を解説した。内部事項といっても、その具体的要素は確定したものではない。当該教材の特性や学習内容との関連で、「演じる」（＝特定の立場・視点で読む）ためにはどの要素に着目して活動をつくるのか、「調べる」ことを中核にするときにはというように、学習活動を見いだすための手がかりとして用いるようにしたい。

第4項　「具体的言語活動」セクション

　ここまで「説明的文章教材の特性」「学習内容」「学習者が夢中になる活動類型」の順で、多様な学習活動をつくり出す手順を述べてきた。手順といっても、この三つのセクションの順に作業を進めて整然と学習活動が見いだされるわけではない。むしろ互いのセクション間を行きつ戻りつしながら決定されることが実際の授業づくりでは多い。しかし最終的には、関連的・総合的な学習活動を志向することになると考えられる。すなわち図の中央部に位置づけた「具体的言語活動」のセクション内の上下どちらか（「関連性が複合的な言語活動」「関連性が単線的な言語活動」のいずれか）の傾向の学習活動になると考えられる。

　「関連性が複合的な言語活動」の要素を持った学習活動では、読むことを中核にして、そこに話すこと、聞くこと、書くことが緊密に、一体的に関連し合って言語活動が展開される。どちらかというと活動の多様性の度合いが高く、いわば「大きい学習活動」であることが多い。

一方「関連性が単線的な言語活動」の要素を持った学習活動では「読む―書く」「読む―話す」「読む―聞く」というように、読むこと以外の三つの言語活動がそれぞれ単独、部分的に読むことに関わるという形となる。活動の多様性の程度は「関連性が複合的な言語活動」よりは低くなり、「小さい学習活動」ということができる。

　現実的には、どの教材、どの単元も「大きい学習活動」を中核とした学習指導過程によることはむずかしい。教材は各々固有の特性と学習内容を有しているわけだから、それらに即して当該教材・単元では「大きい学習活動」で学習指導過程を組織するのか、「小さい学習活動」を採用するのかを決定することが望まれる。その意味では、先ほどはどちらかの言語活動を選択するのは最終的な作業である旨を述べたが、論述してきた要素構造図の認識を持つ指導者にあっては、学習活動を構想する作業の最初に、大小どちらの学習活動を選択するのかについての直観的な仕事は位置づくとも言える。

第3章　説明的文章の学習活動を構成するための仮説的枠組み

第2節　「要素構造図」の構想基盤となった実践

　本章冒頭でも述べたように、提示した「要素構造図」は、先行研究に学びながらも主に論者が行った実践の成果から帰納されたものである。そこで本節では、論者の実践の概要を粗描することで「要素構造図」の内容を具体化し、同時に説明的文章の学習活動を多様にする一つの試案としての図の可能性を述べてみたい。なおいずれの実践も単一教材を対象に、いわゆる三読法的な読みによって展開したものである。

第1項　文章をイラスト化する学習活動の構成と展開
　本項では、文章をイラスト化する学習活動の構成と展開を試みた実践として「どちらが生たまごでしょう」（教育出版3年）を用いた例について述べる[31]。「要素構造図」における「学習者が夢中になる活動類型」セクションの＜学習活動の具体的方法＞③解説型、④絵・図表（イラスト）型を主に意図した実践である。

1　授業づくりの構想
　教科書所収の説明的文章は、一般的に叙述が簡略化されがちである。そこで教材文を読むときには、それら簡略化された部分を補足したり敷衍したりする作業が必要となる。本教材の場合は、問いを解決するための実験が説明されているわけだが、その実証過程に絵図化、イラスト化することを取り入れ、どういう実験方法、結果だったのかを明確に読み取らせようとした。
　テクストをイラスト化するという点からすると、例えば第6段落の「小さなわをえがきながら回ります―二重の円に見え―やがて、立ち上がって」という一連の回る過程を述べた部分は、順序と段階ごとの回り方を絵に表すことが可能である。また、その内容（すなわち読みの内容）にずれ

123

が生じることが想定でき、議論の対象にすることができる。また第12段落の「白身も黄身もかたまって、からにぴったりくっついています」の部分も、掲載されている写真や実物も参考にイラスト化させると、その内容がより明確に意識させることができる。第13段落の「生たまごの中身は、回ろうとするたまごに、内がわからブレーキをかけることになるのです」などは、絵図に表すことが難しい箇所かもしれないが、個性的な表現によって的確な読みが推進されると思われる。さらに一つ目の大段落も、それぞれのたまごの様子を絵図で表すことができる。

　このように問題提示と実験、およびその結果が中心となっている文章だけに、全体をとおしてイラスト化しやすい要素が多い説明的文章であると言える。具体的には、イラスト化を読みのための一時的な手だてにとどめるのではなく、イラスト化そのものが学習のめあてになるような単元づくりを行った。すなわち1、2年生の学習者に卵の見分け方を教えるために文章内容をイラスト化したものを挿入し、文章を平易に、わかりやすくリライトすることとした。

2　実践の方法

(1)　**教材**　「どちらが生たまごでしょう」（1991年度版教育出版3年下）
(2)　**対象**　兵庫教育大学附属小学校3年3組（男子17名、女子18名）
(3)　**目標**
　○たまごを見分けるための実験内容やたまご内部の動きの仕組みを叙述に即して読むことができる。
　○叙述内容を的確なイラスト（絵図）に表し、年下の子にもよくわかる説明文に書き替えることができる。
(4)　**学習指導過程**
　本実践の学習指導過程は図3-3に示すとおりである。単元における学習活動の展開は「絵にした方がわかりやすい箇所を見つける―イラスト化する―最終的に絵と文章とを合わせる」という流れをとった。

第3章　説明的文章の学習活動を構成するための仮説的枠組み

基本的な学習過程	めあて	学習活動	教師のはたらきかけ
たどる	絵にした方がわかりやすいところを見つけよう	1) 題名を読み、通読後、わかったことを書く。 2) 3) 絵にした方がわかりやすいところを見つけてワークシートにまとめる。 （3時間）	○題名が疑問形であるため、子どもたちに生たまごの見分け方をいろいろ出させてから本文を読ませる。 ○最終的には「小さい子にもよくわかる『イラストつき・どちらが生たまごでしょう』」を作ることを知らせたうえで、絵にした方がわかりやすい箇所を選んだ理由とともに書き出させる。 ○イラストの適否を検討し合うグループ（5人前後）を作っておく。
つなぐ	説明にピッタリのイラストを書こう	1) 2) 説明されている内容にぴったり合ったイラストを描く。 ・個人でワークシートに描く。 ・個人で描いたものをグループで検討し合う。 3) - 5) 全体で共通して考えた方がよい箇所（イラスト）について話し合う。 （5時間）	○前時までに見つけた「絵にした方がわかりやすいところ」を実際にイラスト化させる。イラストには何を説明しているものか小見出しをつけさせる。絵の巧拙より叙述内容と合っているかどうか、わかりやすく書いているかどうかを評価の観点とする。 ○第1時は個人学習が中心となるが、第2時、第3時は、初めに個人学習の成果からイラスト化できているものを全体に紹介し、その後のグループでの検討とそれを受けての個人での修正、イラスト化の続きという具合に学習を進める。 ○第6、9、12、13段落のたまごの回り方の違いの箇所は考えがずれるので、子どもたちのイラスト例をもとにして叙述との対応を吟味させる。ワークシートの修正も随時促す。また、実際に本文同様の実験をさせる。
見ぬく / いかす	絵と文章をうまくドッキングさせよう	1) 説明の固まりがよくわかるように内容を整理する。 2) - 5) 書きためたイラストと文章をあわせて説明を書く。 （5時間）	○小さい子にはひとつながりの文章より項目ごとに分かれて表現する方がわかりやすいことを説明し、問題提示文「？」、答えの文「答え」、実験部分「実験」というように見出し風にマークを入れる箇所を見つけさせる。 ○1、2年生を読者に想定させ、これまで書きためたイラストを入れた説明文を書かせる。イラストを解説的に説明する表現を挿入させるようにする。

図3-3　3年「どちらが生たまごでしょう」の学習指導過程（単元計画）＜全13時間＞

表3-1 第一次＜見通す＞段階においてM子がワークシートに記した「絵にした方がわかりやすいところ」とその理由

段落	絵にした方がわかりやすいと思うところ	理　由
④	色も、形も、重さも、ほとんど同じです。	色、形、重さは同じだけど、ほんとに同じかを見せるために、イラストを入れたらいい。
⑥	すると、小さなわをえがきながら回ります。	どれだけのわなのかをおしえるためにイラストを入れる。
⑥	ゆれながら、ゆっくり回るだけです	ゆっくりと黄身がどのような回り方をするのかがわかりにくいから絵を入れる。
⑨	ゆでたまごと生たまごを五つずつ用意して	絵でもゆでか生かがわかるようにすればいいと思ったから絵を入れる。
⑫	からにぴったりついています	どのようにぴったりついているのかを調べたいから絵を入れる。
⑬	とろとろしています	からの中でどんなふうにとろとろしているかを調べたいから。
⑥	ゆでたまごは二重の円に見え、	二重の円とはどのような形なのかを教えたいから絵にする。
②	ゆでたまごと生たまごでは黄身の様子がちがっています。	どのようなかんじで、どんなふうにちがっているのかを絵にして教えたい。
⑪	ゆでたまご………ひみつがありそうです。	ゆでたまごと生たまごにの回り方がちがうのは、中身にひみつがあるから、絵にして、少しずつひみつをあばけるように絵を入れたらいい。

3　結果と考察

　以下、各段階ごとの授業の実際については、設定した学習指導過程に即して比較的順調に学習を展開したM子を例にして述べることにする。M子は、読みの力としては中位群のレベルの学習者である。

(1)　第一次「絵にした方がわかりやすいところを見つけよう」の学習について

　全文通読後、「小さい子にもよくわかる『イラストつき・どちらが生たまごでしょう』」を作るためにテクストを読んでいくことを知らせた。具体的には、本テクストの内容を下学年の子どもたちに知らせるために、教

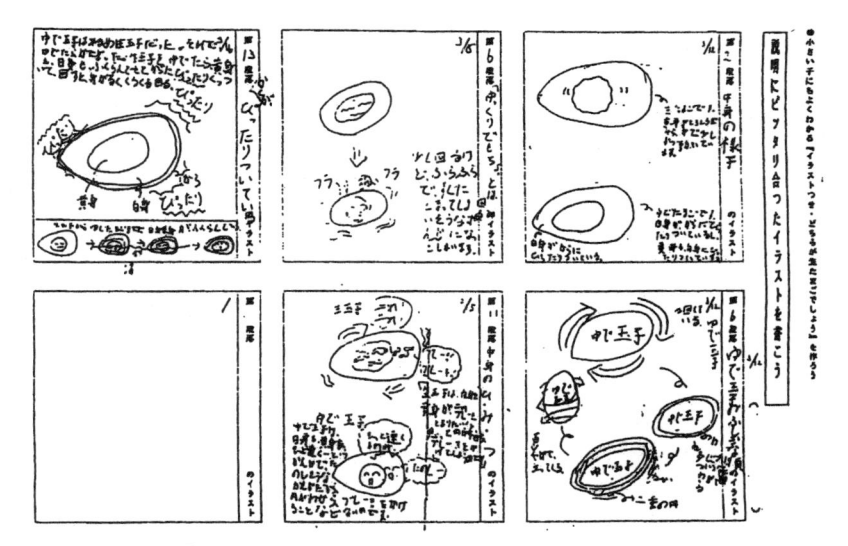

第3章　説明的文章の学習活動を構成するための仮説的枠組み

図3-4　第二次「説明にピッタリのイラストを書こう」の学習におけるM子のワークシート

科書以上に絵図を挿入していくことを提案した。M子は「絵にした方がわかりやすいところ」として、表3-1のような箇所を取り上げ、その理由を記した。

　M子の場合、段落4、6、9、12、13と絵にした方が理解が容易になるだろうと考えられる箇所を一通り探し、再び第6段落へ戻り、また第2段落、12段落というふうに読み進めている。第6段落の「ゆでたまごは、二重に見え」という箇所に対する理由として「二重の円は、どのような形なのかをおしえたいから」と記すなど、重要な表現部分に着目している。こうした大まかに内容を捉えることは、まとめ方のよい例を紹介することを含め2時間行った。これによって、学習者はわかりやすいところやわかりにくいところ等が一応区別できるようになったと考えられる。

(2)　第二次「説明にピッタリのイラストを書こう」の学習について
　この段階では、第一次でイラスト化するとよいと検討づけた箇所を中心にイラストを書かせた。絵の巧拙より叙述内容と適合しているかどうかが

重要であることを学習者には確認した。

具体的には、図3-4のM子の例に示したようなワークシートを用意し、小見出しとイラストをあわせて書かせるようにした。3時間をこのワークシートの作成に当てたが、そのうち2、3時間目は授業の初めに個人学習の成果からうまくイラスト化しているものを紹介したり、書き上げているイラストについて小集団で相互批評させたりしてから、個人のイラスト化の作業に入らせるようにした。

こうしてイラスト化の作業が進む中で各自のワークシートの内容をチェックすると、表現した内容にずれが多い箇所、段落が明らかになった。それらについては学級全体で叙述との対応を話し合い、確認することにした。実際には第6、9、12、13の各段落を取り上げることにした。例えば第6段落では図3-5、3-6、3-7に示した三つのイラストを印刷して学習材とし

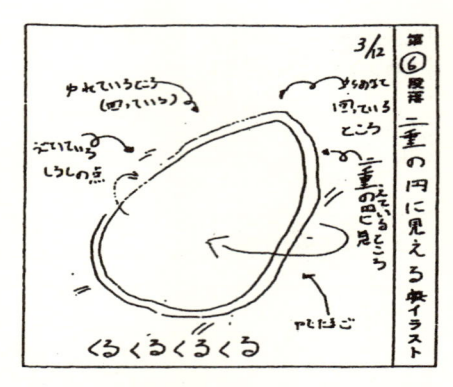

図3-5 学級全体で検討したイラスト例①

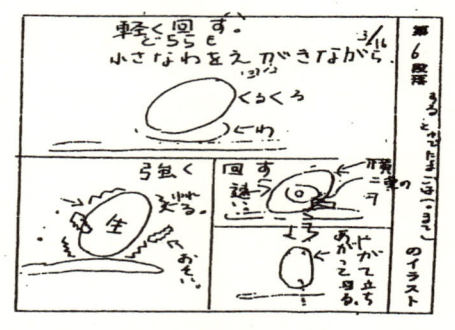

図3-6 学級全体で検討したイラスト例②

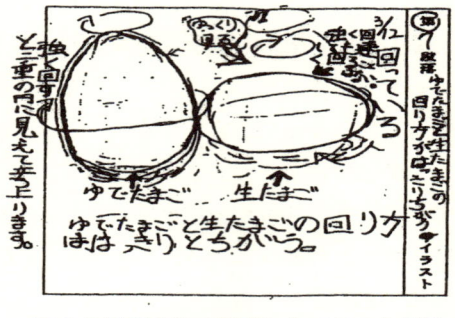

図3-7 学級全体で検討したイラスト例③

第3章　説明的文章の学習活動を構成するための仮説的枠組み

た。

　図3-5は、漠然と捉えているものの細かい回転の仕方まではつかめていないものである。図3-6は、ゆでたまごについては時間的順序にしたがって回転する様子を的確に捉えているが、生たまごの「ゆっくり回るだけ」をたまごが立った状態で捉えてしまっているものである。図3-7は、図3-6のように順序については表現していないが、ゆでたまごと生たまごの違いをはっきり読んでいるものである。

　第6段落の場合、学習者のテキストには本来教科書にはある、たまごが回転している図を意図的に省略しているため、「小さなわをえがきながら回ります」「二重の円に見え、やがて、立ち上がって」「ちょっとかわったこまのよう」「ゆれながら、ゆっくり回るだけ」などの表現がどういう状態を説明しているのかを的確に読むことが要求されることになり、難しい箇所であった。

　しかし、こうしたイラストにおけるずれを材料にして叙述に立ち戻ってその是非を検討することで、たまご両者の回転の仕方の違いが明確になった。また話し合い後、実際に自分たちで回転の違いを確かめさせたが、実験最中に「二重の円」「こまのように」などのことばが学習者の中から頻繁に出るなど、イラストを用いての事前の話し合いと実験とがうまく結びつき、効果があった。

　ただ第13段落については「自分の重さで止まろうとします」や「内がわからブレーキをかける」等の表現が学習者にはイメージしにくいように思われた[32]。図3-8の例を提示し考えさせることも試みたが難しいようであったため、最終的には解説を加えた。とりわけ「自分の重さで止まろうとします」は、学習者にとっては理解しがたい状況であったことから、表現上の改訂が必要であると思われる。また「内がわからブレーキをかけることになるのです」については、この表現を生かすなら図がほしいところである。

　学習者は以上のような過程を経て、最終的に先に示した図3-4のM子の例のように、各自が自分の文章表現に生かしたいイラストを作り上げた。

129

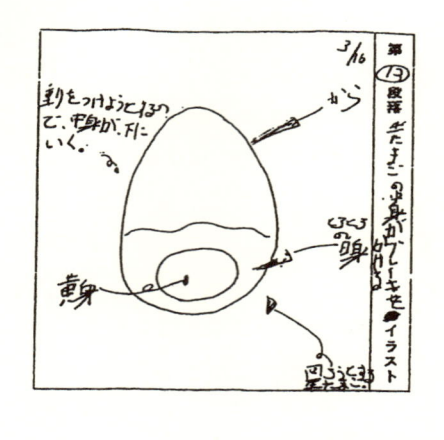

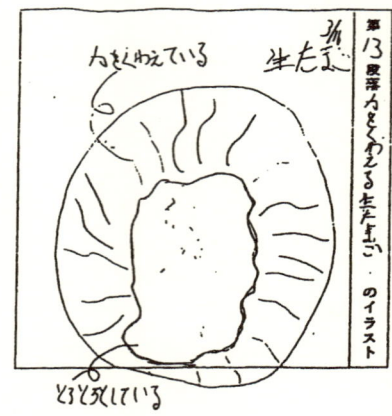

図3-8　第13段落を検討する際に用いたイラスト例

　M子の場合、3時間の学習中に五つのイラストを書き上げた。第一次では、第2、4、6、9、11、12、13の計7段落をイラスト化する予定していたが、実際に書く段階になって第4段落「色も形も、重さもほとんど同じです」、第9段落「ゆでたまごと生たまごを五つずつ用意して」の2箇所は省いた。現象面として表現しにくいことと、他の箇所に比べて重要度で劣ることから必要でないと判断したのではないかと考えられる。
(3)　「絵と文章とをドッキングさせよう」の学習について
　最終的な文章表現段階の学習は大きく二つである。一つは、説明のかたまりがよくわかるように本文の内容を問題提示文、答えの文、実験の部分というように分けて整理し直すことである。これは、小さい子には一つながりの文章より、項目ごとに分かれて表現されている方がわかりやすいだろうという考えに基づいている。もう一つは、書きためたイラストと整理し直した文章を組み合わせて書くことである。
　前者の文章を項目ごとに組み直すことは、これまでイラスト化の過程で何度となく本文を読んでいたため、比較的スムーズに作業を進められた。後者の文章表現に際しては、ワークシートのイラストのコピーを切り抜いて直接貼り付ける形で使用させた。また自分が書いた分ではどうしても足

第3章　説明的文章の学習活動を構成するための仮説的枠組み

どちらが生たまごでしょう

みなさんは、たまごのからをわって、中身を見たことがあるでしょう。

ゆでたまごの白身は、かたまった黄身のまわりに、白くかたまって、からにぴったりくっついていますね。

しかし、生たまごの中には、すきとおった、とろとろの白身がやわらかい黄身をかこんで入っています。

このように、ゆでたまごと生たまごでは、中身の様子がちがっています。

問題１ ？

では、たまごのからをわらないで、どちらがゆでたまごで、どちらが生たまごかを、見分けることはできないものでしょうか。

まず、ゆでたまごと生たまごを両手の上にのせて、くらべてみましょう。

二つのたまごは、色も、形も、重さも、ほとんど同じです。ですから、色や、形や、重さで見分けることはむずかしいようです。

そこで、今度は、両方のたまごを、ぐるぐる回して、違いがないかどうかを調べてみましょう。

実験１

ゆでたまごを皿の上において、図のように、指で軽く回してみます。（後略）

［たまごが回っている手書きのイラスト］

図3-9　M子が書いた「イラストつき・どちらが生たまごでしょう」の一部
　　　（原文縦書き）

りないという場合には、負担軽減の意味で同じグループの学習者のイラストのコピーを借用することも可とした。

　図3-9は、M子の作品の一部である。問題や実験の項目を見出し風に明確にしている。また他の学習者の作品の中には「読者のみなさんは、できますか」「上の図を見てください」「ここでイラストを見てみよう」「では、実験してみましょう」など、本文の意味をを変えない範囲でのオリジナルな表現も多く見られたが、この学習者の場合は、ほとんど教科書本文そのままを視写する形で取り入れた。子どもたち各々の能力の差もあることから、挿入文章としての視写も認めながらも、自己の表現を楽しむという方向でのはたらきかけを推進していくことが必要である。

4　学習活動としてのイラスト化の効用

本実践の成果としては、以下の点があげられる。

まず「絵にした方がわかりやすい箇所を見つける」学習においては、「ゆでたまごは、二重に見え」という箇所に対し「二重の円は、どのような形なのかを教えたいから」という理由を添えて叙述をイラスト化する対象を見いだすなど、卵の状態や実験の結果を説明している叙述部分を視覚化しようとする傾向が見られた。

また「イラスト化する」活動では、イラストの内容として、漠然と捉えているものの細かい回転の仕方まではつかめていないものや、回転の順序は表現していないが、ゆで卵と生卵の違いは明確に把握しているものなど様々に産出され、それらの是非、適不適を巡り活発な討論がなされた。

「最終的に絵と文章とを合わせる」学習活動では、本文を問題提示文、答えの文、実験の叙述などに分類・整理し直す作業や、イラストと文章の適切な組み合わせなどに子どもたちは注意を向けてリライトしていった。

こうした実践展開及び結果を「要素構造図」との対応で考察すると、各セクションについて以下のような要素、内容につながる特徴があると考えられる。

○「説明的文章教材の特性」セクション
　　＜具体性・抽象性＞……①説明の過不足・納得度　②絵図化できる余地
　　　＊叙述の簡略化された部分を補足し、下学年の子にもよくわかるようイラスト化したことによる。
○「学習内容」セクション
　　論理的思考力、論理的表現力、類推・想像力
　　　＊わかりにくい箇所を補足し敷衍する活動が中心となったことによる。
　　情報活用力
　　　＊本文をリライトする過程で、どう叙述をイラスト化するか、でき上がったイラストと本文の表現上のつながりをどう適切に行

うかなどの活動を行ったことによる。
○「学習者が夢中になる活動類型」セクション
　　＜学習活動の立場＞……①主体的読者
　　＜学習活動の観点＞……⑤絵・図表を付加して
　　＜学習活動の具体的方法＞……④絵・図表（イラスト）型
　また表現活動に関しては、1、2年生用にわかりやすくリライトするという表現活動をとったことによって、以下のような内容にもつながっていると考えられる。
　　＜学習活動の立場＞……②筆者（筆者と同じ立場の人といった意味合いで使用しており、筆者その人を指すものではない。）
　　＜学習活動の観点＞……②文体を変えて　③要約または敷衍して
　　＜学習活動の具体的方法＞……③解説型
○「具体的言語活動」セクション
　　＜関連性が単線的な言語活動＞……「読む―書く」
　　＊イラスト化とリライトが中心であったことによる。

第2項　推理する力に培う学習活動の構成と展開

　本項では、推理する力に培う学習活動を展開した実践として「キョウリュウをさぐる」（光村図書4年）を用いた例について述べる[33]。本実践は「要素構造図」における「学習内容」セクションの主に論理的思考力（主に推理する力）、類推・想像力、情報活用力につながる実践である。

1　授業づくりの構想

　高度情報化社会を生きる子どもたちには、情報を取捨選択し、得られた情報を筋道立てて整理して新たな考えを発想・構築する力（情報処理・活用能力）は必要不可欠な能力である。とりわけ情報を処理・活用するための基底的な能力となる論理的思考力の育成が説明的文章指導において叫ばれ、それに関わる多くの実践報告もなされている。

しかし、論理的思考力に培う実践といいながらも、それらのうちの多くは、要点、要約、段落関係、文章構成等に関する作業を行うことが、論理的思考力を育成することになると解釈して取り組まれたものが多い。確かに上述したような作業はなにがしかの論理的思考力を伴うものではあるだろうが、具体的にどのような論理的思考力に培っているのかを示さずに実践を繰り返しても、実質的な論理的思考力が系統的、効果的に培われるとは考えにくい。

　本実践では、櫻本明美（1993）をもとに論理的思考力の構造を捉え、授業づくりに反映させた[34]。櫻本は先行研究および論理学・認知心理学の分野の研究成果を参考にしながら、試案として論理的思考力を構造的に整理した。すなわち、論理的思考力を「知覚する力」「関係づける力」「意義づける力」の3段階に分け、中でも多様な思考が含まれるとして「関係づける力」を「定義づける力」「原因や理由を求める力」など7種の力に分類し、各々の関係を示した。こうして仮説的にでも論理的思考力の構造を把握できると、教材解釈や授業づくりの際にねらいが明確になり、論理的思考力そのものを育成する実践が構想されやすくなる。本「キョウリュウをさぐる」の教材も、櫻本試案に即して見ると「推理する力」そのものを育成することを意図した教材であることがわかる。

　「推理する力」を中核的にねらうことが明らかになると、次は授業をどう展開させるかが問題になる。しかし、筆者がどのように推理しているか客観的に説明する学習では、推理することの思考方法が4年生の学習者に内面化されるとは考えにくい。ある事象をもとに別の事象を推理するということは高度な認識方法であるため、4年生にはむしろ筆者の推論の仕方を追試させる形をとることがよいのではないかと考えられる。これは、筆者という一人の人物に同化して、その認識の仕方をたどることができるという点で、中学年から高学年への過渡期にある4年生の学習者にとっては有効な方法ではないかと思われる。さらに本実践では書くことを取り入れ、理解と表現との関連学習を意図して最終的な表現活動に向けて説明的文章を読む活動を位置づけることにした。

実際には、科学者である筆者にチャレンジして、科学者になって本文同様の「キョウリュウをさぐる」論文を書くために学習を展開するという設定をとることにした。

2　実践の方法
(1)　**対象**　兵庫教育大学附属小学校4年3組36名（男子17名、女子19名）
(2)　**教材**　「キョウリュウをさぐる」（1991年度版光村図書4年上）
(3)　**実践期間**　6月上旬―下旬
(4)　**目標**
　・ある事柄を根拠にしてキョウリュウの姿を推定したり想像したりする論理展開を読むことができる。
　・筆者の論理展開を借りて「私の『キョウリュウをさぐる』論文」を書くことができる。
　・問題提示や具体例の引き方、推理の仕方などの効果的な表現に気づくことができる。
(5)　**学習指導過程**
　本実践の学習指導過程は、図3-10に示すとおりである。
(6)　**授業の実際的展開**
　筆者と同じ立場に立たせて筆者の推論の仕方を学ばせる意図から、本実践では科学者である筆者にチャレンジして、教材文を目標にした「キョウリュウをさぐる論文」を書くことを学習活動として設定した。自分の「論文」に登場させるキョウリュウは空想のものとし、推理する際の根拠となる事実を参考にさせながらも各自の考えで設定することにして、事実から事実を推理するという思考方法だけを教材本文に習わせることにした。以下に、設定した学習指導過程の各段階における学習の概要を示すことにする。

基本的な学習過程	めあて	学習活動	教師のはたらきかけ
たどる	キョウリュウの何をどう探っているのだろう	1) 題名読み・通読し、感想を書く。 2) キョウリュウの何について探っているか、また何を手がかりに探っているか話し合う。 （2時間）	○題名読み後、めあてを提示し、教師の範読によって通読させる。感想文は400—600字を目安とする。 ○第一段落の問題提示文に着目させ、「生きていたときのすがた」を探っていることを確認する。さらに、それを探る手がかりとして筆者はいくつあげているか問い、「ほねの化石」「化石が発見された場所」「今生きている動物」の三つを整理する。
つなぐ	キョウリュウの探り方を見つけよう	※三つの手がかりによる探り方を理解する。 1) 第一の手がかり——「キョウリュウのほねの化石」 ・一頭分まとまって——順々に組み立てる→大きさ、かっこうがわかる ・ばらばら——つながり方がわからない （例 トリケラトプスの足の開き方） ・わずかな化石——想像する 2) 第二の手がかり——「化石が発見された場所」 ・地質やいっしょに発見されたほかの化石→皮膚の色や生活の様子 3) 第三の手がかり——「今生きている動物」 ・ダチョウの体つきとストルティオミムスの骨組みの比較→走り方 ・これらの手がかり——組み合わせる （6時間）	○それぞれの手がかりについての探り方を具体例をもとにまとめさせる。 ○各手がかりは、1時間の個人学習を受けての1時間の小集団・全体学習というセットで進行する。 ○「まとまって」と「ばらばらに」との発見状態の違いを簡単な絵図に書かせて対比的に捉えさせる。 ○「皮膚の色や生活の様子」も「大きさやかっこう」と同様に「生きていたときの姿」には違いないが、「ほねの化石」からでは推しはかれないことを最初に確認しておく。 ○場所としての「さばく」を「熱帯」や「水中」などに換えて、皮膚の色や生活の様子を推理させる。 ○例の比較から筆者はキョウリュウの何を探ろうとしているのかを問う。 ○もしストルティオミムスの骨組みとワシの骨組みとが似ていたらどういう説明を続ければよいのかなど他の例でいろいろ考えさせる。 ○手がかりを組み合わせるとはどういうことか確認する。
つかむ	論文を書く計画を立てよう	1) 2) 論文を書くときに使える本文表現を整理する （2時間）	○具体例を引きながらキョウリュウの姿を意識させるのに効果的な本文の表現を意識させる。使うとよい表現とその理由をまとめさせる。
ひろげる	科学者になけこう論文を	1) 2) 論文を書くための計画を立てる。 3)—6) 論文を書く。 （6時間）	○論理展開は本文のものを借りるが、内容は各自で変更させる。 ○内容的に変更可能な箇所を本文中示したプリントを手引きにさせる。内容に合ったイラストも挿入させる。

図3-10　4年「キョウリュウをさぐる」の学習指導過程（単元計画）〈全16時間〉

第3章　説明的文章の学習活動を構成するための仮説的枠組み

＜第一次　「たどる」段階＞

　ここでは「キョウリュウをさぐる」という題名を取り上げ、「キョウリュウの何を探っているのだろう。また何を手がかりに探っているのだろう」というめあてを提示して通読させた。通読後はめあてに即した内容で感想を書かせた。さらに第1段落の問題提示文に着目させ、生きていたときの姿を探っていることを確認し、それを探る手がかりとして三つの観点を示していることを話し合いで確認させた。

＜第二次　「つなぐ」段階＞

　第一次でキョウリュウの生きていたときの姿を探る文章であることは確認がなされても、どのようにして推理するのかが理解されなくては「キョウリュウをさぐる論文」を書くことはできない。そこで「キョウリュウをさぐる論文」を書くために、科学者である筆者の探り方を教材本文に即して理解させることにした。

　具体的には「キョウリュウの探り方を見つけよう」というめあてのもとで、第一から第三までの探る手がかりを各一時間の個人学習と一時間の全体学習をセットにして見つけさせた。ここでは筆者になって本文中で推理の手がかりとしている例を他の例に換え、そこでの推理の仕方を捉えさせることにした。例えば場所としての砂漠から筆者が推理しているものを、ジャングルに換えて考えてみるという具合である。

＜第三次　「つかむ」段階＞

　第二次までで論文に書く大まかな内容とキョウリュウの生きていた時の姿の推理の仕方は捉えられたことになる。次はいよいよ各自の「論文」づくりの作業になる。ここでは「論文に使うとよいことばを見つけよう」というめあてで、論文を書くときに使うとよいことばと、なぜ使うとよいのかの理由とを対応させてワークシートに整理させた。手順としては、まず個人で整理させた後、グループで交流させ補充・修正させた。

＜第四次　「ひろげる」段階＞

　ここは最終の「論文」を実際に書く段階である。学習者の負担を考慮して論理展開は本文に習い、内容は各自のオリジナルとした。叙述のどの部

分をどのように変更したいかをワークシートの上下二段に対応して整理させ、構想を練らせた。さらに実際の叙述に当たっては、内容的に変更可能な箇所を本文中に枠囲みで明示した手引きのプリントを配布し、参考にさせた。

(7) 授業分析・評価の方法

　学習成果として、情意的側面は、単元終了時の「学習を終えての感想文」を用いて好意的な記述内容を分析・評価した。また認知的側面は、単元の最終「ひろげる」段階で学習者が文章表現した「キョウリュウをさぐる論文」において、事柄からキョウリュウの姿を探るという推理が適切になされているかどうかを検討することにした。

　学習行為としては、情意的側面は、毎時間終了後実施した振り返りカードにおける好意的反応を分析した。また認知的側面は、学習指導過程の第一次及び第二次の各段階については、キョウリュウの探り方をまとめるものとして学習者が記述した短作文の内容を、第三次については学習者が「論文」に使える表現として本文から抽出したもののうち探り方（推理の仕方）に関するものを分析した。第四次においては「論文」の構想内容を分析し、推理の過程を正しく捉えられているかどうかを検討した。

3　結果と考察

(1)　学習成果の観点から見た学習指導過程の特徴

(1)-1「学習を終えての感想文」の分析結果

　単元終了時に記述させた「学習を終えての感想文」を分析した結果、本単元の学習に対して好意的な内容が記述されていたものは全体の81％であった。その感想文の中から、次にK子の例を示す。

「『キョウリュウをさぐる論文を書こう』の学習を全部終わって」　　　K子

　「キョウリュウをさぐる」の勉強が終わって、キョウリュウをさぐっている学者さんたちが、<u>どのように、さぐっていくか？ということが、だんだ</u>

第3章　説明的文章の学習活動を構成するための仮説的枠組み

> ん勉強しながら、わかってきたと思います。はじめは、「キョウリュウをさぐる」の論文を書く、といわれたときは、「え〜そんなあ〜。ぜったいできんわ〜」とか思っていたりしたけど、やってみたら、すごく楽しくて、その気持ちを、ふっとばしていました。その論文を書くのが、終わってしまったら、すごく、ざんねんです。…（中略）…<u>小畠さんの書いた、論文を、私が書いた論文にしているうちに、そのたんびに、どんどんどんどんと、この勉強が好きになっていっていた</u>から、これで終わるのも、やっぱりさみしいと思います。／だけど、勉強が終わって、思ったことがあります。それは、<u>自分でも、よく考えて、がんばれたな〜</u>、と思います。今まで、何時間も、長く、勉強してきたけれど、もっと、もっと、この勉強を続けたかったな〜、と思いました。でも、<u>私自身でも、がんばって、考えられた</u>と思います。それに、一番はじめのときは、あんまり、うまく論文のこととかを考えられなかったりしたけど、<u>やっていくうちに、どんどんどんどんと、書き方がわかってきて</u>、そうして、またどんどんどんどん、勉強して、学んだことを、わすれずに、考えて、そうして、<u>書きたいことを、論文に書けた</u>から、いいと思います。（中略）／だから、やっぱり、この勉強をやってよかったと思いました。また、次の勉強も、そんな、論文を書く、「キョウリュウをさぐる」のような、ものが、書けたら、いいなあ、と、思います。私は、<u>今回のことで、あんまり、こういう勉強は、好きじゃなかったけど、すごく好きになりました。こういうふうに、国語の勉強では、どんなことでも、楽しませるように、勉強できるから、好きです</u>。今度からも、こういう勉強があるたびに、大好きになっていくと思います。（後略）
>
> （下線引用者）

　学習に対して、K子は初め「ぜったいできんわ〜」という不安な気持ちを持っていたが、単元の進行に伴って「どのように、さぐっていくか？ということが、だんだん勉強しながらわかってきた」というように学習指導過程の中での自己の成長を自覚するようになった。また「論文」を執筆した第四次＜ひろげる＞段階の活動を中心に、「小畠さん（筆者のこと―引用者注）の書いた、論文を、私が書いた論文にしているうちに、そのたんびに、どんどんどんどんと、この勉強がすきになっていった」「やっていくうちに、どんどんどんどんと、書き方がわかってきて」というふうに、

ここでも学習のプロセスに関する好意的な評価をした。こうして単元経過の結果として、この学習者は「自分でも、よく考えて、がんばれたなあ〜」「私自身でも、がんばって、考えられたと思います」など達成感を持ち自己の成長を自覚するようにまでなった。さらにこうした思いになったことの要因として「書きたいことを、論文に書けたから」という学習内容・活動に関する内容をあげた。

これらの学習の振り返りのまとめとして、K子は最終的には「今回のことで、あんまり、こういう勉強は、好きじゃなかったけど、すごく好きになりました。こういうふうに、国語の勉強では、どんなことでも、楽しませるように、勉強できるから、好きです」というように、国語科学習そのものに対する好意的な態度の形成がなされたことを記すことになった。

上記K子の感想文に見いだされたような観点で、学級全員の感想文を分類したところ以下のような結果となった。

・学習の内容や活動に関するもの……72%
・学習指導過程（学習のプロセス）に関するもの……79%
・達成感、自己の能力の伸長に関するもの……79%
・友達との協力・学習集団に関するもの……41%

上述した内容から、学習者は目的意識を持って学習指導過程における学習内容を追求し、主体的に学習に取り組んだことがうかがわれた。さらに学習指導過程を歩んだ結果、自己の表現（「論文」）に対して好意的な評価をしていることが示された。

(1)-2 最終的に書き上げた「キョウリュウをさぐる論文」に見られる「推理する力」

最終第四次の「いかす」段階で学習者が書き上げた「キョウリュウをさぐる論文」において、事柄からキョウリュウの姿をさぐるという理由が適切になされて表現されていたものは全体の89%であった（ただしキョウリュウは各自の空想上のものとして書かせたため、事柄およびその推理の仕方については必ずしも科学的な事実と照応していなくてもよいことを前提としてい

第3章　説明的文章の学習活動を構成するための仮説的枠組み

る）。以下は、本学習指導過程を順調に歩んだ典型的な学習者であるＹ男が書いた「キョウリュウをさぐる論文」の一部である。

　　　　　キョウリュウをさぐる　　　　　Ｙ男
　わたしたちは、図鑑や博物館で、キョウリュウを見ることができます。しかし、実際に生きているすがたを見た人は、だれもいません。では、いったい何を手がかりにして、キョウリュウの生きていたときのすがたを知ることができるのでしょうか。／第一の手がかりは、キョウリュウのほねの化石です。一頭分の化石がまとまって発見されたりすると、（中略）。例えばスクルトミオムスの化石が、一頭分見つかりました。スクルトミオムスは、つめがするどくて、とても小さくて、体調は、三メートルだということが分かりました。／ところが、一頭分の化石が発見されたとしても、ばらばらになっていて、つながり方がわからない場合もあります。例えば、同じフルトケラユプスの化石をもとに、二人の学者が、そのほね組みを考えたことがあります。この二人の考えたほね組みは、つばさの形が全くちがっていました。発見された、胴体とつばさの化石がはなれていたからです。その後つばさのあとの化石が発見されて、下の図の左の方が正しいと分かりました。／また、化石が一頭分そろって見つからず、わずかな化石から想像しなければならないこともあります。例えば、サンテルという人は、わずかな化石から、スルトルザウルスのすがたを、体長一六メートル、口の中にきばがあったと想像しました。しかし、スルトルザウルスの完全な化石が発見されると、体長は、七メートルから九メートルで、サンテルがきばだと思ったのは、実は、せなかの上の、角だということが分かりました。（中略）／そこで、第二の手がかりになるのが、（中略）。例えば、クロダイルナイトの化石は、水の所でしか生えない植物といっしょに発見されました。すると、クロダイルナイトは、海のような所でくらしていたことが分かります。そのため皮膚は、てきから守るために、青色をしていて、水と同じ色をしていたと想像できるのです。／第三の手がかりは、今生きている動物です。例えばつばめの体つきと、ムササビブテラのほね組みをくらべると、とてもよくにています。するとムササビブテラも、つばめのようにはねを広げてとんだときには、時速七十キロメートルほどでとんだのではないかと考えられるのです。（後略）
（下線引用者。なお下線部はＹ男が独自に考え、本文と差し替えている部分。適宜漢字に書き改めた。）

141

この学習者は、第一の手がかりの骨のつながり方がわからない場合の例として「つばさの形」をあげ、「発見された、胴体とつばさの化石がはなれていたから」と理由を述べ、「つばさのあとの化石が発見されて」正しいキョウリュウの判明したと捉えた。また皮膚の色や生活の様子を探るために、化石が発見された場所を手がかりする場合については、化石が「水の所でしか生えない植物といっしょに発見された」ことから「海のような所でくらしていた」と生活の様子を推理し、さらに「そのため皮膚は、てきから身を守るために、青色をしていて水と同じ色をしていた」と皮膚の色へと想像を進めた。そして、第三の今生きている動物を手がかりにする場合にはツバメを比較の対象にあげ、ツバメの骨組みと同様の構造を持つキョウリュウなら、動き方もツバメ同様に「はねを広げてとんだときには、時速70キロメートルほどでとんだのではないか」と推理した。根拠となる事柄とそこから推理したキョウリュウの親子との間のつながりについては、単純であったり科学的根拠のないものもあるにせよ、推理することに焦点化して事柄を工夫し、記述していることがうかがわれた。
　程度の差こそあれ、Y男のように「論文」を書き上げた学習者が、先にも示したように全体の89％であったことから、設定した学習指導過程は、学習者がある事柄を想定し、そこからキョウリュウの姿を推理することに有効に機能すると推察された。

(2)　学習行為の側面から見た学習指導過程の特徴
(2)-1 振り返りカードの分析結果
　図3-11は、毎時間終了後に学習者が書いた振り返りカードの分析結果をもとに、単元経過に伴う好意的反応比率の変化を示したものである。
　「精一杯の学習」の比率は、第一次では80％から90％へと向上し、第二次に入って80％から70％レベルまで下降したものの、その後はまた80％から90％レベルへと推移していった。しかし第三次になると、比率は80％から75％近くに下がった。続く第四次では、最初の1時間は70％レベルにとどまったが、その後は90％レベルの高い比率を維持して単元を終了した。第一次から第四次まで各段階の初めの時間には比率が下がって

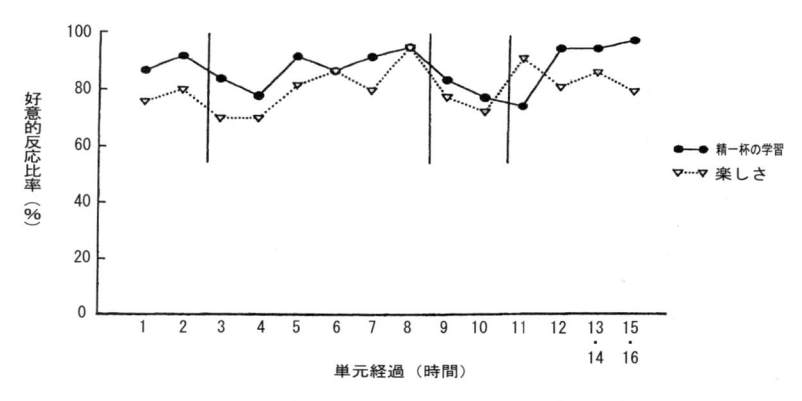

第3章　説明的文章の学習活動を構成するための仮説的枠組み

図3-11　単元経過に伴う好意的反応比率の変化

いるものの、第三次以外はその後比率は一様に上昇傾向を示し、全体的にも第一次から第四次にかけてほぼ70%から90%の範囲で推移した。

「楽しさ」の比率についても、「精一杯の学習」よりも全体的に5%から10%程度低いもののほぼ同様な推移を示し、両者の間に概ね対応関係が見られた。

以上の結果から、設定した学習指導過程は学習者の目的意識を持続させつつ、主体的に学習に学習に取り組ませる機能を有しているものと解せられた。しかし、第三次における比率の下降は、全体的な比率の推移から見たときに分断的な様相を呈しており、ここでの学習活動に問題点があったことを示していると考えられる。この点については後述する。

(2)-2 探り方（推理の仕方）の理解度の分析結果

図3-12は、本文に書かれているキョウリュウの探り方（推理の仕方）をワークシート等に適切にまとめて表現できた学習者の比率の単元経過に伴う変化を示したものである。これによると、単元序盤では50%前後の低い比率であったが、筆者の探り方（推理の仕方）について学習を深める第二次の中盤あたりから60%を経て70%、さらには90%近くまで比率は向上した。第三次の「論文」に使うとよいことばを見つける学習では65%に下がったが、第四次の実際に「論文」を書く段階では再び80%後半か

143

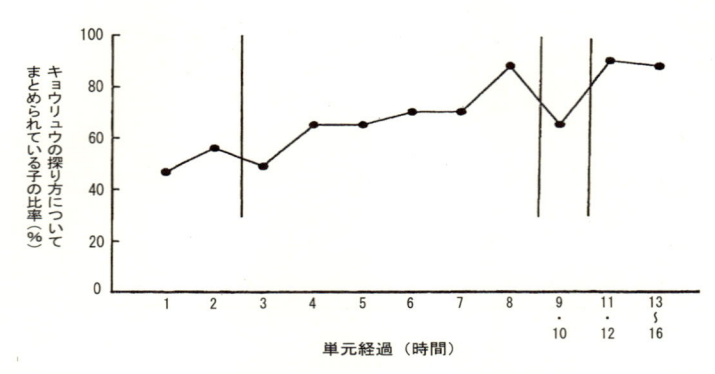

図3-12 キョウリュウの探り方（推理の仕方）をワークシート等に適切にまとめて表現できた学習者の比率の単元経過に伴う変化

ら90％台に戻って単元を終了した。こうした比率の推移から、設定した学習指導過程は学習者のキョウリュウを探ること（推理の仕方）を学ぶことに概ね有効であることがうかがわれた。以下には、部分的な問題点も含めて、具体的に考察を加えることにする。

　まず第一次では、学習は50％弱の比率から始まり、続く2時間目に比率は向上したが小幅にとどまった。推理することについて、まずは漠然とした捉え方で学習にのぞんだことがうかがえる。ここでの学習のめあては「キョウリュウの何を探っているのだろう。何を手がかりに探っているのだろう」であった。探るということ、また推理するということに視点を定めた学習展開を意図して設定した学習指導過程であったが、まだ直感的な読みにある段階にもかかわらず焦点化した課題を与えたことが影響したものと推察される。

　第二次では、個人での学習とそれを受けての全体での学習との2時間セットで一つの手がかりについて学習を進める形態をとった。比率が50％からスタートしながらも、60％強から70％、さらには90％へと順次高い比率に推移していったことから、学習者は授業進行に伴って筆者の推理の仕方を理解していくことができたと考えられる。

　こうした比率の推移の要因としては、仮説にも示したとおり、推理の仕

方をつかむ際、本文にある手がかりとなる事柄を様々に変換させ、筆者と同様な立場で推理させるようにしたことがあげられる。すなわち、第二の手がかりの「化石が発見された場所」については、本文の「さばくのすながたまってできた岩の中」を「ジャングルの中のしめった土の中」や「海のそばの土の中」などに変換えさせ、同時にそこでいっしょに出てきた化石についても「ジャングル―バナナ」「海―海草」のように、科学者である筆者の推理の仕方で、事柄間のつながりを考えさせ、その上で皮膚の色や生活の様子も対応して想像させることを意図的に取り入れた。こうした因果関係を自分独自の例で成立させることには、初めは多少の困難さを伴ってはいたようだったが、慣れるにつれて推理の仕方が具体的に把握できたようであった。

　先の(2)-1 の項においても指摘した第三次については、認知面での比率の落ち込みも同様に見られることから、ここでの学習活動及びめあての設定が学習者の学びの道筋と適合していなかったものと考えられる。第三次は「論文に使うとよいことばを見つけよう」というめあてのもと、「キョウリュウをさぐる論文」を自分が書くときに使えそうな教科書本文の表現を「なぜ使うとよいのか」という理由と合わせてワークシートに整理する学習を位置づけていた。しかし、学習者にすると、第二次の学習でキョウリュウの推理の仕方が一応納得でき、いよいよ書くことができるということで意欲が高まっていたところへ、それまでの推理の仕方についての学習から表現面の学習へと大きく学習内容が変わったため、とまどいが生じたものと思われる。振り返りカードの中の「いきなり論文の使うことに入ったからむずかしかった」という内容からもそのことがうかがえる。

　また、ここは個別学習を中心に進め、小集団や全体での学習に充てる時間が十分に確保できなかったため、内容的にも方法的にも理解が行き届かなかった学習者もいたようである。個別学習と集団学習との連携についての配慮にも問題があったと思われる。あわせて、こうした事柄が先の情意面での比率低下の要因にもなったものと考えられる。

　手だての面では上記の点が改善点となろうが、学習活動およびめあてに

ついては、第四次の初めの学習活動として位置づけていた「論文」を書くための計画立案を第三次に移行させ、第三次のめあても「論文を書く計画を立てよう」のように変更することが望ましいと思われる。推理する力の育成を中核にした場合、推理する部分以外はできるだけ本文の表現を生かすことにして、第三次に設定していた「論文」に使える本文の表現を整理する学習は、授業時数の削減も考え合わせて省略してもよいと思われる。

4　筆者の推理の仕方を探り、活用して表現する学習活動

　本報告では、筆者の立場に立たせて、筆者の論理的思考（今回は推理すること）の仕方を学ばせること、さらに表現活動を前提として理解活動が展開されることを意図した説明的文章の学習指導過程を設定し、それが学習者の学ぶ道筋に適合しているかを検討した。

　その結果、設定した学習指導過程は学習者の論理的思考力（推理する力）に培い、国語科学習に対する好意的な態度を育成することに概ね有効に作用することが認められた。改善点としては、第一次のめあてを概括的なものにすること、第四次の初めの学習活動として位置づけていた「論文」を書くための計画立案を第三次に移行させ、第三次のめあてを「論文を書く計画を立てよう」のようなものに変えること、個別学習の際の指導を質的、時間的に十分保障すること、個別学習と集団学習との連携を適切、密接に行うこと等を指摘することができた。

　こうした実践展開及び結果を「要素構造図」との対応で考察すると、各セクションについて以下のような要素、内容につながる特徴があると考えられる。

　〇「説明的文章教材の特性」セクション
　　　＜具体性・抽象性＞……①説明の過不足・納得度　　②絵図化できる余地
　〇「学習内容」セクション
　　　論理的思考力、論理的表現力、類推・想像力、情報活用力
　　　　＊以上、筆者の推理の仕方を探る活動が中心だったことによる。

キョウリュウの探り方を「論理的思考力」を働かせながら「類推・想像」し、キョウリュウの生態を探ることへの「情報認識力」を高めていったものだったといえる。また「論文」執筆に向けて学んだ推理の仕方を各自で別のキョウリュウに生かすなど、「情報活用力」を駆使する機能もあったことによる。

○「学習者が夢中になる活動類型」セクション
　　＜学習活動の立場＞……①主体的読者
　　＜学習活動の観点＞……⑤絵・図表を付加して
　　＜学習活動の具体的方法＞……④絵・図表（イラスト）型

また表現活動に関しては、科学者である筆者に負けない「論文」を書くという表現活動をとったことによって、以下のような内容にもつながっていると考えられる。

　　＜学習活動の立場＞……②筆者（筆者と同じ立場の人といった意味合いで使用しており、筆者その人を指すものではない。）
　　＜学習活動の観点＞……②文体を変えて　③要約または敷衍して
　　＜学習活動の具体的方法＞……③解説型

○「具体的言語活動」セクション
　　＜関連性が単線的な言語活動＞……「読む─書く」
　　＊「科学者に負けない論文を書く」という活動を目的的に行ったことによる。

第3項　関連性が複合的な学習活動の構成と展開

本項では、言語活動の関連性が複合的になされている学習活動を展開した実践として「たんぽぽのちえ」（光村2年）を用いた例について述べる[35)][36)]。本実践は「要素構造図」における「説明的文章教材の特性」セクション＜既知性＞②子どもの現実生活との距離、「学習者が夢中になる活動類型」セクション＜学習活動の具体的方法＞⑧質問・クイズ型に主につながる実践である。

1 授業づくりの構想

　説明的文章教材の領域においては、要点把握や文章構成図作成に代表される形式的な学習指導によって指導者も学習者も説明的文章嫌いになってしまっているとする森田信義（1988）の指摘[37]に代表されるように、教科の論理が色濃く反映された授業が多く、学習者の説明的文章離れを助長してきた。教師が学ばせたい内容を直接的に学習者に与えていく構図が、説明的文章の授業の活性化の妨げになっているのであり、同様な指摘は小田迪夫（1986）[38]や鳴島甫（1991）[39]らによってもなされている。

　そこで、本実践では「たんぽぽのちえ」（光村2年）を用いて低学年における学問（教科）の論理と学習者の論理とを統合することを企図した単元展開を構想した。具体的には、校庭にあるたんぽぽを実際に観察する、絵を描き、不思議だと思ったことを花、軸、葉の三つの観点に限定して書きとめるという活動を単元の初めに位置づけ、教材本文の読みは、観察で生じた不思議に対する答えを見つけるために行うということで観察後に設定した。

　「たんぽぽのちえ」は、1971（昭和46）年度以降、内容的な改訂はあったものの今日まで継続的に採択されている説明的文章では数少ない、いわゆる長命教材である。その指導の一般的なあり方は、以下に示すような内容[40]であることが多い。

　　　第一次　　題について予想を立て、全文を読み通し、教材を調べる。
　　　　　　　　　　　　　　　　　　　　　　　　　　　　　（1時間）
　　　第二次　　大事な言葉に注意して、全文を六つの大きなまとまりに分
　　　　　　　　け、まとまりごとに詳しく読み取る。（5時間）
　　　第三次　　まとまりごとに見出しをつけまとめる。（2時間）

　いわゆる三読法の典型であり、内容を読み取ることや見出しをつけることに代表される技能的側面を直接的にねらった指導計画である。またこの計画を見る限りにおいては、対象が低学年であることへの配慮もとくには

第3章　説明的文章の学習活動を構成するための仮説的枠組み

うかがえない。教科の論理に傾斜がかかり、学習者の論理は弱い指導計画のように見受けられる。しかし、こうした指導計画が決して特別なものでないところに説明的文章指導の問題点の一つが内在していると考えられる。

　ところで、低学年の学習者を対象にした実践を構想する際には、指導者が中心になって導かないと学習が成立しないという考え方が強い。教科の論理にしたがって指導者が立てた道筋に即して、いかに効率よく学ばせるかということが意識の中心に置かれるのである。この背景には、低学年の学習者は未分化な状態にあり発達の度合いが低いのだから、教師主導で導いてやらねばならないとする考え方ある。

　このことについて、上寺久雄（1992）は「未分化は、今から分化していく可能性を秘めた積極的なものであり、そこには発展への可塑性と発展のための依存性が秘められている」として、未分化の子どもたちにふさわしい学習のあり方を示唆している[41]。未分化な子どもたちには、彼らに合った学習の仕方があるはずであり、説明的文章の授業づくりにおいても、そうした点から考え直す余地がある。

　そこで本実践では、上述した低学年の学習者の論理を重視して、まず学習者に読みの目的を持たせた総合的な学習を保障することを第一の仮説とすることにした。具体的には、たんぽぽ博士になって、たんぽぽの不思議についてまとめた紙芝居をつくるために教材文を読むという設定をとった。紙芝居づくりのために教材文を読むということで、読みに対する必然性が生じ、学習者の論理に沿った設定になると考えた。

　二つ目の仮説としては、情報の処理・活用に培う学習指導過程（単元計画）を立てるようにした。紙芝居をつくるために説明的文章を読むということで、子どもの側に寄り添った総合的な学習活動が展開されはするが、活動すればよいということでは決してないはずである。そこで学習指導過程を設定するに当たっては、最終目標である紙芝居をつくるということに向けて学習活動が展開されるよう、基本的な学習過程である「（言語に関わる活動・体験に）ひたる─（本質的な学習内容に）立ち上がる─（発見し

基本的な学習過程	言語に関わる活動・体験に〈ひたる〉	本質的な学習内容に〈立ち上がる〉	発見した学習内容を自在に操り〈対象化する〉
めあて	博士になってたんぽぽのいろんなふしぎを見つけよう	見つけたふしぎの答えをさがして、博士のひとこと説明を作ろう	紙芝居を完成させよう
情報処理活用過程	（たんぽぽの）事象を認識する	（認識した内容を）構成する	（構成した内容を）伝達する

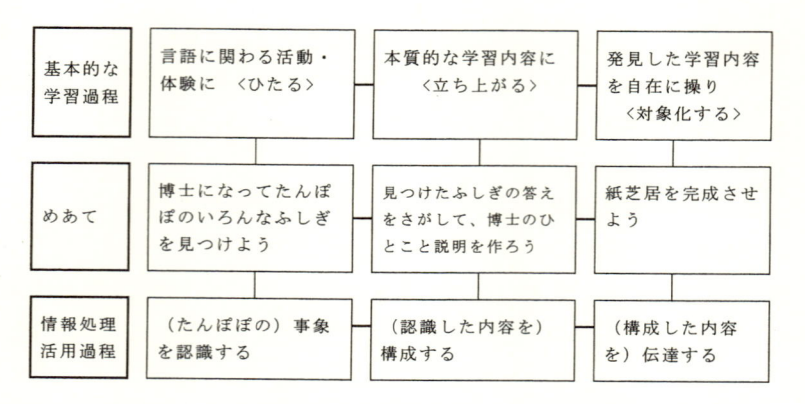

図3-13 「博士になってたんぽぽの紙芝居を作ろう」の学習指導過程（単元計画）の骨格

た学習内容を自在に操り）対象化する」に即して、めあて（学級全体で数時間かけて解決する作業課題）の系列を「博士になってたんぽぽのいろんなふしぎを見つけよう―見つけたふしぎの答えをさがして、博士のひとこと説明をつくろう―紙芝居を完成させよう」とした。こうした学習の流れは、事象認識―構成―伝達という一連の情報処理・活用過程に沿うものである。図3-13に基本的な学習過程、めあて、情報の処理・活用過程の三者の対応関係を示した。

　三つ目の仮説としては、論理的思考力に培う観点から、第二次のたんぽぽのちえを読み取る段階で、「博士のひとこと説明」と称してたんぽぽの事象とそうなっている理由とをつないで表現する紙芝居の絵の説明文を書かせた。紙芝居の絵としては、学習者が観察・スケッチした絵を使わせるが、その絵の説明のことばとして、あらかじめ設定したリード文に続けて、事象（たんぽぽの様子）の説明及びその事象を引き起こしている理由を対応させて記述させることにした。こうした手だてをとることで、因果関係を捉える論理的思考力に培おうとした。

　以上、本実践では総合的な学習活動を組織すること、情報の処理・活用の過程に即した学習指導過程とすること、論理的思考力に培う手だてとし

て紙芝居の説明文を書く活動を取り入れることの3点を仮説とした。

2 実践の方法
(1) **対象** 兵庫教育大学学校教育学部附属小学校2年2組眞鍋学級36名
（授業者は論者）
(2) **教材** たんぽぽのちえ（1993年度版光村図書2年上）
(3) **実践期間** 1993年9月下旬～10月上旬
(4) **目標**
・時間経過に伴うたんぽぽの変化を、種族保存の知恵として捉えることができる。
・たんぽぽの様子（事象）とそうなっている原因・理由をつないで読むことができる。
・事象とその原因とをつなぐ表現形式を使って、教材文にないたんぽぽの知恵を書き表すことができる。
(5) **学習指導過程** 本実践の学習指導過程は、図3-14に示すとおりである。
(6) **授業の実際的展開**

実践の目的の項で示したように、たんぽぽの紙芝居を作るということをめあてに学習が展開されるよう活動を重視した低学年段階の「（言語に関わる活動・体験に）ひたる―（本質的な学習内容に）立ち上がる―（発見した学習内容を自在に繰り）対象化する」という基本的な学習過程に即して、以下のように授業を組織した。

＜第一次 （言語に関わる活動・体験に）「ひたる」段階＞

ここでは、めあてを「博士になってたんぽぽのいろんなふしぎを見つけよう」とした。いきなり教材文に向かわせるのではなく、教材文を読む必然や目的を持たせるために、紙芝居の絵としても必要なたんぽぽの実際のスケッチをさせた。ただし、漠然と見て絵を描くというのではなく、花、軸、葉の三つに観点を限定して不思議を見つけさせ、さらにその不思議に思ったことの理由も合わせて記述させるようにした。観点の限定については、第二次で読ませる教材文が花、軸、葉を認識対象にしているため、そ

基本的な学習過程	めあて	学習活動	教師のはたらきかけ
ひたる	博士になってたんぽぽのいろんな不思議を見つけよう	1)2) ・たんぽぽについて知っていることを話し合う。 ・学習のめあてを知る。 ・1回目のたんぽぽの観察をする。 3)4) ・2回目のたんぽぽの観察をする。 5)紙芝居にしたい順番にカードを分類・整理する。 （5時間）	○自由に発表させ、肯定的に受けとめる。 ○たんぽぽ博士になって、たんぽぽのことを友達や家の人に教えてあげる紙芝居を作ることを知らせる。 ○観察の視点は花、軸、葉に限定し、たんぽぽの不思議を絵と文章でカード化（B4判）させる。 ○この時点ではカードの順番は、はっきりしなくてもよい。
立ち上がる	見つけた不思議の答えを探して博士のひとこと説明を作ろう	・「たんぽぽのちえ」を全文通読する。 ・1番目のちえから4番目のちえまで順番に調べていく。 （5時間）	○教材文は、見つけた不思議の答えを探すために読むのだという姿勢を持たせる。 ○たんぽぽの様子（事象）とその理由をつないで考えさせるようにする。 ○「すぼむ」「しぼむ」など観察したときのことを具体的に想起させ、実感的にことばを捉えさせる。 ○各ちえごとに「博士のひとこと説明」として、わかったことをまとめさせる。
対象化する	紙芝居を完成させよう	○描きためたたんぽぽの絵をグループで最終的に整理し、紙芝居の順番を決める。 ○不足している「博士のひとこと説明」や絵を描く。 ○紙芝居の発表会をする。 （4時間）	○観察で描いた絵の部分を拡大コピーして紙芝居の絵とする。文章については、書いた「ひとこと説明」をそのまま貼らせる。 ○教材文を読んでも見つからなかった不思議の答えは、科学的根拠に欠けていても、子どもなりに因果関係が捉えられていればよしとする。 ○全体を3ブロックに分けて行う。

図3-14　2年「たんぽぽのちえ」の学習指導過程（単元計画）＜全14時間＞

れとの整合性を図った。また不思議の事実を認識させ、その理由を書かせたことについては、教材文の筆者の認識方法が「事象―理由」の因果関係を求めていくところにあるため、それとの整合性を図った。

　こうした活動は２回分行い、その後グループごとに集めたたんぽぽの絵の分類・整理をさせ、絵をどういう順番に並べて紙芝居にしたいかを検討させた。このことによって、たんぽぽを成長過程に即して認識するという教材文の認識方法に触れさせておこうとした。

＜第二次　（本質的な学習内容に）「立ち上がる」段階＞

　ここは第一次で見つけたたんぽぽの不思議の答えを教材文に見いだす段階である。めあては「見つけたふしぎの答えをさがして博士のひとこと説明を作ろう」とした。自分たちが見つけた不思議の答えが指定された範囲の叙述に見いだせるかどうかを読みの基本姿勢とし、たんぽぽの様子とそうなっている理由・原因とを対応させて捉えさせるようにした。読み取った内容は「みんなわかったかな。この絵のたんぽぽは……たんぽぽなのである。どうしてかというと……だからである」というふうに条件作文風にまとめさせるようにし、これによって「事象―理由」の因果関係的思考に培おうと考えた。

＜第三次　（発見した学習内容を自在に操り）「対象化する」段階＞

　ここは描きためてきたたんぽぽの絵をグループで最終的に整理し、順番を決めたり、紙芝居の文章となる「博士のひとこと説明」の不足分を書き足したりする段階である。紙芝居の絵は自分たちのスケッチ、文章は自分たちの読みのまとめということになる。教材文には出てこなかったたんぽぽの絵については「ひとこと説明」がないため、この段階で独自に書かせた。その際、科学的には正しい内容でなくとも、様子とその理由とが学習者なりに因果関係的に捉えられていればよしとした。また教材の最終段落もここで取り上げ、紙芝居の「まとめの一枚」として「ひとこと説明」を書かせた。出来上がった紙芝居の発表会は、グループごとに練習させた後、全体を３ブロックに分けて行った。

(7)　授業分析・評価の方法

学習成果として、情意面の評価については、単元終了後に書かせた「学習をふりかえって」の作文における好意的記述の出現率とその内容を分析した。また認知面の評価については、単元の前後に2年生の教科書所収の説明的文章教材（東京書籍2年上「アリ」、光村図書2年上「あきあかねの一生」）を読ませ、「事象―原因・理由」の関係による叙述内容を読み取るとができた割合を分析した。
　学習行為としては、情意面の評価については、毎時間終了後に書かせた振り返りカードにおける好意的反応比率の変化（楽しさ、わかったこと―こまったこと）を分析した。認知面については、第二次において学習者が書いた「博士のひとこと説明」において「事象―原因・理由」の関係で表現されている文章表現の出現率の変化を分析した。

3　結果と考察
(1)学習成果の側面
(1)-1 単元終了時に学習者が書いた「学習を終えての感想文」の分析から
　単元終了時に学習者が書いた「学習を終えての感想文」を分析した結果、本単元の学習に対して好意的な内容が記述されていたものは全体の97％であった。次に示すのは、I男の感想文である。

　　さいしょは、たんぽぽの花だと思ったけど、きっかわ先生といっしょにべんきょうしているうち、①ただの花とちがっていることや、たんぽぽの一生までもわかった。えいようや、せのびや、らっかさんとかがはじめてわかったし、だんだんだんだんべんきょうをやっていって、さいごのほうにはたんぽぽのべんきょうが大すきになってきた。／②はじめのほうはたんぽぽの一生のようすとか、ぜんぜん知らなかったのに、さいごにはたんぽぽの一生がぜんぶわかった。もうちょっとでもいいからべんきょうがしたいぐらいに思った。／③紙しばいのときなんか、自分が書いたはかせのひとことせつめいもいっぱい書けたし、一年生のうらにわにも行ってしらべた。さいしょの時にしらべ

第3章　説明的文章の学習活動を構成するための仮説的枠組み

たら絵も字もいっぱい書けたし、紙しばいの時なんか、十三まいも書けた。／③みんなで作った紙しばいを合わせて十三まい、つぼみも花もぜんぶしらべてぜんぶを紙しばいにしてできた時にはとてもうれしかった。あいちゃんが／「やっとできた。」／とうれしがっていたし、ほかの人もうれしそうに思った。まさつぐ君のチームは「がくっ」となっているようだった。／④できたチームは、うれしそうにしていると思った。(下線、番号は引用者)

　この学習者は、まずたんぽぽに対する認識が更新されたことを述べている。下線部①の「ただの花とちがっていることや、たんぽぽの一生までもわかった」という部分からもそのことがうかがえる。また下線部②では、学習が進むことによって、初めの方と最後の方のたんぽぽについて認識の深まりに違いができたことを述べ、学習の意義について触れた。③では、活動が十分にできたことや紙芝居ができ上がったときの喜びを書いている。さらに、今回はグループでの学習も積極的に取り入れたわけだが、④では友達の学習ぶりについても目を向け評価をした。このようにⅠ男は14時間の学習について多様な観点で振り返り、好意的な自己評価を行ったことが認められた。

　実践後に学習者が書いた学習全般を振り返る作文を四つにカテゴリー化し、それぞれの項目についての好意的な記述の出現率を調べると、以下のようになった。

　　学習の内容や活動に関するもの……　80%
　　学習指導過程（学習指導のプロセス）に関するもの……　46%
　　達成感、自己の能力の伸長に関するもの……　60%
　　友達との協力、学習集団に関するもの……　40%

　これらを見ると、「学習の内容や活動に関するもの」に対する評価が高いことから、学習者が本学習指導過程の各段階における活動に対して主体的に取り組んだものと考えられ、そうした学習活動に対する取り組みが「達成感、自己の能力の伸長に関するもの」の60%という比率に反映され

たものと推察される。また「達成感、自己の能力の伸長に関するもの」については、本実践が「たんぽぽ博士になって、たんぽぽの紙芝居を作る」という、学習者にとっての学習の目標（ゴール）が単元導入時において明確にされており、学習指導過程全般をとおして目的意識を持って学習に取り組めたことが要因になっていると考えられる。

さらに比率としては40％台ではあるが、「学習指導過程（学習指導のプロセス）に関するもの」や「友達との協力、学習集団に関するもの」の観点でも学習者が好意的に評価したことは、今回設定した学習指導過程の特徴と合致したものと考えられる。すなわち「事象認識—構成—伝達」という流れに対応した学習活動を位置づけたこと、さらに紙芝居はグループ単位で作成したことに対して学習者の意識が向いていたものと思われる。

以上のことから、設定した学習指導過程は学習者の主体的な学習活動を促し、学習に対する好意的な評価を形成させる機能を有していることが示された。

(1)-2 事前・事後における「事象—原因・理由」関係の読み取りテストの結果比較から

表3-2及び表3-3は、本実践の前後に「アリ」（東京書籍2年上）、「あきあかねの一生」（光村図書2年上）の2教材を学習者に読ませ、それぞれの教材において「事象—原因・理由」の関係で叙述されている箇所をワークシートに書き出させる内容のテストを実施した際の正答率を示したものである。これらを見ると、教材及び設問に対する慣れの要素を勘案しても、2教材とも授業前より授業後の方が飛躍的に正答率が高くなっており、設定した学習指導過程が論理的思考力としての「事象—原因・理由」の因果関係を読む力に培うことが示された。

(2) 学習行為の側面

(2)-1 振り返りカードの分析から

図3-15は、各授業後に学習者が記入した振り返りカードにおける反応比率の単元経過に伴う変化を示したものである。まず「楽しさ」については、単元導入時で90％を超える高い比率を示した後、第一次では順次下

第3章　説明的文章の学習活動を構成するための仮説的枠組み

表3-2　授業前後における「事象―理由・原因」内容の適切なまとめの出現率（％）＜教材文「アリ」＞

項　目	①		②		③		④		全項目平均	
授業前後	前	後	前	後	前	後	前	後	前	後
出現率	36	67	6	67	8	55	19	49	17	56

表3-3　授業前後における「事象―理由・原因」内容の適切なまとめの出現率（％）＜教材文「あきあかねの一生」＞

項　目	①		②		③		全項目平均	
授業前後	前	後	前	後	前	後	前	後
出現率	19	79	8	44	5	44	11	56

降した。第二次に入ると若干の上下は見られたものの、単元経過とともに60％台から80％台へと右上がりの傾向を示し、第三次では緩やかに比率は上昇し、最終的には90％近い比率で単元を終えた。

　また「わかったぞ・困ったな」については、認知的な要素も考えられるが、情意的側面として位置づけると、「わかったぞ」を選択した学習者は上記「楽しさ」項目の推移とほぼ同様であった。「困ったな」については「わかったぞ」と二者択一形式であるため、「わかったぞ」と逆の推移を示した。第一次における「楽しさ」及び「わかったぞ」の比率の下降現象については、同様な観察が2回続いたこと、また5時間目に観察して描いたたんぽぽの絵をグループで分類・整理し、紙芝居にしたい順番に並べる際、同じ種類ごとに分ける作業と順番を考える作業の二つが重なったため、学習者にとってかなり複雑な作業となったことの二つの要因が考えられる。しかし、絵の順番を決める作業については、様々な観点での整理の仕方があり、うまく決められないことで、第二次の教材を読む学習への必然性を感じさせることにつながり、問題はなかったと思われる。

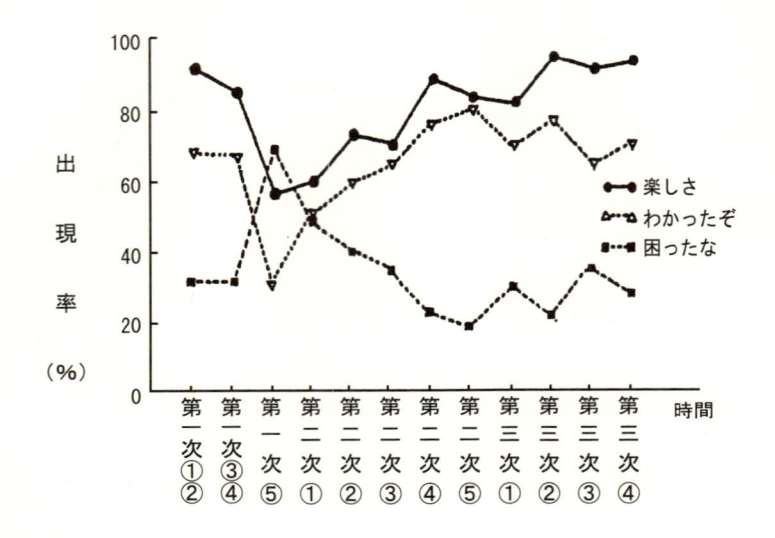

図3-15　各授業後に学習者が記入した振り返りカードにおける反応比率の単元経過に伴う変化

　第二次以降は、はじめのうちは観察から読みへという活動の変化と、それに伴う内容への不慣れからくる難しさによる「楽しさ」「わかったぞ」の比率の低下であり、逆に「困ったな」の比率の高さであったと推察されるが、学習に対する慣れと対応して、学習者も意欲的に授業に取り組んだのではないかと思われる。

(2)-2 「博士のひとこと説明」の分析から

　図3-16は、第二次、第三次において学習者が授業のまとめとして書いた「博士のひとこと説明」における適切な表現の出現率の変化を示したものである。これによると、1番目のちえの学習では40％から始まり、2番目のちえでさらに比率は下がった。しかし、3番目のちえで80％近くまで上がった後は漸増傾向を示し、最終的には80％強の出現率でたんぽぽの不思議の答えを教材文に求め「博士のひとこと説明」としてまとめる学習を終えた。

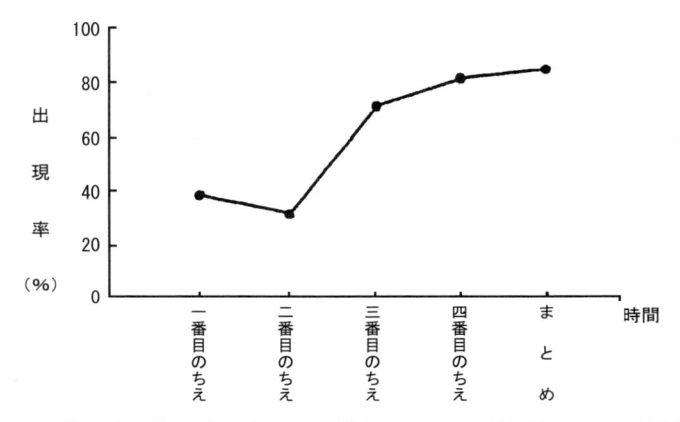

第3章 説明的文章の学習活動を構成するための仮説的枠組み

図3-16 第二次、第三次に書いた「博士のひとこと説明」における適切な表現の出現率

　この「博士のひとこと説明」は「事象―原因・理由」の因果関係を認識させるためのものであった。後半で比率が向上したことから「「事象―原因・理由」の論理的思考力に培う点では効用はあったと考えられるが、前半での比率の落ち込みから見たときには、難しい面もあったようである。
　その要因としては、「事象―原因・理由」の因果関係による認識方法に学習者が不慣れであったこと、さらに教材文の叙述面での難しさが加わったことがあげられよう。第一次の観察記録でも、たんぽぽの不思議な現象には目が向いても、なぜそうなっているのかという答えにはつないで記述する姿勢は乏しかった。また叙述面でも、1番目のちえでは、「じくは、ぐったりと地面にたおれてしまいます」に「けれども」で続く「かれてしまったのではありません」を事象（様子）に引き込んで捉える学習者が多く見られた。また、次の「おくっているのです」「太らせるのです」などの表現については、3、4番目のちえの「からです」という表現に比べて、理由を示していることが理解しにくいようであった。
　また「博士のひとこと説明」の形式そのものにも難しさの要因があったと思われた。「みんなわかったかな。この絵のたんぽぽは、……たんぽぽ

なのである。/なぜかというと、……だからである」というように、書き出した文末を指定し、条件作文風に書かせたわけだが、これがかえって学習者の考え方やまとめ方を拘束した格好になり、事象と理由との区別が混乱し、書きにくそうにする学習者も見られた。Y・S子は、1番目のちえで次のように「博士のひとこと説明」をまとめた。

　　＜みんなわかったかな。この絵のたんぽぽは、＞かれているのでは、ありません。ねっこからえいようをおくっているのです。それでたねを、ふとらせるのです。
　　＜どうしてかというと、＞わたしたちがみえる大きさになっていくのです。（注：＜　＞内は予め設定したもの。以下同じ。）

　教材本文との対応が希薄になっていることと、前半部の文末指定は、自分で外していることが見受けられる。「事象—原因・理由」の因果関係な捉えもできているとは言い難い。こうした傾向は、2番目のちえにおいても同様であった。とりわけ2番目のちえについては、綿毛の一つひとつが落下傘のようになるという「様子」と、それについている種を飛ばすためであるという「答え」が、同じ段落内に続けて表現されていて、読み分けにくい構成になっており、学習者にとってはさらに難しかったと推察される。
　しかし、こうした「博士のひとこと説明」を繰り返すうちに、認識方法にも慣れ、4番目のちえの学習では先のY・S子は次のように記した。

　　＜みんなわかったかな。この絵のわた毛のらっかさんは、＞よく晴れて、風のある日には、わた毛のらっかさんは、いっぱいひらいている。でも、しめりけの多い日や雨ふりの日には、わた毛のらっかさんは、すぼんでしまうのである。
　　＜どうしてかというと、＞わた毛がしめって、おもくなると、たねをとおくまでとばすことができない＜からである。＞

教材本文を抜き書きしている部分がほとんどであるが、「事象―理由」をきちんと区別して書いている。
　以上、事象（様子）を具体的にイメージ化させて理由とつなぐことや、「博士のひとこと説明」の形式及びそれを書かせるときに要因・理由を授業者との対話によって引き出したり、必要に応じて授業者が示したりするはたらきかけが課題として残ったが、設定した「博士のひとこと説明」は「事象―原因・理由」の因果関係を認識させることに有効に働くであろうことが示唆された。

4 「事象―原因・理由」の観点での説明的表現活動の継続

　本報告では、低学年の説明的文章の授業における教科の論理と学習者の論理を統合していこうとする一つのあり方を、総合的な学習を組織すること、情報の処理・活用過程に即した学習指導過程をとること、論理的思考力に培う手だてとして紙芝居の説明文（「たんぽぽ博士のひとこと説明」）を書く活動を取り入れることの三つを仮説とし、次のような観点で学習指導過程を設定し検討した。すなわち、基本的な学習過程として仮設した「（言語に関わる活動・体験に）ひたる―（本質的な学習内容に）立ち上がる―（発見した学習内容を自在に操り）対象化する」に即して、めあての系列を「博士になってたんぽぽのいろんなふしぎを見つけよう―見つけたふしぎの答えをさがして『博士のひとこと説明』を作ろう―紙芝居を完成させよう」と設定した。
　その結果、たんぽぽの様子のイメージのさせ方と理由のつなぎ方、「博士のひとこと説明」の形式及び書かせ方などに課題を残したものの、設定しためあてとそれに即した手だての系列は、学習に対する主体性や意欲を高め、「事象―原因・理由」の因果関係的な論理的思考力に培うことが認められ、低学年の説明的文章の授業のあり方の一つとして有効に機能することが示唆された。
　こうした実践展開及び結果を「要素構造図」との対応で考察すると、各

セクションについて以下のような要素、内容につながる特徴があると考えられる。
○「説明的文章教材の特性」セクション
　＜既知性＞……②子どもの現実生活との距離
　　　＊身近であるが実は知らないことが多かったことを確認させ、それを後の学習の起動力としたことによる。
　＜具体性・抽象性＞……①説明の過不足・納得度
　　　　　　　　　　　　②絵図化できる余地
○「学習内容」セクション
　　論理的思考力、論理的表現力、スキーマ喚起力、情報活用力
　　　＊たんぽぽについての既有知識との関連で本文を読み取らせることを重視し、知識面でのスキーマを喚起させることを意図したことによる。
○「学習者が夢中になる活動類型」セクション
　＜学習活動の立場＞……①主体的読者　　⑥想定された人物
　　　＊「想定された人物」としてのたんぽぽ博士にならせて学習活動を展開したことによる。
　＜学習活動の観点＞……①立場・視点を変えて　　②文体を変えて
　　　　　　　　　　　　⑤絵・図表を付加して
　　　＊紙芝居作成を設定したことによる。
　＜学習活動の具体的方法＞……③解説型
　　　　　　　　　　　　　　④絵・図表（イラスト）型
　　　＊以上、紙芝居作成を設定したことによる。
　　　⑧質問・クイズ型
　　　＊観察で見つけた不思議の答えを探して紙芝居に仕立てていったことによる。
　＜学習活動の立場＞……②筆者（筆者と同じ立場の人といった意味合いで使用しており、筆者その人を指すものではない。）
　＜学習活動の観点＞……①立場・視点を変えて　　②文体を変えて

第3章　説明的文章の学習活動を構成するための仮説的枠組み

　　　　　　　　　③要約または敷衍して
　　　＊「博士のひとこと説明」と称する、読みのまとめを書く活動を
　　　　設定したことによる。
　　＜学習活動の具体的方法＞……①会話型　　③解説型
　　　　　　　　　　　　　　　⑦観察・実験型
　○「具体的言語活動」セクション
　　＜関連性が単線的な言語活動＞……「読む―書く」
　　　＊「博士のひとこと説明」が入った紙芝居を作ることによる。

　以上、「要素構造図」を構想するまでの実践として３事例を示し、図との関連を解説した。実践例としては他にもあったわけだが、「要素構造図」の内容を帰納することに関連が深い三つを示したということになる。図の構造や内容は、先行研究に学び、少数であっても実践の成果を経て構想されたものである。画一的であると批判されがちな説明的文章の学習活動を実践的、具体的に改善していく作業は、そのための何らかの拠り所、足がかりのようなものがないと、なかなか実現は難しい。「要素構造図」は、そうした困難な作業を展開していくための一つのインデックスの役割を果たすものとして提示した。

　続く第３節以降では、「要素構造図」の発想を活用して行った実践のあり方を考察する。

第3節 「要素構造図」を活用した実践

　前節では「要素構造図」を構想する基盤となった実践例を示し、図との関連について解説した。本節では「要素構造図」を得た後に、図の考え方や図にある要素を活用した実践について論じる。取り上げた実践は「要素構造図」の発想を生かすという点では試行錯誤の段階のものであるが、前節に示した実践例とは違い、「要素構造図」の内容や考え方を踏まえた意図的な構想、展開によるものである。前節に示した実践例とあわせてその実践のありようを検討することによって、「要素構造図」の内容や意図するところについての考察を深めることにする。

第1項　教材と文章の距離を縮小することを意図した学習活動の構成と展開

　本項では、文章と学習者の距離を縮小することを意図した授業の実際について、「じどう車くらべ」（光村図書1年）を例に述べる[42]。

1　教材の特性と学習活動の設定

　低学年における説明的文章の授業では、表現や理解の基礎・基本に資することを意図して、文型や接続語、指示語などの形式面に指導の傾斜がかかることが多い。もちろん言語技能的側面の学習は必要である。しかし、こうした授業の多くは、技能習得の様相がどうしても前面に押し出されることになり、学習者にとっては一番の関心事である情報・内容を読み深めることは、学習の表面的あるいは付帯的なものとなりがちである。すなわち音読、視写、指示語・接続語の意味の検討、表組み作業などが繰り返されはしても、学習者と文章との間の認識面、学習心理面における距離[43]はなかなか縮小されないと考えられる。換言すると、学習者の側からの学習活動が設定されにくいということでもある。

第3章　説明的文章の学習活動を構成するための仮説的枠組み

　しかしながら、教科書所収の1教材を使って授業を組織することが多い1年生の教室実態としては、生活的で切実な問題を設定し、その解決のために説明的文章を読み込むということは位置づけにくい。また、そうした考えに固執していては日々の実践には負担が大きく、実践そのものがかえって閉塞状態に陥ることが考えられる。まずは当該文章の情報・内容や認識内容の特性・特徴を生かして、その範囲内で学習者にとっての読みの目的や必然性が生じやすい授業づくりをめざしたい。
　教材文の「じどう車くらべ」は、子どもたちが大好きな自動車を対象とした文章である。したがって、素材的には文章との距離は近いと言える。しかし認識方法の面では、自動車の「仕事」と「つくり」とを関係づけることによってその特徴を説明しようとしており、学習者にとっては理解しにくい面もある。
　そこで文章との距離を縮めるために、単元の中核的な学習活動＝子どもの側からの学習活動として、本実践では「ぼくの（わたしの）好きな自動車選び」を位置づけることにした。自動車の長所が説明されている本文の特徴と、学習者の興味・関心とを考え合わせて設定しようというものである。
　ただし漠然とした選択にならないよう、本文の認識の観点である「仕事」と「つくり」を吟味し、根拠をはっきりさせた上で「好きな自動車」を選ばせ、学習内容である「仕事」と「つくり」をつなぐ関係認識力に培うように配慮した。つまり、「ぼくの（わたしの）好きな自動車選び」を展開していくことそのものが学習すべき内容を深めることになり、文章との距離を縮めることになると考えたのである。
　この「ぼくの（わたしの）好きな自動車選び」の活動を構想したのは、「要素構造図」における「説明的文章教材の特性」セクションの＜既知性＞「①情報内容」「②子どもの現実生活との距離」の項目が意識にあったからである。子どもたちが生活の中で、目にしたり実際に乗ったりして得ている＜既知性＞を積極的に生かしていこうと考えた。
　また本教材では、バスや乗用車、トラック、クレーン車、ポンプ車やは

しご車が順次述べられており、各々の車の種類を対比的に捉えることで、その自動車に固有の「仕事」や「つくり」がより明確にわかるようになっている。そこで、物にも容易に同化することができる低学年の子の特性を生かして、それぞれの自動車になって他の種類の自動車に自分の「仕事」や「つくり」の自慢話をする（書く、話す）という活動を取り入れることにした。「要素構造図」の中の「学習者が夢中になる活動類型」セクションにおける＜学習活動の立場＞の「⑦説明対象（物）」、＜学習活動の観点＞の「①視点を変えて」、＜学習活動の具体的方法＞の「①会話型」をセットにし発想した学習活動である。

　「学習内容」セクションで言えば、論理的思考力として得られた関係認識力や対比的思考力を論理的な表現力にまで高めることを意図して、教科書には出てこなかった自動車の中から好きな自動車を自分で選び、絵を描き、その自動車について「仕事」と「つくり」の観点で説明する活動を導入した。

　こうして日頃何気なく見たり使ったりしている自動車に対する認識（見方、捉え方）が新たになり、自動車と自己の生活とのつながりを見直すきっかけになればと考えた。これは「学習内容」セクションにおける「生活認識力・生活陶冶力」の要素に培うことになる。

　「具体的な言語活動」セクションでは、自動車に同化して自慢話を書いたり話したりすること、自動車の説明文を書き、それをもとに説明し合ったりすることを位置づけていることから、1年生としての＜関連性が複合的な言語活動＞を展開する立場をとったということになる。

2　実践の方法

(1)　**教材**　「じどう車くらべ」（平成8年度版光村図書1年上）
(2)　**対象**　兵庫教育大学附属小学校1年1組森静夫学級（男子12名、女子14名）
(3)　**目標**
　○身近に何気なく見ていた自動車を新しい視点（「仕事」と「つくり」）

で認識できることに気づく。
○「仕事」と「つくり」を関係づけて自動車の特徴を捉える。
○「仕事」と「つくり」の観点で自動車どうしを対比して捉える。

(4) 学習指導過程

本実践の学習指導過程は図3-17に示すとおりである。

(5) 授業の実際的展開

＜第一次　（既有知識とのずれを）「知る」段階＞

　題名と冒頭の一文の読みによって、多くの自動車が出されたところでめあての「好きな自動車を選ぼう」を提示し、自分が好きな自動車を決めさせた。続いて本文通読の後、今度は本文の中の4種類の自動車の中から、好きな自動車を二つ選ばせ理由を記させた。しかし、ここでの選択理由は直感的・印象的なものであることを知らせ、冒頭部の読みとの関連で、教材文のように「仕事」と「つくり」の観点に着目すれば自動車のいいところが詳しくわかり、より適切な「好きな自動車選び」ができることを提案し、読みの目標とした。

＜第二次　（内容と論理を）「つなぐ」段階＞

　ここでは、めあて「仕事とつくりを調べて○○のいいところを見つけよう」のもと、関係認識力や対比的認識力を駆使して各自動車の「いいところ」を見つけさせた。単元の中核的な学習活動である「好きな自動車選び」についての自己の考えの根拠を形成させる段階であり、第一次で直感的・印象的だった選択理由を深めていく段階でもある。

　具体的な学習活動としては、自力で当該自動車の「いいところ」を見つけさせて、それを発表させながら「仕事」「つくり」の内容を具象化させていった。さらに、もし当該自動車の「つくり」に○○という不備があった場合、それに乗っている人は何というか、吹き出しに書かせたものを交流させながら、「仕事」と「つくり」の因果関係の把握を深めさせようとした。各自動車の読みのまとめは、当該自動車に同化させて自慢話の形で90字程度で作文させた。その際、他の自動車に話しかけるような設定をとり、対比的な認識力に資することにも配慮した。また4種類の自動車の

基本的な学習過程	めあて	学習活動	教師のはたらきかけ
既有知識とのずれを知る	好きな自動車を選ぼう	1) ・題名と冒頭の一文から話の中身を予想する。 ・出し合った自動車の中から好きな自動車を決める。 ・通読する。 ・教科書の四つの自動車の中から好きな自動車を二つ決める。 2) ・ことばの学習をする。 ・冒頭部を読んで、自動車のいいところを見つけていく学習の視点を確認する。 （2時間）	○「くらべ」の語句に着目させ、自動車の何を比べようとしているのかにも意識を向けさせる。 ○選択した自動車の好きな理由をはっきりさせる。 ○通読は教師の音読による。 ○教科書掲載の四つの自動車の中から好きな自動車二つを選ばせ理由を書かせる。ここでは、叙述内容と関係のない理由による選択でよい。 ○前時の選択結果や理由を紹介し、直感、印象等で選んでいることを示し、教科書に書かれている「仕事」「つくり」に着目して、自動車のいいところを詳しく調べていくことを提案する。 「仕事」「つくり」の言葉の意味を確かめておく。
内容と論理をつなぐ	仕事とつくりを調べて○○のいいところを見つけよう	1) バスや乗用車の「いいところ」を見つける。 ・「仕事」の確認 2) ⑧〜⑬段落で 3) ⑭〜⑳段落で 4)5)「仕事」「つくり」に着目して「好きな自動車」を4種類の中から一つ選ぶ。 （5時間）	○「いいところ」に傍線を引かせる。 ○自己の生活体験と重ね合わせて考えさせる。 ○もし座席が広くなかったら、窓が小さかったらという「もし…でなかったら」の状況にある「乗っている人」に同化させ、つぶやきを言わせて「仕事」と「つくり」の関係認識を高める。 ○バスまたは乗用車に同化させて、「いいところ」を自慢して書かせる。「仕事」「つくり」の観点で意識させる。（トラック以降は、前時までに出てきた自動車に向かって話すように書かせ、対比的認識力に培うようにする。 ○ポンプ車・はしご車では「仕事」「つくり」を発表させ、板書で整理する。一方を選択させ、説明文を「仕事」「つくり」の観点を意識させて書かせる。 ○理由を明確にして書かせる。
内容と論理をいかす	好きな自動車お知らせ絵本を作ろう	1) 教科書に出てこなかった自動車の中から好きな自動車を一つ選んで、説明文を書く。 2) 書いたものを読み合ったり、紹介しあったりする。 （2時間）	○図鑑等で調べさせ、自動車を選ばせる。絵もあわせて絵本風に書かせる。 ○教科書の書きぶりを参考にし「仕事」「つくり」がつながるような表現を意識させる。 ○上手に書けているところを話し合わせる。

図3-17　1年「じどう車くらべ」の学習指導過程（単元計画）＜全9時間＞

「いいところ見つけ」が終了した段階で、第一次に続いて4種類の自動車の中から「好きな自動車」を一つ選んで理由を記述させ、「好きな自動車選び」という目的・活動に一貫性を持たせるようにした。

＜第三次　（内容と論理を）「いかす」段階＞

ここはめあてを「『好きな自動車お知らせ絵本』を作ろう」として、対象を自動車一般に広げて最終的な「好きな自動車選び」をさせ、本文の認識方法である「仕事」「つくり」の観点で、選択した自動車の特徴を説明文に表現させ、絵もあわせて描かせて絵本の体裁に仕上げさせた。

(6) 授業の分析・評価の方法

学習成果については、情意的側面の評価は、単元終了時における学習者の口頭での感想発表の内容を分析した。（ただし個別の聞き取り調査ではなく、全体の場での自由な感想発表によるものである。学習者全員の意見を対象としたとはいえないが、1年生の発達段階も勘案し、これをもって単元の学習に対する情意傾向を把握しようとした。）また、認知的側面の評価については、単元の最終第三次（内容と論理を）「いかす」段階で学習者が書いた「好きな自動車お知らせ絵本」において、自動車を「仕事」と「つくり」の観点から関係認識的に捉えて表現できているかどうかを分析した。

学習行為（単元経過における学習ぶり）については、情意的側面の評価は、毎時間授業終了後に実施した振り返りカード（「楽しかったな」カードと「困ったな」カードの二者択一式）の選択状況を検討した。認知的側面の評価は、第二次（内容と論理を）「つなぐ」段階）で学習者が毎時間のまとめとして書いた「〇〇（本時の学習対象とした自動車）になって自慢をしよう」の吹き出しの分析内容と、最終第三次で書いた「好きな自動車お知らせ絵本」の分析内容を中心的な資料とし、あわせて第一次と第二次で書いた「好きな自動車選び」の理由づけの作文も検討した。

3　結果と考察

(1) 単元終了時における学習者の口頭での感想発表の内容（情意的側面の学習成果）

単元の最終授業の後7～8分間で、単元全体を振り返っての口頭での感想を求めた。図3-18に示したのがそのときの逐語記録である。個別の聞き取りではなく、学級全体の指導中のものなので、同一児童の発言が重複している場合もある。また1年生の9月段階ということで単元全体を振り返り、それを口頭で述べることのむずかしさもあったと思われる。さらには友達の発言につられての発言があっただろうことも推察できる。

　しかし、自動車についての情報が得られたことに対する好意的な発言（C1、C2、C3、C7、C8、C9）や「おもしろかった勉強」として口々に「自慢する勉強」（C10、C11、C12）と答えていること、さらに「つまないなと思った人」という一人の子どもから学級全体の子への自発的な質問（C17）に対して挙手がなかったことや、「おもしろいな」「こまったな」の選択式の挙手についても「おもしろいな」が2名を除く全員であったことなどから総合的に判断して、「自分の好きな自動車選び」を中核的な学習活動として設定した学習指導過程は情意面において一応の成果を収めたものと考えられた。

(2)　「好きな自動車お知らせ絵本」における「仕事」と「つくり」の
　　関係認識力（認知的側面の学習成果）

　単元の最終第三次（内容と論理を）「いかす」段階で学習者が書いた「好きな自動車お知らせ絵本」の内容を分析した結果、自動車を「仕事」と「つくり」の観点から関係認識的に捉えて表現できている子は、学級全体の88％（23／26人）だった。その表現内容例として、K・Y男が書いた「絵本」を図3-19に示した。「絵本」を書く際の指導としては、教科書本文の書き方を参考にして、はじめに「仕事」を書き、それに対応した「つくり」を書くとよいこと、あわせて例えば本文にある「そのために」を使うとうまく関係づけて書けることも確認した。しかし、書き出しのことばや「そのために」の接続詞の使用も、表現の際の絶対条件として指定はせず、最終的には子どもたちの考えに委ねることにした。

　この学習者の場合、主語の「レッカー車は」を省略したり、また「そのために」と書いた上で、「こわれたくるまをはこぶために」と続けたりす

第3章　説明的文章の学習活動を構成するための仮説的枠組み

T1　「じどう車くらべ」の勉強、仕事とつくりに目をつけて調べていって、いいところ、見つけていきましたね。そして、今日、教科書に載ってないやつから一つ選んでもらって、最後にそれをお知らせする絵本を作ってもらいました。こういう勉強を先生としたんです。で、勉強ずっと思い出してみてね、これはおもしろかったなあとかこれはあまり楽しくなかったなあとか、いろいろ思ったことがあったでしょ。それをね、ちょっと教えてほしいねん。何でもいいから教えてくれる？
C1　自動車のことがいっぱいわかった。
C2　いろんな車があるのかなってわかった。
C3　いろんな車、知らなかったけど、この勉強していろんな車のことがわかったから、おもしろかったかなあって思いました。
T2　あかん（だめな―論者注）とこなかった？
C4　なかったー。　／C5　楽しいことしかなかった。
T3　おもしろかった？
C6　おもしろかった。
T4　何がおもしろかったん？
C7　車とかのお話が。
C8　クレーン車とかいろんな車が出てきて楽しかった。
C9　いろいろなことがわかってよかった。
T5　みんなね、どの勉強が一番おもしろかった？先生とした中で。
C10　自慢する勉強。　／C11　自慢する勉強。
C12　そうそう一番楽しいの、自慢する勉強や。
T6　他におもしろいのは？
C13　説明するの。　／C14　本読み。
T7　おもしろくなかった勉強は？
C15　なかったー。　／C16　全然なかった。
C17　つまらないなって思った人、手あげて。（挙手なし）
　　　（中略）
T8　それじゃ、最後に聞きます。先生との勉強で「おもしろいなあ」「こまったなあ」と、どっちがたくさんあるかなあと思ったら、おもしろい方がたくさんあるという人？
　　　（2名を除いて全員。）
　　　いや、おもしろいことより困ったことの方が多かったという人？
　　　（挙手2名。）

図3-18　単元終了時における学習全体を振り返っての感想を発表した際の逐語記録

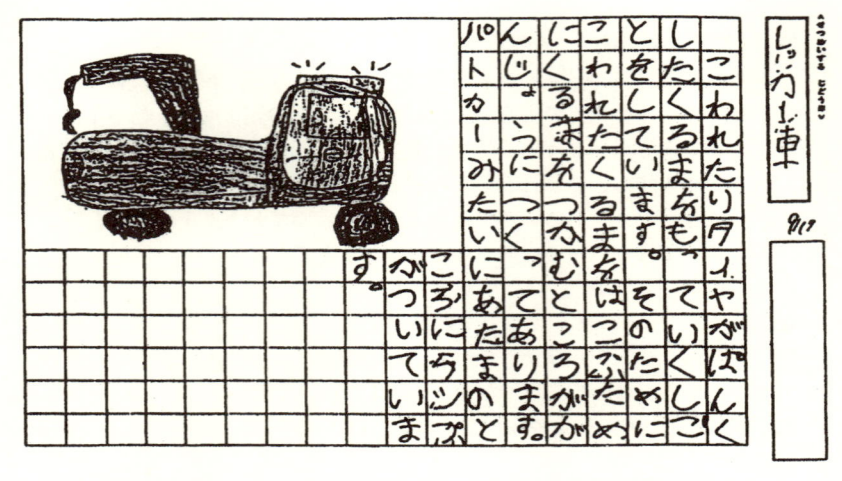

図 3-19　K・Y男が書いた「ぼくの好きな自動車お知らせ絵本」

るなど表現上のぎこちなさは認められるが、「こわれたりタイヤがぱんくしたくるまをもっていくしごと」に対して「くるまをつかむところがんじょうにつくってあ」ることを「つくり」としてあげ、整合性のとれた対象把握ができている。なお、当然個々の学習者で表現内容・方法に深浅、巧拙はあるため、例えばS・S男の「がそりんを　はこぶ　しごとを　しています。そのために　うしろに　たんくが　あるから　がそりんを　はこべるから。」（原文は分かち書きではない─引用者注）のようなものも「仕事」と「つくり」の関係認識力の面では成果を収めたものと認定した。

以上のことから、設定した学習指導過程は「仕事」と「つくり」とを関係づけて認識することに概ね有効に機能したことがうかがわれた。

(3) 振り返りカードの分析結果（情意的側面の学習行為）

表3-4は、毎時間の授業後に実施した振り返りカード（「楽しかった」と「困ったな」の二者択一式のカード選択による）における「楽しかったな」カードの選択比率の単元経過に伴う変化を示したものである。これによると、単元序盤から一貫して80％を越える比率を維持しており、第二次の

終盤では90％を越えた。1年生がおこなう自己評価であるため、それぞれの1時間の全体を総括してのカード選択かどうかは危うい面もあるが、一つの目安として捉えたとき、設定した学習指導過程は子どもたちの情意を高めながら学習を展開させていく機能を有していることが推察された。

(4) 第二次において本時の学習のまとめとして書いた「○○（本時の学習対象とした自動車）になって自慢をしよう」の吹き出し、およびポンプ車・はしご車の説明文の内容の検討（認知的側面の学習行為）

本実践における単元を貫く学習活動である「自分の好きな自動車選び」に関係して産出された文章表現のうち、第二次において本時の学習のまとめとして書いた「○○（本時の学習対象とした自動車）になって自慢をしよう」の吹き出し、およびポンプ車・はしご車の説明文の内容を検討したところ、読みの目標（「仕事」と「つくり」とを関係づけて当該自動車の自慢や説明がなされていること）を達成したと思われる適切な表現の出現率は、学級全体ではバス・乗用車の時間11％、トラック39％、クレーン車27％、ポンプ車・はしご車46％となり、続く最終の「好きな自動車お知らせ絵本」における説明文では85％の比率を得たが、自慢話の形で「仕事」と「つくり」とを関係づけて読み、かつ文章表現することが、そのときどきに十分にはなされなかったという結果が得られた。

こうした要因としては、まず学習者の実態に即した指導の不足があげられる。この単元が本学級の学習者にとって、はじめての実質的な説明的文章の授業であり、二つの要素を関係づけて、読んだり書いたりする経験がなかった実態からすると、吹き出しにマス目という自由記述式のワークシートでは学習抵抗が高かったと思われる。指導者側としては、書き出し等の条件を付加した形式ではかえって書きづらいのではないかと考えて自由記述式「自慢話」とし、授業中には、上手にまとめている学習者の作文を

表3-4 単元経過に伴う「楽しかったな」カードの選択比率の変化

段　階	1次①	1次②	2次①	2次②	2次③	2次④	2次⑤
比率%	88	84	81	88	88	96	92

紹介したり、書きにくそうにしている学習者には個別指導を行ったりもしたが、「仕事」の自慢、「つくり」の自慢と分けた形式にして、それぞれの表現の中に両者を関係づける要素を呼び込むことを期待してもよかったと考える。または、自由記述式と分離式の2通りのワークシートを用意し、書きやすい方を選択させることも一つの方法であったかもしれない。さらには授業における関わり方として、例えば「つくり」の「いいところ」を子どもたちが話し合っているときに、なぜそういう「つくり」になっていることがよいのか等、「仕事」との関連を意識した働きかけをもっと行う必要があったと思われる。

　いずれにせよ、文字を獲得して日が浅い子どもたちには、自慢話として関係づけて文章表現するという高度な要素はあったかもしれないが、最終的な「絵本」の説明文では85％という高比率で目標が達成されていることから、関係的な認識力が発揮されやすいよう手だて面での改善を図ることが、設定した学習指導過程を機能させるためには必要であることが示唆された。

　次に、学習行為の分析視点を学級全体から学習者個人へと移すことにする。最終の「好きな自動車お知らせ絵本」も含めて5回の表現内容を学習者個体内で検討すると、全体の比率の推移では見えなかった学習行為の特徴を見いだすことができた。すなわち、次の4タイプの学習行為である。

①安定的認識形成型（5回の表現のうち最後の「絵本」を含む4回または5回が目標を達成した内容である場合）……　4/26=15％
②認識形成型（5回の表現のうち最後の「絵本」を含む2回または3回が目標を達成した内容である場合）……　16/26=61％
③認識形成不十分型（5回の表現のうち最後の1回のみ目標が達成された内容である場合）……　3/26=12％
④認識非形成型（最後の「絵本」が目標達成の内容になっていない場合）……　3/26=12％

　以下①〜③の各タイプについて、代表例の表現内容に「好きな自動車を選択した理由」の作文内容（第一次、第二次の2回分）、および最終第三次

の「好きな自動車お知らせ絵本」の内容をあわせて示し、設定した学習指導過程の特徴の考察を進めることにする。なお原文は分かち書きではないが、読みやすさを考えてここではすべて分かち書きに直した。波線は「仕事」、実線は「つくり」、破線は対比的な捉え方に該当する内容を表している。また、◎は読みの目標達成、△は非目標達成を表している。

①安定的認識形成型（O・M子の場合）

　O・M子の一連の文章表現の内容は、図3-20のようである。この学習者の場合、単元序盤の通読段階では、自分の好きな自動車として選択したバスについて「けしきがよくみえるから」という漠然とした捉え方にとどまっていたが、第二次の「仕事とつくりを調べていいところを見つける」学習で対象認識の方法が内面化し、2回目の選択理由の記述の際には、「仕事」内容を念頭に置いた「つくり」に着目した教材本文の表現「まどがおおきい」「ざせきがひ～ろ～い」が見られるようになった。さらには自己のバス通学の生活と結びつけ、「つくり」の面としての「とまるときのボタンがおしやすい」を「大大大すき」の理由としてあげることにもなった。こうした「仕事」と「つくり」を関係づけて自動車を捉える認識方法は、第三次での「自分が好きな自動車」を説明する文章表現にも反映され、「ひえひえするように」「タイヤは、4こでがっちり」「がさがさしないように」などの個性的な表現を産出させることにつながったものと推察される。

②認識形成型（O・T男の場合）

　次にO・T男の一連の文章表現の内容は、図3-21のようである。この学習者も、単元序盤のクレーン車の選択理由は「おもいものをはこぶから」という単純なものであったが、2回目の選択理由では「おもいものをつりあげる」というクレーン車の仕事にこだわり、「ポンプ車やはしご車とかにできないしごと」に始まって、「トラックはおもいものをはこべるけどつりあげられない」など他の自動車と対比的に仕事を捉えた。さらに、それと関係づけて「つくり」の面でも、脚がついている、ついていないという観点で比較し、クレーン車のいいところを述べて選択理由とし

た。
　この学習者は第二次のバス・乗用車、トラックの「仕事」「つくり」を見つける学習では、両者を関係づけることができにくく、どちらか一方の特徴を指摘するにとどまっていたが、クレーン車の学習を契機に、以後安定した表現が産出されるようになった。こうした要因の一つには、前時の表現内容の中からすぐれたものを学級全体にフィードバックするなどのはたらきかけを継続して行ったことで、読み方・学習の仕方に慣れが生じたことが考えられる。さらに、いま一つの要因としては授業のあり方が考えられる。クレーン車の部分の教材本文と、1時間の展開は次のとおりである。

＜教材本文＞
　　クレーン車は、おもい　ものを　つりあげる　しごとを　しています。／その　ために、じょうぶな　うでが、のびたり　うごいたりするように、つくって　あります。／車たいが　かたむかないように、しっかりした　あしが、ついて　います。

＜1時間の学習展開＞
1）教材本文に傍線を引きながら、「いいところ」を見つける。
　　（「仕事」を確認する。）
2）もし、脚がなかったり、細かったり、腕が短かったりという「つくり」のクレーン車の絵を提示し、なぜ不都合か話し合う。その上で、それに乗っている人になって思いを吹き出しに書いて発表し合う。（「unless…」作文）
3）「まとめの作文」として、クレーン車になって自慢話を書く。
　　このうち、2）の部分の授業は、後掲するもののようである。

　「つくり」が違うクレーン車の絵（教科書の挿絵を拡大コピーし切り張りして作成したもの）の提示によって、重い物をつり上げる「仕事」と関連させて構造上の特徴を具体的に認識できたことが、「つぶれちゃうもん」「傾いちゃう」「危ない」「折れる」等の発言を引き出すことになった。

第3章　説明的文章の学習活動を構成するための仮説的枠組み

　この後、不都合なクレーン車に乗っている人の立場で吹き出しを書かせたが、O・T男は「こんな　あしが　ない　くれーん車　くれーん車が　つぶれて　ぼくが　つぶれるよー。」と書き、重い物をつり上げることと、しっかりした脚がついていることとの因果関係への意識が認められる内容だった。このように、この学習者の場合「unless…」という状況を想定して「仕事」や「つくり」の読みを深めることが、学習指導過程における中核的な手だてとして機能し、好ましい認識形成を導いたものと考えられた。

> T　絵を持ってきました。（腕が短いクレーン車の絵を貼る）
> C　小さすぎるー。
> C　こっちのクレーン車（論者注－普通のクレーン車の絵のこと）より①の方（論者注－腕が短いクレーン車の絵のこと）が、腕がちっちゃい。
> T　これは伸びたりしてませんね。クレーン車として、失格？
> Cn　失格ー！
> T　これは、どう？（脚のないクレーン車の絵を貼る）
> Cn　脚がないー。
> T　脚がなくても、つり上げられるよ。
> C　それも、失格やー。　／C　つぶれちゃうもん。
> C　しっかりした脚がないじゃないか。
> T　脚がなかったら、どうなるの？
> C　傾いちゃう。
> T　傾くって、どうなるの？
> C　こうなるねん。（立ち上がって身体を横に倒すまねをする）
> T　危ないか？
> Cn　危ないー！
> T　これは、どうだ？　脚もあるし、伸び縮みもするぞ。（脚が細いクレーン車の絵を貼る）
> Cn　細い！　脚が細い！
> T　傾かないようにするには、しっかりした脚が必要なのに……
> C　折れると思う。

> T こういう重い物をつり上げる仕事しようと思ったら、腕も動かないかんし…こういう「つくり」になってると、都合がいいんやな。こんな「つくり」だから、クレーン車は仕事ができるんやな。

　しかし全体的にはこの時間の目標達成の比率は、先に示したとおり高くはない。もちろん事例にもあるように「つくり」についての実感的な表現は多く見られたが、それが「仕事」とのつながりで表現されにくかった。他の３種の自動車に比べ、生活上のなじみが薄いという点は考慮しなければならないが、先に指摘したように「仕事」と「つくり」の分離・選択式の「自慢話」の書かせ方の検討は必要であったと思われる。

③認識形成不十分型（M・A子の場合）

　M・A子の一連の文章表現の内容は、図3-22のようである。この学習者の場合、最後まで「仕事」と「つくり」との因果関係に意識を及ぼすことにはならなかった。最後の「好きな自動車」をお知らせする説明文を書く際にも、「けがにんをたすけるために」という「仕事」については自力で書けたが、それに対応する「つくり」を見いだすことがなかなかできず、授業者との直接的な相互作用の中で、点滴、注射、サイレンなどが引き出され記述する形となった。１年生の９月初旬という表現能力の発達段階的な要素もあろうが、こうしたタイプの学習者対しては、「いいところみつけ」にしても「unless…」にしても、もっと「仕事」や「つくり」の具体をイメージ化させ、それらをつないで口頭で話させたりすることなどを取り入れることが課題であった。

4　説明対象物に同化して会話する活動による関係認識力の育成

　本実践では、文章の形式的側面を重視した技能指導になりやすい低学年における説明的文章授業の改善の一つの方策を、学習指導過程における子どもの側からの学習活動＝「『文章と学習者との距離』を縮小する学習活動」の展開に求めて、１年生「じどう車くらべ」の場合を例に検討した。すなわち「ぼくの（わたしの）好きな自動車選び」を単元の中核的な学習

活動として設定し、学習指導過程において一貫して深化・発展させようと試みた。

　目標である説明対象の自動車の「仕事」と「つくり」を関係づけて認識し表現させるには、それぞれ個別の認識を拡充させるはたらきかけを話し合い活動においても、書きまとめる活動においても、さらに充実する必要がある。この点の改善が図られれば設定した学習指導過程は、情意面・認知面でも成果を上げることがうかがわれた。

　「要素構造図」との対応では、「学習者が夢中になる活動類型」セクションの要素の下記のような組み合わせが１年生という発達段階に適した形で展開された。

　　＜学習活動の観点＞……①立場・視点を変えて
　　＜学習活動の立場＞……⑦説明対象（物）
　　＜学習活動の具体的方法＞……①会話型

　これらを組み合わせた形の「それぞれの自動車になって、他の種類の自動車に自分の「仕事」や「つくり」の自慢話をする（書く、話す）」という活動である。物にも容易に同化することができるという発達段階の特性と「説明的文章教材の特性」セクションの既知性にある「①情報内容」や「②子どもの現実生活との距離」のありようを勘案しての学習活動の設定であった。

~~~~~~~~「好きな自動車（バス）」を選択した理由（第一次分）~~~~~~~~
　　けしきが　よく　みえるから。

↓

第二次 説明対象の自動車	表　現　内　容
バス・乗用車 （自慢話）　　◎	わたしは、バスよ。クレーンしゃさん　おかげで　いっぱい　人は　くるし　いい　ものも　いっぱい　はいるし　それに　けしきが　よく　みえるって　いうしざせきは、ひろいって　いうし　ちょー　らっきー。
トラック （自慢話）　　◎	バスさん　わたしは、た～～くさん　にもつが　のせられるのよ。バスさんは、人しか　のせられないじゃない。それと　タイヤが　すこししか　ないじゃない。
クレーン車 （自慢話）　　△	いいだろう　トラック。わたしは、にもつを　グーンと　たかい　ところに　あげられるんだぞう。それにいどう　させられるんだ。
ポンプ車・はしご車 ＜説明文＞ ※ゴチック部は指導 　者側で指定。◎	はしご車は、人が　たかい　とき　火じになったらだめだから　こういう　しごとを　しています。そのために、はしごが　のびちぢみ　できるようになって　います。それと　ホースが　つないで　あって　火を　けす　ことが　できる。それと　みぎ　ひだりに　うごける。

↓

~~~~~~~~「好きな自動車（バス）」を選択した理由（第二次分）~~~~~~~~
　　バスは、まどが　おおきいし　ざせきが　ひ～ろ～いし　たちやすいし、とまる　ときの　ボタンが　おしやすいから　大大大すきです。つくりは、ボタンが　おしやすく　つくって　あるから　すきです。

↓

第三次 説明対象の自動車	表　現　内　容
好きな自動車 「ボトルカー」 ＜説明文＞　　◎	しごとは、ジュースを　はこぶ　しごとを　しています。つくりは、中が　ひえひえするように　つくってある。タイヤは、4こで　がっちり　している。そして　ジュースが　さがさ　しないようにだんボールに　ならんで　いれて　ある。

図3-20　設定した学習指導過程におけるO・M子の表現内容（安定的認識形成型）

第3章 説明的文章の学習活動を構成するための仮説的枠組み

～～～「好きな自動車（クレーン車）」を選択した理由（第一次分）～～～
　おもい　ものを　はこぶから。

↓

第二次　　　　　　説明対象の自動車	表　現　内　容
バス・乗用車 （自慢話）　　△	ぼくは　こんな　おおきな　まどが　あるぞ。ぼくは　ひみつを　やったぞ。
トラック （自慢話）　　△	おーい　ばすくん　ぼくなんか　すごいぞ。きみ　大きな　にもつ　はこべないよ。
クレーン車 （自慢話） 　　　　　　　◎	おーい　とらっくー　ぼくって　きみより　おもい　にもつを　つりあげられるよ。ぼく　きみのように　あしが　ないんじゃないよ。
ポンプ車・はしご車 ＜説明文＞ ※ゴチック部は指導者側で指定。　◎	ポンプ車は、火じの　とき　みずを　おくる　しごとを　して　います。 　そのために、みずを　おくる　ために　つくって　あります。ポンプに　ホースが　ついて　いる。

↓

～～～「好きな自動車（クレーン車）」を選択した理由（第二次分）～～～
　ポンプ車や　はしご車とかに　できない　しごと。バスは　おもい　ものを　つりあげられないし　トラックは　おもいものを　はこべるけど　つりあげられないし　あしも　ついてないし　バスにも　ついてないし　ポンプ車にも　ついてないし　ポンプ車は　おもいものを　つりあげられない。はしご車　にもつを　つりあげられない。

↓

第三次　　　　　　説明対象の自動車	表　現　内　容
好きな自動車 「ホイルローダー」 ＜説明文＞　　◎	ホイルローダーは、つちを　はこぶ　しごとを　して　います。そのために　たいやが　おおきく　つくって　あります。そして、大きな　すこっぷが　ついて　いて　すなを　もちあげます。

図3-21　設定した学習指導過程におけるO・T男の表現内容（認識形成型）

～～～「好きな自動車（バス）」を選択した理由（第一次分）～～～
おおきくて、そとが よく みえるから。

↓

第二次 説明対象の自動車	表 現 内 容
バス・乗用車 （自慢話）　　△	いいでしょう。わたしら いっぱい まどが あって。
トラック （自慢話）　　△	そこの バスさん わたしは にもつが いっぱい つめるんだよ。
クレーン車 （自慢話）　　△	いいだろ。わたしは なんでも つりあげるんだから。トラックさんは つりあげられないでしょう。
ポンプ車・はしご車 <説明文> ※ゴチック部は指導 　者側で指定。　△	はしご車は、人を たすけたり 火じの ときに はたらく じどう車です しごとを しています。そのために、はしごが みぎや ひだりに うごきます。

↓

～～～「好きな自動車（バス）」を選択した理由（第二次分）～～～
人を のせたり そとの けしきが よく みえるし 大きいから すきです。

↓

第三次 説明対象の自動車	表 現 内 容
好きな自動車 <説明文> 　　　　　　◎	きゅうきゅう車は、けがにんを たすけるために、てんてきや ちゅうしゃが ついて います。そのために さいれんが ついて います。

図3-22　設定した学習指導過程におけるM・A子の表現内容（認識形成不十分型）

第2項　教材のイメージ性に着目した学習活動の構成と展開

本項では、教材のイメージ性に着目した授業の実際について、「ビーバーの大工事」（教育出版2年）を例に述べる[44]。

1　教材の特性と学習活動の設定

小学校における説明的文章教材の中には、読みやすさや内容への興味・関心を配慮して、物語文の要素を加味した書きぶりをとっているものがある。とりわけ低学年段階では、説明対象となっている動物を擬人化したり、様子を描写的に述べたり、また比喩的表現を使ったりという具合に、高学年とは違った特性を持っている教材が少なくない。すなわち「要素構造図」の「説明的文章教材の特性」セクションにおける〈具体性・抽象性〉ならびに〈イメージ性〉の要素を多く持った教材が多い。本教材も、そうした特性をもつ教材のうちの一つである。

例えば〈イメージ性〉の「①描写的要素」では、冒頭から「ここは、北アメリカ。大きな森の中の川のほとりです」という場面設定の表現で始まる。さらに「ビーバーが、木のみきをかじっています」と続き、「ガリガリ、ガリガリ」「ドシーン、ドシーン」などの擬音語も挿入されていて、ビーバーが目の前にいるかのように読ませてくれる。

「②擬人的表現要素」では「切りたおした木を、さらにみじかくかみ切り、ずるずると川の方に引きずっていきます」「木をくわえたまま、水の中へもぐっていきます」など、まるで人間が行っているかのように書かれていて、ビーバーの様子を読み取りやすい。また「夕方から夜中まで、家族そう出でしごとをつづけます」などの表現もあり、ビーバーに人間の家族のような親しみを持って読むことができる。

また、「③比喩的表現要素」では「するどくて大きいははは、まるで、大工さんのつかうのみのようです」「おは、オールのような形をしていて」「それ（巣のこと―論者注）は、まるで、水の上にうかんだしまのようです」などの表現が見られる。これらの表現を手がかりにすると、どのような様子なのか、より実感的に把握することができる。

〈具体性・抽象性〉については、「②絵図化できる余地」に着目して「ダムができあがって、水がせき止められると、その内がわにみずうみができます。ビーバーは、そのみずうみのまん中に、すを作ります」の箇所などは絵図化させ、位置関係を確かめさせたいところである。

　こうした特性を考えると、「学習内容」セクションでは「類推・想像力」を十分に発揮させながら、巣作りの順序性と具体的な作り方、工夫、苦労などを読ませたい。すなわち、題名が「大工事」となっていることの意味を具体的に見つけ納得する読みを展開するのである。

　そこで「学習者が夢中になる活動類型」セクションについては、【学習の立場】として今回は「①主体的読者」の立場で、筆者が題名を「工事」ではなく「大工事」としているのはなぜかを追求していくことにした。＜学習活動の観点＞としては、「⑤絵・図表を付加して」を先に述べたように、ダムや巣の位置関係を読むときなどに部分的に採用することになる。また＜学習活動の具体的方法＞では、題名を「大工事」としたのはなぜかを読んでいき、見つけた事柄を筆者の中川さんに知らせていくという活動を一貫して位置づけたため、「①手紙・メッセージ型」を中心にした。これは「具体的言語活動」セクションで言うと、「関連性が単線的な言語活動」のうちの「読む―書く」を採用して単元を構想・展開したということになる。

2　実践の方法

(1)　学習指導過程（単元計画）

　本実践の学習指導過程（単元計画）全６時間は、図 3-23 に示したとおりである。

(2)　学習（めあて）の流れについて

　学習指導過程（単元計画）を設定するに際しては、低学年における説明的文章の基本的な学習過程としている「（既有知識とのずれを）知る―（情報・内容と論理を）つなぐ―（論理、認識内容や発想を）つかむ・広げる」に即して、めあてを第一次から第三次まで順に「（オリエンテーション）―

第3章　説明的文章の学習活動を構成するための仮説的枠組み

基本的な学習過程	めあて	学　習　活　動	教師のはたらきかけ
既有知識とのずれを 知る	オリエンテーション	1) ・題名読みをする。 ・全文を通読する。 ・音読練習をする。 ・感想を書く。 2) ・音読練習をする。 ・感想を交流する。 ・漢字や言葉の学習をする。 （2時間）	○ビーバーについて知っていることを確かめる。「大工事」の中身について予想させる。 ○教師の音読による通読とする。難語句については適宜簡単に補足説明する。 ○一斉音読とする。教師と共に、子どもたちだけで、男子だけで、というように変化をつけて進める。 ○新しく知ったこと、驚いたこと、不思議に思ったことなどを中心に書くこととする。
情報・内容と論理を つなぐ	さすが「大工事」だなあとわかるところを見つけよう	※筆者はなぜ題名をビーバーの「工事」とせずに「大工事」としたのか考える。 1)　①〜⑦段落で 2)　⑧〜⑬段落で 3)　⑭〜⑳段落で （3時間）	○全部で⑳段落あること、（木を）切る、運ぶ、作るの順序で書かれていることを確かめる。 ○まずは一人で「さすが大工事だなあ」とわかるところを本文中から見つけ、傍線を引かせる。 ○水中での仕事の順序を確かめながら、なぜこんなことをしなければならないのか、適宜検討を促す。 ○⑩段落の一連の仕事の中で、どれが一番大変そうか考えさせることで、「小えだ」「石」「どろ」を使う川底での仕事内容を具体化させる。 ○ビーバーの仕事ぶりを叙述に即して具体化させる。 ○「家族そう出」の意味や「夕方から夜中まで」の具体的な時間帯を確かめ、労力の多さに気づかせる。 ○「りっぱなダム」とはどういうダムか具体的なイメージ化を促す。 ○ダム、湖、巣の位置関係を絵図化させる。 ○ダムは必要か、巣だけ作ったのではダメか問いかけ、「せき止める」の意味を確かめさせる。 ○なぜ「安全な巣」なのか、巣の構造と対応して考えるよう促す。
論理や発想・認識内容をつかむ・広げる	中川さんへ手紙を書こう	・筆者の中川さんに宛てて手紙を書く。 （1時間）	○「『ビーバーの大工事』のことが、よくわかりました。やはり『大工事』でした。なぜかというと、」というリード文に続けて、筆者宛てに手紙を書くこととする。これまでの学習をまとめて、子どもたち自身が筆者の書きぶりをふりかえる機会とする。

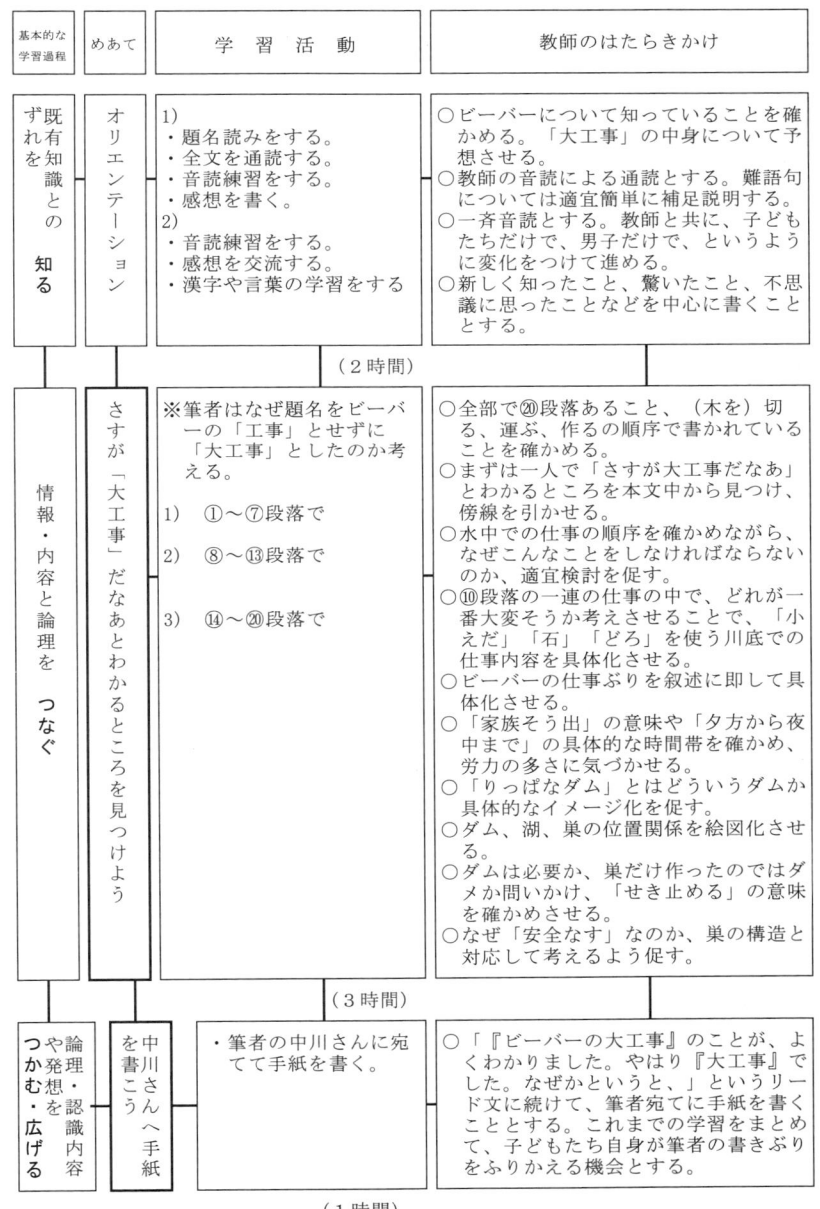

図3-23　2年「ビーバーの大工事」の学習指導過程（単元計画）＜全6時間＞

さすが『大工事』だなあ、とわかるところを見つけよう─中川さんへ手紙を書こう」とした。
　第二次で見つけた事柄は、各時間の読みのまとめとして、筆者の中川さんへ書いて伝えるという設定をとったため、単元を貫いて筆者へ手紙・メッセージを書くという学習活動を展開する道筋とした。
(3)　目標
○ビーバーが巣を作る際の工夫や苦労を、順序立てて具体的に捉えることができる。
○「大工事」だと捉えた事柄を筆者宛の手紙やメッセージとして的確に書くことができる。

3　結果と考察
　以下では、第二次の第2時（⑧〜⑬段落）と第三次について、授業の実際を述べることにする。
(1)　「さすが「大工事」だなあ、とわかるところを見つけよう」の学習
　　　　　（第二次……内容と論理を「つなぐ」段階）
　⑧〜⑬段落は、切り倒した木をビーバーが水中へ運び、ダムを造る様子を述べている部分である。前時（①〜⑦段落）の木を切り倒す部分と同様にまず本時の該当部分を音読し、その後サイドラインを引いて「工事」ではなく「大工事」だとわかるところを一人一人が見つけ、それを発表し合うという流れをとった。その際、はじめに該当部分全体の構成のあらましを捉えさせようと考え、ビーバーの仕事の手順をたずね、「切る」「運ぶ」「作る」という流れをことばとともに確かめた。
「運ぶ」様子の具体的な把握
　本時の学習部分は「運ぶ」と「作る」であることを黒板を使って整理し、まず「運ぶ」の方から「大工事」だとわかるところを話し合った。初めは、見つけたことをとにかく出させることにした。学習者の発言の主なものは、次のようである。
　・「みじかくかみ切り」のところで、また短く切るんだなと思った。

第3章　説明的文章の学習活動を構成するための仮説的枠組み

・「引きずる」っていうところが、重いから大工事だ。
・人間には切り倒した木をさらに短くすることは、手で折ろうとしても折れない木もあるけど、ビーバーだったら歯で切ったりする時に大変だから大工事だ。
・「木をしっかりとくわえたまま上手に泳いでいきます」というところで、人間にはこんなことできないし、木をくわえたまま泳いでいくんだったら、もし人間がやってみれば、そのままおぼれてしまうが、ビーバーはおぼれないから大工事だ。

こうして木を「運ぶ」ことについての意見がいろいろ出されたところで、それぞれの様子を具体的につかませた。まず「引きずる」とはどうすることか、どうやって引きずるか、自分なら何で引きずるか、ビーバーはどうか問うた。口で引きずるとする発言を受けて、全員教室の床で引きずる動作をさせたが、漠然とした動作であったため、「引きずる」とはどちらの方向へ行くのか確認した。このことによってビーバーの動き方や大変さがつかめた学習者は、続いて水中での運び方について、以下のようにさらに詳しい意見を出した。

・「しっかりとくわえたまま」というのは意味が違う。なぜくわえたかというと、人間とか泳ぐ動物とかも手とか使わないと絶対におぼれてしまうから。手を使うとおぼれない。手で持ったらビーバーは泳げなくなる。沈んでしまう。
・「ぐいぐい体をおしすすめます」は、ぐいぐいと何かを運んでる。

運ぶときのビーバーの力強さを読むには、「ぐいぐい」という擬態語をより実感をもって捉えることが大切になるため、ここでも動作化をさせた。これによって「重い木を持ってぐいぐいと体を押し進めて行くのは人間には無理」「ぐいぐい体を押し進めて、木も押し進めて、体も押し進めるから、すごく重いので大工事だ」等の意見を引き出すことができた。

「作る」様子の具体的な把握

「運ぶ」ことについての読みを終えると、次は巣を「作る」様子について読むことに移った。児童の「『夕方から夜中まで家族そう出で仕事を続

187

ける』から大工事だと思う」という発言を受け、「夕方から夜中まで」という時間を示す表現を、具体的に何時ごろから何時ごろまでと問うことで、どれくらい長い間仕事をしているのかつかませた。こうした具体化する手だては、水中にもぐる時間を自己の体験と比較して捉えさせる、川底に木を差し込む様子を動作化させる等、一貫して施した。

　この後、水中でのダム造りの順序を確かめていく中で、作業の必要性について問うことで子どもたちの読みは具体的になり、「大工事」だと考える理由についても、以下のように具体的にまた論理的、想像的に読んでいる内容の発言が出された。(下線引用者、以下同じ。)

・「小えだをつみ上げていき、上から石でおもしをして、どろでしっかりとかためていきます」というところで、枝を積み上げていく時、<u>枝が小さかったら、少しの時間でも流れてしまう時がある。石なら小さかったらだめだから、大きいのを持って来なかったらだめなので</u>、大工事だと思う。
・「流れないようにします」のところで、<u>奥深くまでさしこまないと、すぐに木が浮いていく。</u>
・「つぎつぎ」っていうところは、<u>何回も何回もっていう意味だから大変</u>。だから大工事だと思う。
・「しごとをつづけます」っていうところが、<u>いっぱい時間をつぶさないようにして、一生懸命やっている。</u>

　課題に関する話し合い活動を経て、本時のまとめとしては、なぜ題名を「大工事」としたのか筆者に知らせるように書く活動を位置づけた。(ゴチックのリード文は、あらかじめ指定したもの。適宜漢字に改めた。)

　　⑧～⑬のところを読んで、なぜ「大工事」としたか、わかったよ。
　　<u>泥でしっかり固めるんだから、ちゃんと、すごく固くしないとだめだから</u>、大工事だと思いました。小枝を積み上げていくから、<u>たくさん</u>

第3章　説明的文章の学習活動を構成するための仮説的枠組み

<u>小枝を積み上げていくんだな</u>と思いました。<u>石を運ぶだけでも大変だし、石もたくさんいるから</u>、大工事だと思いました。家族のビーバーたちも運んできた木を次々に並べて、石と泥でしっかり固めていきます。だから、<u>みんなで一生懸命がんばっているんだな</u>と思いました。<u>夕方から夜までがんばっているから</u>、大工事だと思いました。<u>家族総出で仕事をするから</u>、みんな休まず仕事を続けるから、大工事だと思いました。
　　　　　　　　　　　　　　　　　　　　　　（N・S男）

　⑧〜⑬のところを読んで、なぜ「大工事」としたか、わかったよ。どろでしっかりかためるんだから、<u>ちゃんとすごくかたくしないとだめだから、大工事</u>だと思いました。小えだをつみ上げていくから、たくさん、<u>たくさん小えだをつみ上げていくんだな</u>っと思いました。<u>石をはこぶだけでもたいへんだし、石もたくさんいるから大工事</u>だと思いました。家族のビーバーたちもはこんできた木を次々にならべて、石とどろでしっかりかためていきます。だから、<u>みんなでいっしょうけんめいがんばっているんだな</u>っと思いました。夕方から夜までがんばっているから大工事だと思いました。家族そう出でしごとをつづけるから、大工事だと思いました。
　　　　　　　　　　　　　　　　　　　　　　（S・N男）

　二人とも論理的に考え、また想像力豊かに読み取ったことを再構成してうまくまとめており、全体での話し合いがうまく機能したと思われる。「さすが大工事」と思うところを検討し合う中で、ビーバーの仕事を順序よく読むことや、一つ一つの仕事をより具体的に読むことができた。
(2)　「筆者の中川さんに手紙を書こう」の学習
　　　（第三次……論理・認識内容や発想を「つかむ・広げる」段階）
　単元のまとめは、筆者中川氏へ手紙を書くという活動を位置づけた。3時間にわたって読んできた「さすが大工事だなあ」の中身を再度振り返って書きまとめる段階である。S・M男は次のように書いた。

「ビーバーの大工事」のことが、よくわかりました。やはり「大工事」でした。なぜかというとビーバーは小さい。人間にとって簡単なことを、ビーバーがやると、しんどくて大変（むずかしい）だから、ダムと巣を作るのは、人間にとっては、少しだけ簡単で、ビーバーにとっては、いっぱいやることがあって、人間は、道具を使ってやるけど、ビーバーは、道具を使わず、歯や手、自分についているもので、巣とダムを作る。しかも、人間にとっては、ビーバーのやることは簡単だけど、その代わり、家族全員で、巣とダムを作るのは無理。／けど、ビーバーは、巣とダムを作るのがむずかしい。けど、人間と違って、ビーバーは、家族全員で巣とダムを作る。やっぱり、家族全員で道具を使わず巣とダムを作る方が、やっぱり大工事（すごくたいへん）っていうことがわかりました。　　　　　　　　　　（S・M男）

　この学習者は、ビーバーと人間とを比べながら「大工事」の大変さを記した。人間なら機械を使って簡単にできそうなことも、ビーバーにとっては難しいことを強調している。ビーバーの仕事の仕方を具体的に読むことができ、「大工事」だということが納得できたからこその記述だと思われる。家族総出で長時間かけてダムを作る苦労など、授業の中で話し合いが活発になされたところは、他の学習者たちも適切に挿入して書いていることが多かった。

4　まとめ

　本実践では、題名の「大工事」に着目し、なぜ大工事なのか、どういうところが大工事なのかを単元を通して一貫して追求した。学習のめあてが明確であったため、子どもたちは取り組みやすく、楽しんで学習することができた。描写的な表現に着目し、ビーバーの仕事の様子や内容、順序などを具体的に読みながら「大工事」であることを納得していったが、具象化することで、より広く深い読みがなされ、なぜビーバーはそんなことまでするのか、どのようにしてやっているのかを検討する中で、読みを広げ

深めることができるようになった。

また一方で、何となく捉えてはいるようでも、意外と細部の事柄までは目が向いていないことも多かった。低学年ではとくに、読めているように見えても理解できていないことも少なくない。描写的な表現が見られれば、それらを中心に叙述を具象化・具体化する読みを意図的に位置づけることが重要であることが確かめられた。

第3項　叙述の順序性に着目した学習活動の構成と展開

本項では、叙述の順序性に着目した授業の実際について、「体を守る仕組み」（光村図書4年）を例に述べる[45]。

1　教材の特性と学習活動の設定

本教材は、病気のウィルス（微生物）から体を守るために、私たち人間に備わっている仕組みについて説明したものである。「はじめ―中―終わり」の典型的な説明文の構成をとっており、「はじめ」の部分で病気の原因になる微生物の特徴を示した後、「中」の部分では体の外側と中側に分けて事例をあげ、体を守る仕組みのすばらしさを述べている。「終わり」の部分では「ときどき、体にごくろうさまと言ってあげたいですね」と締めくくっており、読者に自身の体や健康、生活のあり方を再考するよう促す書きぶりとなっている。

体を守る仕組みについて具体的に述べている「中」の前半部分では、体の外側の仕組みの例として、皮膚、涙、繊毛をあげている。微生物を体内へ入り込ませないようにしていることではいずれも同じだが、最初から遮断している（皮膚）、流し出す（涙）、外へ押し出す（繊毛）というように機能の違いはある。また述べ方としても、微生物が体内に入り込んでいっている度合いが大きい順に事例が並べられている。

一方、後半部分では、体の内側の仕組みとして白血球が例にあげられている。こちらは外側の仕組みと違って、侵入してきた微生物を殺す機能が説明されているが、体内の見えない部分であったり医学的な知識が乏しか

ったりすることから、子どもたちにはどのような仕組みなのか想像しにくい面があると思われる。

　そこで、「要素構造図」における「説明的文章教材の特性」セクションのイメージ性「②擬人的表現要素」や「③比喩的表現要素」に相当する表現に着目させ、「食べ始めます」「やわらかい角のようなもの」「体の中の戦い」「白血球をおうえん」などを手がかりに、体を守る仕組みをより具体的に捉えさせるようにした。

　また、ストーリー性の「③述べ方の時間性・空間性」に着目すると、これら「中」における二つの内容を比べ、両者に共通していることや違っていることに目を向けさせること、取り上げられている事例とその配列の順序や観点等に意識を向けることが、「中」の述べ方、展開の仕方の一つを学ぶという点で重要であることにも気がつく。すなわち、筆者は「中」において仕組みそのものを二つに分け、微生物の侵入度合いの小さいものから大きいものへ、可視的な仕組みから非可視的な仕組みへ、単純な仕組みから複雑な仕組みへ、わかりやすいものからわかりにくいものへ等の展開を意図しているのである。単に書かれている事柄的内容を読み取るだけでなく、論理的思考力に培うという観点からも、述べ方の側面での指導にも配慮した。

　＜既知性＞に関しては、「①情報内容、文章展開構造」のうちの「情報内容」については、皮膚や涙そのものは日頃から目にはしていても、その仕組み・機能について意識は及んでいない。したがって、そうした意外性をもとに皮膚や涙、喉の具合の実際と、述べられている仕組みのあり方とをつなげて読ませることは有効だと考えた。

　また「文章展開構造」についての＜既知性＞ということでは、「はじめ―中―終わり」という枠組みを意識して読むよう促すことが十分可能な教材である。

　自らの体のこととして感じ、考えながら読み進めていける要素が多い本教材である。したがって、「学習内容セクション」では「論理的思考力」に培うことはもちろんのこと、自分の体や健康などについて振り返り、生

活のありようについて考え直す契機となるよう、「生活認識力」を更新するという観点でも教材を捉えた。

2　実践の方法
(1)　**学習指導過程（単元計画）**
　本実践の学習指導過程（単元計画）全6時間は、図3-24に示したとおりである。
(2)　**学習（めあて）の流れについて**
　学習指導過程（単元）を設定するに際しては、説明的文章の基本的な学習過程としている「（既有知識とのずれを）知る―（筆者の発想や考え方を）探る―（自己の発想や考え方を）広げる」に即して、めあてを第一次から第三次まで順に「（オリエンテーション）―体を守る仕組みのすばらしいところを見つけよう―体を守る仕組みを大事にする生活の仕方を考えよう」とした。
　第二次を2時間で読むこととし、段落相互の関係を読むことを中心に、少ない時間で論理的思考力に培う授業のあり方を求めるようにした。また第三次では、学んだことを生活に生かすという観点で、自己の考えを広げ表現する学習を位置づけた。喉はまだしも皮膚や涙などは、医学的な観点から意識することは少ないと思われる。自分の体や健康、生活の仕方などを、ウィルスの侵入から守るという観点で、また備わっている仕組みを大切にするという観点で見つめ直す機会とした。これは、先にも述べたように「要素構造図」の「学習内容」セクションにおける「生活認識力」を高めることにつながる学習ということになる。
(3)　**目標**
○病気の原因になる微生物から体を守るために、体の内外には巧妙な仕組みが働いていることを読み取り、自分の体や生活の仕方を見直す。
○体の外の「仕組み」どうし、外と中の「仕組み」とを比べて共通点や差異点を見つけ、事象展開的でありながら類比的・対比的に述べる「中」（本論）の構成のあり方がわかる。

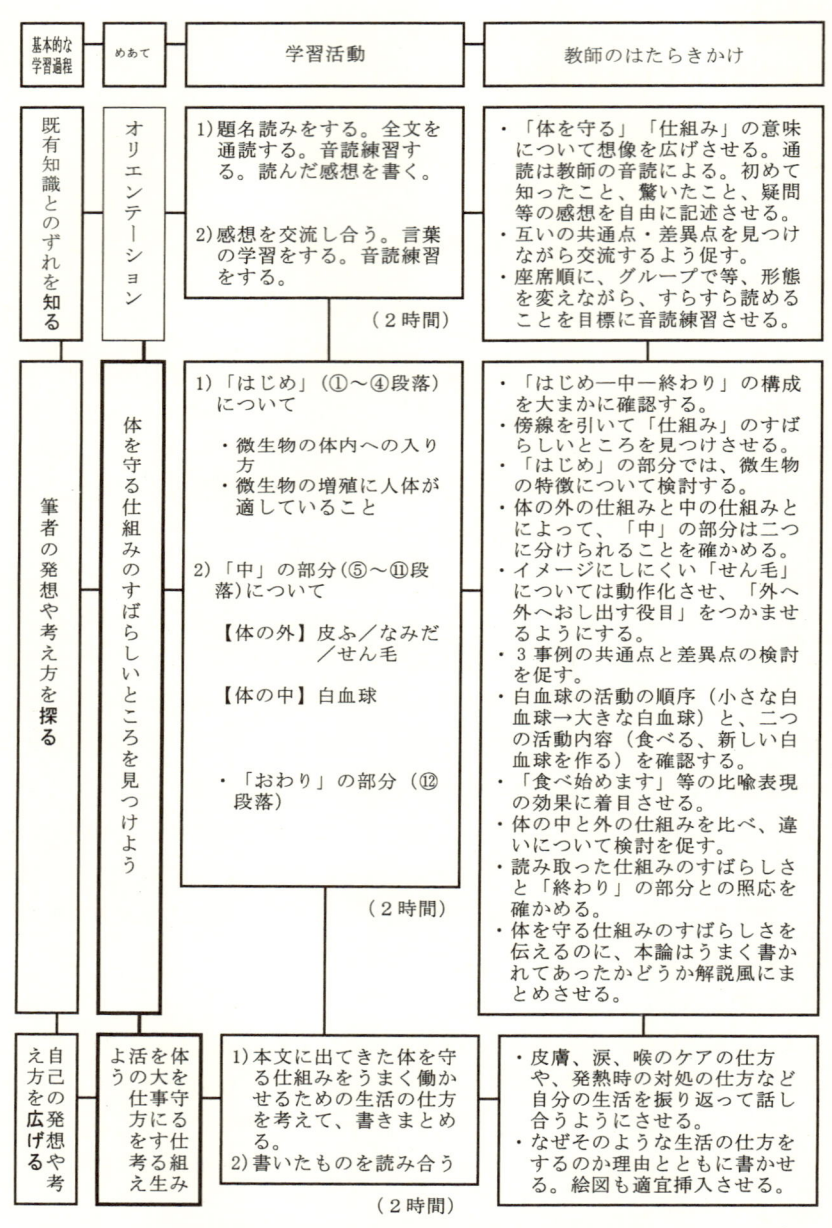

基本的な学習過程	めあて	学習活動	教師のはたらきかけ
既有知識とのずれを知る	オリエンテーション	1)題名読みをする。全文を通読する。音読練習する。読んだ感想を書く。 2)感想を交流し合う。言葉の学習をする。音読練習をする。 （2時間）	・「体を守る」「仕組み」の意味について想像を広げさせる。通読は教師の音読による。初めて知ったこと、驚いたこと、疑問等の感想を自由に記述させる。 ・互いの共通点・差異点を見つけながら交流するよう促す。 ・座席順に、グループで等、形態を変えながら、すらすら読めることを目標に音読練習させる。
筆者の発想や考え方を探る	体を守る仕組みのすばらしいところを見つけよう	1)「はじめ」（①～④段落）について ・微生物の体内への入り方 ・微生物の増殖に人体が適していること 2)「中」の部分（⑤～⑪段落）について 【体の外】皮ふ／なみだ／せん毛 【体の中】白血球 ・「おわり」の部分（⑫段落） （2時間）	・「はじめ―中―終わり」の構成を大まかに確認する。 ・傍線を引いて「仕組み」のすばらしいところを見つけさせる。 ・「はじめ」の部分では、微生物の特徴について検討する。 ・体の外の仕組みと中の仕組みとによって、「中」の部分は二つに分けられることを確かめる。 ・イメージにしにくい「せん毛」については動作化させ、「外へおし出す役目」をつかませるようにする。 ・3事例の共通点と差異点の検討を促す。 ・白血球の活動の順序（小さな白血球→大きな白血球）と、二つの活動内容（食べる、新しい白血球を作る）を確認する。 ・「食べ始めます」等の比喩表現の効果に着目させる。 ・体の中と外の仕組みを比べ、違いについて検討を促す。 ・読み取った仕組みのすばらしさと「終わり」の部分との照応を確かめる。 ・体を守る仕組みのすばらしさを伝えるのに、本論はうまく書かれてあったかどうか解説風にまとめさせる。
自己の発想や考え方を広げる	体を守る仕組みをうまく生活の仕方を考える	1)本文に出てきた体を守る仕組みをうまく働かせるための生活の仕方を考えて、書きまとめる。 2)書いたものを読み合う。 （2時間）	・皮膚、涙、喉のケアの仕方や、発熱時の対処の仕方など自分の生活を振り返って話し合うようにさせる。 ・なぜそのような生活の仕方をするのか理由とともに書かせる。絵図も適宜挿入させる。

図3-24 4年「体を守る仕組み」の学習指導過程（単元計画）＜全6時間＞

第3章　説明的文章の学習活動を構成するための仮説的枠組み

○本文の内容を具象化したり補足したりして、「体を守る仕組み」を大事にする生活の仕方を解説する文章を書く。

3　結果と考察

　以下では、題名読み、通読、感想の交流や音読練習、言葉の学習などを行った第一次（オリエンテーション）に続く、第二次（筆者の発想や考え方を「探る」段階）からの授業の実際について述べることにする。大きく「はじめ」の部分と、「中」および「終わり」の部分の二つに分け、2時間を充てた。

(1)　「体を守る仕組みのすばらしいところを見つけよう」の学習
　　　（第二次　（筆者の発想や考え方を）「探る」段階）
＜第1時＞「はじめ」の部分（第①段落～第③段落）

　まず「はじめ―中―終わり」の枠組みで文章全体を分けた。「終わり」の部分は、最後の⑫段落だということで、すぐに見つけることができた。「はじめ」をどこまでにするかということについては、第③段落までという意見と、第④段落までという意見に分かれた。「でも、安心してください。わたしたちの体には、自分で自分を守るための仕組みがあるのです」という、つなぎの段落である第④段落を「はじめ」とするか「中」とするかの問題であるが、時間をかけて議論をすることは避け、一応第④段落は「はじめ」に含めておくことにして授業を進めた。

　次に、「はじめ」の部分では何について書かれてあるのかを話し合った。微生物について書かれた部分であることは容易に見いだすことができたため、第①段落の「さあ、深こきゅうをしてみましょう」は別として、第②、第③段落は、微生物の何について書かれているのかについて考えることにした。微生物は病気の原因になること、口を通して体内に入ってくること、体内でどんどん増えていくことなどについて驚きや発見が発表されたところで、第②段落と第③段落のどちらも微生物のことについての記述であっても、それぞれどういう内容なのか確かめた。第③段落は必要なのかどうか問うと、以下のような意見が出された。

- ②段落では、微生物の説明とか、どこを通って入ってくるとか書いてあるだけで、③段落の方が大事だ。微生物は病気の原因になるから、知っておかないといけない。
- ②段落には、微生物は手に付いていたり、病気の原因になったりすることが書いてあるけど、③段落には微生物にとっては体の中に栄養分とかがあるから住み心地がいいという②段落にはないことが書いてある。
- ②段落だけでは、なぜ微生物が体の中に入ってくるかわからないけど、③段落で微生物は人間とかの体にはすごく住み心地がいいから入ってくるということが、よくわかる。
- ②段落は、どうやって微生物が体の中に入っていくかということが書かれてる。③段落は温度と水分と栄養分があるから、微生物には住み心地もいいし、ふえやすい所だから、微生物は入って行きたがると書いてある。

　同じ微生物のことについて書かれてある第②段落と第③段落を比べ、その差異性を考えること、また第③段落は必要かどうかの検討を促すことによって、「はじめ」の部分の内容の読みを深めていっていることがわかる。
　さらに「中」の部分とのつながりで「はじめ」の部分のあり方を意識させたいと考え、「中」とのつながりを考えると、「はじめ」の段階において体を守る仕組みのことを書いておく必要があるか問うた。以下は、問いに対する意見である。

- ②段落と③段落では、微生物のことを紹介っぽく書いてあり、⑤段落の「中」からは「皮ふが老化し、あかになって落ちるとき、微生物も落ちてしまいます」と書いてある。微生物ということを書いてなかったら「中」で伝わらない。
- ②段落と③段落がなかったら、微生物が何で悪いものなのかってこ

第3章　説明的文章の学習活動を構成するための仮説的枠組み

ともわからない。
・②段落と③段落がなかったら、微生物はどういう毒を持っているかとか、敵か味方かわからない。

　「中」の部分で述べる「体を守る仕組み」こととの関連で、「はじめ」の部分では微生物についてどういう情報を述べておく必要があるかということについて、すなわち段落相互の関係について意識が向いている。こうした話し合い活動のまとめとして、「なぜ、『はじめ』のところで、筆者は微生物のことをこのように書いたのでしょう」について、本時の学習のまとめを書く活動を置いた。

　　筆者は、深こきゅうすると、空気だけ、体の中に入ることが教えたいんじゃなく、空気中にたくさんいる微生物のことが書きたいから（はじめ）で微生物の説明を書いた。②では、微生物のいる場所、③ではふえやすい所を書き、微生物のおそろしさを、書いている。おそろしいことがわかった人を、⑤で安心させていく。　　　（M・K子）

　　これからやっていく「中」の部分で、体を守る仕組みについての所で、いきなり、微生物をたいじするっていわれたって、微生物の正体はわからないから、①②のところで微生物の好む所や、病気の原因だということや、どこから入ってくるのかを、筆者は説明したかったんだと思う。てきか、みかたか、わからないまま「中」へすすんだら、説明文ではないと思う。　　　　　　　　　　　　　　（M子）

　M・K子は外敵である微生物の恐ろしさを書いた上で、「中」の部分で読者を安心させていくとした。また、M子は微生物の正体について最初に知らせておかないと、以後の展開が読めないとした。2人とも「はじめ―中―終わり」という構成を意識し、「中」へつなげていくための「はじめ」の部分の書き方や内容の意義についてふれた。

こうして「はじめ」から「中」への接続についての意識を高めた上で、続く第2時では体を守る仕組みのすばらしさを見つける学習へと進んだ。
＜第2時＞ 「中」の部分（第④段落～第⑪段落）
　「中」は第⑤段落から第⑪段落まで七つの小段落からなっている。ここは第⑤段落から第⑧段落までの前半部分と、第⑨段落から第⑪段落までの二つに大きく分けることができる。前半は微生物が体内に入ってくるまで、後半は体内へ侵入してきた後の体を守る仕組みについてである。そのことを確かめ、まず前半部分について体を守る仕組みのすばらしさを発表し合いながら学習は進められた。
　微生物を入れない皮膚の強さ、涙で微生物を流せること、皮膚と比べ涙には殺菌作用があることなどへの驚きについての意見が続いた。また、第⑧段落の「このほかにも、わたしたちの体には、自分を守るための、たくさんの仕組みがあります」に着目し、皮膚や涙、繊毛だけでもすごいのに、まだまだ「たくさん」あるということがすごいという意見も出された。この後、仕組みが述べられている順序性について問うたところ、以下のような意見が出された。

・繊毛は、最後に入ってきたものを外へ押し出すから、それが一番最後でないといけない。
・まず外の部分の体の所から言って、それから中の部分で言った方がいい。
・皮膚もすごいが、繊毛の方が、中から出すんだからすごい。もし繊毛からやって、涙、皮膚とやっていくと、皮膚もすごいのに、皮膚のすごさがちょっとしか出ない。

　微生物が侵入する時間的な順序性や、侵入する度合いの小さいものから大きいものへという順序性への気づきとともに、レトリックの観点からの意見も出された。このように、単なる事柄の羅列のように捉えていたものに、意図、述べ方の論理性があることを発見させる作業を導入し、認識の

第3章　説明的文章の学習活動を構成するための仮説的枠組み

深化を促した。

　続く後半部分は、微生物が体内に入ってきた際の体を守る仕組みについて述べた箇所である。ここも前半同様に体を守る仕組みのすばらしさを話し合った。子どもたちから出された仕組みのすばらしさは、白血球がウィルスを殺して毒を出していること、角のようなものを出して微生物をつかまえること、新しい白血球を作り出して微生物と戦うことなどとともに、前半部分の皮膚などと比べ白血球は微生物を食べて体の中からなくすことなどもあった。

　これらの発言の後、ここでも述べ方の順序性について問うてみたが、微生物が入ってくる順序に説明せず急に毒を出して殺すことを言っても、読者には情報量不足で理解できないという意見が出され、ここまでの授業の流れとあわせて仕組みを説明するという観点に立って、外側から内側へという順序でないとわかりにくいことをつかんでいると思われた。

　こうした学習を経て取り組ませた本時のまとめとしての作文（『中』の部分で、筆者は、体を守る仕組みをうまく書いてくれていましたか？」という問いに対して考えをまとめて書くというもの）には、以下のようなものがあった。

　　どうして筆者の書き方がいいと思うかは、<u>体を守る仕組みを書く順番がいいと思いました。</u>はじめは、<u>微生物が体に入ろうとして入らせないやり方</u>、<u>次はすぐそこらへんまで入った微生物を殺すこと</u>、<u>最後はかんぺき入った微生物をおい出すやり方</u>。はじめからどんどんすごい仕組みになっていってるから、この順番はいいと思いました。（H子）

　　筆者は、<u>「食べつくします」</u>とか、<u>「戦いがきびしい」</u>とか、人間みたいな言葉を使って、<u>白血球は微生物をたおすからどんどん作られるとか、微生物のおそろしさを表していて</u>、体はすごかったり、すばらしいことをうまく説明していました。

　　<u>順番も気をつけて、半分に分けたり、わかりやすくしてる</u>とよく思

199

いました。終わりにもなっとくできる。わかって楽しいことだなと思
　　いました。　　　　　　　　　　　　　　　　　　　　　（S男）

　授業の中で話し合いの中心になった書き方の順序性について、どちらも
ふれている。また、S男は「食べつくします」などの擬人的表現、比喩的
表現などの効果についても「人間みたいな言葉」という言い方でまとめて
いる。これは、白血球が微生物を「食べる」ことがすばらしいという意見
を出してきた際に、「『食べる』って書いてもらうと、わかりやすいよね。
他に、そういうふうにわかりやすい言葉って、ありませんか？これ、人間
と同じように使うけどなあ」と問うて、「おうえん」「やわらかい角」「助
けを求める」「引きつけられる」「毒を出し始める」などの言葉を見つけさ
せた活動を踏まえたものである。
(2)　「体を守る仕組みを大事にする生活の仕方を考えよう」の学習
　　（第三次　（自己の発想や考え方を）「広げる」段階）
　単元の最終段階は、教材文を読んで認識を新たにしたことに基づいて、
自己の生活を見つめ直すという学習を置いた。「体を守る仕組みを大事に
する生活の仕方を考えよう」という課題による学習である。皮膚や涙、喉
のケア、発熱時の対処の仕方など、これまでの自分の生活の仕方を振り返
り合う場を設け、その後、作文活動に移った。M子は次のように書いた。

　　　まず、熱が出たときのことです。今まで、熱を悪いものあつかいし
　　ていました。でも、⑪段落で筆者が「体の中の戦いがかなりきびしい
　　ときだ」と教えてくれたので、これから熱が出たときは、体を休め
　　て、白血球をおうえんしてやりたいです。／つぎは皮ふやせん毛など
　　です。皮ふは「きずでもないかぎり、微生物は入ってこない」と説明
　　してあるから、きずには注意したい。せっかく微生物を入らせないよ
　　うにしてあるんだから。なみだは微生物を殺してくれるし、せん毛は
　　微生物を外へ外へとおし出す役わりをはたしているから、体の調子が
　　悪いときは、なみだを出したい（出せるかな～）。／まとめてみる

第3章　説明的文章の学習活動を構成するための仮説的枠組み

と、生活しているときは、つねに体を守る仕組みが働きつづけていることをいしきし、くらしたいです。先生が「きずをしたときは、すぐ水で洗いなさい。」って言っている意味がわかったような気がしました。微生物が空気中にいることも覚えておいて、「体を守る仕組み」にかんしゃして、健康に毎日を送りたいです。これからもよろしくお願いします。
　　　　　　　　　　　　　　　　　　　　　　　　　（M子）

　教材で学んだこととの対応で自分のこれまでの生活を振り返り、発熱に対する見方の変化、傷口を洗うことの意味の確認など記した。「体の調子が悪いときは、なみだを出したい」というのは飛躍しているし、このように書いたからといって、すぐにケアの仕方が常に変わるということではないにしても、何かの機会に思い出し、実行していく素地固めの一つにはなると思われる。

4　述べ方の順序性への着目による段落相互の関係把握の促進

　単元の学習がすべて修了した後、学習についての振り返りを質問紙によって行った。学習が「楽しかった」と答えた学習者は29人中24人で、体のことがいろいろとわかったからという理由によるものが多かった。一方「あまり楽しくなかった」学習者（2人）は、わからなかったところや言いにくいことがあったという理由、「どちらでもない」とした学習者（3人）は、学習としてはよかったが、体の中のことを勉強するのは気分がすぐれない、苦手だという理由だった。
　もう一つの質問は「少ない時間数だったが、どうだったか」というものである。時間数削減への対応を意図して、第二次を2時間にするなど少ない時間数での単元構成に取り組んでみたが、結果は「もっと少ない時間数の方がよかった」…1人、「ちょうどよかった」…20人、「もう少し長い時間数の方がよかった」…8人だった。
　「もっと少ない時間数の方がよかった」の1人は「ぱっとやった方が次の単元に行けるから」というものである。逆に「もう少し長い時間数の方

がよかった」理由としては、理解がまだ不十分だという内容と、もっと体の仕組みのいろんなことについて調べたかったという内容のものとが見られた。「ちょうどよかった」の理由としては、「『はじめ・中・終わり』の重要な部分がよくわかった」「あまり多すぎると逆にわからなくなってしまうかもしれない」「6時間でちょうどだった」「これだけの時間でいろいろ学べて、きりのいいところで終わった」などの意見があった。これらの評価からすると、今回の学習は概ね子どもたちには好意的に受けとめられたようである。

今回の実践でも示したように、書かれてある事柄の順序性を検討することは、多くの時間数をかけなくても段落相互の関係を捉えさせることができる有効な方法である。それは事柄の順序性を検討することは、論理の順序性を検討することに通じるからである。どの部分のどんな順序性を問題にするのか、教材の特性を吟味しながら導入していくことが望まれる。

第4項　筆者・読者・文中人物に着目した学習活動の構成と展開

以下では、筆者・読者、文中人物の立場を意識した読みに着目した学習活動の構成のあり方の実際について、5年生「大陸は動く」を例に述べる[46]。

1　教材の特性と学習活動の設定

本教材「大陸は動く」（大竹政和、1997年度版光村図書5年上所収）には、ドイツの気象学者ウェゲナーが大陸移動説を証明しようとする過程が取り入れられている。「なぜ、こんなことが起こったのだろうか。あるとき、ウェゲナーの頭にだいたんな考えがひらめいた。」「やはり、アフリカと南アメリカは、元は一つの大陸だったのだ。」等、筆者がウェゲナーに同化して述べているような部分が散見される。言い方を換えると、文中におけるウェゲナーの人物像がかなり前面に押し出される形になっていて、過去の出来事であり、想像もつかないような発想でもあるウェゲナーの仮説を読者が興味を持って読み進められるような文体となっているのである。

また結末部も「一まいの地図からウェゲナーの頭にひらめいた『大陸は

第3章　説明的文章の学習活動を構成するための仮説的枠組み

動く』という夢のような考え、大陸移動説は、科学の進歩によって見事に証明されたのである。」とウェゲナーを引き合いに出して締めくくられている。ウェゲナーの言動に関しての具体的な描写が多くあるわけではないが、筆者はウェゲナーが提唱した大陸移動説を紹介し、ウェゲナーの研究の広がりや大陸移動説の衰退について述べており、ウェゲナーという人物の存在を想像しやすい教材だと言える。「今から九十年ほど前、ドイツの気象学者アルフレッド＝ウェゲナーは、この海岸線のなぞに気づき、強く興味をそそられた。なぜ、こんなことが起こったのだろうか。あるとき、ウェゲナーの頭にだいたんな考えがひらめいた。」「けれども、研究を進めるにつれて、ウェゲナーは、この考えの正しさにしだいに確信を深めていった。」「ウェゲナーが出したいくつかの仮説は、どれも大陸を動かせるような大きな力ではなく、みな消えていった。」などの本文の表現は、文中人物であるウェゲナーの存在を想像しやすい。こうした教材の特徴を考え合わせ、今回の実践では学習活動設定に際して、まず「説明的文章教材の特性」セクションにおいては、〈子どもの側から教材を捉えるときの特性〉の中の〈ストーリー性〉、とりわけ「①文中人物の有無」に着目した。すなわち、文中人物（ウェゲナー）の立場を推し量りながら読むことを取り入れた。

　また「学習者が夢中になる活動類型」セクションにおける〈学習活動の立場〉としては、「①主体的読者」の立場や、「②筆者」の立場で、文中人物（ウェゲナー）を意識しながら内容をつかんだり、筆者の書き方、考え方を捉えたりすることなどを試みることにした。（なお、ここで使用する「文中人物」という用語は、文中人物その人を指すのではなく、「文中人物と同じ立場」といった意味合いで使用している。「筆者」という用語についても同様である。）

2　実践の方法
(1)　学習指導過程（単元計画）

　本実践の学習指導過程（単元計画）全8時間は、図3-25に示したとおり

である。
(2) 学習（めあて）の流れについて
　説明的文章における基本的な学習過程を「（既有の知識とのずれを）知る―（筆者の発想・考え方を）探る―（筆者の発想・考え方を）つきつめる―（読み取った内容を自己の生活に）広げる」と設定し、これに即した読みの方向・めあてを「＜オリエンテーション＞―ウェゲナーがこの文章を読んだら、どの部分で、どんなことを筆者に言ったり、たずねたりするだろう―筆者になってウェゲナーに言葉をかけよう―阪神大震災のことをウェゲナーに報告しよう」とした。こうした流れの学習を展開していくためには「学習者が夢中になる活動類型」セクションにおける＜学習活動の具体的方法＞のうち、「②手紙・メッセージ型」を取り入れることにした。つまり「具体的言語活動」セクションにおける＜関連性が単線的な言語活動＞を採用し、「読む―書く」活動を中核にすることなる。
　最終段階で阪神大震災との関連を図ったのは、「学習内容」セクションにおける「生活認識力・生活陶冶力」を意図し、「自己の生活への認識を深めたり、広げたりする力」への発展を期待してのものである。教材内に閉塞されず、自己とのかかわりを求めていく読みをできる限りさせたいと考えた。
　読みの立場としては、読者、筆者、文中人物三者の立場の相互交流を意図して、第一次から順に「読者の立場から筆者の立場へ」―「文中人物の立場から筆者の立場へ」―「筆者の立場から文中人物の立場へ」―「読者の立場から文中人物の立場へ」というかかわり方の流れにした。
(3) 目標
○ウェゲナーが大陸移動説を唱えた根拠、大陸移動説が消えた原因、大陸を動かす原動力の仕組みにおける論理を読み取ることができる。
○地球科学的な発想・思考に触れることで、自己の物の見方や感じ方を広げたり、深めたりすることができる。
○大陸移動説および大陸を動かす原動力と、自己の生活との接点を見いだすことができる。

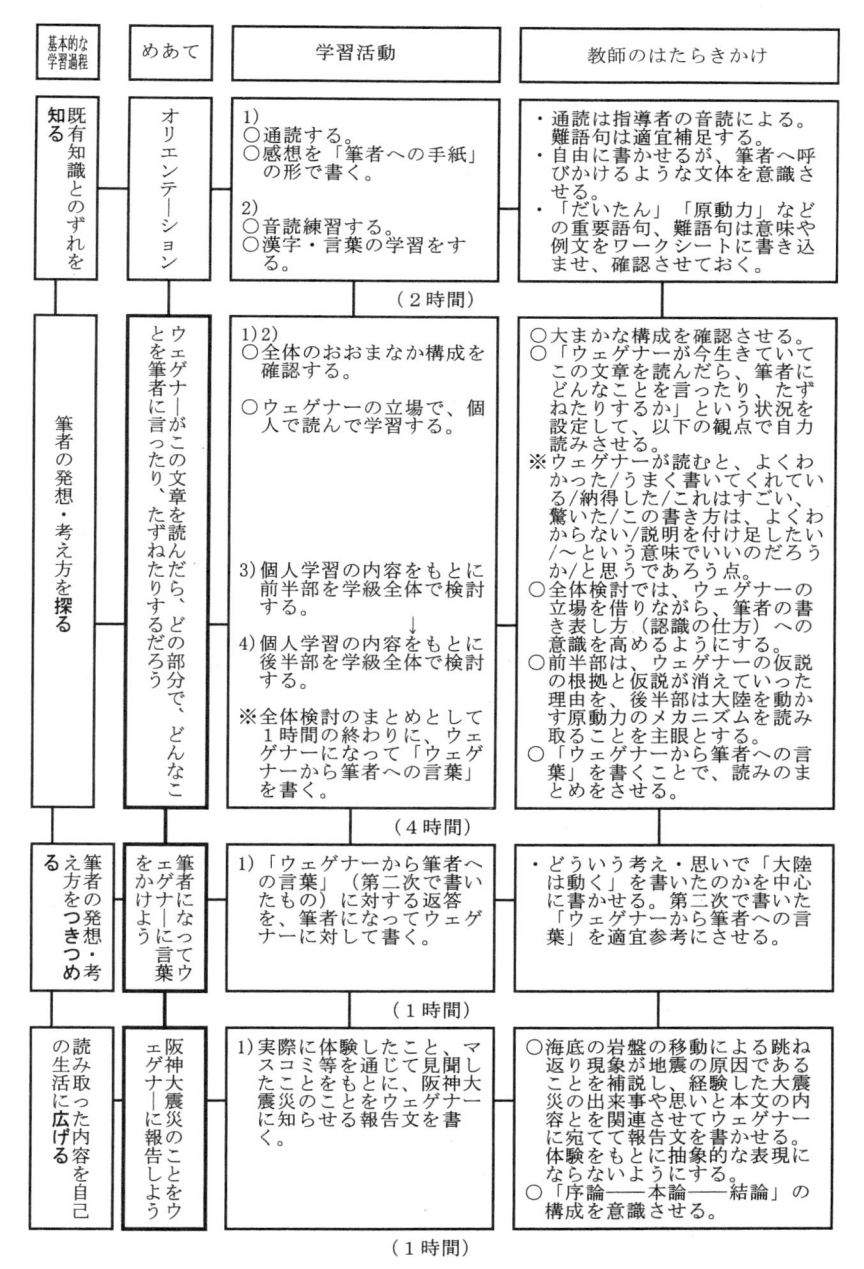

第3章　説明的文章の学習活動を構成するための仮説的枠組み

基本的な学習過程	めあて	学習活動	教師のはたらきかけ
既有知識とのずれを知る	オリエンテーション	1) ○通読する。 ○感想を「筆者への手紙」の形で書く。 2) ○音読練習する。 ○漢字・言葉の学習をする。 （2時間）	・通読は指導者の音読による。難語句は適宜補足する。 ・自由に書かせるが、筆者へ呼びかけるような文体を意識させる。 ・「だいたん」「原動力」などの重要語句、難語句は意味や例文をワークシートに書き込ませ、確認させておく。
筆者の発想・考え方を探る	ウェグナーがこの文章を読んだら、どの部分で、どんなことを筆者に言ったり、たずねたりするだろう	1)2) ○全体のおおまかな構成を確認する。 ○ウェグナーの立場で、個人で読んで学習する。 3)個人学習の内容をもとに前半部を学級全体で検討する。 ↓ 4)個人学習の内容をもとに後半部を学級全体で検討する。 ※全体検討のまとめとして1時間の終わりに、ウェグナーになって「ウェグナーから筆者への言葉」を書く。 （4時間）	○大まかな構成を確認させる。 ○「ウェグナーが今生きていてこの文章を読んだら、筆者にどんなことを言ったり、たずねたりするか」という状況を設定して、以下の観点で自力読みさせる。 ※ウェグナーが読むと、よくわかった/うまく書いてくれている/納得した/これはすごい、驚いた/この書き方は、よくわからない/説明を付け足したい/～という意味でいいのだろうか/と思うであろう点。 ○全体検討では、ウェグナーの立場を借りながら、筆者の書き表し方（認識の仕方）への意識を高めるようにする。 ○前半部は、ウェグナーの仮説の根拠と仮説が消えていった理由を、後半部は大陸を動かす原動力のメカニズムを読み取ることを主眼とする。 ○「ウェグナーから筆者への言葉」を書くことで、読みのまとめをさせる。
筆者の発想・考え方をつきつめる	筆者になってウェグナーに言葉をかけよう	1)「ウェグナーから筆者への言葉」（第二次で書いた）に対する返答を、筆者になってウェグナーに対して書く。 （1時間）	・どういう考え・思いで「大陸は動く」を書いたのかを中心に書かせる。第二次で書いた「ウェグナーから筆者への言葉」を適宜参考にさせる。
読み取った内容を自己の生活に広げる	阪神大震災のことをウェグナーに報告しよう	1)実際に体験したこと、マスコミ等を通して見聞したことをもとに、阪神大震災の思いをのせてウェグナーに知らせる報告文を書く。 （1時間）	○海底の岩盤の移動による跳ね返り現象が地震の原因であることを補説し、経験した大震災の出来事や思いと本文の内容とを関連させてウェグナーに宛てて報告文を書かせる。体験をもとに抽象的な表現にならないようにする。 ○「序論――本論――結論」の構成を意識させる。

図3-25　5年「大陸は動く」の学習指導過程（単元計画）＜全8時間＞

3 結果と考察

　以下では、設定した学習指導過程に即して、自己の読みを深化・拡充させていったＳ子の読み（学習ぶり）を中心に、その他の学習者の中の特徴的な読みもあわせて引き、実践の概要を示しながら考察することにする。

(1) オリエンテーション　（第一次　（既有知識とのずれを）「知る」段階）
　＜読者の立場から筆者の立場にかかわる読み＞
　以下に示したのは、最初の通読段階で書いたＳ子の「筆者への手紙」である。初発の感想にあたるものを読者の立場から筆者に対して述べるという形で表現させた。

>　　私が、この「大陸は動く」を読んで、思ったことは、ウェゲナーは自分でも「大陸移動説」は、あまりにもとっぴすぎる考えだと思ったんじゃないかなあと思いました。私も、地球儀を眺め、海岸線を頭の中でくっつけたことは何度かあります。それでも「まさかあ。」と自分でも笑ってしまうほどでした。でも「大陸は動く」を読んで、ウェゲナーは「大陸移動説」を考えるのに、私と同じことを思ったんではないかなあと思いました。なんせ、すごくとっぴな話なんだから。／考えたことは、なんで、誰も海底山脈のことに気づかなかったのかと思いました。普通、学者とかが一番最初にそういうのを気づいて世間に知らせると思います。ウェゲナーはいくつかの仮説を出しましたが、全部途中に消えてしまいました。／でも、もし海底山脈が気づかれていたら、ウェゲナーの大陸移動説も完璧だったのに。　（Ｓ子）

　地球儀を眺めた経験を想起し、大陸移動説への驚きを表現しながら、ウェゲナーの思いに想像を巡らせている。この学習者の読みの中でウェゲナー像が増幅していることがうかがえる。こうしたウェゲナーへの関心は、ほとんどの学習者の「筆者への手紙」の中に認められた。

(2) 「ウェゲナーがこの文章を読んだら、どの部分で、どんなことを筆者に言ったりたずねたりするだろう」の学習

第3章　説明的文章の学習活動を構成するための仮説的枠組み

（第二次　（筆者の発想・考え方を）「探る」段階）
＜文中人物（ウェゲナー）の立場から筆者の立場にかかわる読み＞
　続く第二次では、文中人物であるウェゲナーの立場に立たせて、筆者である大竹さんの書きぶり、考え方を批判的に検討させる読みを展開させることにした。読みのめあては「ウェゲナーがこの文章を読んだら、どの部分で、どんなことを筆者に言ったりたずねたりするだろう」である。集団での学習に先立っては個人学習を位置づけた。その際、学習の手引きとして「ウェゲナーなら、ここのところは『読んでみて、よくわかった。』と思うだろう。そのわけは……」などの七つの観点を提示した。
　この個人学習の内容をもとに、めあてに基づく学級全体での話し合いの学習を、教材文全体を前半（①〜⑨段落）と後半（⑩〜⑮段落）の二つに分けて各１時間ずつの配当で行った。各全体学習のまとめとしては、１単位時間の終末に「今日の部分を読んだウェゲナーは、筆者の大竹さんに何というだろう」という課題で短作文を書かせた。「文中人物の立場から筆者の立場へとかかわる読み」のまとめである。前半部の学習の作文例は次のようである。

＜①〜⑨段落分＞
　　<u>はめ絵パズルやカタツムリなど、小さい子にわかるよう、いろいろな説明の仕方で、大陸は一つだったと言うことを証明しようとしているところはとってもいい。だけど、この考えは常識を越えた考えとは思っていない。</u>／だから、ちょっとおかしい。それと、カタツムリは当然、海なんか泳げない。だからそれも少しおかしいと思う。<u>どんな仮説を出したのかも書いた方がわかりやすいかもしれない。それと原動力を探し出すのにどんな苦労をしたのかも書いたらわかりやすい</u>と思います。
　　　　　　　　　　　　　　　　　　　　　　　　　　　　（Ｓ子）

　「この考えは常識を越えた考えとは思っていない」など、ウェゲナーになりきって考えていることがうかがえる。具体例を書くことで説得力が増

していることを評価しつつも、読者側にすると仮説の内容や原動力を探し出すときの苦労などの情報が不足していることを、ウェゲナーの立場を借りて指摘している。また、A子は次のように記した。

　＜①～⑨段落分＞
　　　はめ絵パズルやカタツムリを使っているのは、みんなにもわかりやすくていいと思う。確かに私はカタツムリが遠く離れた大陸にまで泳いで行けるはずがないと考えていた。それに、山脈のような大きな物までつながっているのは、やっぱりもとは、一つの大陸である証拠だ。そういうところは、とてもうまく書いてくれている。しかし、原動力がはっきりしなかったので、その仮説は通用せずに消えてしまった。そういうところもうまく出せていて、私はいいと思う。　　（A子）

「そういうところは、とてもうまく書いてくれている」「そういうところもうまく出せていて、私はいいと思う」など、証明して見せようとしたウェゲナーだからこそというニュアンスが出ている。このようなS子やA子の読みのスタンスは「本文の内容をつかむ読み」から「筆者の書きぶりや認識方法を批判的に検討する読み」へという展開を示している。
　後半部（⑩～⑭段落分）の学習も前半部同様に行った。出された意見は以下のようである。

・温度が高いということは異常だということだから、「大変なできごとが起こっているにちがいない」というのは、必要ない。
・５年生なら「はるかに高いことが分かった」というのが普通のことかわからないから、「何か大変なできごとが起こっているにちがいない」と書かないとわからない。
・温度が高いことや、地震のことを前に書いて、それをまとめて「大変なことが起こっている」と書いた方がわかりやすい。
・地震と温度のことをまとめているというのはわかったが、「起こっ

ているにちがいない」と書いているのはおかしい。「起こっているにちがいない」じゃなくて「起こっている」である。
・「ちがいない」にしないといけない。なぜそこの山脈が温度が高いかは書いてないから、「起こっているにちがいない」の方がいい。なぜ温度とか地震とかがよく起こるのかわかってないのに「起こっている」とすると、わかってないのにわかっているように書くのはおかしい。

「何か大変なできごとが起こっているにちがいない」という叙述に対するこだわりによって、これがまとめの一文になっていること、また海底山脈の頂に沿って起こる地震や山脈近くの海底温度がはるかに高いことなどの理由が示されておらず、それは後続段落に書かれてあることなどが確認された。ウェゲナーという立場で筆者にもの申すという立場で読んだが、学習者は5年生の読者として筆者に対峙し、筆者の書きぶりについて批判・評価を行った。

しかし授業では、重要な筆者のレトリック（地震の発生や温度の上昇などの調査結果だけを先に示し、その事実から「何か大変なできごとが起こっているにちがいない」と推測し、その理由は後続の⑫段落で「実は」ということばでつないで明らかにしていくという論の運び）に気づかせることができていない。これは形式段落ごとに細切れに「ウェゲナーが筆者に言いたいところや、たずねたいところ」を検討するというスタイルをとったことが原因であると思われる。後半部全部を対象に、学習者の個人学習の成果をもっと自由に話し合うような学習スタイルをとっていたなら、授業の展開はもう少し変わったと思われる。

この授業の「まとめの作文」（文中人物＜ウェゲナー＞から筆者へ宛てて書いたもの）は次のようである。

＜⑩〜⑭段落分＞
　<u>大陸は動いているということを、見事に証明してくれてありがと</u>

う。でも、液体が一年間に十センチメートルほど動いているような書き方をしているので、そこの部分はちゃんとしていないとだめなんじゃないかなあ。海底山脈の上で地震や高温になっているなどのことを書いているのがわかりやすいですよ。「一度見すてられた」と書いているのが、ちょっとショックです。「忘れ去られた」ではいいですが「見すてられた」というのが、ちょっといやです。もう一度書く機会があったら、どうかまちがえないでください。　　　　　　（S子）

＜⑩～⑭段落分＞
　⑩段落のところで、私はちょっとうれしくなったよ。なぜなら、だって私の考えていた大陸移動説がよみがえったのだもの。／そして⑫段落で原動力がはっきりして、ちゃんと説明もあった。その説明は絵もちゃんと描いてた。よくわかったよ。大竹さん、ありがとう。／原動力だった海底山脈の長さも地球の三分の一と、どれくらいの長さかわかるように書いていて、だいたい予想がつくようになってよかったよ。　　　　　　　　　　　　　　　　　　　　　　　　（R男）

　S子の「大陸は動いているということを、見事に証明してくれてありがとう」、R男の「⑩段落のところで、私はちょっとうれしくなったよ」など、「ウェゲナーがこの文章を読んだら……」という観点では、よく立場を踏まえていると思われるが、上述したような授業の問題点が影響し、部分的な表現効果の指摘にとどまるものとなった。こうした点は、全員に認められた。
(3) 「筆者になって、ウェゲナーに言葉をかけよう」の学習
　　（第三次　（既有知識とのずれを）「知る」段階）
＜筆者の立場から文中人物の立場へとかかわる読み＞
　第三次では、第二次とは立場を逆にして、筆者（大竹さん）の立場に立たせて、文中人物（ウェゲナー）に言葉をかける学習を位置づけた。第二次で、書きぶりについてのウェゲナーからの意見を聞いてきた筆者は、そ

うした意見を受けて何と答えるかという内容である。すなわち、文中人物の立場を借りて批判的に検討してきた筆者の認識内容・方法を、今度は筆者の立場に立たせて再度メタ的に捉えさせようとしたのである。Ｓ子とＴ男は次のようにまとめた。

　　いろいろなアドバイスありがとう。⑫段落のところでは、高温の岩石のことを書き忘れてしまった。そこのところは、絵だけに頼ってしまったよ。／⑨段落では、あなたが出したいくつかの仮説を二、三個出しておくべきだったよ。それに、原動力を探し出すための苦労や努力も書いておくべきだった。／②段落も絵に頼りすぎてしまった。次のページにパンゲアの絵を描いているからよかったみたいなものだ。アフリカと南アメリカがくっついていることは書いていたけど、北アメリカ大陸やヨーロッパなどの①段落で書いた大陸が、どのようにくっついていたのかも書いていない。
　　こうしてみると、説明不足だらけだ。（中略）まだいろいろあるけど、きりがない。いいアドバイスを本当にありがとう。　　　（Ｓ子）

　　ウェゲナーさん、あなたのおかげで、わたしも書き足りないところ、まちがえたところなどを見つけることができました。わたしもウェゲナーさんのように、自分の文を何度も読み直して、だめだなと思ったところは、すぐに書き直したり、どうすればいいのか考えます。いろいろなヒントをくれた時は、驚いたりしました。⑫段落のところでは、高温の岩石のことまで書かないと、内藤さん（挿絵画家―引用者注）に頼ってばかりいたんですね。それに、どういうきっかけだったのかまではわたしもまったく気づきませんでした。それに、⑨段落の「忘れ去られてしまった」と「見捨てられた」の違いまで詳しく言ってくれたので、いいものになると思います。ウェゲナーさんにとっては、「忘れ去られた」の方が、覚えていたが忘れてしまったというようだったから、「見捨てられた」では、よっぽど忘れ去られたの

方がいいんですね。よくわかりました。もっといいものを作ってみます。
(T男)

　文章の内容として書かれている当事者のウェゲナーの立場を借りて読んだことで得られた、教材文における情報の不足、表現として不十分であるところなどが、筆者の表現のあり方として自覚されようとしていることがうかがえる。

(4) 「阪神大震災のことをウェゲナーに報告しよう」の学習
　　（第四次　（読み取った内容を自己の生活に）「広げる」段階）
　　＜読者の立場から文中人物の立場へとかかわる読み＞
　学習指導過程の最終段階として、自己の生活を捉え直したり見つめ直したりさせることにした。読み取った内容を教材文の中だけに閉塞させるのではなく、可能な限り生活へと深化・拡充させていくことを試みようとした。

　本実践では、身近に起こり実践当時はまだ記憶に新しかった阪神大震災のことを取り上げることにした。（学習者たちの居住地区は、神戸から約35キロメートル北に位置する。建物に亀裂が入ったり食器類が割れたりするなどの被害はあったが、けが人などはなかった。ただし、普段からよく行き来している街であり、親戚縁者がいる学習者も少なくない。）

　その際、阪神大震災のことは何も知らないウェゲナーに伝える形をとった。地震の起こる要因であるプレートの跳ね返り現象と関連する大陸移動説を提唱者したウェゲナーに報告する形をとった方が、これまでの学習とのつながりでよいと判断したからである。なおプレートの移動等については補足説明した。以下はＳ子の作文例である。

　　　1995年の1月17日に、阪神大震災がありました。私の家は、神戸より離れた小野市にあったので、震度4そこそこでした。震源地の神戸は、震度七ぐらいでした。私は、お父さんに起こされて起きたときは、揺れが収まっていました。それから45分間ぐらい停電が続きま

第3章　説明的文章の学習活動を構成するための仮説的枠組み

した。揺れが収まるまではだいたい10秒ぐらいで、揺れた時間は、5時46分でした。／この地震は、活断層地震という地震でした。／だから神戸の方では、あちこちで、断層がずれて、階段みたいになっていました。／私の家の被害はそんなになかったけど、震源地の神戸では、家がぺしゃんこにつぶれたり、ビルが倒れたりして、何千、何万の人が生き埋めになったり、死んだりしました。／火災がひどかった神戸市長田区では、火を消すのに二日ぐらいかかって、その間に焼け死んだ人もいたと思います。／私のお母さんと友人の家がぺしゃんこにつぶれて、お父さんとお母さんが、荷物を掘り起こすのを手伝いに行っていました。／活断層地震といわれていましたが、二つのプレートが重なっているところなので、地層の中に入っているプレートが、巻き込まれそうになっているプレートが跳ね返ったということもあったと思います。日本海溝も近くにあるし。／2年前には、こんなことが起こりました。これも大陸が動くということに関係があると思います。／この経験は、一生に一度の経験。いい経験だったと思います。<u>地震や大陸は動くということの見方がすごく変わったからです。</u>

（S子）

　ウェゲナーに報告しようという設定をとったが、まとめとして、S子は地震や大陸は動くということへの見方が変わったことを記しており、二人とも地震の体験を今回の学習とつなげて述べようとしていることがうかがえる。

4　文中人物の立場で読むことによる対話的読みの推進

　学習指導過程における全部の学習活動を終えたところで子どもが書いた感想例を引いて、まとめと今後の課題について触れたい。

　　この「大陸は動く」の学習を終わって、<u>ちょっとむずかしかったことは、自分の役、ウェゲナーの役、大竹さんの役と、まあ一人二役は</u>

むずかしかった。だって、ウェゲナーの見方と、自分の見方はもちろん違うし、大竹さんの見方も、もちろん違う。ウェゲナーがここはちょっとおかしいと思っても、大竹さんは、これはあっていると思うかもしれない。だから、一人二役はむずかしい。／思ったことは「阪神大震災のことをウェゲナーに伝えよう」というので、関東大震災のことも伝えてもよかったんじゃないかなと思った。阪神大震災は、私たち自身が経験しても、活断層地震だから、大陸は動くというのには、ちょっとしか関係ないけど、関東大震災は、大陸は動くということに大いに関係があったと思う。だから、資料などから関東大震災のこともウェゲナーに伝えてもいいと思う。　　　　　　　　（S子）

　また一つの授業が終わり、いろいろとわかった。今回は主に人の心を考えたりする学習だったと思う。今回は、いつもそうだけど、作文みたいに書くのは多かった。ぼくはあまり作文は好きな方ではないけど、いろいろと先生の資料や、みんなの意見などが豊富に使えるから、まあまあうまいこと書けたと思う。ウェゲナーの気持ちになって書くのはむずかしかったけど、前やった「竹とともに生きる」のグレイドアップみたいなものと考えてやった。前は、読者で手紙を書いたけど、今度は、ウェゲナーになって大竹さんに手紙を書いたので、すごくむずかしかった。でも、その分、前の授業よりも、いろいろとわかったことは多いと思う。（後略）　　　　　　　　　（S男）

　これらを見ると、立場を変えて読むこと、とりわけ文中人物であるウェゲナーの立場に立って読むことにむずかしさを感じていることがわかる。しかし一方で、次のR子のように立場を変えて読むことを評価している学習者もあった。

　　この「大陸は動く」の学習は、「大造じいさんとガン」と違って説明文なので、大陸移動説や海底山脈などの知っていて役に立つことと

第3章　説明的文章の学習活動を構成するための仮説的枠組み

かもありました。こういうふうに、この「大陸は動く」の学習では、知っていていいことが学べました。／学べたことの一つ目は、海底山脈での大きさ、長さなど、あと海底山脈の下のマグマのことや、岩石、岩盤のこととかのいろいろな地球の地下などのことです。／この学習で<u>学べたことの二つ目は、筆者の大竹さんや、本に載ったウェゲナーさんの気持ちです。筆者の大竹さんだったらここをどうやるか、ウェゲナーさんならこう思うだろうなと、その人の気持ちになって、考えたりすることです。私は、これは、よく学べたなと思います。</u>
（後略）　　　　　　　　　　　　　　　　　　　　　　　　（R子）

　こうしたことから考えると、文中人物の立場で読ませるといっても、文中人物の設定・タイプによって、実践への導入の仕方、位置づけ方には検討が要りそうである。本実践の文中人物ウェゲナーの場合は、外国人であるということ、さらに過去の人物であるということなどから、子どもたちの生活場面に重ねにくいことが、立場の転換に抵抗を生む要因になったと思われる。同じ文中人物でも、「雪のあるくらし」（東京書籍4年）における「雪国の人たち」のような場合であれば、雪国の生活の経験はなくても、今を生きている人であり、メディア等で間接的にでも見聞している可能性が高い人物であると考えられる。このように、同じ文中人物を有する教材にしても、

　・文中人物の立場で読むと、一般的な説明的文章の読みにさらに付随した効果的な読みが期待できる教材
　・あえて文中人物の立場で読まなくてもすむ教材

などの類別がありそうである。したがって、そうした教材分類に即した学習活動の設定の仕方については、今後の実践事例の蓄積が必要である。
　また文中人物の立場を生かした本実践の成果としては、次のようなものがあげられた。
　　〇文中人物を浮かび上がらせることで、読者が「文中人物⇆筆者」という双方向の立場から互いに語りかけていく（対話的な）読みを学

習指導過程における各段階で展開することになったことから、文章を自らの内へ引き寄せて実感的に読むことに働くと考えられる。
○こうした互いに語りかけていくような対話的な読みが形成されていったということからすると、人間関係をひらくことへの素地に培う要素がある。
○このことは同時に、「聞く―話す」ということの精神を形成することに培うことにもなっていると考えられる。すなわち「この人が、こういうことを言うのは、こう考えているからではないか」と思考する態勢づくりである。さらに、これは表現態勢としても広がっていくものと考えられる。

いずれにしても、学習者に文中人物の立場で読むことの意義を実感させるような授業構想と、読みの課題意識を内面化させる方法の吟味は、実践を展開する際にさらに必要になる。

第4節 「要素構造図」を活用することの成果と課題

　本章では、説明的文章の学習活動を構成するための仮説的枠組みとして「要素構造図」を提示し、図が構想された基盤となった実践的、理論的背景について論じるとともに、「要素構造図」によって発想、実践した事例についても考察を行った。以下では、「要素構造図」を活用することによって浮上してきた「要素構造図」そのもの、ならびに「要素構造図」を活用して実践を行う場合の成果と課題について述べることにする。

第1項　成果

　成果の一つ目としては、説明的文章としての学習活動に仕立てるためにはどのような要素が必要であるか、「要素構造図」は一覧的、構造的に把握することを可能にしたことである。「要素構造図」は、要点まとめなどのいわゆる文章論的読解活動だけにとらわれない、説明的文章教材にふさわしい学習活動が多様に構想され、実践されることを意図して考案した。文章論的読解活動以外に発想されることが乏しかった実践状況を想起すると、説明的文章の学習活動の構成要素を構造的に把握することについては有益な面があると思われる。

　二つ目としては、構成要素に「学習者が夢中になる活動類型」と「具体的言語活動」を置いたことである。従来は「要素構造図」で言うと「説明的文章教材の特性」と「学習内容」から学習活動を導出するのが一般的であった。しかし「要素構造図」では、まず第1章の先行研究や第2章の学習活動の実態分析の結果から得られた説明的文章の学習活動として特徴的なものを「学習者が夢中になる活動類型」として位置づけ、＜学習活動の観点＞（立場・視点を変えて、文体を変えて等）、＜学習活動の立場＞（主体的読者、筆者等）、＜学習活動の具体的方法＞（会話型、手紙・メッセージ型等）の要素を連絡させて、学習活動の開発に生かそうとした。多様な学習

活動を発想する手がかりになると考えられる。
　「具体的言語活動」については、学習活動を開発するに際して各言語活動の関連性を重視することを示した点に特徴、意義があると考えられる。読むことを中心に、そこへ書くことや話すこと、聞くことをどう関連させていくか、画一的な学習活動から脱却するためにはそうした意識が必要である。どのような関連を求めていくかを確認することが、上述した「学習者が夢中になる活動類型」の中のどの要素を活用するかを考えることにもつながるものと考えられる。
　成果の三つ目は、「説明的文章教材の特性」を＜文章論的な特性＞からだけでなく、＜子どもの側から教材を捉えるときの特性＞という観点を設定して把握しようとしたことである。すなわち既知性、具体性・抽象性、イメージ性、ストーリー性という具体的な分析観点を設定したことである。先行研究における説明的文章教材の把握の仕方、実践への生かし方から導出した観点であったが、無味乾燥的に見られることの多かった説明的文章教材を見直す拠り所となるものであると考えられる。
　四つ目としては、「学習内容」に、図示したような情報認識力→情報活用力→生活認識力・生活陶冶力のような道筋を置き、情報認識力の内部事項として、先行研究に学んだ類推・想像力、論理的思考力、論理的認識力、認識内容、スキーマ喚起力・運用力、構成力、認識内容等を配列したことである。説明的文章の授業では何を学ばせるのかについては、曖昧である部分が多く、そのことが要点をまとめさせておけばよいという安易な発想になり、形式的、画一的な学習活動に陥ることになっていた。不完全なものであるしにしろ、先学に学び構造化した学習内容の具体が明らかになることで、学習者にとっても指導者にとっても授業の内容が明確になり、説明的文章を読む学習への好意度が高まることに通じるものと思われる。

第2項　課題

　一方、実践を行う中で、以下のような課題も明らかになった。

第3章　説明的文章の学習活動を構成するための仮説的枠組み

　一つ目は、「学習内容」セクションの内容の実践的精緻化が必要なことである。例えば、情報認識力の内部事項の一つとして論理的思考力を配置した。しかし、その論理的思考力がどのようなものを指すのか具体的ではないため、漠然とした学習活動にしかならない状況もあった。先行研究では論理的思考力に関する諸氏の整理も行ったが、煩雑さを避けるために詳細は図示しなかった。しかし、実践的には機能しにくい部分があったと思われる。同様に、スキーマについても「喚起力・運用力・構成力」という表現を取ったため、抽象的な捉えにならざるを得ない面があった。スキーマの育成を説明的文章の学習内容として位置づけることへの意識化を促進する点では意義があったが、実際の活用に寄与する面では不十分であった。

　二つ目は、「学習者が夢中になる活動類型」セクションの内容精査である。例えば、＜学習活動の立場＞には7種類の立場を設定したが、説明的文章の読みのあり方を強調しようとした場合、①「主体的読者」と②「筆者」の二つの立場での学習活動を組織することが、授業づくりにおいては多くの場合を占めた。同様に＜学習活動の観点＞では④「文字情報⇆音声情報、文字情報⇆映像情報などの変換によって」については、他の三つの観点に比べて実践する機会が少ない。＜学習活動の具体的方法＞については、①「会話型」②「手紙・メッセージ型」③「解説型」④「絵・図表（イラスト）型」を採用する機会が比較的多くなると考えられる。

　「学習者が夢中になる活動類型」セクションにおける各要素については、実践の可能性のあるものとして同等に位置づけたが、実際の読みの学習活動を想定すると、上述したように基本となる要素と発展系の要素とに分けることが考えられる。説明的文章の読みのあり方の見地から、中核となる要素とそうでない要素とを区別することも重要である。

　三つ目の課題は、「具体的言語活動」セクションについてである。「要素構造図」では、＜関連性が複合的な言語活動＞と＜関連性が単線的な言語活動＞との二つのパターンを並記した。しかし＜複合的＞の方は、ど

うしても大がかりな活動にならざるを得ない。＜単線型＞を中心に構造化することが実際的であると考えられる。

　以上、「要素構造図」そのもの、ならびに「要素構造図」を活用して実践を行う場合の成果と課題について述べた。次章以降では、こうした成果と課題を受けて、また新たな実践や先行研究の整理によって「要素構造図」を改善するとともに、その活用のあり方について検討する。

注
1）渋谷孝（1984）『説明的文章の教材本質論』明治図書、p.36
2）寺井正憲（1989）「説明的文章の読解指導における現状―『修辞学的な読み』の指導に関する問題―」『文教大学国語国文』、第18号、p.16
3）森田信義（1989）『筆者の工夫を評価する説明的文章の指導』明治図書、pp.74-75
4）井上敏夫が第63回全国大学国語教育学会（1982年10月）での「説明的教材における潤色性と話題・題材」と題した研究発表の中で、明治・大正期の読本に見られる教材用文体を「説明機能の潤色」と呼び、その潤色のしかたを＜対話文＞化・＜韻文＞化・＜擬人＞化・＜独話講話＞化・＜日記文・生活文＞化・＜手紙文＞化の7種に分類していることを小田迪夫が『説明文教材の授業改革論』明治図書、1986、p.25において紹介している。
5）長崎伸仁（1997）『新しく拓く説明的文章の授業』明治図書、pp.110-138
6）小田迪夫（1986）『説明文教材の授業改革論』明治図書、p.58
7）小田迪夫（1996）「説明文の指導―何のために、何を、どう学ばせるか」小田迪夫・渡辺邦彦、伊崎一夫編著『二十一世紀に生きる説明文学習―情報を読み、活かす力を育む―』東京書籍、pp.10-12
8）河合章男（1996）「情報化と説明文」国語教育実践理論研究会編著『情報化時代「説明文」の学習を変える』学芸図書、p.23
9）植山俊宏（1996）「言語論理の教育―説明的文章学習による論理的認識力育成の実質―」田近洵一編集代表『国語教育の再生と創造―21世紀へ発信する17の提言―』教育出版、p.158
10）同上書、p.160
11）吉川芳則（1999）「小学校国語科のカリキュラム内容の精選に関する一考察」『学校教育研究』学校教育学会、第10巻、pp.61-77　ここでは、小学校における国語科の学習内容を文学、説明的文章、音声言語それぞれの領域で育てたい力、領域をわたって習得させたい力、基底的な力に分け構造化している。そこでは「ものの見方・考え方・感じ方などを形成する基礎的

な認識力」は領域をわたって習得させたい力に、「論理の展開構造に着目して読む力」は説明的文章領域で育てる力として位置づけている。

12) 西郷竹彦（1968）『教師のための文芸学入門』明治図書、pp.70-71
13) 櫻本明美（1995）『説明的表現の授業―考えて書く力を育てる―』明治図書、pp.19-78
14) 西郷竹彦（1985）『説明文の授業　理論と方法』明治図書、p.82　この中で西郷は「類比と対比というのは認識と表現の最も基本的な方法なんです。類比と対比の方法は一年生から大学までずっと一貫してついてまわる、それほど重要な方法なのです。大事だからこそ一年生からこれをやるのです」と述べている。
15) 13) に同じ、pp.26-27
16) 吉川芳則（1997）「１年『じどう車くらべ』の授業研究―『文章と学習者との距離』を縮小する学習活動の展開―」『国語教育探究』国語教育探究の会、８号、pp.35-50
17) 澤本和子（1991）「事例列挙型説明文の学習方法研究―第三学年の場合―」『国語科教育』全国大学国語教育学会、第38集、pp.75-82　この中で、澤本はまず第１テキストである「子どもたちの祭り」の授業を「事例整理の仕方、文章構成上の位置付け方を、相談して方法意識をもたせながら学習し、次の『おにの話』で自立的に読む方法をとる」と位置づけ、以下のように学習活動を展開している。
　　ア　どの事例（祭り）がどの段落に対応しているか確認する。
　　イ　事例ごとに読んで内容を要約し、表を完成する。
　　ウ　事例の説明方法と構成の確認後、話題提示・まとめの段落の要約をする。
　　エ　表を完成し文章構成を確かめながら、説明の手法―事例列挙の方法、説明の観点や、話題提示とまとめの仕方―、情報としての価値など確認する。
　　オ　以前に学習した列挙型教材（「しぜんのかくし絵」「道具を使う動物たち」）の確認。
　　学習活動としてはこの他にも細かく丁寧に設定されているが、抽出したア―オだけを見ても一般的な説明的文章の授業と違って、事例列挙を中心にした展開構造への着目を促していることがうかがえる。第２テキスト「おにの話」の授業も同様な過程で行われている。
18) 13) に同じ、p.23
19) 吉川芳則（1999）「自立した読者を育成する説明的文章の学習指導研究―第６学年『人間がさばくを作った』の場合―」『学校教育学研究』兵庫教育大

学学校教育研究センター、第 11 巻、pp.111-120 所収の実践。
20) 長崎伸仁（1992）『説明的文章の読みの系統―いつ・何を・どう指導すればいいのか―』素人社、pp.16-18　この中で長崎は説明型、実証型、論証型、論説型を定義した上で、それらの型に昭和 61 年度版の光村図書、教育出版、東京書籍の 3 社の説明的文章教材 94 編をあてはめ、説明型の文章には低学年の教材が集中していること、紹介・観察型や実証型の文章には中学年の教材、論証型や論説型の文章には高学年の教材が集まっていることを報告している。平成 13 年度版の説明的文章教材については逐一の分析は行っていないが、こうした傾向に大きな変化はないと思われる。
21) 多鹿秀継（1994）『認知と思考―思考心理学の最前線』サイエンス社、p.8
22) 岩永正史（1996）「認知科学の二つの流れと国語科教育研究」田近洵一代表編集『国語教育の再生と創造―21 世紀へ発信する 17 の提言―』教育出版、p.37
23) 同上書、p.36
24) 井上敏夫（1982）「説明的教材における潤色性と話題・題材」第 63 回全国大学国語教育学会における口頭発表資料
25) 6) に同じ、p.56
26) 渋谷孝（1984）『説明的文章の教材本質論』明治図書、p.36 ページ
27) 渋谷孝（1980）『説明的文章の教材研究論』明治図書、p.24、1986 年 4 版
28) 青木幹勇（1986）『第三の書く　読むために書く　書くために読む』国土社、pp.167-177
29) 井上尚美（1996）「発信型の言語教育を目指せ」『教育科学国語教育』明治図書、No.528、p.14
30) 5) に同じ、pp.198-217
31) 吉川芳則（1993）「叙述をイラスト化することを中核に据えた説明的文章の授業づくり」『凱風』凱風会、第 5 集、pp.78-91
32) 矢口龍彦（1992）「どちらが生たまごでしょう＜教出三年下＞」『国語教材研究事典』明治図書、pp.516-517　この中で矢口は「科学的内容を平易な言葉で書き表そうとしているために、理解しにくい表現もある」として、「自分の重さで止まろうとします」「内がわからブレーキをかけることになるのです」等の表現は「補説がなければ、読み取れない内容である」と述べている。
33) 吉川芳則・柳生利昭・竹下樹（1994）「論理的思考力としての『推理する力』に培う説明的文章の授業研究―『キョウリュウをさぐる』（光村 4 年上）の場合―」『研究紀要』兵庫教育大学附属小学校、第 13 集、pp.5-12
34) 櫻本明美（1993）「説明的表現の指導に関する研究（Ⅰ）―論理的思考力に

第3章　説明的文章の学習活動を構成するための仮説的枠組み

着目して―」『大阪市教育センター研究紀要』大阪市教育センター、第58号（Ⅰ）、pp.5-42
35）吉川芳則（1994）「『たんぽぽのちえ』授業の構想と単元計画」『「たんぽぽのちえ」「生きている土」教材研究と全授業記録』明治図書、実践国語研究、No.141、pp.31-11
36）吉川芳則（1995）「子どもと創る説明的文章の授業―「たんぽぽのちえ」（光村2年上）の場合―」『国語教育探究』国語教育探究の会、第4号、pp.25-41
37）森田信義（1988）『説明的文章の研究と実践―達成水準の検討―』明治図書、p.13
38）6）に同じ、p.3
39）鳴島甫（1991）「日常性の場から問い直す」『月刊国語教育研究』日本国語教育学会、No.232、pp.4-8
40）山本八重子（1985）「たんぽぽのちえ（光村）」『説明文重要教材の授業展開　小学1・2年』明治図書、p.96
41）上寺久雄（1992）「教師の教育実践」『文部省研究開発学校指定　第3年次（最終）研究報告書　幼稚園及び小学校の連携を深める教育課程の開発―言語並びに数量に関する能力の形成を企図した新教科設立の試み―』兵庫教育大学学校教育学部附属小学校、pp.5-12
42）吉川芳則（1997）「1年『じどう車くらべ』の授業研究」『国語教育探究』国語教育探究の会、第8号、pp.35-50
43）27）に同じ、pp.109-112　この中で渋谷は「説明的文章に没頭して夢中になるということはない。陶酔するということはない。読み手は、つねに第三者の立場に立たせられる」と述べている。
44）吉川芳則（2002）「表現の潤色性に着目しながら題名の意味を具体的に追求していく説明的文章の授業づくり」『国語教育探究』国語教育探究の会、第15号、pp.55-62
45）吉川芳則（2001）「述べ方の順序性に着目し、段落相互の関係を読む説明的文章の授業」『凱風』凱風会、第13集、pp.15-24
46）吉川芳則（1998）「読者・筆者・文中人物に着目した説明的文章の学習指導」『国語教育探究』国語教育探究の会、第10号、pp.77-94

第4章 「要素構造図」の改善と新たな実践の方向性

　前章で提示した「要素構造図」は、図を活用した実践例にも示したとおり、画一的な学習活動に陥りがちであった説明的文章の授業に変化をもたらす可能性を有したものであった。一方で実際の授業づくりにおいて図を活用する中で、図の改善の余地についても見いだすことになった。前章の最後には、そうした成果と課題に関して、以下のように整理した。まず、成果としては以下の3点をあげた。
○説明的文章としての学習活動に仕立てるためにはどのような要素が必要かということについて、「要素構造図」は一覧的、構造的に把握することを可能にしたこと。
○構成要素に「学習者が夢中になる活動類型」と「具体的言語活動」を置いたこと。
○「説明的文章教材の特性」を＜文章論的な特性＞からだけでなく、＜子どもの側から教材をとらえるときの特性＞という観点を設定して把握しようとしたこと。
また課題としては次の3点をあげた。
○「学習内容」セクションの内容が曖昧なこと。
○「学習者が夢中になる活動類型」セクションの内容精査が必要であること。
○「具体的言語活動」セクションでは、＜単線型＞を中心に構造化することが実際的であること。
　実践的には一定の成果を上げたと思われる「要素構造図」であるが、課題の3点にもあるように、図を活用した実践を経る中で、当然のことながら改善すべき点を見いだすことになった。また「要素構造図」作成後にも

先行研究の新たな整理や実践研究における新たな動向等に着目することによって、図に反映させることが好ましい要素等も見いだされた。

そこで、より実践に機能することをめざして「要素構造図」の改訂版を構想することにした。本章では、冒頭でその「要素構造図」（改訂版）を提示し、その後に改善内容の論拠となった先行研究についての検討を行うことにする。（なお、改訂前の「要素構造図」を（初版）、改訂後の「要素構造図」を（改訂版）と称して論述する。）

第1節 「要素構造図」の改善

図4-1に「要素構造図」の（改訂版）を示した。全体的な構造については、第3章で提示した（初版）と大きな変更はない。ただ「学習者が夢中になる活動類型」セクションは「説明的文章の学習活動を多様にする視点」と名称変更した。後の「説明的文章教材の特性」「学習内容」「具体的言語活動」の各セクションの名称の変更はない。

各セクションの内部事項については加除・修正がある。中でも「学習内容」はやや大きな修正を施した。また「具体的言語活動」は、二つのタイプを選択する形にしていたものを一つにした。以下では、加除・修正を施した内容について、セクションごとに検討する。

第1項 「説明的文章教材の特性」セクション

本セクションでの変更・改善点を次に示した。

初　版	改　訂　版
ブロックの名称： ＜子どもの側から教材をとらえるときの特性＞	＜学習活動を発想するための特性＞
＜既知性＞ 　①情報内容、文章展開構造 　②子どもの現実生活との距離	＜既知性＞ 　①情報内容 　②文章展開構造
＜具体性・抽象性＞ 　②絵図化できる余地	＜具体性・抽象性＞ 　②絵図・表にできる余地
【ストーリー性】 「③述べ方の時間性・空間性」	削除
	＜学習活動を発想するための特性＞の要素に以下の項目を挿入
	＜必然性＞ 　①取り上げる（事柄の）内容 　②述べ方の順序
＜論述のタイプ＞ ・随想型	削除

　これらの具体的な変更の内容及び意図は、以下のとおりである。

1　学習活動を発想するための特性

　本セクションでは、「要素構造図」（初版）において＜子どもの側から教材をとらえるときの特性＞としていた部分を「要素構造図」（改訂版）では＜学習活動を発想するための特性＞と名称変更した。従来の説明的文章領域の授業づくりにおいては、いわゆるテクストの文章論的な特性だけ

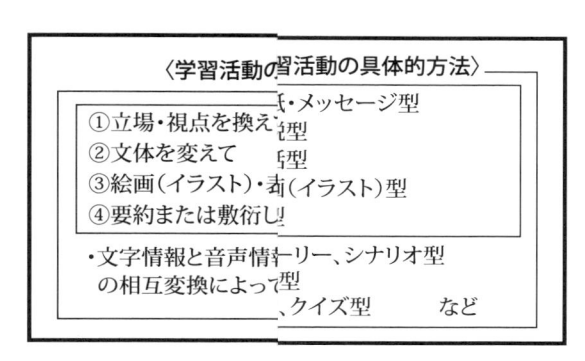

〈学習活動の具体的方法〉
- ①立場・視点を換え(て)
- ②文体を変えて
- ③絵画(イラスト)・(イラスト)型
- ④要約または敷衍し
- ・文字情報と音声情報、シナリオ型
  の相互変換によって型
- ・クイズ型　　など

・メッセージ型

説明的文章教材 学習内容

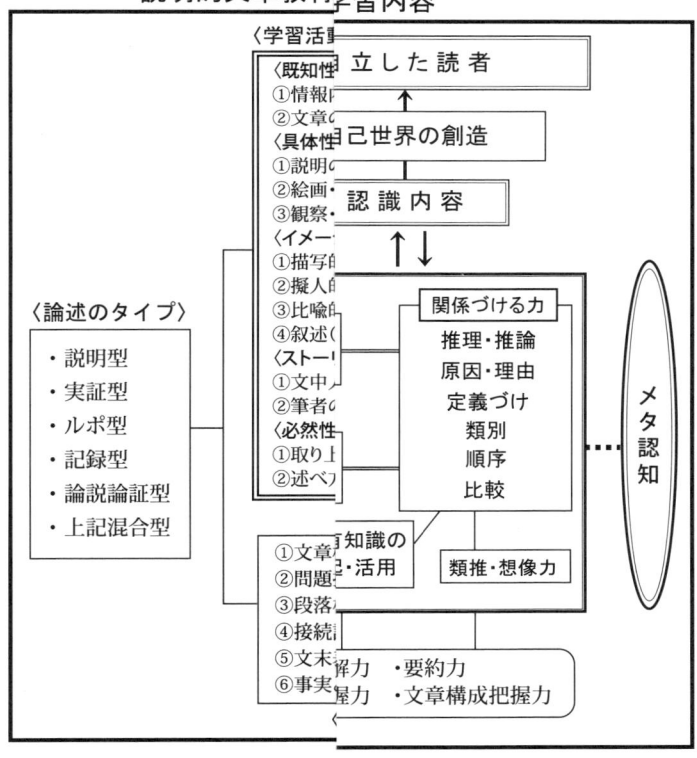

〈学習活動〉
〈既知性〉
①情報
②文章
〈具体性〉
①説明
②絵画
③観察
〈イメー
①描写的
②擬人的
③比喩的
④叙述(
〈ストー
①文中
②筆者(
〈必然性〉
①取り上
②述べ

自立した読者

自己世界の創造

認識内容

関係づける力
- 推理・推論
- 原因・理由
- 定義づけ
- 類別
- 順序
- 比較

類推・想像力

メタ認知

〈論述のタイプ〉
- ・説明型
- ・実証型
- ・ルポ型
- ・記録型
- ・論説論証型
- ・上記混合型

知識の・活用
①文章
②問題
③段落
④接続
⑤文末　・要約力
⑥事実　・文章構成把握力

図

第4章 「要素構造図」の改善と新たな実践の方向性

に着目することが多かったため、画一的、要素的な、すなわち学習者から嫌われる学習活動の発想に終始してきた実態がある（第2章の実態分析等を参照）。しかし、第1章の先行研究、先行実践の検討にも明らかなように、潤色性に代表される説明的文章独自の特性に着目することで学習者が主体的に取り組む学習活動を設定することの可能性が認められた。これは、すなわち読者である子どもたちの側からテクストを捉えることになると考え、（初版）では＜子どもの側から教材を捉えるときの特性＞としたものである。

（改訂版）でもそうした考え方に変化はないが、＜子どもの側から教材を捉える＞という表現が曖昧な感があったことと、指導者の授業づくりの立場をより明確にする意味で、（改訂版）では＜学習活動を発想するための特性＞とすることにした。

2　必然性

＜学習活動を発想するための特性＞の要素として（改訂版）で新たに付加したのは＜必然性＞である。その具体的内容として「①取り上げる（事例の）内容」「②述べ方の順序」の二つを置いた。

まず「①取り上げる（事例の）内容」であるが、筆者があることを説明する場合、本論部分を中心に、具体的な事柄を配置して読者を納得させようとする。その事柄は説明するのにもっともふさわしいものとして筆者が位置づけたものである。しかし、読者である子どもたちは、そうした説明内容や事例が配置されていることの意味について意識を向けることはほとんどない。なぜその内容（事例）をここで取り上げたのか、別のものではだめだったのか、そのように考えることは批判的に読むということである。

また、本論部分は通常複数の内容（事例）によって展開される。取り上げたその内容（事例）だけでよかったか、他には必要なかったかと問うことで、その内容（事例）を取り上げた筆者の意図や説明内容を深く、多角的にとらえることができる。

こうした読みの姿勢は、「②述べ方の順序」と連動することになる。なぜこの内容を、この順序で述べる必要があるのか。どのような考え方でこれらの内容（事例）が配列されているのかを問うことで、筆者の考え方や願いといったものを明確に把握することができるようになる。このように＜必然性＞の観点からテクストを研究することによって、構想する学習活動の範囲は広がるものと考えられる。
　また、この＜必然性＞の要素を独立して新たに設定したことに伴って、（初版）の＜ストーリー性＞の要素であった「③述べ方の時間性・空間性」は重複する内容であるので、（改訂版）では削除した。

3　その他の変更点

　上記2点が本セクションでは大きな変更点であるが、その他の変更内容としては、まず（初版）において＜既知性＞の構成要素が「①情報内容、文章展開構造」「②子どもの現実生活との距離」の二つであったのを、（改訂版）では「①情報内容」「②文章展開構造」の二つにした。すなわち、「②子どもの現実生活との距離」を削除し、「①情報内容、文章展開構造」の中の2要素を独立させる形にした。これは「子どもの現実生活との距離」が内容的に抽象的で捉えにくいこと、スキーマ理論等から、学習者（読者）の既知性という場合には、内容と構造の2面からとらえるのが一般的であること、さらに内容と文章の展開構造から既知性をとらえるということは、すなわち「子どもの現実生活との距離」の観点を包含していると考えられること等から勘案し、（改訂版）のように変更した。
　次に、（初版）の＜具体性・抽象性＞に「②絵図化できる余地」とあった要素を（改訂版）では「②絵図・表にできる余地」とした。これは先行実践や論者の実践においては、テクスト表現を絵図（イラスト）に変換させる場合とともに、表に変換する場合がしばしばあったことによる。「絵図化」と括って曖昧な表現にするよりも、分けて明示することで学習活動が多様に、また意図を明確にして構想されると考えた。
　＜論述のタイプ＞ブロックにあった「随想型」については、「説明型」

や「上記混合型」に含まれるものとして整理した。

第2項 「学習内容」セクション

本セクションでの変更・改善点を次に示した。

初　版	改　訂　版
■中核となる内容 「認識内容」「論理的思考力」「論理的表現力」「類推・想像力」「スキーマ喚起力・運用力・構成力」の相互作用からなるものとして設定。	「論理的思考力」「論理的表現力」を相互作用関係に置き、これらの具体的内容として「関係づける力」（比較、順序、類別、定義づけ等）を明示。「類推・想像力」を「関係づける力」と連携する形で示した。
	上記の中核となる内容と連動するものとして「批判的思考・読み」「メタ認知」を両輪のように提示。
「スキーマ喚起力・運用力・構成力」	「既有知識の想起・活用」ということばに変更し、「関係づける力」「類推・想像力」とともに機能する形を示した。
■めざすべき点 「生活認識力・生活陶冶力」	「自己世界の創造」→「自立した読者」という流れを提示。
■情報活用力 「情報認識力」→「情報活用力」	「情報活用力」に一元化し、学習プロセスの中で習得される形を示した。
■基底的な力 「意味理解力」「要約力」「要旨把握力」「文章構成力」「批判・評価力」	「批判・評価力」を削除。

これらの具体的な変更の内容及び意図は、以下のとおりである。

1　中核となる内容

本セクションの中核となる内容については、（初版）では「認識内容」

「論理的思考力」「論理的表現力」「類推・想像力」「スキーマ喚起力・運用力・構成力」の相互作用からなるものとして設定していた。それを（改訂版）では、「論理的思考力」「論理的表現力」を相互作用関係に置き、これらの具体的内容として「関係づける力」（比較、順序、類別、定義づけ等）を明示した。「類推・想像力」を「関係づける力」との関連でとらえる構造とした。

（初版）では「認識内容」を中央に置き、各要素はそれを取り巻く形で均等配置のようになっていた。相互に作用し合う関係性にあるということで相互矢印でつなげていたが、具体的に何をどのように扱えばよいのかについては曖昧であった。そこで、「論理的思考力」と「論理的表現力」の内実として西郷竹彦（1983）[1]や櫻本明美（1995）[2]を参考にした「関係づける力」（比較、順序、類別、定義づけ等）を示し、学習活動で付けるべき力を明確にしようとした。「論理的思考力」と「論理的表現力」を直接相互矢印で結ぶことによって、両者は表裏一体、相互補完的な力であり、そのことを意図して指導する必要があることを示した。「類推・想像力」は、「関係づける力」と合わせて機能させることが多いと考え線で結んだ。

また、この中核となる力と連動する形で新たに「批判的思考・読み」と「メタ認知」を置いた。「批判的思考」については、すでに小松善之助（1981）や森田信義（1984）（1989）等で成果を上げていることは、第1章でも指摘した[3][4][5]。情報社会における読みのあり方を考えても、批判的思考、批判的な読みがますます重要となるのは明らかである。「メタ認知」は読み方を学ぶことになるため、目ざすべき点として（改訂版）で新たに位置づけた「自立した読者」を育成する点で重要である。自己の読みの方略を自覚的に捉えている読者は、読みの内容、技能ともに質の高いものにしていくことができる。「批判的思考・読み」「メタ認知」「自立した読者」については、本章第2節において先行研究の整理を行う。

さらに（初版）において「スキーマ喚起力・運用力・構成力」として位置づけていたものを（改訂版）では「既有知識の想起・活用」として「関係づける力」「類推・想像力」とつないで配置した。表現されている事柄

どうし、または考え方どうしを関係づけて捉える際に、内容面、文章展開構造面での既有の知識を活用することは、読むことへのアプローチを容易にすると考えられる。いわゆるトップダウンな読みの保障であり、(初版)に示していた「スキーマ喚起力・運用力・構成力」という表現になるわけだが、わかりやすい表現として「既有知識の想起・活用」とした。

2　目ざすべき点

　説明的文章の授業で目ざすべき点としては、(初版)で「生活認識力・生活陶冶力」を置いていたのを「自己世界の創造」→「自立した読者」という流れで示すことにした。説明的文章テクストを読むことで得られた認識内容、価値認識によって、自己の生活のありようを見つめ直したり捉え直したりすることを目ざしたのが、「生活認識力・生活陶冶力」を置いた発想であった。そうしたねらいについては(改訂版)でも変わらないが、それを寺井正憲(1998)の言う「自己世界の創造」という概念を援用して捉えることにした[6]。寺井は、自己世界を創造する学習過程は、主体的な言語行動としての読むことと書くことや話すこと、聞くことが相互に効果的に関連し、連続する過程をとおして、学習者はある意味の世界を新たに創り上げていくと主張した。論理的に思考し、得られた認識内容についての自己の考えや思いを論理的に表現することによって自己世界を構築する行為は、すなわち自立した読者の読みのありようであると言える。テクスト情報に埋没する読者ではなく、主体的にテクストに関わり、自己にとっての新たな意味や意義、価値を構築し創造していく読者の育成を目ざさねばならない。

3　情報活用力

　(初版)では、テクストを読むことを情報を認識することとして捉え、「情報認識力」が「情報活用力」へと発展していく筋道を図示した。(改訂版)では、「情報活用力」に一元化し、学習プロセスの中で習得されるものとした。「情報活用力」の育成へと収斂していくのではなく、情報活用

という観点から考えると「情報活用力」を目ざす学びのプロセスを意図することにもなるというスタンスとした。

4　基底的な力

　これは、(初版)では本セクションの最下部に位置づけた「意味理解力」「要約力」「要旨把握力」「文章構成力」「批判・評価力」に該当する。これらの力は、説明的文章の読みの力を文章論的な側面から表現したものであり、従来から一般的に使用されてきた表現でもある。言い方を換えると、従来はこうした技能的な読みの力のみを追求してきた嫌いがあった。これらの力も必要だが、これだけを意図してきたために説明的文章の授業は画一的で楽しさを感じられない学習活動で構成されることが多かったと考えられる。よって、これらの力も視野に入れた上で、セクション内に示したその他の学習内容を意図することで多様な学習活動を構想することが可能になると考えたい。その際、「批判・評価力」は「批判的思考」に資する力を育てる中で保障されるものであるので、(改訂版)では割愛した。

第3項　「説明的文章の学習活動を多様にする視点」セクション

　本セクションでの変更・改善点は、次ページに示したとおりである。以下では、これらの変更・改善点について説明を加えることにする。

1　セクション全体を括る文言

　「要素構造図」(初版)では、本セクションの上部にセクション全体を括る形で「『演じる』『調べる』…など」の類型を示す枠囲みの文言を配置していたが、「要素構造図」(改訂版)では削除した。活動類型をイメージ的にとらえる効果はあるが、逆にそれだけに大まかな捉え方しかできない面があったこと、セクション内の実際の要素に的確に適合していない面があったこと等から、実質的な機能を果たしていなかったと判断し削除した。

2 重点要素の設定

　本セクションにおける三つのブロック（学習活動の観点、学習活動の立場、学習活動の具体的方法）ともに、（初版）では、先行研究、論者自身の実践の成果等から、考えられる要素を可能な範囲で網羅する方針をとった。閉塞感の強かった説明的文章の学習活動を多様に構想、展開するための余地を残しておきたいと考えたからであった。しかし、自身で実践する中で、「学習内容」に示された内容を保障しようとすると、単元、教材ごとにあまり大きな変化を付けずとも、一定のバリエーションの中で小さな変化を付けながら、学習方法としては継続的に取り組むことで、読み方等

初　版	改　訂　版
■セクション全体を括る「『演じる』『調べる』『伝える』…など」の類型を示す枠囲みの文言	削除
	３ブロック内それぞれで、よく使われると思われる要素を上位に配し、それらを罫線で囲った。
＜学習活動の観点＞ ④文字情報⇆音声情報、文字情報⇆映像情報などの変換によって	・文字情報と音声情報（映像情報）との相互変換によって
⑤絵・図表を付加して	③絵図（イラスト）・表を付加して
＜学習活動の立場＞ ④文中人物以外だが存在が容易に連想され納得される人物 ⑤説明対象（物）に関わって生活する第三者的立場の人物 ⑥想定された人物	・説明内容にもとづいて設定された人物
※②⑦以外は筆者と同じ立場、違う立場の二通りが想定できる。	削除
＜学習活動の具体的方法＞ ④絵・図表（イラスト）型	番号を変更 「④絵図（イラスト）型」と「⑤表型」とに分けて設定。

235

において力が付いていくことをしばしば実感した。したがって、すべての要素を均質的な扱いで示さず、中核となる要素、繰り返し取り入れることが望ましいと考えられる要素を明示することの方が実践的であり、学習指導上機能すると考えた。そこで、それら中核的に扱うことが望ましい要素に上位の番号を付して罫線で枠囲みし、差別化を図ることにした。

3　学習活動の観点

　まず、「④文字情報⇆音声情報、文字情報⇆映像情報などの変換によって」としていた要素を「文字情報と音声情報（映像情報）との相互変換によって」に変えた。意味する内容は同じだが、映像情報への変換は時間数のこともあり実際にはなかなか実践されにくいため、括弧書きとした。またこうした変換による授業は、相当の準備と力量を要するため、番号なしの最下層に位置づけた。

　次に「⑤絵・図表を付加して」については、「③絵図（イラスト）・表を付加して」というふうにし、絵図と表とを明確に分けた。これは教材の特性、発達段階によって、絵図と表とでは導入の仕方が変わることによる。

4　学習活動の立場

　ここでは「①主体的読者（批判・評価精神を有する読者）」と「②筆者」の二つの立場で読むことを中心とした。その他の立場も具体的には想定できるわけだが、この二つは説明的文章テクストの読みの原則的な立場であるため特別な位置とした。「④文中人物以外だが存在が容易に連想され納得される人物」「⑤説明対象（物）に関わって生活する第三者的立場の人物」「⑥想定された人物」は統合、整理して「説明内容にもとづいて設定された人物」一つにした。テクストの内容によっては、④⑤⑥それぞれの立場での人物を設定し読むことはできるが、細分化し過ぎると学習活動が複雑になるため単純化し、テクストの内容に即して人物設定して読むことが効果的だと判断された場合に活用する位置づけとした。「※②⑦以外は筆者と同じ立場、違う立場の２通りが想定できる」という注意書きも、整

理、統合に合わせて削除した。

5　学習活動の具体的方法

　まずよく使うであろう五つの方法を選択して番号を付し、(改訂版)では実際の学習活動として論者がよく使用したものから順に並べたが、順序性にはあまり意味はないと思われる。これら五つを中心に学習活動を発想するのが実際的であるという程度の捉え方でよい。

　次に、(初版)の「④絵・図表(イラスト)型」を(改訂版)では「④絵図(イラスト)型」と「⑤表型」とに分けて設定した。この分け方の基準については、＜学習活動の観点＞のところで説明したことと同じ趣旨である。授業の実際においては、絵図と表は機能が違うため分けて考えることにした。

第4項　「具体的言語活動」セクション

　本セクションでの変更・改善点は、次ページに示したとおりである。以下では、これらの変更・改善点について説明を加えることにする。

1　関連性・総合性のあり方

　＜関連性・総合性が複合的な言語活動＞と＜関連性・総合性が単線的な言語活動＞の二つのタイプから選択する形であったのを、＜単線的な言語活動＞に近いタイプ1種類に集約した。これには、2タイプからの選択制にしてはいても、実際の授業づくりにおいては＜複合的な言語活動＞型を選択しにくいという問題が関係している。理由としては、大単元になりやすいため時間がかかること、ねらいの曖昧な活動主義的な授業に陥りがちであること、このタイプの授業を発想する教科書教材がそれほど多くはないこと等がある。

　(改訂版)に示した関連のあり方は、＜単線的な言語活動＞を志向する形のものではあるが、読むことを中心にして、ねらいを定めた的確な関連的言語活動を構想することが可能である。

初　版	改　訂　版
＜関連性・総合性が複合的な言語活動＞と＜関連性・総合性が単線的な言語活動＞の二つのタイプから選択する。	＜単線的な言語活動＞に近いタイプ1種類に集約。
「読む」を中心に、後の「話す」「聞く」「書く」は同等な関連性の位置づけ。	「読む」とともに「書く」を重視。両者の関連を中核に、「書く」と「話す」「聞く」との関連も意識する。

2　「読む」と「書く」の関連性の重視

　「要素構造図」（改訂版）では、「読む」とともに「書く」を重視し、両者の関連を中核にした学習活動の開発を推進することを意図した。読みの学習における書くことのバリエーションを求めることで、構想される説明的文章の学習活動は価値のある多彩なものが出現することになる。また、「書く」と「話す」「聞く」との関連も意識し、自己の考え（読み）の構築、確認の作業を充実させる学習活動の開発を目ざすことにした。

第2節 「要素構造図」の改善に寄与する先行研究の検討

　前節では、「要素構造図」の改善点とその内容、意図について述べた。四つのセクションそれぞれに改善がなされたわけだが、中でも「学習内容」セクションにおける変更が最も大きかった。そこで、本節では「学習内容」セクションにおいて新たに付加された中の中心的な要素である「メタ認知」「批判的思考・読み」「自立した読者」の三つについて先行研究を検討し、これらの要素を説明的文章の学習内容として位置づけることの意義を確認することにする。

第1項　メタ認知

1　認知科学におけるメタ認知研究

　メタ認知とは、「自分の認知過程に関する認知」[7]（楠見孝 2002）、「認知に対する認知であり、現在進行中の認知活動、例えば、知覚する、記憶する、理解する、問題を解くなどを客体化し、それらの活動を評価し、制御すること」[8]（丸野俊一 1993）である。三宮真智子（1996）は、メタ認知は「認知についての知識」といった知識的側面と、「認知のプロセスや状態のモニタリングおよびコントロール」といった活動的側面とに大きく分かれるとしており、「自分あるいは他者に固有の認知傾向、課題の性質が認知に及ぼす影響、あるいは方略の有効性についての知識」を「メタ認知的知識」と呼び、「認知プロセスや状態のモニタリング（監視 monitoring）、コントロール（制御 control）あるいは調整（regulation）を実際に行うこと」を「メタ認知的活動」あるいは「メタ認知的経験」と呼び分けて示した[9]。

　モニタリングとコントロールの関係について、丸野俊一（2008）は、メタ認知的モニタリングとは（メタレベルで）意図したものと（対象レベルに示される）実際の結果とのズレをチェックすることであり、その機能とし

て対象レベルでの認知についての「気づき」「感覚」「予測」「評価」などをあげた。またメタ認知的コントロールとは、対象レベルで取るべき行動をメタレベルが制御することであり、その機能として対象レベルでの認知の「目標設定」「計画」「修正」などをあげた。丸野は、こうした両者の関係を「私たちは自分の知的営みを絶えずオンラインでモニタリングしながら、その時点時点での状態に応じて状況依存的に思考の仕方を柔軟に変化させている」と述べ、「対象レベル（表舞台）での〝活動主としての私〟とメタレベル（裏方）での〝監視主としての私〟とが絶えず自己内対話を繰り返しながら知的営みを行っている」と比喩的に説明した。さらに、この内的思考過程の中で異なる機能を巧く操り司っているのがメタ認知であり、それは人間が内なる目 (inner eye) を持っているからこそできるものであることを指摘した[10]。

2 文章理解におけるメタ認知研究

ブルーアー（1997）によると、メタ認知研究の第一人者であるジョン・フラベル（John Flavell）は、メタ認知を4段階の水準に分けたうちの第四の最高水準の心的活動として説明した。ブルーアーは「熟達した読み手」という表現を用いて、学習指導において意図的にメタ認知技能を育成することの必要性を説明している。すなわち、熟達した読み手は読解の過程をモニタリングしているのであり、読みにもメタ認知的技能を適用する。つまり「自分の理解方略はうまく働いているか」「自分はどのようにやっているか」「自分の主題は意味をなしているか」等の自己批判的質問をすることができる。そして、自力でこのメタ認知技能を発達させる子どももいるが、そうでない子もいる。ブルーアーは、従来の読みの指導では、こうした技能が子どもたちに教えられることはほとんどなかったと指摘した[11]。

秋田喜代美（2008）も読解方略の観点からメタ認知の意義について考察した[12]。それによると、読解におけるメタ認知とは自己の読解過程を省察し、学習者としての自己、課題、方略にかかわる知識と、計画、チェック、評価、困難を改善修正していく行為を指す。文章を目的に応じて読み

こなしていくには、当該領域の文章についてどのように読んだらよいかがわかっており、実際にそれに即して読めることが必要である。したがってメタ認知が文章理解において重要な働きをすることになる。特定の文章の理解だけでなく、読解力として広く転移できる力、さらに文章を批判的に読み、学ぶ力を育てるためにもメタ認知が重要になることを指摘した。

また秋田は、読解能力が発達・熟達していくためには自動化の増大の流れと方略使用の増大の流れの両方が育ち、合わさり束ねられることが必要であることも述べた。秋田は次のように述べている[13]。

　　メタ認知は、下位の処理が自動的にできるようになることを前提としている。また、論理的抽象的に考えられることが求められる。そのために発達的にみるならば、小学校中高学年以後中等教育段階において、メタ認知的能力は伸びると考えられている。

具体的には、初等、中等での読解のメタ認知方略の使用の姿を発達水準別に整理すると、初等段階では、「計画」に関する方略として「先行知識の活性化」「テキストの情報を概観する」を、「モニタリング」に関する方略として「語意味の決定」「疑問・質問」を、「評価」に関する方略として「著者のように考える」「テキストを評価する」があげられることを先行研究の成果によって示した。これらの方略は、小学校中学年段階以降の説明的文章の読解指導においても意図的、積極的に学習活動として設定可能である。既に説明的文章の学習指導へも導入されているスキーマの活用や筆者の工夫を問う読みに通じるものがあり、実践への指針となる。

3　国語科教育におけるメタ認知研究

国語科教育の分野では、松崎正治（1991）がメタ認知の一種であるメタ言語能力を育てる教材の開発について提案した[14]。松崎は、言語のモニタリング（監視）とその結果としての言語の認知過程の調整や調和的遂行を実行する機能をメタ言語能力とし、学習者とメタ言語能力との関わりに

ついて考察するとともに、メタ言語能力を育てる教材開発の試案を報告した。具体的には《メタ言語能力》の運用が明確に現れやすい文法領域の指導を意図し、敬語教材の開発を試みた。敬語使用をモニタリングするのは《メタ言語能力》を構成する4レベルの意識（音韻意識、語意識、形態意識、語用論意識）のうち、主に語用論意識だとし、この敬語使用はおかしいなと気づくメタ認知的経験を積み重ねて、目標や行為を吟味し、習得したメタ認知的知識を検討するようになり、《メタ言語能力》が育成されていくと述べた。具体的には、大学の国語科教育法の授業において実施した学生との協働作業による中学生の《メタ言語能力》育成用の敬語教材開発のあり方を報告した。

　また松崎正治・荻原伸（1993）は、小学生の物語文の理解と記憶を対象に、メタ認知方略の効果ならびにメタ認知方略教示の発達的差異の解明を試みた[15]。3年生以降、メタ認知方略を使って理解・記憶を遂行していること、メタ認知方略教示の効果が得られたこと、6年生以降で教示されたメタ認知方略を使いこなし物語の理解・記憶を遂行できること、マクロ構造を把握するモニタリング能力が学年進行とともに洗練されていくこと等を指摘した。

　山元隆春（1994）は、現代の主にアメリカ合衆国における読みの「方略」に関する諸研究において探究されている問題の焦点を整理した上で、読みの「方略」に関する理論が読むことの教育に果たす役割を明らかにした[16]。その中で、読みの能力はテクストの表現や内容を捉えるだけでなく、読み手自身の行動についての知識や認識を読み手が持つことができるかどうかということにまで関わってくるものとして捉えられるようになってきており、これが「自らの認知活動に関する慎重な意識的制御（Brown, 1980）」としての「メタ認知（metacognition）」の問題であること、つまり読み手に「方略」を獲得させるのも、読みにおける「メタ認知」能力の作用であることが明らかにされてきたことを述べた。読むという行為において読者の「方略」が意味を持つのも、そうした意識的な「メタ認知」的なレベルにおいてであり、意識的・自覚的に自らの認知活動を制御すること

によって、読むための能力が増幅していくのである。

また難波博孝・牧戸章（1997）は、学習者を対象とした調査結果に基づき「言語活動の心内プロセスモデル」（PSYCHOLOGICAL PROCESS MODEL OF LANGUAGE ACTIVITY「PML」）を提案した[17]。PMLには、言語認知空間、言語産出空間とともにメタ認知空間を位置づけており、文章表現の調査結果から得られた、具体的な文章の叙述を支え調整している目的・相手・修辞の三つの意識と、説明文の調査結果の中で最も大きい位置を占めた概念形成の過程とを統一的に説明できるものとして、メタ認知の概念を導入している。具体的には、PMLでは三つのモードを設定した。①メタ認知によるモニタリングとコントロールをうける言語活動のモード、②メタ認知にアクセスすることがほとんどなく言語活動が進んでいく自動化のモード、③メタ認知そのものの変容を伴う言語活動のモードである。

難波・牧戸は、あわせて「『見立てる・言挙げする』欲動・意欲」もPMLに位置づけており、「メタ認知そのものの変容を伴う言語活動のモード」として言語活動が成立するとき、はじめてこの「欲動・意欲」を衝き動かし、新たな言語活動を生み出すとした。難波・牧戸の研究は、ことばの学習とりわけ言語活動の遂行において、メタ認知を重要な学習内容とすることを提示した。

説明的文章の領域では、河野順子（2002）がメタ認知を取り入れた学習指導の有効性について考察を加えた[18]。河野は心理学をはじめとするメタ認知の先行研究を整理した上で、メタ認知が読みを統制し、効果的な読解をもたらすような機能を果たしていることを指摘した。このことは、説明的文章の学習指導においても自らの読みを自覚し、コントロール、モニタリングする自立した学習者を育てることの可能性と必要性を示唆するものである。説明的文章の学習指導において学習者主体の学びを形成するには、学習者が教材の形式（構造や論理）を、どのような問題意識（内容）のもとに、どうしてそのように展開されねばならないのか、自らの既有の学習や経験に裏打ちされた知識をもとにコントロールし、モニタリングし

ながら実感として捉えることが重要となる。

具体的には、河野はメタ認知の内面化モデルを提案することによって、説明的文章の学習指導の改善には、他者との間で引き起こされる葛藤（感情的経験）の問題が重要であり、その葛藤とは、暗黙知の二つの項である明示的な知識と身体的な知識との双方向の揺らぎにより引き起こされることを明らかにした。したがって、説明的文章の学習指導で育てるべき論理意識や構造意識は、学習者の内なる葛藤を契機に実感として育てる必要性があること、またそうした葛藤を起こし説明的文章の学習を主体的なものにするために、「批評読みとその交流」「筆者に『なる』こととその交流」を取り入れた授業を提案した。

第2項　批判的思考・批判的読み

1　批判的思考研究：井上尚美

井上尚美（2000）は、情報化社会の新時代における国語教育の目標として、自分の主張を論理的に筋道立てて的確に表現し、相手を説得できる能力を養うこと、豊かな情緒・すぐれた感性を育てることと共に、洪水のように押し寄せる情報に流されることなく、情報を主体的に取捨選択し、批判的に取り入れていく能力を養うことをあげた[19]。そして、井上はこうした能力を養うためには、論理的思考力や批判的思考力が必要であると主張した[20]。井上は、「批判」という日本語の持つマイナスイメージを否定する形で、「批判」というのは単に揚げ足取りをしたり相手を攻撃したりすることではなく、「一定の基準・尺度 <criterion> にもとづいて判断すること」であり、よいものをよいと評価することも批判なのであると強調した。「思考」について、本来は「批判的」などの修飾語は不要であり、根拠に基づき適切に意見を述べることこそがなされねばならないと言うのである。PISA調査において定義されている読解力にも「熟考・評価」が含まれているように、批判的思考ならびにそれを読みに適用した批判的読みの力は不可欠なものであり、児童生徒に意図的、積極的に育成していか

第4章 「要素構造図」の改善と新たな実践の方向性

ねばならない必須の力である。

批判的思考・批判的読みについて、井上尚美（1998）はアメリカにおける研究の流れを紹介している[21]。井上によると、批判的思考・批判的読みという術語がアメリカの国語教育の中に定着するようになったのは、1930年代後半が初めてである。批判的思考について最もよく組織された最初の研究としては、Glaser, E.（1941）をあげている[22]。Glaserは、批判的思考を定義して、注意深く考える態度、論理的推論の方法についての知識、それらの方法を応用する技法（スキル）の三つを示した。

また批判的思考の因子分析の研究成果として、Rust et al.（1962）[23]を取り上げ、一般的な推理能力（General Reasoning Factor）、論理的弁別力または論理法則の応用力（Logical Discrimination or Application of Logical Principles）、意味論的能力または言語的理解能力（Semantics or Verbal Understanding）の三つの因子を示している。推論する力、論理力、意味論的能力は、批判的思考・批判的読みに不可欠な力（学習内容）として位置づくものであり、説明的文章教材（テクスト）を捉える（教材解釈する）際の観点にもなり得るものである。

井上自身は「批判的な読みのチェックリスト」として、次のような観点を提示した（井上1998）[24]。

a 語の用法は明確であるか
1 重要な語は定義されているか
2 用語の意味は一貫しているか
3 早まった一般化をしていないか（その語の及ぶ範囲が限定されているか）
4 比喩や類推は適切か
5 語の感化的用法（色づけ）はないか
b 証拠となる資料・事例は十分に整っているか
6 証拠となる資料や事例は十分か
7 その事象を代表する典型例か

        8　隠された資料や証拠はないか
        9　反論の材料となるような、反対の立場からの資料や証拠は
           考えられないか
       10　不適切な資料や証拠はないか
　　c　論の進め方は正しいか
       11　根拠のない主張・結論はないか
       12　隠された仮定・前提（理由・原因・条件）はないか
       13　誤った（または悪用された）理由づけはないか

　このチェックリストを活用するに際して、井上は「批判的な読みといっても、筆者がそこで論じている範囲外のことについて『ないものねだり』をしたり、枝葉のことにこだわって重箱の隅を突くようなことはするべきではない。あくまでも幹に当たる主要な事柄や論点について批判すべきなのである」と明言している。いわゆるケチを付けるような読み方をしようとも思えばできるわけだが、それは批判的読みのあるべき姿ではないということである。チェックリストに照らし合わせ、悪い方向で判断がなされなければよしとして積極的に評価できることも大事な読み方であり、奨励すべきである。
　a、b、cのいずれの内容も、ただ受容するだけの読みの構えが指導される授業であれば意識に上らず、発想されないと考えられる。語レベル、根拠レベル、論展開レベル、それぞれに評価の対象とすることで、説明的文章の授業のあり方はずいぶんと積極的なものに変わると考えられる。井上が「批判的に読むための注意をひとことでいえば—絶えず問いを発し問題意識を持って読むこと—それ以外にはないのである」と指摘している点こそ、大事にしなければならない基盤となる読みの構え、姿勢である。
　また井上尚美（1983）は、読みにおける発問のあり方を整理する中で、批判的読みのあり方を示した[25]。発問の観点としては次の三つをあげた。

　　①　知識、情報収集に関する発問（用語・概念・事実関係などの情報収

第４章 「要素構造図」の改善と新たな実践の方向性

集に関することから）……認知、記憶
② 解釈に関する発問（表現されている内容の理解や解釈およびそれにもとづく推論）……分析―総合、収束―拡散
③ 評価・批判に関する発問（一定の基準にもとづいて妥当性・真偽を判断すること。鑑賞も含む）……評価

　このうち、批判的読みに関するものは③の「評価・批判に関する発問」である。なお、井上のこの三つの観点は、本節後半で検討しているPISA調査における読解力の定義として示された三つの区分（情報の取り出し、解釈、熟考・評価）に該当している。20年前から一貫して国際スタンダードの読みのあり方を主張していたことに驚く。③の「評価・批判に関する発問」については、井上は次の例を提示した。

③ 評価、批判、鑑賞に関する発問
　a　ある問題―内容、作者（意図、主題、構想、表現）、人物などについて―に対しての自分の感想や意見を自分自身のことばで述べることを求める発問
　　例・このことについて君はどう考えますか
　　　・このことについて君はどんな意見を持っていますか、それはなぜですか
　　　・もしも君が主人公だったらどう行動するでしょうか
　b　ある考えや作品の価値判断を求める発問
　　例・Bの方がAよりも優れていると考えますか。それはなぜですか
　　　・これらのうちでどれが一番良い（好き）ですか
　c　ある問題に関するいろいろな解釈の仕方を判断するように求める発問
　　例・この問題の解決にはどの方法が最善だと思いますか。また、もっと他の方法はありませんか

　　　　・この文章は私たちにどういうことを教えてくれますか
　　d　内容を批判することを求める発問
　　　例・この文章で言っている内容と矛盾したり違っていたりする例
　　　　（反証）はありませんか
　　　・ここで述べられている以外の理由（根拠）はありませんか
　　　・この内容について、もっとつけ加えるべき新しい情報はあり
　　　　ませんか

　これらの問いには、筆者（作者）の考え、意見について自分はどう対し考えるのかというふうに自己判断を迫る要素や、ここに述べられていることですべてか、他にないのかといった一般と特殊、全体と部分の関係性、整合性を求める要素がある。書かれてある情報を鵜呑みにせず、主体的、自立的な読みを要求している。説明的文章の読みの学習指導に生かすべき観点である。

2　批判読み：都教組荒川教研国語部会

　日本の国語科教育における批判的読みについては、都教組荒川教研国語部会（1963）において早くから提唱された。都教組荒川教研国語部会は「指導書にある目標や計画をそのままうのみにしてそれで一方的に子どもを引きまわしたり教師だけの問題意識を押し付けたりしては、どんなにうまく授業が進んだとしてもそこには子ども自身の認識や感情が育てられない」として「受けとらせ読み」を否定し、「自分の見方、感じ方、考え方をいつもはっきりさせながら作品と対比して読むこと―自己確立へ―自分の意識をもって作品に立ち向かうこと」を重視した[26]。その上で、批判読みについて次のように定義した[27]。

　　書かれたことば文をひとつひとつ正確にとらえ全文を通して事実の取
　　り上げ方やそれに対する意見がどのように表されているか、それが正
　　しいかどうか、あいまいさやゴマカシがないか、感じ方や、感動の質

第 4 章 「要素構造図」の改善と新たな実践の方向性

はどうかなどを追求していくことです。この過程では綿密な観察と意図的注意の集中が必要です。さらにさまざまな角度からの確かめがだいじです。そこでは全教育活動と社会的生活現実の中でかくとくした知識を動員します。さまざまな感情を起こします。肯定すること否定すること、不十分さを指摘することなど自分のひとりよがりなとらえ方でなく集団思考の中で明らかにしていくことができます。その結果からそこに書かれた・ことば・文を広く深く考えその底に流れる意図・立場までとらえることが可能になります。私たちはこれを〝批判読み″と主張しました。もっとも積極的な読みだとも考えました。

　事実の取り上げ方や意見の示し方を対象にして、正確さ、曖昧さ、感じ方等の観点から肯定、否定、不十分さの指摘を方法論に集団思考によって批判的読みを実現しようとし、さらにそこから筆者の意図、立場を検討することをも目ざすとした点が特徴である。
　説明的文章に関しては、「説明文・論説文の批判読み」として以下のような内容を提示した[28]。（句点の有無は、ママ。）

1　事実と意見のふるいわけ
　(1)　抽象段階の吟味。コトバが正しく事実や現実を反映し、正しく抽象されて使われているか。
　(2)　取捨態度の吟味。何が書かれてあり、何が書かれてないかをしらべる。
　(3)　修飾のコトバの中から意見を見ぬく。修飾のコトバにだまされるな。
　　　たとえば「よい先生を優遇するための勤評」にだまされないように。
　(4)　文末のコトバの中から意見を見ぬく。
　(5)　接続のコトバの中から意見を見ぬく。
2　何を重くとり上げているか

3　因果関係を追ってしらべる
　(1)　事実から正しく意見が出ているか
　(2)　たとえ（ひゆ）は正当か
　(3)　引用は正当か
4　とり巻いている条件は
　(1)　作品の表面に出ているとき
　(2)　作品の表面に出ていないとき
流れとしては
①　文間関係をもとにしながら段落の要約
②　段落相互の関係を追いながら前項の1、2、3、4を吟味しながら文章全体の構成をつかむ
③　全体の要旨、結論をつかみ、その思想を考える。

　1(1)「抽象段階の吟味」や3(1)「事実から正しく意見が出ているか」等、表現面での論理性について検討する観点と、1(2)「取捨選択の吟味」や2「何を重く取り上げているか」等、筆者の発想、認識のあり方を問う観点とが位置づけられている。後の倉澤栄吉らの筆者想定法や小松善之助のデータ吟味の読み、森田信義の評価読み等につながるものである。

3　児童言語研究会の批判的読み

　児童言語研究会（児言研）は、批判的読みを早くから取り入れていた研究団体である。中心的な実践者の一人である小松善之助は「データ吟味の読み」を主張し、データという語句の指し示す意味について、小松善之助（1976）において次のように説明している[29]。

　　　ある事物・現象について説明するとき、わたしたちは必然的にその事物現象のある側面を選択して言語化する。その対象についての自分の手持ちの認識に基づいて、それを差しあたりの尺度にして言語化を遂行します。こうして、言語化を受けた対象は、書き手の意図、判断

第4章 「要素構造図」の改善と新たな実践の方向性

などの対極におくべき「事実」なのではなくて、まさに書き手の認識やかれの、読み手（説明の受け手）に対する配慮によって対象から発見され、切り取られ、選び出され、そして一定の評価を担って文章の中に登場させられたデータなのです。判断や一般化の部分と並んで書き手の認識内容を表すところの構成部分なのです。

　表現された説明対象をこのように捉えたなら、それらを絶対視することも受容すべきものとすることもできないことになる。小松は、説明的文章の性格を上述したように捉え、その読みはデータ吟味を出発点とし、それについての書き手の評価・一般化などの妥当性の検討へ進むべきものと考えた[30]。「データ吟味の読み」の活動は、以下のように組織している。

　　○コトバの概念内容を吟味する。（事物・現象との対象を基礎として）
　　○文＝判断の条件を吟味し、必要によっては条件を変えてその結論を見通し、それと文章の結論との比較を行う。
　　○書き手の見解を延長するとどういう考えにつながるか、それが現実となった場合社会の中のだれにどういう利益・不利益をもたらすか等を吟味する。

　小松と並んで児言研の実践的リーダーであった林進治は、説明的文章の読みのあり方として出発となるのは問題を明確にとらえることである点をあげ、批判的な読みに関して次の３点を指摘した[31]。
・問題のとりあげ方の適否を考える力。そのような問題のとりあげ方は妥当であるか、またその問題は読み手にとってどのような意義を持つものであるかを吟味する力。
・仮説の立て方、追究の経路順序をとらえ、それが適当であるかどうかを判断する力。
・それを検証していく資料のとりあげは、内容的に数量的に適切であるかどうかを吟味し、批判する力。

どの発達段階にも当てはまるものではないが、問題設定のあり方、仮説の立て方と立証のあり方、資料活用のあり方等、論証するための、また論理的、批判的に文章内容、表現を吟味、検討するための観点が、明確に示されていると言える。

4　吟味読み：大西忠治・阿部昇

　大西忠治（1981）は、説明的文章の内容を「事実」と「論理」の二つの要素で捉え、それぞれを吟味することが説明的文章の読みのあり方であると主張した[32]。まず「事実」の吟味のあり方については次の二つに分けて考えている[33]。

　　○書き手が対象とした事物・現象について読み手が直接に認識活動を行って行く場合。
　　○読み手にとって、書き手が対象とした事物・現象について直接に認識活動が行えない場合。

　このうち後者については、読み手自身の経験や読み手自身の現実を書かれている事実に対置してみることが必要となること、「読む」という行為のほとんどは、この後者の読み手自身の現実や経験を対置して検証吟味する場合の方が主要なものになることを指摘した。「事実」の読み取りとは「読み手が自分の生活の現実で体験している事実と、文章中に提出されている『事実』とをつきあわせてみることによって、文章中の『事実』の現実性、真実性を検証、吟味していくことである」というのである[34]。

　「論理」の読み取りについては、吟味する対象は書き手の思想や立場ではなく文章であり、文章の中に書かれていることがらの真実性、妥当性、現実性である。書き手の思想や立場は書かれてあることがらの真実性、妥当性、現実性のその程度に従って明らかになってくる。「論理」の読み取りの指導のあり方について、大西は「論理」も書き手の単なる判断や評価や意思ではなく、現実の法則の反映でもあると考える。したがって、先の

第4章 「要素構造図」の改善と新たな実践の方向性

「事実」の吟味と同様に読み手の生活現実の中にある法則性とつき合わせて読むことを基礎にすると考えるのが自然であるということになる。一方で、対象とする「論理」が時間・空間の順序性や因果関係のような、生活現実の現象的な法則に密着したものであれば生活現実との対比で検証し得るが、高度な論理的関係によって「事実」が関係づけられ統一されている場合は、読者は自己の生活現実の法則性を対置するだけでは読めない。

このことについて、大西は「論理」そのものを教えながら、文章の「論理」を読み、吟味し、検証していくことがなされねばならないと言う。説明的文章によって「論理」そのものを教えながら、「論理」を読み取り検証するというものである。そこで、大西は説明的文章の指導は、その「論理」構造の単純なものから複雑なものへと段階を組むことの重要性を主張した。

また阿部昇（1996）は、上記大西の授業論を受けて「構造読み」「論理読み」「吟味読み」という指導過程を提案した。この中で批判読みに該当するのは、第3段階である「吟味読み」の段階である。この指導過程について、阿部は以下のように説明している[35]。

　まず、第一読「構造読み」で、文章の全体構造を分析的に読みとっていく。次に、第二読「論理読み」で、その構造分析を前提に、段落相互・文相互・言葉（語句）相互の「論理」関係を分析的に読みとっていく。その過程で、同時に「ことがら（事実・意味）」や「表現」の読みとりもおこなう。そして、そこまでしてきた構造分析・論理分析をもう一度総合しつつ、文章全体の要旨をつかんでいく。最後に、第三読「吟味読み」で、そこまで読んできた構造分析・論理分析／総合をもとに、文章の吟味・批判をしていく（その際には、「論理」「ことがら（事実・意味）」「表現」にさらに厳密に着目していくことになる）。そして、そこまでの「読み」にもとづいて、文章そのものについての評価・書き直しも「書き」の指導としておこなっていく。―という流れである。

「構造読み（構造分析）」を含み込みつつ、「論理読み（論理分析と総合）」をおこない、それら「構造読み」「論理読み」を含み込みつつ「吟味読み（文章吟味・批判）」をおこなっていくというかたちとなる。

　阿部は、従来の説明的文章の指導では、「吟味読み」の部分があまりにも弱かったと指摘し、文章を吟味し批判していくというという過程があってこそ、真の意味での主体的な読みとりが可能になると主張した。具体的な「吟味読み」の方法としては、「主に『ことがら（事実・意味）』に関しての吟味」「主に『論理』に関しての吟味」「『筆者はなぜ、そのような不十分な書き方をしたのか』についての吟味」の３つの観点での内容が位置づけられている[36]。ことがら、論理、筆者の発想の観点から、詳細な吟味の具体的方法が示されており、部分的、段階的に小学校中学年から導入可能なように思われる。これらは読みの内容としても重要であるが、説明的文章教材の特性をとらえる際の観点としても活用できる。ただ批判読みのマイナス面（不十分さや問題性等）が多く取り上げられている感があり、いわゆる「粗探しの読み」になる可能性もある。導入に際して留意する必要がある。

5　批判的読みの理論の検討

　寺井正憲（1992）は、小松善之助、大西忠治、宇佐美寛、森田信義らの批判読みの提案に関する先行研究をレビューし、理論部分と実践部分との結びつき方を検討した[37]。その結果、４氏のうち具体的に実践化への手続きを示しているととらえた小松善之助、森田信義、両氏の提案に共通している点について、小学校ないし中学校段階では、批判的に読む活動は子どもが感じるわかりにくさ、疑問などの反応を教師が整理して取り上げ、それを手がかりにして読解を進める形のものになっていると指摘した。

　しかし、一方で批判的な読みの立論は、実践化を考える上で子どもの読みや実際の指導に即していない高度な論展開になっていると批判し、子どもの読みのあり方を前提として立論し、子どもの批判的な読み取りを洗練

する過程の問題として文章に関する議論を取り扱うべきだと主張した。具体的には以下のように述べた。

> 批判的な読みの実践理論を立論していくには、まず最初に、文章に批判的に反応することの重要性が論じられなければならないだろう。批判的に反応するとは、論理の欠陥や矛盾に気づくことではなくて、もっと素朴な「わからない」「おかしい」「なぜか」「そのとおりだ」「自分の考えとちがう」などの不明点、疑問点、肯定や否定の反応をすることである。しかし、これらの批判的な反応をするという態度は、子どもにとって意外に難しい。小松氏や森田氏の提案の例でも、批判的な反応は他の感想や気づいたことなどと混じって出てきている。また、森田氏は批判的な反応を導きだすために発問の必要性を説いている。

複雑な観点を示して批判、評価する読みを展開させるのではなく、肯定、否定双方の面から自由に読みを表現させるところから出発しようとしていることは、実践的には受け入れやすいと思われる。問題は、こうした素朴な反応を立脚点にして、上述した井上尚美や阿部昇らの批判読みの詳細な観点の何を、どのように系統的に内面化させていくかである。

寺井はこうした反応行為の次のこととして、子どもの批判的な反応の処理に関する問題をあげ、子どもが文章のどのような部分に反応しているか、どのような表現に着目させれば批判的な反応が先鋭化するか、どこに疑問を解く手がかりがあるか等の問題があり、その解明には批判的な読みを前提とした文章の捉え方に関する議論や研究が必要であると指摘した。学習者の側から説明的文章テクストの特性を把握する際の考え方として重要である。

6　吟味・評価する力

森田信義が「筆者の工夫を評価する読み」を提案し、批判的読みに当た

る説明的文章の学習指導論について主張したことは第1章でも触れた。森田信義（1984）における説明的文章を読むことの考え方は、読み手の既有の認識（Ⅰ）と、読みの対象である教材に内包されている書き手の認識（Ⅱ）がぶつかりあい、せめぎあい、その結果として、読み手のうちに新しい認識（Ⅲ）を生み出すことである[38]。森田は読むという行為を読み手という極に近いところから捉えるなら、書き手の存在が自ずと問題になるとして、次のように述べた[39]。

　　（前略）読み手が、教材を読みつつ、自己の認識を基盤にして生じる反応を大切にすることは、常に、「ぼくなら（私なら）これを書く」、「ぼくなら（私なら）このように書く」、あるいは、「ぼくも（私も）これを書く」、「ぼくも（私も）このように書く」という発想の理解の仕方を要求するからである。
　　「ぼくなら（私なら）」、「ぼくも（私も）」とは、「ぼく（私）」（＝読み手）と対比的に「書き手」を意識しているのである。

　ここにはテクストの内容と形式に対して批判的、評価的に検討し、考えを持つことが読むことであるとする姿勢を見ることができる。
　こうした考え方に基づいて、森田は「説明的文章がどのような素材加工の過程を通過して生産されるかを見れば、その過程を吟味し、完成品である文章の評価をすることが教材研究の主要な仕事であることは、自明のことである」として、「ことがら・内容」「論理構造」「表現」「筆者」の四つの観点から評価・吟味の具体を示している。これらは教材研究の観点、要素としてあげられたものだが、教科書テクストをこれらの観点、要素に即して読むことは、従来はほとんど授業の中に導入されることはなかったと思われる。したがって、指導者はもちろんのこと学習者もこうした観点、要素を意識しておくと、情報を鵜呑みにするのではなく、批判的に読む行為に生かすことができると考えられる。
　ただ発達段階や学習者の実態に応じて、四つの観点やその内部要素のう

第4章 「要素構造図」の改善と新たな実践の方向性

ちのどれをとくに重視するのかを決定することは必要である。指導者としては、上記の要素の多くを把握し、それに即して教材研究を行うことは必要であると思われるが、学習者にとっては必ずしも当座は必要でないものもある。また直接的な表現になっているため、学習者があら探し的な読み方に終始する恐れもある。この点についての配慮は必要である。

　森田信義（1998）の言う「確認読み」とは「教材の内容、表現、論理が、『どのようであるのか』を明らかにするために行われるもの」である。また「評価読み」とは「教材の内容、表現、形式が、『なぜ、そのようなものとして選ばれたのか、創造されたのか。それらは読み手として納得が行くものであるのか』ということを明らかにするためのもの」である[40]。

　森田は「評価読み」のあり方に関して、次のように述べる[41]。

　　（前略）小学校の低学年には、「評価読み」は無理であるとか、中学校も第三学年でないと「評価読み」は荷が重いなどと考えるのは誤りである。小学校の低学年においても、「分かりやすい」、「分かりにくい」というレベルでの評価は十分に可能であり、初歩的な段階からこのような姿勢の読みの能力を育成する努力なしに、高学年、中学校や高等学校の最終学年になって、いきなり評価読みを求めても、期待するような読みはできない。評価読みができないというのは児童・生徒の実態ではあるが、それは特定の学習指導の結果でもある。別の理念に立つ読みの学習指導の結果であれば、別の姿が立ち現れてくることになる。

　「確認読み」にしても、教材の内容の観点からは行えても、表現、論理の観点からはなされていない授業も少なくない。ましてや「評価読み」に至っては、森田の指摘にあるように発達段階に応じてなされないと、いつになってもそうした読み方、姿勢は身に付けることはできないであろう。「評価読みができないというのは児童・生徒の実態ではあるが、それは特定の学習指導の結果でもある」とする森田の指摘は重い。ただ、「小学校

の低学年においても、『分かりやすい』、『分かりにくい』というレベルでの評価は十分に可能」とする点については、問い方、学習指導のあり方を実践的に検討する必要はある。示されたような問い方では漠然としていて捉えにくい面がある。

　こうした問題意識を受け、森田は説明的文章の学習指導ではどのような能力を系統的に指導すればよいのかという問題に関して、能力の種類（能力の「範囲 scope」）は、原則的に各学年同一であり、その機能の仕方は教材の難易度によって異なる（「系統性 sequence」）と考えるのが妥当であること、読みの能力をそうした螺旋状構造で捉えることを主張した。その上で、全体を視野に入れた上で、文章の部分の構造を捉える力の育成に取り組むことの意義を述べた。その内容としては、以下のように整理して示した[42]。

　　　○文章全体の論理構造をとらえ、吟味・評価する力
　　　　1　はじめ、なか、おわりの構造の確認と吟味・評価
　　　　2　問題提示、解決過程、まとめの構造の確認と吟味・評価
　　　　3　仮説、実験、検証、結論の構造の確認と吟味・評価
　　　　など
　　　○文章を構成する部分及び部分相互の関係をとらえ、吟味・評価する力
　　　　1　判断、主張と事例・根拠の関係
　　　　　（1）　判断、主張の識別・確認と吟味・評価
　　　　　（2）　事例・根拠の識別・理解と吟味・評価
　　　　など
　　　　2　判断・主張相互の関係、事例・根拠と事例・根拠相互の関係の確認と吟味・評価
　　　　　（1）　判断、主張相互の関係の確認と吟味・評価
　　　　　　　・論の展開　・因果関係　・具体と抽象　など
　　　　　（2）事例・根拠相互の関係の確認と吟味・評価

第4章 「要素構造図」の改善と新たな実践の方向性

・順序　・比較　・分類　・因果関係　など

　文章の全体と部分それぞれを読む（捉える）対象としていること、そして論理構造、叙述の関係性を吟味・評価の対象としていることが重要である。文章全体の論理展開との関係で、また部分相互を比較し、その順序性や因果関係のあり方等を考察することで、表現されている情報内容を深化・拡充させていく説明的文章の読みは、こうした能力の整理、提示によって可能になる。

7　熟考・評価する力

　批判読みの力は、2004年12月に公表された「生徒の学習到達度調査」（PISA 2003: Programme for International Student Assessment）の結果の分析でも、日本の子どもたちは弱いとされた[43]。PISA調査における読解力（以下、PISA型読解力）は「自らの目標を達成し、自らの知識と可能性を発達させ、効果的に社会に参加するために、書かれたテキストを理解し、利用し、熟考する能力」と定義されている。この定義について、国立教育政策研究所（2007）では、次のように解説している[44]。

　　この定義は、読解力の概念について、文章の解読と理解といった内容を超え、様々な目的のために書かれた情報を理解し、利用し、熟考することを含んだものとなっている。したがって、書かれたテキストから意味をくみ取るという、読み手の積極的かつ相互作用的な役割を考慮したものである。この定義はまた、私的な用途から公的な用途まで、また学校から職業にいたるまで、さらには積極的な市民としての生活から生涯学習の場面にいたるまで、読解力が若い成人のために果たす役割についての十分な範囲を認識したものとなっている。（後略）

　教室という空間を超え、テキストに主体的に関わり、自己または社会にとっての当該情報の意味や価値を積極的に構築していくために必要な読解

力を意図しているところが特徴である。粗探しでない批判的読みのあり方を求めているとも言える。

　読みの対象となるテキストは、通常文章、段落から構成されている連続型テキスト（Continuous texts）と、図・グラフ、表、地図、宣伝・広告等、連続型テキスト以外のもので構成される非連続型テキスト（Non-continuous texts）の二つである。連続型テキストには、物語（Narration）、解説（Exposition）、記述（Description）、議論（Argumentation）、指示（Instruction）、文書または記録（Documents or records）、ハイパーテキスト（Hypertext）から成るとする。

　PISA型読解力は、以下の五つのプロセスから測定される[45]。

- 情報の取り出し（Retrieving information）
- 幅広い一般的な理解の形成（Forming a broad general understanding）
- 解釈の展開（Developing an interpretation）
- テキストの内容の熟考・評価（Reflecting on and evaluating the content of a text）
- テキストの形式の熟考・評価（Reflecting on and evaluating the form of a text）

ただし結果の報告に当たっては、実用的、概念的な理由から「情報の取り出し」「テキストの解釈」「熟考・評価」の三つのプロセスに基づいてなされた。

　PISA調査では、読解力を「基本的にテキスト内部の情報を利用」したものと「外部の知識を引き出す」ものとに分けている。このうち批判的読みに該当する「熟考・評価」は「外部の知識を引き出す」読みの力に位置づけられ、内容面と形式面に分けて示されている。テキストの内容の熟考・評価については、次のように捉えられている[46]。

　　テキストの内容を熟考・評価することは、読み手に、テキストの情

報と他の情報源からの知識とを結びつけることを求める。読み手はまた、テキストにある主張を、世界についての彼ら自身の知識と対比させながら評価しなければならない。しばしば、読み手には自分自身の見解を明確に述べたり、正当化したりすることが求められる。これを行うために、読み手はテキストにおいて語られ、意図されていることについて、理解を深めることができなければならない。さらに、これまで持っている情報や他のテキストにあるような情報に基づき、自分の知識や信念に照らして、知的な表現をテストしなければならない。読み手は、抽象的に推論する能力だけでなく一般的かつ具体的な知識を用いながら、テキストの中にある証拠を探し出し、これを他の情報源と比較・対照しなければならない。

「外部の知識を引き出す」ことが要求されるのであるから、当該テキストに記載されていることのみで理解するのではなく、他の情報源からの知識や自己が保有している知識、情報との対応で理解することが求められている。自己の知識や情報との対比、比較、対照といった活動が重要となる。代表的な評価課題として、テキストの外部からの証拠や議論を提示すること、特定の情報、証拠の妥当性を評価すること、道徳的・美的規則（基準）と比較することなどがあげられていることからも、活動のありようをうかがい知ることができる。

　もう一方の、テキストの形式の熟考・評価については、次のように記されている。

　　この分類の課題では、読み手にはテキストから離れてそれを客観的に考察し、その質と適切さを評価することが求められる。これらの課題においては、テキストの構造、ジャンル、使用域などについての知識が重要な役割を果たす。これらの特徴は著者の技術の基盤を成すものであるが、この種の課題に内在する基準を理解する上で非常に重要である。著者が何らかの特性を描写したり、読み手を説得したりする

のにどの程度成功しているかを評価することは、実質的な知識だけでなく、言葉のニュアンスを見分ける能力にも左右される。例えば、どの形容詞を選択するかによって解釈が異なってくることを理解することなどである。

　評価課題においてテキストの形式について熟考・評価する際の特徴的な例としては、ある目的のためにある特定のテキストがどれだけ役に立つかを判断する問題や、ある一定の目標を達成する上で著者があるテキスト上の特徴をどのように用いているかを評価するような問題がある。生徒が、著者の文体の使い方について説明したり、批評したりすること、及び著者の目的と態度を明らかにするよう求められる場合もある。

　読み手が「テキストから離れて客観的に考察し、その質と適切さを評価すること」を求められていることや、「テキストの構造、ジャンル、使用域」等の知識を重視していること、「ある目的のためにある特定のテキストがどれだけ役に立つかを判断する」ことなどは、従来の読み方指導では一般的にはあまり意識されなかった内容である。「ある一定の目標を達成する上で著者があるテキスト上の特徴をどのように用いているかを評価する」ことについても、森田信義の「筆者の工夫を問う読み」にもあったように、読者を説得したり納得させたりするために筆者の表現の工夫を問うということはあっても、ある特定の目標との対応でという意識は弱かったと思われる。文体に対する説明、批評は森田の主張にもあった。「著者の目的と態度を明らかにする」については、倉澤栄吉や香国研らの「筆者想定法」に通じるものがある。

　PISAの2003年度調査では、規定した三つの読解力のうち、「情報の取り出し」については問題はなかったが、「解釈」「熟考・評価」については課題があるとされた（2006年度調査でもほぼ同様の結果であった）。

　こうした実態を受けて、文部科学省（2006）は、指導の改善の具体的な方向として、①テキストを理解・評価しながら読む力を高めること　②テ

第 4 章 「要素構造図」の改善と新たな実践の方向性

キストに基づいて自分の考えを書く力を高めること　③様々な文章や資料を読む機会や、自分の意見を述べたり書いたりする機会を充実することの３点を掲げた[47]。①の「テキストを理解・評価しながら読む力を高めること」の「指導のねらい」のうち「(イ) 評価しながら読む能力の育成」については、以下のように述べた[48]。

　　与えられたテキストについて、主張の信頼性や客観性、科学的な知識や情報との対応、引用や数値の正確性、論理的な思考の確かさ、目的や表現様式に応じた表現法の妥当性など、様々な幅広い観点から評価しながら読む能力を育成することも大切である。従来は、本文を絶対視して指導することが多く、テキストの内容や表現を吟味・検討したり、その妥当性や客観性、信頼性などを評価したり、自分の知識や経験と結び付けて建設的に批判したりすることは少なかった。今後は、このような批判的な読み（クリティカル・リーディング）も重視する必要がある。

「批判的な読み（クリティカル・リーディング）」ということばを明示し、文章に従属していた受け身的な従来の読みのあり方と対比する形で、内容面、形式面での批判、評価する読みの重要性を主張している点が特徴的である。寺井正憲（2006）の言う「既存のテキストを破壊し分解し、さらに融和し組織して新たなテキストを生産する過程として読む過程をとらえ、その一連の過程を営む力を読む力として認定すること」[49]を踏まえた創造的な読みを求めていることがうかがえる。
　批判的な読み（クリティカル・リーディング）については、有元秀文（2008）が、粗探しの読みではないこと、形式面と内容面とに分けて妥当性を考察すること、自己の考えを明示することをあげている[50]。
　濱田秀行（2007）も、クリティカル・リーディングとは「テキストの内容（テキストに含まれる情報の真偽や価値）や形式（テキストの情報の示し方）が、テキストの目的から考えて妥当であるか否かを評価しながら読む

ことである」と定義し[51]、「クリティカル」の訳語としての「批判」は、決して欠点や不備を粗探ししてけなすようなものではないこと、何の疑問も持たずに情報を鵜呑みにしてしまうのではなく、情報を自分なりに理解・評価しようとする態度でテキストを読み解くことであると述べている[52]。

8　認知心理学研究における批判的思考

楠見孝（1996）は、認知心理学の観点から批判的読みの基盤となる批判的思考（critical thinking）について述べた[53]。すなわち、批判的思考は合理的（理性的、論理的）思考であり、人の話を聞いたり文章を読んだりするときに働き、さらに議論をしたり自分の考えを述べたりするときにも働くものであると言う。その上で、こうした行為は日常語である「相手を批判する」思考ではなく、むしろ自分の推論過程を意識的に吟味するときにはたらく反省的（reflective）な思考であり、何を信じ、主張し、行動するかの決定に焦点を当てる思考であることを強調した。

また、楠見は批判的思考者がもつ傾向性（態度）として次の6点を示した。

(a) 明確な主張や理由を求めること
(b) 信頼できる情報源を利用すること
(c) 状況全体を考慮すること、重要なもとの問題からはずれないようにすること
(d) 複数の選択肢を探すこと
(e) 開かれた心をもつ（対話的思考、仮定にもとづく思考など）
(f) 証拠や理由に立脚した立場をとること

これらの観点は、説明的文章の批判的読みを行う際にも重視すべきものである。思いつきの批判にさせないためにも、実際の授業進行においては (a) (c) (e) (f) は重要である。とくに「(a) 明確な主張や理由を求めること」「(f) 証拠や理由に立脚した立場をとること」は、読みの交流にお

いては優先的にどの教室においても指導すべき事項である。

　また道田泰司（2008）は、批判的思考を「見かけに惑わされず、多面的に捉えて、本質を見抜く（あるいは、本質を求め続ける）」というものと定義した[54]。情報をどう受け取り、どう行動するか決定することを問題解決の一種と捉え、問題解決の流れ（問題の発見→解の探索→解の評価→解決）の中に批判的思考を位置づけた。「見かけに惑わされない」「多面的にとらえる」「本質を見抜く」それぞれの思考が、問題解決の各段階によって重点的に配置されていることが特徴であると言える。道田は、その上で「『批判』（無批判的に鵜呑みにしないこと）を通してよりよい思考を達成しよう」ということが批判的思考であると簡潔に述べた。

　道田は、さらにメタ認知との関連で批判的思考について言及しており、解の探索に際して、人は自分の経験や常識の範囲内で行いがちであるとして、以下のようなモニタリングの例をあげている。

　　・それは狭い範囲に留まってはないだろうか。
　　・一面だけに偏ってはいないだろうか。
　　・別の立場から考えられないだろうか。
　　・あえて逆を考えてみてはどうだろうか。
　　・もっと情報を得れば考え方が変わってくるのではないか。

解の評価段階においても、次のような例をあげている。

　　・この考え方でいいのだろうか。
　　・ほかの考え方とどちらが説得力があるだろうか。
　　・立場の異なる他人からみたらどうだろうか。

　道田は、これらはほんの一例であると断りながらも、こうしたモニタリングを意識的に行うことで思考過程が適切にコントロール・調整され、より深い思考へとつながるとし、こうした思考は「何を信じ何を行うのかの

決定に焦点を当てた、合理的で反省的な思考」を行うこと、すなわち批判的思考を行うことであるとした。こうした意識的な思考は、説明的文章の読みにおいても活用すべきものが多い。とりわけ事例の取り扱い方や筆者の主張、意見を吟味、検討するに際して参考になる観点である。

第3項　自立した読者

　批判的思考・批判的読みがめざしたのは、読者主体の確立であり自立した読者であった。森田信義（1996）は、読むという行為は文章・作品による束縛と、それを意味づける読者の自由との緊張関係によって実現するが、国語科では束縛の面のみが重視されてきたとした上で、次のように述べた[55]。

> 　筆者が教材と密着しており、その筆者の執筆の過程を綿密に追いかけるという読みから、読者の論理を尊重する読みは生まれない。また、筆者と教材を切り離して読者の自由を過大に認める立場からは、恣意的な読みが生まれる。

　評価読みを提唱した森田は、教室、教科を越えた読みの力を付けるためには、筆者に学ぶという指導から脱することが必要であるとした。これは、認識主体としての読み手の存在を重視したものであった。
　また植山俊宏（1996）も次のように述べて、読者主体の確立の重要性を指摘した[56]。

> 　筆者がある種の権威として位置づけられ、筆者と読者が上下関係のように受けとめられてきた時期は、意味はすなわち筆者の意図であった。それが、読者主体の確立とその成熟とともに、読者の体験の想起や、読者の疑問・意見なども広義の意味のあり方に含まれていく過程をたどった。要するに読みにおける意味の理解は受容から生成へと大きく広がっていったのである。

また植山俊宏（2002）は、1980年以降の説明的文章の学習指導のあり方をレビューする中でも、読者の主体性の問題について、以下のように述べた[57]。

> 1990年前後からの新たな指導過程・指導法開拓の動向は、説明的文章の読みにおける読者主体の形成・確立の点からとらえ直すこともできる。従来の主体は、他者よりも確固とした読みを遂行し、その成果を要点把握・要約・要旨把握という明確な形に表すことができる主体であった。規定された読みの次元及び層にいかに到達するかといってもよい。それが、今日では、多様な次元・層において、多様な読みを互いに認め合えるような主体へと変容している。

記述されている内容・情報をそのまま取り出し、受け取ることが読むということではなく、その内容・情報に関する自分の考えをいかに付与していくか。このことに関する授業における指導者の意識は、必ずしも高いとは言えない。既有知識との異同を説明的文章の読みの行為に生かしていき、新たな自己の考え、意見を創造することを重視した授業のあり方を開発する必要がある。

寺井正憲（1995）は、読み手にとっての読むことの意味の観点から、読み手の確立について論じた[58]。すなわち、批判的な読みは、読み手の先行経験、先行知識を持ち込み、読み手自身の価値意識や感性を反映させた主体的な読みの活動が成立する点では意義があるが、批判的に読む能力を育てるために批判的に読むという枠組みは残ったままであることを指摘し、読み本来の目的や性質に照らすとき、こうした読みは明らかに不自然であるとした。その上で、寺井は昭和30年代から40年代の終わりにかけて具体的に提案された筆者想定法を取り上げ、第一次から第三次までである想定活動で構成される学習過程の段階のうち第三次想定に着目した。

寺井は、第三次想定は前段として「筆者の想に正確に着地する」こと

が、後段として「読み手自身の新しい世界をひらく」ことが構想されていたのであり、第三次想定は、叙述を検証する前段と読み手の新たな世界を確立する後段とでは、質の異なった活動が行われるべきであるにもかかわらず、実際には後段においても前段と質的に類似した批判的な読みが行われていることを指摘した。したがって、第三次想定後段の学習指導の方法が改善され探究されることが、読解のための読解ではない、題材やテーマについての自己の新たな世界を確立するために役立つ有意味な読解活動が成立することになるというのである。こうした点で、井上一郎（1993）が、筆者対読者という構図で、現在の問題状況を捉えて筆者を相対化し、読者が自己の読みを生産していくことが必要であるとした提案[59]を評価した。

　また寺井正憲（2006）では、筆者想定法を検証する論考の中で、「筆者の想を読解する読みから読者の想を生産する読みへと転回させる」「テクストを創造するところまでを読む行為として認定し、それを学習指導として一定の形式で具体化し発展させる」という観点での学習活動の開発について論じた[60]。例示している書き換え、リライト、翻作表現の他にも、学習活動を「自己の新たな世界の確立」の観点から捉え直し、再評価していく作業が必要である。

　また倉澤栄吉（1971）は、読むということは受動的で没主体の行為ではなく、文章に対する反応過程であり創造的行為であることを主張している。書かれていることの単なる意味理解に留まったのでは不十分であり、理解したことをもとに判断、批判することの重要性を指摘した[61]。

　倉澤は「読み手の独立」と表現し、「読みを媒介として、いかに自己を独立させていくか」「文字を媒介として、彼等にほんとうの自立をはからせてやるということ」について問題提起をした[62]。テクストに主体的に反応し、自己の新たな考えを創造する行為に通じる考え方である。育てるべき読み手のあり方として重視したい。また非文学教材の読み手については、次のように述べた[63]。

第4章 「要素構造図」の改善と新たな実践の方向性

（前略）主体が非文学的文章に立ち向かうには、文章が匂うから近よるわけでもなく、心情的な要求から引かれてゆくのみでもない。主体が、よほど読む生活と密着していなければならない。すでに学習生活的な姿勢が確立していなければ、その文章に立ち向かってはいこうとすまい。相手の引力の如何を問わず、こちらから向かっていかなければならないとすれば、主体性の確立がもっとも要求され、きびしくきたえられるのは、文学教材ではなく、実は、非文学教材なのである。

　説明的文章教材の特性を考えると、目的的な読み、情報探索的な読みが対応し、そこには読み手の主体性が問われることを指摘している。
　さらに倉澤は「暫定的世界」という語を用い、一人の読者として筆者の考え、意見と対峙し、自身の論理を自らつくり上げることこそが読むことであると主張した。読むことは「自律的活動」であるとしている点が重要である。自己の力で、仮説を立て、推察をし、対象の論理に実在しない別の論理をさし加えて、新しい論理に向かうことを推奨していることは、自立した読者としての姿である。もちろん文章表現から離れた恣意的な読みは容認されるべきではないが、教材（筆者）の論理の枠内に押し込められ、従順になる読みを志向していてはいけない。倉澤の言う「勇気ある飛躍」の実践でのありようが問われる。
　田近洵一（1993）も読み手を育てることの意義を論じた。田近は次のように述べる[64]。

　　情報のたんなる消費的な受容者は、情報の受け手ではあっても、文章もしくは作品の読み手ではない。そこには、読むという創造的な営みがないからだ。
　　自分の＜読み＞を生み出す＜読み＞を通して世界を創る、そのことで生活を充実させていく―そのような読み手を育てたい。それは、現代教育における人間回復の現代的な課題に積極的にこたえていくことになるであろう。

読者論における実践論としての読書行為論を提案する観点から、主体的な読みのあり方に言及している。情報の単なる受け手と創造的な読み手とを区別している点、先の寺井正憲の主張同様に、読み手の自己世界を創造することを目ざす読みを主張している点に注目したい。
　また、自立した読者の育成にメタ認知が関わる要素は大きい。教室で教師の指導や友達の援助によってテクストを読み進められていた学習者も、いずれは必ず自己の力で読み進め、理解し、自己の考えを創造するような行為がとれるようにならねばならないし、それを目ざして教師は指導をする。秋田喜代美（2008）の言う「生涯にわたって安定的適応的にそれらの方略が使えるように」[65]なった読者は、多様なテクスト、大量の情報に主体的に向かい、思考し、判断することができるようになる。自己の読みのあり方、学びのあり方をモニタリングし、知識化してとらえ、駆使できることに通じる説明的文章の指導を行う必要がある。

　本章では、「要素構造図」(初版)における次の3点の課題を克服すべく「要素構造図」(改訂版)を第1節において提示した。
　〇「学習内容」セクションの内容が曖昧なこと。
　〇「学習者が夢中になる活動類型」セクションの内容精査が必要であること。
　〇「具体的言語活動」セクションでは、＜単線型＞を中心に構造化することが実際的であること。
　改善に当たっては、(初版)の四つのセクション（説明的文章教材の特性、学習内容、学習者が夢中になる活動類型、具体的言語活動）の内部事項の精査、改変を行い、(改訂版)を提示した。そして第2節では、内容的にもっとも変更が大きかった「学習内容」セクションの内部事項である「メタ認知」「批判的思考・批判的読み」「自立した読者」の3点について、先行研究を検討し整理した。
　次の第5章では、これら「メタ認知」「批判的思考・批判的読み」「自立

第4章 「要素構造図」の改善と新たな実践の方向性

した読者」の育成を意図し、「要素構造図」の改善内容に寄与した実践のありよう、特徴、成果等について述べることにする。

注

1) 西郷竹彦（1983）「認識と表現の力を育てる系統指導」『文芸教育』明治図書、40号、pp.6-32
2) 櫻本明美（1995）『説明的表現の授業―考えて書く力を育てる―』明治図書、pp.21-24
3) 小松善之助（1981）『楽しく力のつく説明文の指導』明治図書
4) 森田信義（1984）『認識主体を育てる説明的文章の指導』渓水社
5) 森田信義（1989）『筆者の工夫を評価する説明的文章の指導』明治図書
6) 寺井正憲（1998）「説明的文章教材の学習における自己世界の創造」『月刊国語教育研究』日本国語教育学会、No.317、pp.56-61
7) 楠見孝（2002）「メタ認知」日本認知学会編『認知科学辞典』共立出版、p.801、2007年初版4刷
8) 丸野俊一（1993）「心の中のスーパービジョン」丸野俊一編集『現代のエスプリ』特集：自己モニタリング、至文堂、第314号、pp.9-24
9) 三宮真智子（1996）「思考におけるメタ認知と注意」市川伸一編『認知心理学4 思考』東京大学出版会、pp.157-180
10) 丸野俊一（2008）「心を司る『内なる目』としてのメタ認知」丸野俊一編『現代のエスプリ』至文堂、第497号、pp.5-17
11) J.T.ブルーアー著、松田文子・森敏昭監訳（1997）『授業が変わる―認知心理学と教育実践が手を結ぶとき』北大路書房、pp.60-66、2004年9刷
12) 秋田喜代美（2008）「文章の理解におけるメタ認知」三宮真智子編著『メタ認知　学習力を支える高次認知機能』北大路書房、pp.97-109
13) 同上書、p.99
14) 松崎正治（1991）「《メタ言語能力》を育てる教材の開発」『国語科教育』全国大学国語教育学会、第38集、pp.27-34
15) 松崎正治・荻原伸（1993）「物語文の理解と記憶におけるメタ認知方略の効果と発達」『国語科教育』全国大学国語教育学会、第40集、pp.35-42
16) 山元隆春（1994）「読みの『方略』に関する基礎論の検討」『広島大学学校教育学部紀要』広島大学学校教育学部、第I部、第6巻、pp.29-40
17) 難波博孝・牧戸章（1997）「『言語活動の心内プロセスモデル』の検討―国語学力形成の科学的根拠の追究―」『国語科教育』全国大学国語教育学会、

第 44 集、pp.11-20
18) 河野順子（2002）「説明的文章の学習指導改善への提案―『メタ認知の内面化モデル』を通して―」『国語科教育』全国大学国語教育学会、第 51 集、pp.66-73
19) 井上尚美（2000）「新時代の国語教育を考える―第 3 のミレニアムと 21 世紀を迎えて―」井上尚美編集代表『言語論理教育の探究』東京書籍、pp.1-16　井上は、こうした能力は換言すればメディア・リテラシーであると述べている。
20) 同上書、pp.13-14
21) 井上尚美（1998）『思考力育成への方略―メタ認知・自己学習・言語論理』明治図書、pp.136-158
22) 21）の文献において、井上が次の文献によるものとしている。Glaser, E. 1941, An Experiment in the Development of Critical Thinking, Bureau of Pub., Teachers College, Columbia Univ.
23) 21）の文献において、井上が次の文献によるものとしている。Rust, V. I., Jones, R. S., Kaiser, H.F.（1962）A Factor-Analytic Study of Critical Thinking, The Jour, of Ed. Res. Vol.55,No.6
24) 21）に同じ、pp.77-78
25) 井上尚美（1983）『国語の授業方法論』一光社、pp.70-74
26) 都教組荒川教研国語部会（1963）『批判読み』明治図書、p.17
27) 同上書、pp.17-18
28) 同上書、pp.154-156
29) 小松善之助（1976）『国語の授業組織論』一光社、p.37
30) 同上書、p.39
31) 林進治（1975）『説明文・読みの理論と実践―初級―』一光社、pp.32-33、1989 年 5 刷
32) 大西忠治（1981）『説明的文章の読み方指導』明治図書、p.52
33) 同上書、p.54
34) 同上書、p.55
35) 阿部昇（1996）『授業づくりのための「説明的文章教材」の徹底批判』明治図書、pp.24-25
36) 同上書、pp.76-77
37) 寺井正憲（1992）「批判的な読み理論の検討―実践的立場から理論構築の在り方を考える―」『月刊国語教育研究』日本国語教育学会、No.239、pp.46-51
38) 4）に同じ、pp.11-12

第4章 「要素構造図」の改善と新たな実践の方向性

39) 4）に同じ、p.13
40) 森田信義（1998）『説明的文章教育の目標と内容―何を、なぜ教えるのか』溪水社、p.60
41) 同上書、pp.77-78
42) 同上書、pp.79-80
43) 文部科学省（2006）「PISA調査（読解力）結果等に関する参考資料」『読解力向上に関する指導資料―PISA調査（読解力）結果分析と改善の方向―』東洋館出版社、pp.43-61
44) 国立教育政策研究所監訳（2007）『PISA2006年調査　評価の枠組み　OECD生徒の学習到達度調査』ぎょうせい、p.40
45) 同上書、p.43
46) 同上書、p.46
47) 文部科学省（2006）『読解力向上に関する指導資料―PISA調査（読解力）結果分析と改善の方向―』東洋館出版社、pp.14-15
48) 同上書、pp.15-16
49) 寺井正憲（2006）「時代が追いついた筆者想定法―テクスト創造、PISA型読解力との関わりで―」『月刊国語教育研究』日本国語教育学会、No.413、pp.28-31
50) 有元秀文（2008）『必ず「PISA型読解力」が育つ七つの授業改革―「読解表現力」と「クリティカル・リーディング」を育てる方法』明治図書、p.17
51) 濱田秀行（2007）『クリティカルな思考を育む国語科学習指導』溪水社、p.3
52) 同上書、pp.8-9
53) 楠見孝（1996）「帰納的推論と批判的思考」市川伸一編『認知心理学　4　思考』東京大学出版会、pp.37-60
54) 道田泰司（2008）「メタ認知の働きで批判的思考が深まる」『現代のエスプリ』至文堂、第497号、pp.59-67
55) 森田信義（1996）「一九六〇年代の理論と実践の意味」『戦後国語教育研究の到達点と改革課題』明治図書、『教育科学国語教育』7月号臨時増刊、No.528、pp.95-96
56) 植山俊宏（1996）「意味理解と読者主体の変容」『戦後国語教育研究の到達点と改革課題』明治図書、『教育科学国語教育』7月号臨時増刊、No.528、pp.101-102
57) 植山俊宏（2002）「説明的文章の領域における実践研究の成果と展望」全国大学国語教育学会『国語科教育学研究の成果と展望』明治図書、pp.277-286
58) 寺井正憲（1995）「説明的文章の学習における読み手の確立について」『人

文科教育研究』人文科教育学会、第 22 号、pp.51-58
59) 井上一郎（1993）「新しい説明文指導の立脚点」『実践国語研究　別冊　「ヤドカリの引っ越し」「ありの行列」「『わたし』とはだれか」の教材研究と全授業記録』明治図書、No.131、pp.8-63
60) 49) に同じ　「想」については、倉澤栄吉が『作文教育における評価』（第一法規、1970、ここでは『倉澤栄吉国語教育全集5』、1988 によった）において、「イメージ＝想」であるとし、「想とは、原経験から遮断されていてしかも原経験とつなぐ媒介になる不安定で、力強い場である（p.504)」と述べている。
61) 倉澤栄吉（1971）『これからの読解読書指導』国土社、pp.151-152、1972 年再版
62) 同上書、p.127
63) 同上書、p.194
64) 田近洵一（1993）『読み手を育てる―読者論から読書行為論へ―』明治図書、pp.25-26
65) 12) に同じ、P.101

第5章　「要素構造図」の改善内容に寄与する実践

　本章では、第4章で提示された「要素構造図」（改訂版）における「学習内容」セクションに新たに位置づけられた要素である「メタ認知」「批判的読み」「自立した読者」それぞれの育成を意図した実践事例について報告する。これらが具体的な実践においてどのように学習内容として扱われるのか検討することによって、「要素構造図」に位置づける意義と、実践への活用のあり方について考察することにする。

第1節　説明的文章の学習指導におけるメタ認知

　説明的文章の読みの学習指導においては、寺井正憲（1988、1989）、岩永正史（1990、1991）、塚田泰彦（1989、1990）らを中心に認知科学研究の成果に基づくスキーマ理論が導入され、従来の要点、要約、文章構成指導等、学習者に論理や構造を与えていく方向での画一的な指導から脱却し、学習者自身の既有の論理や思考構造を育てることを重視した学習者主体の学習指導へ転換していくことが提案されてきた[1)2)3)4)5)6)]。すなわち、読み手の内部に説明的文章の展開構造に関するスキーマを育て、そのスキーマを引き出し、機能させることが目ざされてきた（岩永正史1996）[7)]。
　さらに、自立した説明的文章の学習者・読み手の育成ということも重視すべき実践課題であるが、この課題を解決するためには、学習者自身が自己のスキーマのありようを自覚し、意識的に文章の展開構造に着目して読みを進めていく態度形成が望まれる。これは読みにおけるメタ認知の問題である。河野順子（2002）は学習者自身の自覚のもとに自己の読みをコン

トロールしたりモニタリングしたりすることが説明的文章の学習指導では重要であるとして、メタ認知的活動を導入することの意義を主張した。河野はメタ認知の対象を展開構造に限定せず、他者との関わりがメタ認知的活動を生み、そのメタ認知的活動が課題を解決するための自らの作業モデルに働きかけることによって、作業モデルから自己へ、さらに自己から作業モデルへと双方向への揺らぎを生じさせるものとしての説明的文章の学習指導を提唱した。具体的には、筆者へ向っての批判を契機に、他者からの発言によって自らのメタ認知的知識を揺さぶる「批評読み」の学習と、学習者が複数教材それぞれの筆者になってみて、学習者同士が対話をする学習（筆者に「なる」こと）の、二つの学習指導の方法の有効性を提案した[8]。

　以上のことから、説明的文章の学習指導においては、読みの対象とするテクストの展開構造のありようを自己のスキーマとの関わりでメタ認知する活動の設定が重要であることになる。しかし、説明的文章領域においては、こうした観点に基づく学習指導方法のバリエーションは、河野の研究以外にまだまだ十分ではなく、開発が必要である。

　そこで、本章では論者が行った実践をもとに、まず第1節では中学年（3、4年生）における一連の実践例を、次に第2節においては6年生の1年間における三つの実践例を対象に、説明的文章の展開構造のメタ認知を促す学習指導のあり方について考察する。

第2節　中学年における論理の展開構造に着目した学習指導

　説明的文章の論理の展開構造として、「序論─本論─結論」は最も基本的な型である。したがって、様々な教材における様々な「序論─本論─結論」のあり方を学ぶことが、説明的文章の読みや説明的表現の行為を容易にする。

　岩永正史（1990）は、小学校3年生段階は児童の説明文の構造についての知識が変貌を遂げ、「説明文＝書き出し＋説明の展開＋まとめ」といった成人のそれに大きく近付いてくるときであるとしている[9]。また岩永正史（1991）は、小学校2─6年生での説明文スキーマは、新奇な情報を提出する「結果」を骨格として、次第にそこへ読み手を導く「設定」や「問題」、新奇な情報の発見に至る「試み」などの要素を獲得する発達過程をたどるが、4年生段階は6年生の説明文スキーマへと移行する過渡期を脱していないとし、いずれも小学校中学年が説明的文章を構造的に読む力を身に付けるのに重要な段階であることを指摘している[10]。

　しかし、吉川芳則（1998）に見るように、中学年における説明的文章の実践はテクストの全体的、構造的な把握より部分的な読解や要約を指導の中心とし、形式面での文章構成の確認はしても「序論─本論─結論」の展開構造の枠組への意識化は希薄であるのが現状である[11]。

　本節では、3、4年生の2年間学級を持ち上がり、論理の展開構造に着目して行った兵庫教育大学附属小学校における論者の実践例（1999年度─2000年度）をもとに、中学年において継続して論理の展開構造としての「序論─本論─結論」の学習指導を行うことの意義について、メタ認知の観点から論じる。（本節では中学年を考察の対象とするため「序論─本論─結論」を「はじめ─中─終わり」に統一して述べることにする。）

第1項　授業づくりの考え方

　「はじめ―中―終わり」の展開構造を学ぶに際して重要なのは、「中」のあり方をどのように読むかである。また「中」のあり方との関係性で「はじめ」「終わり」のあり方をどのようにとらえるかである。この点について澤本和子（1991）は、第3学年の説明的文章の学習指導上の問題を次のように指摘している[12]。

　　　導入段階での子どもの興味・関心の対象は、説明の中心をなす抽象的・一般的なまとめよりも、結論を支える「具体的事例」に集中する傾向がある。（中略）
　　　しかし教師の意識上は、指導すべき「中心」部分に学習者の目を向けることを急ぐあまり、「付加的事項」である具体的事例を軽視する傾向にある。

　澤本は、こうした問題点の改善策として「中」の部分の読み方では「具体的事例」の意味を適切に捉えること、読み取った「具体的事例」の内容を全体に結ぶことを強調している。実感のない抽象的な「中」の読みに陥らず、全体の論理の展開構造の中で読むことの重要性を説いている点に注目したい。こうした澤本の考えも参考にしながら、論理の展開構造を読むことを実践していく際の指導上の配慮として次の四つを位置づけた。

A 2年間のどの単元においても「はじめ―中―終わり」の枠組みを繰り返し意識させた。例えば、「中」を読む際には「はじめ」「終わり」で述べられている事柄との対応、整合性を確かめながら授業を進める、などである。

B 「中」を読む際には、設定された問題の説明や答えを具体的に捉えさせることを重視した。

C 「はじめ―中―終わり」の展開構造をメタ的に把握させる学習活動を位置づけた。

D 「はじめ―中―終わり」の展開のあり方を評価して書く活動を3年生

第 5 章 「要素構造図」の改善内容に寄与する実践

から 4 年生へとふやしていき、論理の展開構造のメタ的把握の力をさらに高めるようにした。

第 2 項　学習指導の実際

　2 年間で実践した説明的文章教材は、次の通りである。
　　3 年　「めだか」（6 月）、「ありの行列」（7 月）、「もうどう犬の訓練」
　　　　（10 月）、「くらしと絵文字」（1 月）
　　4 年　「カブトガニを守る」（6 月）、「キョウリュウをさぐる」（7
　　　　月）、「何を覚えているか」（11 月）、「体を守る仕組み」（1 月）
　いずれの実践でも、先に示した A—D に配慮した学習指導を行った。以下ではその中から、3 年生 6 月、1 月、ならびに 4 年生 1 月の 3 実践について概要を示すことにする。中学年段階の初期、中期、後期の実践を検討することで、2 年間の学習指導の成果と課題が把握できると考えた。なお 4 年 1 月実践の「体を守る仕組み」については、第 3 章第 3 節において詳述したので、ここでは概要を述べることにする。

1　3 年 6 月「めだか」の実践について

(1)　テクストと授業づくりについて

　先に述べた岩永（1990、1991）の研究成果にもあったように、3 年生 1 学期は本格的な説明的文章の読み方を習得させるための入り口の段階に当たり、この時期に「説明的文章＝書き出し＋説明の展開＋まとめ」すなわち「はじめ—中—終わり」という読みのあり方を構造的に捉えさせることは、重要な指導内容となる。本実践の対象学級においても、実践に先立って「ヤドカリのすみかえ」（今福道夫、平成 12 年度光村図書 3 年上）をテクストとして説明的文章スキーマの実態を調査したところ、「はじめ—中—終わり」のまとまりを正確に指摘したのは 28 人中 2 名（男女各 1 名）、「中」の部分を一括りにせず分割して指摘したものの、「はじめ」「終わり」を区別して指摘した者が 4 名（男子 3 名、女子 1 名）であり、80％の学習者は、基本的な説明的文章スキーマが未形成であることがうかがわれ

た。こうした読みの発達段階の実態にもとづき、以下では「はじめ―中―終わり」という説明的文章の基本的な展開構造（文章の枠組み）を意識させることを試みた小学校3年生最初の説明的文章単元の実践について述べる。

　本実践の教材文テクスト「めだか」（教育出版3年上）は、めだかが身に付けている外敵からの護身方法と、厳しい自然環境の中で生き抜いていくために備わっている体の2点について説明されており、弱小な魚であるめだかの意外な側面に関する情報を提供している。

　構成面では「はじめ―中―終わり」の基本的な展開構造をとっている。「はじめ」の部分は①～③の小段落（以後、○囲み数字は小段落を表す）であるが、中学年からの多くの説明的文章教材に見られる「中」全体にかかわっていく問題提示文はない。また、めだかは小さな魚だとして話題提示されるだけの漠然とした導入となっている。

　「中」は大きく二つの内容で構成されており、一つは、敵から身を守る方法について、もう一つは、自然の厳しさに耐えられる体の仕組みについてである。そして、⑬段落のみで構成される「終わり」の部分で、いろいろな方法で敵から身を守り、自然の厳しさにも耐えて生きている、とまとめている。

　授業づくりに際しては、「はじめ―中―終わり」の基本構成への意識を高めることを学習の中核に位置づけることにした。これは必然的に説明的文章の部分と全体とを位置づけながら読むことを推進することになる。学習時間はオリエンテーションとして2時間、精読の時間として2時間、まとめとして1時間の計5時間とした。少ない時間数で説明的文章スキーマを身に付けさせ、論理的思考力に培っていく授業づくりをめざし、できるだけ多くの説明的文章に触れさせることを意図した。

(2)　実践の方法
(2)-1 教材文　「めだか」（杉浦宏、教育出版3年上）
(2)-2 対象　兵庫教育大学附属小学校3年3組吉川芳則学級
(2)-3 授業者　吉川芳則
(2)-4 実践期間　2001年6月上旬

(2)-5 目標
　○めだかの身の守り方や、体の特別な仕組みを読むことができる。
　○文章の全体と部分との関係に注意しながら、「はじめ―中―終わり」の基本構成に意識を向けることができる。
　○叙述内容を要約して解説することができる。

(2)-6 学習指導過程

　本実践の学習指導過程（全5時間）は、図5-1のとおりである。中学年の基本的な学習過程の一つとしている「（既有知識とのずれを）知る―（筆者の発想や考え方を）探る―（筆者の発想や考え方を）つきつめる」に即して、学習のめあてを第一次から第三次まで順に「（オリエンテーション）―めだかのすごさを確かめよう―ぴったりの題名に変えよう」とした。

　学習者は、当然のことながら情報内容にひかれて読む。本テクストの場合「めだかのすごさ」である。そうした読みの関心をそのまま生かし、第二次では内容面に関するめあてにもとづいた学習を進めながら、表現方法、認識方法の両側面の読みを深めていくことにした。第三次では、読みの内容を題名に反映させ、改題させることで、読みのまとめを促すこととした。

(3)　実践の概要と考察

　第二次「めだかのすごさを確かめよう」の授業では、本文がめだかのすごさについて大きく二つの内容（敵から身をも守ること、自然の厳しさに耐えられるよう体に特別な仕組みが備わっていること）で述べられていることから、各1時間ずつあてることにした。以下では、「はじめ―中―終わり」の展開構造をどのように指導したか、第1時を中心に述べる。

(3)-1 「はじめ―中―終わり」の枠組みの意識化について

　授業では、まず第二次の読みのめあてである「めだかのすごさを確かめよう」を提示した上で、本文には大きく二つの「めだかのすごさ」が書かれていることを知らせた。その上で、それらは何と何のことか、それぞれどの段落に該当するか検討を促した。

　前半部の④～⑦段落は、「第一に」「第二に」などの表現があることか

基本的な学習過程	めあて	学習活動	教師のはたらきかけ
ずれを知識との **知る**	オリエンテーション	1) 題名読みをする。全文を通読する。読んだ感想を書く。 2) 感想を交流し合う。言葉の学習をする。音読練習をする。 （2時間）	・めだかについて知っていることについて自由記述したものを交流させる。既有知識を想起させ、本文の内容と比較して読むための枠組みづくりを促す。 ・感想は初めて知ったこと、驚いたこと、不思議に思ったことなどについて書くこととする。既有知識との共通点、相違点などと照らし合わせて書くことも促す。
内容・論理を **探る**	めだかのすごさを確かめよう	1) ○本文の全体構成を大まかにとらえる。 ○敵から身を守ることについてのすごさを読む（②～⑦段落）。 2) ○体の特別な仕組みについてのすごさを読む（⑧～⑫段落）。 ○「はじめ―中―終わり」の内容と構成の対応をつかむ。 （2時間）	・めだかのすごさについて大きく二つの内容（敵から身を守ること、自然の厳しさに耐えられるよう体に特別な仕組みが備わっていること）から述べられていることをつかませる。 ・二つの内容が対応する小段落を確認した上で「はじめ―中―終わり」の基本構成を知らせる。 ・四つの身の守り方のうち、どれが一番すごいと思うかたずねる。守り方を具体的に説明させる。 ・1時間の学習のまとめは「○―○段落のめだかのすごさ」という形で解説文を書くこととする。150～200字でまとめることを目標とする。 ・「特別な仕組み」はいくつ書かれているか確かめる。 ・二つの内容のうち一つだけが述べられていたとしたらどうか検討を促し、「中」の展開のあり方に意識を向けさせる。
内容・論理を **つきつめる**	名びにったりのよう題	1) 題名「めだか」を、本文の内容に適合したものに変える。 （1時間）	・説明されている二つの観点が反映された題名になるよう促す。なぜ、そのような題名にしたのか、理由もあわせて記述することとする。

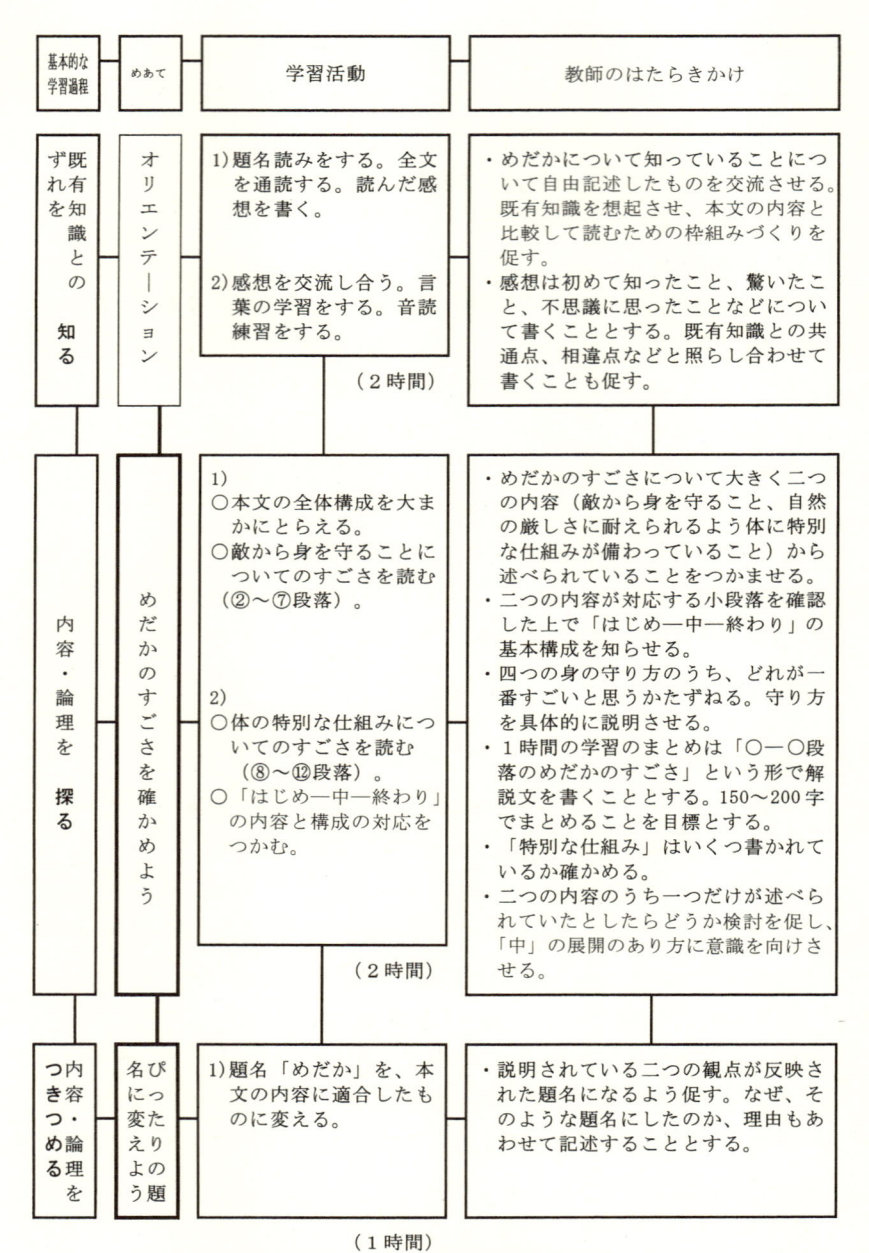

図5-1　3年「めだか」（東京書籍）の学習指導過程（単元計画）〈全5時間〉

ら、ここには身の守り方が書いてあることは比較的容易に見つけることができた。また、⑧段落の「めだかは、こうして、てきから身を守っているだけではありません。めだかの体には、しぜんのきびしさにたえられる、とくべつな仕組みがそなわっているのです」に着目して、ここからが「とくべつな仕組み」のことだということは見いだすことができた。

　しかし、①②段落については、はっきりしない様子であったため、1段落ずつ音読して確かめさせた。③段落については、身の守り方についての疑問をここで提出しているためとする意見が出され、①②段落は身の守り方ではないことが書いてあるということになった。最終⑬段落についても、最後まで全部「とくべつな仕組み」のことが書いてあるのかどうか問い、⑬段落はまとめのようなことが書いてあることを学習者は見つけた。このように個別に段落を取り出して検討することで、学習者は①②③段落と最終⑬段落は、身の守り方と特別な仕組み以外のことが書いてあることが理解できた。

　こうした確認をしながら、この後、④〜⑫段落の「めだかのすごさ」について述べられている部分を「中」、①②③段落を「はじめ」、最終⑬段落を「終わり」と言うこと、また「はじめ」で取り上げたことについて「中」の部分で詳しく説明していき、「終わり」でまとめる形になっていることを解説した。さらには「めだか」のように、ある物事を説明する文章は「はじめ―中―終わり」の組み立てで書かれていることが多いことについても知らせた。

　この後、本時に学習するのは二つの内容から構成されている「中」の部分のうち、前半の身の守り方についての部分だということを板書を使って示し、身の守り方のすばらしさを具体的に読むことにした。ここでは四つの身の守り方それぞれについて、その方法をとることによって、なぜ身を守ることができるのか理由を説明する学習なども考えていたが、「はじめ―中―終わり」の枠組みの意識化に時間がかかる結果となった。

　本時の学習のまとめとしては、学習した④〜⑦段落の、めだかのすごさをまとめて説明する学習活動を設定した。あわせてどういうすごさなの

か、題名も付けさせた。以下はその例である。

「めだかはすごいなぁ」　　　　Ｉ・Ｎ男
　小川や池の水面近くでくらして身を守るという所がすごいなぁと思った。わけは、たぶん水面を見て何もいない事をかくにんしてくらすと思った。ぼくは、こんなにめだかは頭がいいのかなぁと思った。／すいっすいっとすばやく泳いで、の所がすごいなぁと思った。わけは、ぼくはそんなに遠く泳げないから。／そこにもぐって水をにごらせたり、何十ぴきも集まってチームワークがいいなあ。

「めだかのみのまもりかた」　　　　Ｋ・Ｓ男
　めだかは、水面近くでいて、みをまもっているのがすごい。わけは、いっぱいのてきがいるのに、ただ水面近くでおよぐだけでみをまもれるのがすごい。そして、すいっすいっとおよぐのがすごい。わけは、人げんではできないことをみをまもっているからすごい。あと土をにごらせてにげるのがすごい。わけは、水の中は、ザリガニがいてあぶないのに、みをまもるためにするのがすごい。あと、何十ぴきもあつまりにげるのがすごい。わけは、いっきににげれてすごい。

　学習した範囲について、自分に感心があることを中心にまとめる形であるため、全体の展開との関連については触れてはいない。しかし、二人とも「わけは…」ということばを用いて、なぜすごいのかを説明している。「中」の部分の前半のまとめをしていることを意識させながら、書きまとめ、それを発表し合うことがしっかりなされれば、この学習も「はじめ―中―終わり」の理解に大いに役立つと考えられる。本実践では、その点の確認がやや弱かった。
　続く第２時は「中」の後半部分を同様に学習した。導入部では、第１時のように全小段落の番号を板書した上で、「はじめ―中―終わり」という枠組みを再度確認するとともに、本時は「中」の後半部分の⑧〜⑫段落を

学習することを示した。ここでのすごさとしては、学習者からは、
　ア　わずかな水たまりでも生きられること。
　イ　四十度近い水温にも耐えられるようにできていること。
　ウ　海水と真水が混ざっていてもだいじょうぶであること。
　エ　海水にも耐えられるようにできていること。
　オ　海に出ていても、満ち潮に乗って戻ってくること。
などの意見が出されたが、「体のとくべつな仕組み」ということでは、イ、エが該当するということで納得できた。これには、「―ようにできているのです」という表現に着目させること、「手に関節があるということ」と「物が持てる」ということは違うことを例示し、後者を行うための体の仕組みが前者であることなどを確認したことなどが有効に機能した。

　本時の最後には「終わり」の⑫段落には「めだかは、いろいろな方法でてきから身をも守り、しぜんのきびしさにたえながら生きているのです」と書いてあるが、このことは「中」の部分に書いてあったかを確認した。これによって、「はじめ―中―終わり」の整合性を意識させようとした。

(3)-2「はじめ―中―終わり」の枠組みの捉え直しについて

　学習指導過程の最終第三次（筆者の考え方や発想を「つきつめる」段階）では、「めだか」という、これだけでは内容を推し量ることができない単純な題名を本文内容にふさわしいものに改題し、その理由を記す学習を位置づけた。第二次では、全体との関係を意識しながらも部分の読みを中心に行ってきたが、最後に文章全体を再度俯瞰するような形で捉えさせたいと考えた。換言すると、文章の展開構造をメタ的に捉えさせる学習活動を題名の改変という形で設定したということになる。以下は、学習者がまとめた作文例である。（下線引用者、以下同じ。）

　　　　「めだかの身の守り方と体の仕組み」　　　Y・S子
　　「中」には、身の守り方と、体のしくみが書いてあるし、「中」でも、身の守り方と、体のしくみがよく書けているから、このようにかえようと思った。ほとんど身の守り方と体のしくみしか書いていな

い。だから、このようにかえたら、ぴったりかなーと思いました。「中」の方が、くわしく書いていると思うから、このようにかえようと思いました。

　　「めだかの身の守り方や体の仕組みのすごさ」　　T・M子
　　わけは、話の中に身の守り方や、体の仕組みやすごさがたくさん入っているからこの題にしました。／身の守り方は、④～⑦で、体の仕組みは⑧～⑫までで、たくさんあるからです。／すごいところは、四〇どちかくまで水おんが上がっていても、めだかの体はたえられるようにできているところや、みちしおにのって川にもどってくることもできるというところです。

　これらを見ると、第二次で「はじめ—中—終わり」を意識して学習したことを受け、題名を変更するに当たって、再度文章を全体的に捉え直していることがわかる。「ほとんど身の守り方と体のしくみしか書いていない」(Y・S子)、「身の守り方は、④～⑦で、体の仕組みは⑧～⑫までで」(T・M子)などの表現には、展開構造をその学習者なりにまとめていることがうかがえる。
(3)-3 展開構造の指導のあり方について
　ここまで述べてきた実践の概要を、展開構造の指導という側面から再度検討してみると、先にあげた実践上の配慮事項の A—D のうち以下のA、B二つの観点からの指導がなされていたものと考えられる。
A ２年間のどの単元においても「はじめ—中—終わり」の枠組みを繰り返し意識させた。例えば、「中」を読む際には「はじめ」「終わり」で述べられている事柄との対応、整合性を確かめながら授業を進める、などである。
B 「中」を読む際には、設定された問題の説明や答えを具体的に捉えさせることを重視した。
　具体的には、以下のような指導である。

第5章 「要素構造図」の改善内容に寄与する実践

ア　問題提示文を探し、「はじめ」と「中」へ意識を向ける。→ A
イ　「はじめ―中―終わり」の構成や各部分の特徴について、教師の簡単な説明を聞いて知る。→ A
ウ　問題提示文が本論前半部に対応していることをつかむ。→ A
エ　「中」の前半部で、敵からの身の守り方のすごさを見つける。→ B

　第二次第1時の学習は、以下のように進めた。まずア、イについては「はじめ―中―終わり」の枠組みを知っている学習者はいなかったため、各部分はどのような事柄が述べられるものかについて大まかな説明を施した。ウについては「中」の部分を二つに分かつキーセンテンスに着目させようと試みたが、すぐに見つけられた学習者は少なかった。「中」がいくつかの部分によって構成されることには意識が及んでいないようだった。論理展開を構造的に捉えて読む経験が乏しい実態の一つを示していると言える。エについては「まず、第一に」「第二に」等、事例列挙の表現への着目を促し、問題の答え＝身の守り方が四つ述べられていることを確かめた。また「はじめ」の問題提示文の答えに当たる事柄を具体的に捉えさせることで、「はじめ」と「中」とのつながりを意識させた。

　第二次第2時の学習は、次のようである。本時は「中」の後半部を扱い、前半部の敵からの身の守り方と、後半部の特別な体の仕組みの一方だけでは、めだかのすごさは伝わらないのか検討した。すなわち、当該段落の必要性を吟味することで「中」の部分を二つの観点から述べている展開の効果に気づかせようとした。(→ B)

　これについては、前半部、後半部の両方あった方がめだかのすごさがよく伝わるという意見が多数を占め、ある事柄を説明する場合には、一つの観点からだけでは十分ではないことに気づくことができた。こうした複数の観点から対象を説明することへの着目は、学習者にとっては読み方、認識の仕方として新鮮に受けとめられたと思われる。

2　3年1月「くらしと絵文字」の実践について

　3年生最後の説明的文章単元となる本実践では、「はじめ―中―終わり」の枠組みで全体的に文章をとらえること、すなわち「中」の抽象的な箇所を具体的に捉えつつ、「はじめ」「終わり」とのつながりを考えて読むという、1年間繰り返してきた読みの方法を主体的に使いこなしていくことを目標とした。

(1)　教材と授業づくり

　本教材は、日ごろ何気なく見たり恩恵を被ったりしている絵文字の暮らしの中での価値や意義について述べたものである。文章構成は「はじめ―中―終わり」の基本構成をとっている。

　「はじめ」の部分では、冒頭で絵文字の定義を行い（第①小段落）、昔からの使われ方と現在での使われ方を列挙した上で（②③）、「たくさんの絵文字が使われているのはなぜでしょうか。絵文字の特長から考えてみましょう」と問題を提示している（④）。私たちのくらしの中で見過ごしがちな絵文字への着目を促し、その特長について理解させることで（⑤〜⑪）、「中」の部分のまとめ「絵文字がたくさん使われている理由がはっきりしています」（⑫）に説得力を持たせようとしているのである。

　絵文字の三つの特長については、第一の「瞬時に意味がわかる」は、子どもたちも日常よく経験していることだと思われるが、第二の「親しみや楽しさを感じさせる」、第三の「意味が言葉や年齢を越えてわかる」という特長は、普段はあまり意識にないものであると考えられる。ことばは絵文字に比べて明示的、一義的だが、三つの特長の観点では劣る。文字・文章と絵文字・記号という異なった媒体によるコミュニケーション各々の独自性、有効性と限界性についても意識を向けさせるために、それぞれの特長が具体的にどのような内容に基づいて述べられたことなのかを明らかにしようとした。

　「終わり」の部分（⑬⑭⑮）では、絵文字の今後について述べている。量的には少ないが、筆者の主張点はこの部分にある。最終⑫段落の「世界じゅうの人々がもっとわかり合い、つながりを深め合うのにも役立つこと

「でしょう」にもあるように、絵文字がコミュニケーションを図る上で欠かせないものになりつつあることを主張している箇所である。こうした結論付けの根拠となる具体的な内容、論述を求めることが、論理的なつながりを意識することになる。また「中」の⑫段落で絵文字が使われる理由についてまとめたのに、なぜ後続の⑬⑭⑮段落を書いたのか等、筆者の考え方・述べ方についても話し合わせた。

　また総合的な言語活動を設定することも意図した。すなわち、第二次のくらしと絵文字とのつながりを調べる学習においては、筆者の説明の仕方を解説する作文を書くなど「読む―書く」の単線的な言語活動の関連を図った。さらに単元の最終段階では「くらしの中の絵文字図鑑」を作る活動を置いた。これは単元導入時から課外活動を中心に様々な絵文字を収集させ、本文に述べられていた特長等と照らし合わせて、当該絵文字の解説を書いたり話したりするものである。「読む―書く」の複合的な言語活動・学習活動としての「要約・敷衍」、表現形式としての「解説」活動、教材の特性としての「説明不足の箇所への着目」などの観点を総合的に考え合わせて学習活動を設定し、抽象と具体を結ぶ学びを推進するようにした。

(2)　実践の方法
(2)-1 **教材**　「くらしと絵文字」（太田幸夫、平成12年度版教育出版3年下）
(2)-2 **対象**　兵庫教育大学学校教育学部附属小学校3年3組吉川芳則学級　32名（男子19名、女子13名）
(2)-3 **授業者**　吉川芳則
(2)-4 **実践期間**　2000（平成12）年1月下旬～2月上旬
(2)-5 **目標**
○日ごろ何気なく見ていた絵文字は、そのわかりやすさ、親しみやすさによって、時代、国、文化を越えて普及し利用されていること、また今後のくらしの中での価値や役割が増大していくことを読み取る。
○絵文字の特長など抽象的に書かれている事柄について具体的内容を推し量ることができる。

○興味を持って身近な生活の中にある絵文字を収集し、本文に書かれている特長と対応させて、それらのよさを書いたり、話したりして説明することができる。

(2)-6 学習指導過程（全7時間）

　本実践の学習指導過程は図5-2に示した。説明的文章の基本的な学習過程としている「（既有知識とのずれを）知る―（筆者の発想や考え方を）探る―（自己の発想や考え方を）広げる」に即して、学習のめあてを第一次から第三次まで順に「（オリエンテーション）―くらしと絵文字とのつながりを太田さんがどのように説明しているのか解き明かそう―くらしの中にある絵文字のよさを伝え合おう」とした。教材本文の読みにおいては筆者の考え方や表現の仕方を学習の課題とし、最終段階では、学んだ内容、表現形式と課外活動による主体的な調べ活動、収集活動の内容とを合わせて総合的な言語活動を展開する筋道とした。

(3) 授業の実際と考察

　三つの特長それぞれの述べ方としては、冒頭センテンスで特長を結論的に一般化して述べ、後続部分でそのように考えられる根拠を具体的な絵文字の表現のされ方によって解説する、というパターンをとっている。したがって、冒頭センテンスで抽象的に述べられている絵文字の特長を後続の解説部分と具体的に実感的に結び納得することが、読みとしては重要な作業となる。

　論理の展開構造に関する学習としては、全7時間のうち読みの学習の中心となる第二次には3時間を充て、「くらしと絵文字とのつながりを筆者がどのように説明しているのか解き明かそう」というめあてで以下のような学習活動を位置づけた[13]。

　　オ　「はじめ―中―終わり」の構成を大まかに確認する。→ A
　　カ　「中」はどこまでとすればよいか検討する。→ A
　　キ　「中」で述べられている事柄の具体的な内容を想起する。→ B
　　ク　「終わり」の部分の三つの小段落（⑬⑭⑮）は全て必要か検討する。

第5章 「要素構造図」の改善内容に寄与する実践

基本的な学習過程	めあて	学習活動	教師のはたらきかけ
ずれ有知識との**知る**	オリエンテーション	1) 題名読み、全文通読をする。音読練習する。読んだ感想を書く。 2) 感想を交流し合う。言葉の学習をする。音読練習をする。 ※課外活動として、身近なところにある絵文字を見つける。 （2時間）	・絵文字をいくつか例示した上で想像を促し、「と」でつながっていることへ意識を向ける。 ・生活の中にある絵文字の中でおもしろい、よくわかると思ったものの実物や模写等を集めてくるよう呼びかける。学習したことを生かし、最後には「くらしの中の絵文字図鑑」を作ることを伝えておく。
筆者の発想や考え方を**探る**	くらしと絵文字のつながりを太田さんがどのように説明しているかの明かそうと明しくらしと絵文字のつながりを	※くらしと絵文字とのつながり、関わりについて筆者がどのように説明しているか考え合う。 1)「はじめ」の部分（①―④段落）について ・絵文字の定義 ・昔の絵文字と現在の絵文字 ・問題提示文 2)「中」の部分（⑤―⑫段落）について ・第一の特長…「絵を見たしゅんかんに、その意味がわかる」 ・第二の特長…「つたえる相手に親しみや楽しさを感じさせる」 ・第三の特長…「意味が言葉や年令などのちがいをこえてわかる」 3)「終わり」の部分（⑬―⑮段落）について ・くらしにおける絵文字のこれから （3時間）	・問題提示文をもとに「はじめ―中―終わり」の構成を確認する。 ・①段落の絵文字の定義との対応で、昔と現在での共通点、差異点を形や使用場所の観点から見つけさせる。 ・④段落の問題提示文と⑫段落の「中」の部分との照応を確かめ、間にある特長の説明への着目を促す。 ・馴染みのある特長から検討する。 ・「中」の部分では、以下の点について具体的内容を想起するよう促す。 （ウ）（エ）…なぜ見た瞬間に意味がわかるのか／（オ）…やさしい心づかいが伝わってくるのはなぜか／（カ）…「たんけんをしているような楽しさ」とはどんな楽しさか／（キ）…外国人や幼い子どもたちにもすぐわかるのはなぜか。 ・最終⑮段落の「くらしをべんりで楽しく、安全に」「世界じゅうの……役立つ」とは、どのようなことか問う。また⑬⑭段落は必要な段落かどうか問う。 ・各時間に筆者の説明の仕方についての作文をまとめとして書かせる。
自己の発想や考え方を**広げる**	集めた絵文字の中にあるよさを伝え合うのに、絵文字図鑑をつくる	1)2) 自分で集めた絵文字について、その特長を見つけて解説し、絵文字図鑑を作る。 （2時間）	・これまで身近な生活の中で集めてきた絵文字の中からいくつかを選び、本文で述べられていたどの特長を特に保有しているかを検討した上で、解説を書く形式とする。図鑑には、自分で創作した絵文字を入れてもよいこととし、グループ等で説明し合う場を設定する。

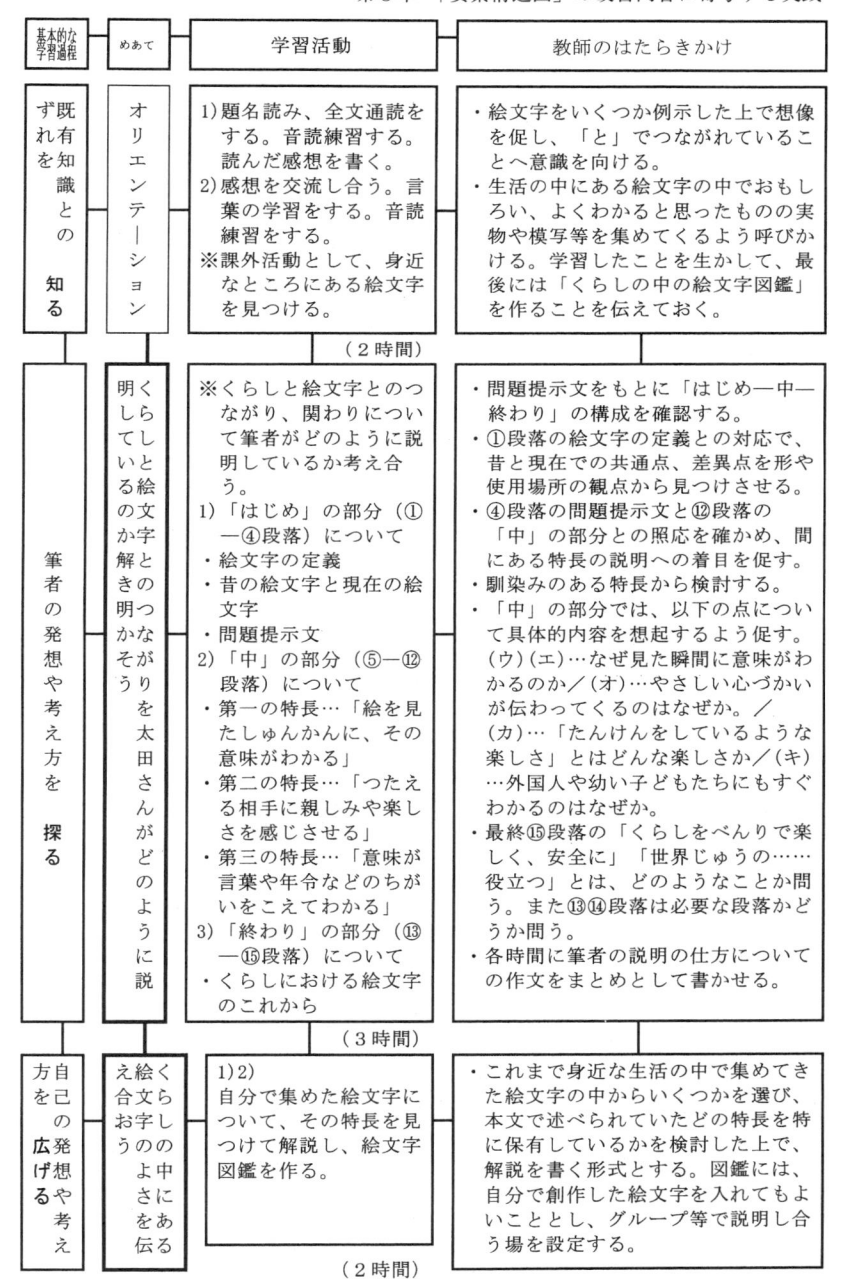

図5-2　3年「くらしと絵文字」（教育出版）の学習指導過程（単元計画）〈全7時間〉

→ C

　オについては、「はじめ」における問題提示文を受けて、「中」の部分で絵文字の使われている理由が述べられるという論の展開に気づいている学習者は多かった。これは、ここでの全体の枠組みの確認が容易になされたことからうかがい知ることができた。年間を通して繰り返し「はじめ―中―終わり」の構成への着目を促してきた成果であると考えられる。

　カについては、問題提示文の内容と照応する段落はどこか見つけさせることで「はじめ―中―終わり」をひとまず把握し、「中」の絵文字使用の理由を読む学習へと入った。

　キについては、述べられている三つの絵文字の特長について、省略されている説明部分を補う学習を行った。絵文字の特長を具体的に捉えることで、「はじめ」で問題提起したこととのつながりをより的確に読むことができた。

　クについては、まとめなら⑮段落だけでいいのではないか、⑬⑭段落は必要かどうかを問うた。すなわち「はじめ」「中」とつなげて、どのように「終わり」でまとめようとしているのかをつかませようとした。これについては、Ｓ男の「最後の⑮番。そこが、全部の終わり、または⑬番と⑭番のまとめだということがわかりました。（中略）はじめ、中、終わりはいるなぁ」というまとめからもうかがえるように、「はじめ―中―終わり」という枠組みを意識し、全体の中での「終わり」の位置づけを捉えることができた。１学期の「ありの行列」ではうまく機能しなかった展開構造をメタ的に把握する学習の第１段階は、ここにきてようやく成果の兆しを見せ始めたと言える。

　これらの説明的文章の学習を経る中で、新しい文章に出会うと、最初の段階から「はじめ―中―終わり」の枠組みで文章を捉えようとする姿勢が次第に見られるようになっていった。説明的文章は「はじめ―中―終わり」という展開の整合性を図りながら書かれているものだということへの意識づけがなされてきた。

3　4年1月「体を守る仕組み」の実践について

（4年1月実践の「体を守る仕組み」については、第3章第3節において詳述したので、ここでは概要を述べることにする。）

「はじめ―中―終わり」の展開構造に着目して読むスキーマは3年生の学習でかなり形成された。そこで、4年生では「はじめ―中―終わり」という枠組みだけの漠然とした捉え方から発展させることを意図した。すなわち、ここまで学習対象としてきた教材文は「ありの行列」（3年7月）の実証型を除きすべて事例列挙型であり、「中」の読みとしては列挙された事例を具体化し、並列的にとらえることにとどまりがちであったため、「中」における事例相互を類比的、対比的、因果関係的に捉え、「中」の展開構造をより実質的なものとしてメタ的に把握させることにした。

こうした観点から、中学年2年間の最後となる「体を守る仕組み」の授業では、述べられている体の外の仕組みどうし、さらに外と中の仕組みとを比べて共通点や差異点を見つけ、「中」における事象間の関係を捉えさせることにした。単元計画（全6時間）は次のとおりである。

　　第一次　オリエンテーション
　　　　　　　　＜既有知識とのずれを知る段階＞　（2時間）
　　・題名読み、全文通読、感想交流、音読練習
　　第二次　体を守る仕組みのすばらしいところを見つけよう
　　　　　　　　＜筆者の発想や考え方を探る段階＞　（2時間）
　　・「はじめ」「中」「終わり」の各部分について、筆者がどのように
　　　説明しているか考え合う。
　　第三次　体を守る仕組みを大事にする生活の仕方を考えよう
　　　　　　　　＜筆者の発想や考え方を広げる段階＞　（2時間）
　　・本文に出てきた体を守る仕組みをうまく働かせるための生活の仕
　　　方を考えて書きまとめる。

全6時間のうち、読みの中心となる第二次には2時間を充て、「体を守る仕組みのすばらしいところを見つけよう」というめあてで学習を展開した。具体的には以下のような指導を施した。

ケ 「はじめ―中―終わり」の構成を大まかに確かめ、「中」とのつながりで「はじめ」のあり方を検討させる。＜２次第１時＞→Ⓐ

※以下は「中」の部分の学習（すべて＜２次第２時＞）

コ 体の外の仕組みと中の仕組みとによって、「中」の部分は二つに分けられることを確かめる。→Ⓑ

サ 体の外の仕組みとしての皮膚、涙、繊毛の三つの役目の共通点と差異点、述べ方の順序性について検討させる。→Ⓑ

シ 体の中と外の仕組みを比べ、共通点や差異点、述べ方の順序性について検討させる。→Ⓑ

ス 読み取った仕組みのすばらしさと「終わり」の部分との照応を確かめる。→Ⓒ

セ 体を守る仕組みのすばらしさを伝えるのに、「中」の部分はうまく書かれていたかどうか解説風にまとめさせる。→Ⓓ

　以下では、「中」における事例どうしを対比的、類比的に捉え、事例間の関係を把握する学習活動として位置づけたサ、シ、セについて述べる。

　サについては「中」の前半部（体内に入らせない仕組み）と後半部（体内に入ってきた微生物を退治する仕組み）の述べ方の順序が逆ではだめか話し合った。「『仕組みがあるのです』っていきなり言って、『入りこんだ微生物がふえて、毒を出し始めると』って言ったら、どういうふうに入り込むかがわからなくなる」等の意見が出され、「中」の部分の展開としての、対象物の外側（可視的な部分）から内側（非可視的な部分）へと述べていく方法、ならびに外側と内側を対比的に捉えられるように説明する方法の意義について理解が深まった。事例の順序性、関係性の観点から「中」の展開の仕方を捉えることを学習者は学ぶことができた。

　シについては、体の中と外の仕組みを対比的に捉えさせた。コで、「中」が二つの部分に分けられることをつかんではいたが、改めて比較して読んでみると、単に事例が並列的に置かれているのではなく、微生物が体内に侵入してくる順序に即して述べることで、それを防ぐ仕組みのすばらしさがより実感できることを納得した。

セについては、「『中』の部分で、筆者は体を守る仕組みをうまく書いてくれていましたか？」という問いに対して解説風にまとめて書かせた。H子は「(前略)体を守る仕組みを書く順番がいいと思いました。はじめは、微生物が体に入ろうとして入らせないやり方、次はすぐそこらへんまで入った微生物を殺すこと、最後はかんぺきに入った微生物を追い出すやり方。はじめからどんどんすごい仕組みになっていってるから、この順番はいい」と記した。

こうした論理の展開構造をメタ的に捉えて書くことは、学んだ展開構造を読みや論理的表現のツールにする点でも有効である。今回は3年生段階から少しずつ取り入れ、4年生ではできるだけ単元の中に位置づけた。年間計画の中で意図的に導入する必要があると考える。

第3項　中学年における基本的な論理の展開構造の段階的、継続的な把握

説明的文章の読みと説明的表現の基本的な枠組みとなる論理の展開構造としての「はじめ―中―終わり」のあり方を中学年段階で継続的、強調的に指導していくことは、発達段階的にも学習者に適しており、また成果を十分上げることが、2年間にわたる本実践によって確かめられた。指導に当たって意図したことは以下の点であった。

○ 2年間のどの単元においても「はじめ―中―終わり」の枠組みを繰り返し意識させた。例えば、「中」を読む際には「はじめ」「終わり」で述べられている事柄との対応、整合性を確かめながら授業を進める、などである。
○ 「中」を読む際には、設定された問題の説明や答えを具体的に捉えさせることを重視した。
○ 「はじめ―中―終わり」の展開構造をメタ的に把握させる学習活動を位置づけた。
○ 「はじめ―中―終わり」の展開のあり方を評価して書く活動を3年生から4年生へとふやしていき、論理の展開構造のメタ的把握の力をさらに高めるようにした。

対象とした８実践のすべてにおいて、各教材テクストの特性に応じた形で「はじめ―中―終わり」の展開構造を具体的に把握させるように努めた。それはテクストを全体的に捉える目を持たせること、そしてその全体的な把握との関連で「はじめ」や「中」「終わり」の各部分のあり方を検討させようとすることを中核的な指導の内容とすることでもあった。また、こうした継続的な取り組みによって、徐々に学習者の中にメタ認知的知識としての方略の知識やメタ認知的活動としてのメタ認知的モニタリングの機能を促進する要素があることもうかがい知ることができた。
　こうした論理の展開構造としての「はじめ―中―終わり」のあり方に着目した学習指導は、指示語や要約指導等の画一的な内容に終始しがちな中学年段階の説明的文章の授業を改善していくための有効な方法ともなり得ることが示唆された。
　論理展開の中核をなす「中」の部分の展開構造としては、本実践で取り上げたように類比的、対比的、因果関係的なものの他にも様々なバリエーションが考えられる。そうした「中」の展開構造のバリエーションに対応する学習指導のあり方を求めていくことが、説明的文章の学習活動を多様で、学習者にとって知的興味を喚起するものへと変えていくことに通じる。

第5章 「要素構造図」の改善内容に寄与する実践

第3節　高学年における論理の展開構造のメタ認知を促す学習活動

第1項　各実践におけるメタ認知活動の構想

　本節で取り上げる6年生の実践例は、論者が1998年度に行った「人間がさばくを作った」（6月実践）、「足あとが語る人間の祖先」（10月実践）、「二十一世紀に生きる君たちへ」（2月実践）の三つである[14]。これらの実践に位置づけられた展開構造をメタ的に捉える学習活動は、以下のとおりである。（いずれの実践も、いわゆる三読法的な学習指導過程をとっている。）

「人間がさばくを作った」（6月実践）
　〇人間が砂漠を作ったことを読者に納得させるための「筆者の書き方の
　　作戦」（序論―本論―結論の組み立て方）を探る。　　　（第二次）
　　・毎時間（計4時間）の話し合い学習のまとめとして「筆者の書き方
　　　の作戦」を解説して書く。
　　・4時間分の「筆者の書き方の作戦」を集約し、再構成して「筆者小
　　　原氏の『読者を納得させるための書き方の作戦・まとめ集』」を書
　　　く。
　〇友達が書いた「書き方の作戦・まとめ集」を筆者小原氏になって数編
　　読み、感想を書く。　　　　　　　　　　　　　　　　（第三次）
　本実践では、「筆者の書き方の作戦」という形で読解した内容を解説して書く活動を位置づけた。これは、第二次の読解（人間が砂漠を作ったことを読者に納得させるための「筆者の書き方の作戦」を探る活動）の1時間ごとのまとめとして書くものである。解説する形式をとることで、「筆者の書き方の作戦」＝文章の展開構造のあり方を客観的に捉える、すなわちメタ認知することができると考えた。
　さらに、こうして1時間ごとに解説したものをまとめ、再構成して解説

すること（＝「筆者小原氏の『読者を納得させるための書き方の作戦・まとめ集』」を書くこと）を位置づけた。これによって、細切れに捉えられていた「筆者の書き方の作戦」が、まとまったものとして対象化され、意識化されることを期待した。

　続く第三次においては、ここまで読者の立場で文章の展開構造について解説していたものを、今度は筆者の立場での解説・検討へと変換させた。つまり自分以外の学習者が書いた「書き方の作戦・まとめ集」を読んでの感想（展開構造に関する解説の解説）を書くことにした。これによって、文章を産出した当事者の意識をもって、より客観的、自覚的に「筆者の書き方の作戦」＝文章の展開構造に関するメタ認知が強化されると考えた。これら一連の学習活動は、三宮真智子（1996）の言うメタ認知的知識の中の方略変数に関する知識を獲得させる機能があるものとして位置づけた[15]。

「足あとが語る人間の祖先」（10月実践）
　○5年生以降の既習の説明的文章5教材と比べながら、筆者の文章（考え方や書き方）をチェックする。　　　　　　　　　　　（第二次）
　　　・「序論―本論―結論」のあり方を中心に検討する。
　　　・時間ごとに（計2時間）チェック内容を短作文にまとめる。
　○学習したことをもとに「読者によくわかる説明文の条件」をまとめて書く。　　　　　　　　　　　　　　　　　　　　　　（第三次）

　この実践では、第二次において既習のテクストの展開構造と比較する学習活動を設定した。既習テクスト5教材をプリントして配布し参考にさせたが、学級全体で共通して比較するテクストとしては、6年生1学期に学習した「人間がさばくを作った」とした。学習課題も「これまで読んできた他の説明文と比べながら、井尻さん（筆者のこと―論者注）の文章（考え方や書き方）をチェックしよう」とし、先の「人間がさばくを作った」の場合と違い、展開構造のあり方そのものを直接的な学習課題とした。

　こうして既習テクストの展開構造を想起し、読み進めているテクストの展開構造と比較する学習活動は、三宮（1996）の言うメタ認知的知識の中

第5章　「要素構造図」の改善内容に寄与する実践

の方略変数に関する知識の獲得、ならびにメタ認知的活動のうち、主にメタ認知的コントロールの能力に培うことにつながると考えた[16]。

続く第三次では、メタ認知的知識の中の方略変数に関する知識をより定着させるために、第二次で得られた展開構造の知識を「読者によくわかる説明文の条件」として解説して書く活動を設定した。

「二十一世紀に生きる君たちへ」（２月実践）
　　○筆者の思いや願いを読み取る。　　　　　　　　　　　　（第二次）
　　　・「発見！筆者の思いや願いはこれだ！」を毎時間（計６時間）の話し合いのまとめとして書く。
　　　・６時間分の「発見！筆者の思いや願いはこれだ！」を集約し、再構成してまとめの「発見！筆者の思いや願いはこれだ！」を書く。
　　○筆者になって、まとめの「発見！筆者の思いや願いはこれだ！」を読んでの返事を書く。　　　　　　　　　　　　　　　　　　　　（第三次）

この実践では、上記２実践のように「筆者の書き方の作戦」を発見し解説して書く活動や既習のテクストの展開構造と比較する活動など、展開構造の検討を前面に出すのではなく、論説文という本テクストの内容的特性に即して、筆者の思いや願いを読み取ることを中心的な学習活動とした。すなわち、第二次の読解内容を１時間ごとに解説して書くこと、それらをまとめて再構成して解説文を書くこと、さらに第三次で読者の立場から筆者の立場へと転換し、第二次でまとめた解説文を読んでの解説（返事）を書くことなど、学習活動の基本的な枠組みは６月実践の「人間がさばくを作った」と同様とし、「筆者の書き方の作戦」を探るというめあてを「筆者の思いや願い」を読み取るというめあてに変更した。１年間の説明的文章の学習のまとめの単元として、読みの内容を深める過程で、文章の展開構造に着目する力、既習の展開構造を想起し、それと比較しながら読む力などを機能させ、展開構造をメタ認知する力に培うことを期待した。

以下では、これら３実践の概要ならびに結果を示し、説明的文章の展開構造のメタ認知を促す学習指導方法について具体的に考察する。

第2項　実践におけるメタ認知活動のありよう

1　「人間がさばくを作った」（6月実践）

　次に示すのは、第二次「人間が砂漠を作ったことを読者に納得させるための『筆者の書き方の作戦』を探ろう」の学習において、序論、本論の各部分を検討した各時間ごとの終末段階で書いたＥ子の「これが筆者小原氏の書き方の作戦」の解説文である。（下線引用者、以下同じ。）

＜第二次第１時（序論部分の検討）＞
「読者をあっと思わせて納得させよう」作戦
　　　<u>読者をあっと思わせて納得させようというのは、序論で割と問題をたくさん書き、本論から読む人を納得させることなんだけど</u>、納得させるためには、かなり人間が砂漠を作ったという理由を書かなければわからない。だけど小原さんは読者をあっと思わせ、納得させる理由をたくさん書いているのでよい。

＜第二次第２時（本論部分の検討）＞
「合いことば、『つり合い』まとめ」作戦
　　　まず私は、<u>⑦段落の「つり合い」ということばは、⑥段落の「えものがふえれば……。」というところとセットで書いているから</u>、白人たちが来る前まではよかったんだという<u>区切りがはっきりとわかり、そうしたところで、次のインディアンのところに書きつないでいくそのまとめ方がうまい</u>と思ったから、合いことば「つり合い」まとめ作戦ということだと思う。

　下線部分に見られるように、第１時では序論と本論の機能、接続のあり方を述べた上で、本テクストの序論の書きぶりを肯定的に評価している。また第２時では「つり合い」をキーワードと捉えて、その前後の内容を対比的に置いて際立たせ、後の内容へつなげていくという本論の展開のあり

方について評価している。いずれも展開構造についてのメタ認知がなされていると思われる。

　この後も、第3時で結論部分の検討を同様に行い、次の第4時では、学習者から曖昧な表現だと指摘があった「アメリカだけではない。いろいろ調べてみると、我々人間は、世界の各地でさばくを拡大したり、さばくとなる原因を作ったりしたらしい」という締めくくりの部分を取り上げ、新たに⑮段落を付加するかどうか、付加するのであればどのような内容が適切か考えさせた。

　付加するとしたE子は「そして、あと一つ、今でも私たちは砂漠を拡大しつつある。これを心において、これから私たちはどうしていき、この人間が砂漠を作ったという事実をどう解決していくのか考えてみてほしいと思う」と記した。やや概括的ではあるが、E子としては、結論部としては原文のように言いさしではなく、明確にまとめるべきだという考えにもとづいた結果であると考えられる。

　一方、このままでよしとする意見には「筆者はあえて⑭段落で終わっているわけだし、結論の決定づけのことは、本論で言っている。本論で十分読者は納得できる。砂漠になっていく様子を順を追って書いていっているから、読者もこれで納得する。結論がそんなにだらだらと長かったら読みづらい」（S子）のように、本論部の展開の妥当性と結論部の簡潔性を主張したものも見られた。「筆者の書き方の作戦」について検討する学習が、文章の展開構造のあり方への意識を高めていることがうかがえる。

　続く第二次5時では、第1時―第3時までの「書き方の作戦」の解説文を集約する形で、筆者に呼びかける形式をとって書く活動を設定した（「筆者小原氏の『読者を納得させるための書き方の作戦・まとめ集』」）。E子は、次のように書いた。

　　（前略）まず私がいいなと思った作戦は、最初の書き出しです。他の説明文とは違い、「次のような事実がある」というように書き出しているところから、私はどんな事実なのかと不思議に思いました。こん

なふうに始まっている説明文は初めてで、小原さんなりの作戦だと思い、とてもいいと思います。あと、⑦段落から白人が出てきて、いろいろとここも話し合って、「つり合い」ということばは、⑥段落の最後の方の「えものが増えれば食う方も……。」という文とセットにまとめるとすごくいいと思いました。そして、⑥段落のそこがあるから、⑦段落の「つり合い」ということばが出てきたのだと思います。そこで次に持っていくという持って行き方についても、すごくいい作戦だと思うし、うまいと思いました。（後略）

　表現形式の側面からテクストを批判的に検討した読み方（学習活動）がE子にとって新鮮であったことがうかがわれる。肯定的な評価でまとめており、筆者の存在を明確に意識し、論の展開に着目した意欲的な読みが推進された。
　さらに第三次では、読者から筆者へと立場を転換させ、書き方をメタ的に捉えさせようと意図し、「筆者小原さんになって『書き方の作戦・まとめ集』を読んだ感想」を書く学習活動を位置づけた。E子は、以下のように書いた。

　　まず、私は特に小まとめや大まとめを途中に付けることに気をつかってみましたが、見事にそのように伝わっているということがわかり、うれしく思いました。あと、最初の書き出しにも普通の説明文とはちょっと違うタイプで書いてみたつもりだったのですが、まずまずといった感じみたいでしたが、特に気にしません。
　　あと、もう一つは、みなさんもあまりわからなくてとまどってしまった「結論」部分ですが、実をいうと、私はあそこが一番悩んだところだったのです。⑮段落をつけようとも思いましたが、みなさんが書いていたように、わかりにくいとか、書かなくても分かるような気がして、結局書かなかったのですが、ダメだったみたいですね。今度から書くときには、結論部分をもっとしっかりまとめて書こうと思いま

した。
　あと、最後に白人とインディアンを出したところは、みんないい作戦だったと認めてくれたみたいで、とてもうれしかったです。

　授業で話題になったことの中から、論の展開としての内容のまとまり、読者をひき付ける書き出しのあり方、主張を明確にするための結論部のあり方等を取り上げ、書き手としての意識に基づいて的確にまとめている。第二段落の結論部のあり方に関しては、表現の曖昧さを筆者の苦労、悩みとして捉え、改善が必要であると判断しており、さらには「今度書くときには」と、自己の表現のあり方に資する意識も見られる。
　これら第二次の「まとめ集」と、第三次の「まとめ集」を筆者の立場で読んだ感想、2種類の作文の内容を見ると、第二次の「筆者の書き方の作戦」を探る学習において部分的に捉えてきた展開構造の特徴をつなげて再構成していることがうかがえる。「筆者の書き方の作戦」を探るという課題が機能し、本テキストに特有な書き出しに着目したことや、結論部の曖昧さを問題にしたこと、対比的な本論部の展開のあり方を評価したことなどを通して、説明的文章における序論部、本論部、結論部それぞれの役割を意識化することができた。また第二次では読者の立場で、第三次では筆者の立場でというように、異なる立場で「筆者の書き方の作戦」を追究したことも文章の展開構造を対象化し、確認することに有効に作用したと考えられる。いずれもメタ認知的知識の中の方略変数に関する知識に培うことにつながったと思われる。

2　「足あとが語る人間の祖先」(10月実践)

　以下に示したのは、「これまで読んできた他の説明文と比べながら、井尻さんの文章（考え方や書き方）をチェックしよう」というめあてによる第二次の学習の第3時、結論部のあり方との関連で本論の展開について学習した時間のまとめの作文例である。

ぼくは井尻さんの文章（本論）は、いいと思う。小原さんの文章も違うけど、③段落からの盛り上げ方だと、とてもいいと思う。それに、本当の本論をわかりやすくするために、⑥〜⑩段落はあると思うし、本当の本論は、井尻さんの言いたかったことがあったと思うから、これはこれでいいと思った。
　だけど、共通点もある。小原さんと井尻さんの文章は、途中で話題が本物らしくなることです。小原さんは⑦段落、井尻さんは⑩段落で、とてもわかりやすくするいい方法だと思う。（Ｙ男）

　ぼくは、「人間がさばくを作った」の小まとめ式もいいけど、井尻さんの書き方もいいと思う。それは、井尻さんは、⑩段落で言い切ってしまわずに、少し疑問みたいにすることによって話しの内容ががらりと変わっておもしろくなるから、井尻さんの書き方もいいと思う。
　ぼくは、「人間がさばくを作った」の書き方も「足あとが語る人間の祖先」の書き方も、違っていていいと思った。（Ｍ男）

　これらを見ると、授業で話題になった本論の展開の仕方について、Ｙ男は「盛り上げ方」という捉え方をし、二人の筆者の共通点を「途中で話題が本物らしくなること」と指摘している。本論を二つに分割して述べる方法についての有効性を認めてのものだと思われる。Ｍ男も両方評価しながらも、「足あとが語る人間の祖先」の書き方を取り上げ、単に分割するのではなく、部分どうしが連結して意味をなすことがよいのだと指摘している。いずれも本論の展開のあり方への意識の高まりがうかがえる。
　本テキストの場合、本論は大きく二つに分かれ、前半部（⑥〜⑩段落）は、エチオピアで発見されたアファル人が骨の化石から二足歩行が可能であると考えられるが（つまり最古の人間の祖先であると考えられるが）、二足歩行した証拠がなかったことが述べられている。そして後半部（⑪〜⑱段落）は、リーキー博士たちの足跡の発掘によって、その２足歩行したことが証明された旨が述べられている。

授業では、後半部のリーキー博士の発掘のエピソードや、彼の推測が述べられていることは本論として必要かどうかということから、次に前半部は本論として必要かどうかへ話題が移った。その中で、序論の内容との対応で本論後半があること、本論が二つの部分で構成され関連し合っていること、無意味に思えていた本論前半が後半を展開するためには不可欠であること等の意見が続き、本論を二つの部分から構成し、展開することの意義に学習者は気づいていった。さらに、1学期に学習した「人間がさばくを作った」の本論の書き方と比較するよう指導者が促すと、本論の途中で一度まとめる書き方、本論で比較して述べること、本論を二つに分けて両者をつなげる展開などが着眼点として出された。こうした話し合いを経ることで、学習者には本論の展開構造のあり方をメタ認知することになり、その結果として上記のようなまとめの作文が産出されたのだと思われる。
　次に示したのは、第三次において「読者によくわかる説明文の条件」として1単位時間で自由記述させた作文例である。テクストの展開構造の総括的なメタ認知を促すことを意図した。

　　まず第一に、問いを出すこと。それも序論のところで出すと、これから本論で解き明かしていく問いになる。そうすると、読者は読みやすい。／ここで注意が必要。この序論で問いの答えを出してしまわないこと。(中略)／次に、進め方について。ここで「人間がさばくを作った」が、いい書き方をしている。このような書き方をすると進めやすい。／ここから、本論の書き方。だけど、本論は、いろんな書き方がある。一つ目は、先に悪いところを出して、後からいいところを出す(「流氷の世界」参照)。でも、これだけでは、あてはまらないものもある。／二つ目に、本論を分けるやり方(「人間がさばくを作った」など)。最初バランスがとれていることを出して、後から壊れていくことを出す。／簡単に言うと、分けるといいということ。ここでも、注意。読者の読みやすさを優先すること。読みにくいと、理解しきれないこともある。

最後は結論。ここで、本論をまとめる。「足あとが語る人間の祖先」のようなまとめ方をすると、ダメ。そして、最後に筆者（自分）の考えを書く。自分は、どう考えているかを書くといい。／まとめとして、これは基本なので、これに手を加えると、いい説明文になると思います。（S男）

　読者にわかりやすい説明文というのは、人それぞれ違います。その中で、ぼくは今まで読んできた何個もの説明文のすべてといっていいような条件が、本論が二つに分かれているということ。本論が二つに分かれていると、例えば「足あとが語る人間の祖先」では、前半に疑問が出てきて、後半でその疑問を解決する。この書き方は、後半の疑問を解くカギがよくわかるので、いいと思いました。／もう一つの例は、「人間がさばくを作った」というのがあって、その本論の書き方は前半に砂漠となる前の大草原のころのことが書いてあって、後半に砂漠になっていってしまった理由が書いてあります。この文は、前半の大草原の話の後に砂漠になっていった過程が書いてあるので、理由がよくわかりました。／この二つの例から見ると、本論を二つに分けることによって、題からの話の大幅なことがよくわかります。前半後半で正反対のことを書けばよりわかると思いました。／もう一つは、序論、本論、結論のつなぎ方をうまくすること。ぼくが読んできた中で下手なのはなかったけど、考えないとわかりにくいものもいくつかありました。「足あとが語る人間の祖先」では、リーキー博士の結論を書くときに、「このような結論を出しました。」と書いてあります。この書き方は一番単純だけど、次が結論だなととすぐにわかります。／ぼくは、この二つが、一番の条件だと思います。説明文で一番大事な結論は、いろいろとまとめ方があるので、別にいいやと思います。条件は以上。（T男）

　S男は「よくわかる説明文の条件」は、本論が二つに分かれていること

であり、しかもその二つを「疑問―解決」または「対比的に述べる」という観点で展開することだ明言している。「人間がさばくを作った」という既習テクストの本論の展開構造を想起し「足あとが語る人間の祖先」の構造と対比することで既知の展開構造が再認識され、新しい展開構造も意識化されることになった。「疑問―解決」という大きな展開構造の中で、本論部の展開構造としては対比的な述べ方がわかりやすいというように、メタ認知的知識の方略的変数に関わる事柄が、１学期実践時より内面化していることがうかがえる。

　Ｔ男は「序論、本論、結論をしっかり書くこと」を条件にあげた。とりわけ本論の展開のあり方への意識が高まった。同時に本論が説明文の中核をなすのであり、その中核部分の展開の仕方に注意を払わないと理解が成立しない旨についても述べている。Ｓ男同様、本論を二つの事柄から構成し、先行する事柄がよくない状況で、後続の事柄がそれとは対比的によい状況を述べること、またその逆の展開類型も存在することを捉えた書きぶりになっている。こうして展開構造の基本的な枠組みがメタ認知できていれば、それは説明的表現の際にも有効に作用するものと考えられる。

　また、他の学習者の作文例には序論部分の展開のパターンについて「問いかけ型」と「言い切り型」の二つを指摘するものもあった。こうした書き出しの展開構造がメタ認知できていれば、初読段階から、序論では筆者が何を述べようとしているのかという構えで読み進めることができる。

　以上のように、本実践では、展開構造のあり方そのものを直接的な学習課題としたことが、既習テクストの展開構造と比較するという手だてによって機能し、学習者のメタ認知を促進した。これには１学期の「人間がさばくを作った」におけるメタ認知を促す学習活動が基盤となっていると考えられる。

３　「二十一世紀に生きる君たちへ」（２月実践）

　次に示すのは、第二次で筆者の願いや思いを読み取る学習の５時、本論後半部分を対象とした学習のまとめとしてＲ子が書いた「発見！司馬さん

(筆者のこと―論者注）の願いや思いはこれだ！」である。（四角囲み数字は大段落を指す。）

　　　私が思うに⑨段落は、いると思う。⑨段落は「たのもしさ」というのが書いてある。（中略）この「たのもしさ」というのは、司馬さんが⑦～⑧段落で書いたものをあわせた"もの"であって、これは、後半、つまり⑦～⑨段落までのまとめであると思います。⑦段落も⑧段落も小さなまとめがあるけど、⑨段落は大きなまとめだと思います。

　R子は、⑨段落を本論後半部分のまとめの段落だと位置づけた。読者に対する筆者の願いである「たのもしさ」を身に付けるということは、⑦、⑧段落を⑨段落でまとめる形で述べられていると捉えたのである。この部分の学級全体での話し合いは、筆者の願いや思いに迫るために次の三つの観点で展開した。①なぜ筆者は「自然への態度」と「自己の確立」の二つの事例を示しているのか、②もし二つの事例のうち一つだけでも筆者の主張は納得できるか、③事例の出し方の順序が逆なら不都合が生じるか、である。いずれも事例の展開の仕方を問題にすることで、筆者の願いや思いを明確にさせるとともに、本論の展開構造への意識化をねらった。
　例えば、①の観点については、「大きく分けて自然と自己とのことを書いているので、自然っていうのは勝手に変えられないし、自己は自分が変わらないと変わらない。変わらないといけないのは人間だから、人にこだわって書いている」「人間は一人では生きられないということを、前半部分も後半部分も書いている」など、本論が二つの部分で構成されながらも、人間は孤立しては生きてはいけないということが共通的に述べられている、という内容の意見が出された。また②については、「自然と人間の助け合いが二つ重なって、やっと生きていけるっていう感じで本論も書いてあるから、前半と後半がなければ、最後の結論は出せない」など、本論の二つの部分の関係性について着目する意見が見られた。

第5章 「要素構造図」の改善内容に寄与する実践

　このように書きぶりから筆者の願いや思いを探り、作文にまとめる学習は、序論、本論、結論の順に計4回行ったが、それらをまとめる形で「まとめの『発見！司馬さんの願い・思いはこれだ！』」を書く活動を位置づけた。R子は次のように書いた。

　（前略）本論のところでは自然に対していっぱい書いていて、よく「自然は大切だな。」と思えました。それにいたるところで小まとめをしているのもいいと思いました。／あと前半と後半のことで、ちゃんと分かれていてよかったし、前半では自然は大切だってことと、人間は自然の一部だとかそういうのがいっぱい書いてあって、後半は人間は支え合って生きなければならないっていうのと、これから生きていくためのこととして、自己の確立のこととか「助け合う」「いたわり」「他人の痛みを感じること」「やさしさ」、そして、すべてが重なり合った「たのもしさ」というのを書いている。このことを二つに分けたから、このように分かりやすく、しかも別の意味のことが一つになったんだと思う。（後略）

　本論を2分割して述べることのわかりやすさを強調し、4回分の学習をよく振り返り、まとめ直している。テクスト全体を視野に入れ、展開構造のあり方と内容（筆者の主張）のあり方とを関連づけて捉えていることがうかがえる。全体と部分との関係を把握した読み方、表現形式と内容とを統合した読み方がなされていると考えられる。
　この後、筆者の司馬さんになったつもりで、このまとめを読んでの感想を書く活動を設定した。6月の「人間がさばくを作った」と同様な観点での学習であり、読み手側から見ていたテクストを表現者の立場からチェックさせ、展開構造のメタ認知を促そうというものである。R子は次のように書いた。（枠なし数字は小段落を指す。）

　（前略）私の願いや思いをよく分かってくださってありがとう。（中

309

略）みなさんは、私は論説文を書いて、「あとがき」や「前がき」を書いて結論、つまり大きなまとめを書いていないと多くの人が書いていたが、それは違う。私は⑩段落のところの54段落と55段落でまとめを書いた。それに⑨段落のところの最後でもちゃんと大きくまとめた。そして何より、いたる場所での小まとめも、そのために書いたものである。（中略）うれしいのは、みなさんが、私の書いた内容、本論についていろいろほめてくださったことです。／本論部分で、私は自然のことを深く、またしつこくも書いた。そのことでみなさんは自然のことに対して深く関心を持ってもらえたと思う。私の書いた「自然の一部にすぎない人間」のことや、また素直な考え方もしてくれたと思うし、私もそのことについて、とても考えてほしかったので、うれしい。（後略）

　授業で話題になった論の展開の仕方について、とりわけ結論のあり方について記している。まとめはなされていること、部分的なまとめをつなげて最終的な結論に導いていることについてのR子の評価的な読みのありようを見ることができる。
　このように、本論の展開において大きなまとまりにはまとめの段落を置くものであり、そうすることでまとまりどうしが対比されたり関係づけられたりして説得力を増す展開になることは、6月実践の「人間がさばくを作った」に始まり、10月実践の「足あとが語る人間の祖先」においても確認できたことであった。本実践では、筆者の願いや思いを探ることを中心に学習を展開したが、先の2実践でメタ認知した展開構造のありようが本単元でもR子に意識され、筆者の認識内容とテクストの展開構造とを対応させて読み取ることにつながるとともに、方略変数としてのメタ認知的知識やメタ認知的コントロールの力に培う学習になったと思われる。
　ここまでに取り上げた実践事例の考察内容ならびに結果の概要を表5-1に示した。

第5章 「要素構造図」の改善内容に寄与する実践

表5-1 取り上げた実践事例の考察内容ならびに結果の概要

	「人間がさばくを作った」（6月実践）	「足あとが語る人間の祖先」（10月実践）	「二十一世紀に生きる君たちへ」（2月実践）
実践の目的	方略変数に関するメタ認知的知識の意識化。	方略変数に関するメタ認知的知識、及びメタ認知的コントロール能力の自覚化。	方略変数に関するメタ認知的知識、及びメタ認知的コントロール能力の主体的な発揮。
実践の方法	学習した展開構造の内容を解説して書く。	既習テクストの展開構造と比較する。	内容を読み深める過程で展開構造に着目したり、既習の展開構造と比較したりする。
実践の手段 ※②は第二次、③は第三次の学習活動を示す。	②「筆者の書き方の作戦」及び「筆者の書き方の作戦・まとめ集」を解説して書く。 ③上記「まとめ集」を読んでの感想を書く。	②5年生以降の五つの既習テクストと比べ、考え方や書き方をチェックし、結果を書きまとめる。 ③「読者によくわかる説明文の条件」を書く。	②筆者の思いや願いを読み取り、毎時間短作文にまとめる。また、それらを集約・再構成して書きまとめる。 ③再構成した作文を読んでの返事を筆者の立場で書く。
実践の結果	・部分的に捉えた展開構造の特徴の関連づけ、再構成。 ・序論、本論、結論、各部の役割の意識化。	序論部の問いかけ型及び言い切り型、本論部における疑問─解決型、及び対比型の展開構造の発見・認識。	・6月、10月実践で確認した本論部の展開構造としての対比、関係づけの再認識。 ・筆者の認識内容と展開構造との対応の再認識・納得。

第3項 展開構造のメタ認知能力育成の観点から構想するカリキュラム

　以上、第1、2項で考察した三つの実践例では、学習課題そのものに書きぶりや展開構造を検討する内容を位置づけた実践（「人間がさばくを作った」「足あとが語る人間の祖先」）もあれば、内容的な学習課題を設定した実践（「二十一世紀に生きる君たちへ」）もあった。しかし、いずれにしても授業過程で内容的な認識を深めるために展開構造のありようを検討するという基本的な相互学習のスタイルは共通していた。そこでは、結論部分の補足の仕方や、事例の展開の仕方などについて意見交流がなされ、自己のテ

311

クストの捉え方の確認や修正が行われた。山元隆春（1994）は、メタ認知の能力と読みの「方略」との関連性を指摘した上で、協同した読みの学習を進める中で他者のことばによって自らの読みをモニターしてもらい、そのことの累積によって読みの「方略」の理解が促されるとしているが[17]、今回の実践では学習課題が有効に作用し、話し合い活動は内容の読みと展開構造の読みとが相即するものとして行われ、メタ認知的な読みの促進に機能したと言える。またそうした話し合いのまとめとして、学習した内容を解説して書く活動を継続的に設定したことも今回の実践の特徴であった。話し合い学習の過程では、上述したように他者によるモニター機能が働くが、それでも得てして話し合いそのものに終始することが少なくない。しかし、解説して書く活動は、そうした話し合うことに没入している次元の読みを客体化し、展開構造の効用や問題を自覚的に捉える機会を提供することになっていた。

　さらに書く活動としては、6月と2月の二つの実践では、第二次で読者の立場から、第三次では筆者の立場からというように、立場を転換して解説させた。筆者の立場からといっても筆者そのものにはなれないわけだが、山元の言う自らを見つめるもう一つの意識の存在と「方略」概念とは密接な関係があることを考えると、立場の転換による解説して書く活動は、自己の中で読み手としての自己と、書き手としての自己を意識させ、自覚させることに機能する有効な手だてであると思われる。

　もう一つの特徴としては、実践の順序性があげられる。6月実践では書き方そのものを、10月実践では既習テクストの展開構造との比較を、2月実践では筆者の認識内容を学習課題の対象とした。メタ認知的知識やメタ認知コントロールに関わる技能を促進する点では、10月実践でメタ認知そのものを学習課題としたことが効果があった。すなわち、6月実践で意識化されたメタ認知の内容が、10月実践で直接的に、明確に自覚化されたことによって、2月実践で学習者は無理なく展開構造に関する読みを行えた。こうしたメタ認知そのものを直接的な学習課題とするタイプの実践は、画一的になることも考えられ頻繁には位置づけられないが、メタ的

にとらえることを意識化させるために、カリキュラムの中間的な位置に置くことが考えられてよい。
　こうした順序性への配慮は説明的文章の学習指導、ひいては国語科学習指導の年間計画の考え方に反映させることができる。メタ認知能力育成の観点からカリキュラムを構想し実践する際の考え方、方針として位置づけていきたい。
　展開構造のメタ認知に関する知識や技能は、様々な方法による継続的な学習指導によって習得される。ここでは6年生を対象としたが、発達段階に対応した学習指導法を多様に開発することが重要である。

第4節　自己の考えを形成する読みを促進する学習指導
　　　　―批判的読みの観点から―

第1項　自己の考えを形成する説明的文章の読み
　説明的文章の読みのあり方は、筆者（文章）を絶対視し、述べられている事柄を正確、無批判に受容する読みから、読者の主体性を重視し、筆者の考え方に対する批判性や納得性を強調する読みへとシフトしてきている。すなわち、森田信義（1989）の「確認読み」から「評価読み」へという提案[18]、植山俊宏（1995）の「ことばを実感的に理解し、そこからすじみちを実感的に認識し、納得を得ていくという説明的文章の実質的な読みのあり方」の提案[19]、寺井正憲（1996）の「読み手の独自な世界の構築」を意図する読みの提案[20]などである。また長崎伸仁（1997）も、森田の評価読みや植山の納得の読みに相当するものとして「ある時は、教材や筆者から学び、またある時は、教材を厳しく捉え、筆者の意見や判断などに対して、学習者自らが真正面から関わっていく」とする「教材を突き抜ける読み」を提案している[21]。これら一連の提案は、説明的文章の読者としての自立を促すものであり、読者各自が自己の考えを形成しながら、読み（学び）を拡充、深化することを求めるものである。
　本節では、こうした自己の考えを形成していく説明的文章の読みのあり方について、論者による6年生での授業記録をもとに検討し、考察を加えることにする。

第2項　実践の方法
(1)　教材
　本実践で使用した教材は「外国の人と理解し合うために」（佐竹秀雄、1995年度版大阪書籍「小学国語」6下所収）である。この教材は、コミュニ

第 5 章　「要素構造図」の改善内容に寄与する実践

ケーションの図り方そのものを題材にした説明的文章で、序論―本論―結論からなる。文章の概要としては、まず序論部では、知らない国の生活や文化に触れたり、来日した外国人とじかに接する機会が多くなったことを指摘した上で、外国人との行き違いや誤解をなくし互いに理解し合うには、どういうことに気を付ければよいかという問題を提示する。そして本論部では、言語、身振り、当該国の考え方や表現の仕方についての知識、習慣を理解することの重要性を順次指摘し、唯一正しいというやり方はないこと、相手の立場を思いやる心を持つことが相手を理解するためには必要であることを述べる。結論部では、異なる見方、考え方を受け入れるだけの心のやわらかさを持ちたいことを提案し、終わっている。

(2) **対象**

兵庫教育大学附属小学校第 6 学年 3 組吉川芳則学級（男子 17 名、女子 15 名）

(3) **実践期間**

1998 年 9 月中旬

(4) **目標**

・他者とコミュニケーションを図る際に考慮すべき言語、身振り、文化（習慣）の問題について、自己の生活経験や既有知識をもとに考えることができる。

・筆者の考えについての評価（自己の考え）を適切に表現することができる。

(5) **学習指導過程**

本単元の学習指導過程は「既有知識とのずれを知る―筆者の発想・考え方を探り、自己の考えを創出する」という流れで、全 4 時間扱いとした。基本的には、教材本文に対する自己の感想や意見を書き、そこで産出された文章もテクストとして学習を展開するというスタイルを取った。

第一次：「既有知識とのずれを知る」段階

＜第 1 時＞

本教材は投げ入れ教材であったため、まず本文を読む前に、本文と同様

315

な題名「外国の人と理解し合うために」を提示し、それについての自己の考えを書かせた。書いた内容については、グループ等で交換し読み合うようにさせた。
＜第2時＞
　前時に書いた作文内容について数名分を紹介した後、本文を通読し、再び「外国の人と理解し合うために」という題で作文を書く活動を位置づけた。
第二次：「筆者の発想・考え方を探り、自己の考えを創出する」段階
＜第1時＞
　前時に書いた作文の中から、本文にも取り上げられている言語、身振り、文化の問題に関わって、理解し合うことの難しさを指摘している作文例を紹介し、それらをもとに本文の内容、筆者の考え方について学級全体で学習を展開した。
＜第2時＞
　前時に引き続き、理解し合う際の言語、身振り、文化の問題を本文の内容と対応させながら学級全体で掘り下げて追求させた。

第3項　実践の結果と考察

1　第一次における学習者の意識について
　本稿で考察の対象とするのは、第二次2時間分の学級全体での授業記録であるが、前段階である第一次の学習ぶりは以下のようであった。
　この段階では、本文と同様な題名「外国の人と理解し合うために」を提示し、それについての自己の考えを書かせた。その内容としては「ことば（英語）を覚える」「文化の違いを感じる」「挨拶をする」「体（動作、身振り、表情）で表現する」「互いにじっくり聞き合う」「当事国（者）の考え方もあることを分かる」「笑顔を大事にする」「心が大切」などであった。中でも最も多かったのが、ことばとりわけ英語を学ぶということだった。非言語コミュニケーションの意義に触れているものはわずかであった。学

習者にとってのコミュニケーションの方途とは、やはり言語であり、挨拶、笑顔などの礼儀を重んじるというレベルであることがうかがえた。

2 第二次における学習者の読みの展開について
(1) 第1時の学習

　授業は、第一次の通読後に書いた作文の中から以下のものをプリントして配布し、これらについての意見を述べることから始めた。（下線は引用者。児童名は男女の区別を文字を伏して示した仮名。以下同じ。）

　　<u>私は、本当に難しいと思う</u>。それは、外国の人は、外国で、いろんな話し方がある。でも、向こうとこっちの身ぶり手ぶりで勝手に失礼なことをしている。でも、それは、向こうも<u>日本とはちがった言い方、文化とかなので</u>、両方とも勝手に人はしている。でも、しゃべり方がわかっても、この本を読んで、話の仕方で「この人ダメやなぁ。」とか思われて、きらわれたりする。つまり、<u>例えばアメリカと中国がわかり合おうとしても、それは無理だと思う。一番の理由は、向こうは中国の礼儀を知らないし、中国は中国で、アメリカのことなど、いっこも知らないから、理解し合うのは、とうてい無理</u>だと思います。
　　　　　　　　　　　　　　　　　　　　　　　　　（梨子）

　　説明文を読んでみると、理解し合うのは不可能なことではないと書いてあるけど、自分の国の礼儀を外国の人に知らせればいいというだけで、これはおかしいなどの言う権利はないと思う。<u>その国はその国ですればいいんだし、そんなに簡単に国のきまりを変えようとしても変えられないから、不可能なことはないけど、むずかしいと思う。</u>
　　　　　　　　　　　　　　　　　　　　　　　　　（太郎）

　　ぼくは「外国の人と理解し合うために」という本を読んで思ったことは、国によって違う考え方だった所は賛成だったけれど、<u>国によっ</u>

317

て違う身ぶりだったのは初めて知りました。だから、身ぶりで知らせることも大切だけど、やっぱり英語を話すことが大切だと思いました。
　いろいろな国は、自分の考えが自然だと思っていたから戦争が起こるんだなということもわかりました。（航平）

　外国の人と理解し合うのは無理なことじゃなくても、考え方が違うせいで誤解を起こしてけんかみたいになってしまうのは困ると思う。
　けど英語、その国のことばを話すことができれば、その誤解をとくことはできるし、身ぶり手ぶりじゃ誤解はとけない。だから、外国の人と理解し合うためには、ことばを話すようになることがぜったいに必要だと思う。（亜希）

　これを読んで思ったことは、やっぱり通じ合うことはむずかしいということだ。それには、第一に、マナーが違うということで理解し合えない。
　それは、ある国では、食べる時に音を立ててはいけないが、日本では、音を立てるのは許されているし、宗教上の人はお肉を食べないのに、すきやきを出したりしたら失礼で、また、おかしいと思われるし、他にもジェスチャーで表したものでも、また違う意見で受けられたらいけないので、あまりジェスチャーはききめがない。（大介）

　梨子、太郎は文化の違いのために理解が困難なことを、航平、亜希は言語習得が不可欠であることを、また大介はジェスチャーの非有効性を指摘している。もちろんどの学習者も片方の手段だけで理解が図られるとは考えてはいないのだろうが、初読段階ではまだ一面的なコミュニケーションの捉え方が中心となっている。
　以下では、こうした作文内容に対する意見交流で展開した授業の一部を逐語記録を活用しながら示し、考察を行う。その際、学習者の発言につい

ては本質的な箇所を収録することとし、部分的に略した場合がある。また指導者の発言についても確認、促し、承認等の性格を有するものは原則として割愛した。逐語記録的な提示になるため、もどかしさがつきまとうが、実際の授業の中で、どのように学習者それぞれの個性的な読みが生成していくのか、その過程そのものを考察対象とすることが重要であると捉え、以下のような形式とした。これはまた、本教材がコミュニケーションを題材としている説明的文章であるという点でも、意義深いと考える。なおＣは発言者が不明であることを指す。

澄江：亜希ちゃんの意見にちょっと質問というか。ことばがわかっていても、あの、その国の言い回しとかを知らなければ、その時点で誤解を生じることがあると思う。だからことばが話せても言い方がわからなければダメだし。

幸男：澄江さんの意見で反対なんだけど、別にじゃ例えばアメリカの人と日本人だったら、日本の人はそんなに目をそらすタイプやけど、アメリカではじっと目を見て話すと書いてあってんやんか。やけど、自分の言いたいことをぱっと言えば相手の人は、それはそれでわかってくれると思う。

Ｔ１：今、一つ出てきてるのは言語のね、ことば〔注：言語と板書〕、ことばという、本の中に書いてある、ことばと、それだけではダメだっていってるのな。何？

Ｃ：言い回しとか。

Ｔ２：言い回しって何？

澄江：だから、これに書いてある友達とか、「外国の人と理解し合うために」の説明文の中で、日本人やったら、自分の子どものことほめられたら謙遜して照れるって書いてあって、（中略）その言い方がわかってなければ日本人でも、もし向こうに行ってたりした時に、そういう言い方がわかってなければ、ちょっとおかしいってことになるんだけれど（後略）

T3：えーと、佐竹さんは何て言ってるかな。言い方とは言わずに。
C：考え方や表現。
T4：佐竹さんはそういう言い方をしてるよね。それを、澄江さんは「言い回し」という言い方をした。そのことを考えなきゃいかんのじゃないかということね。

　ここまでで、亜希の作文を巡って、外国人とのコミュニケーションにはことばだけでなく、ことばについての考え方や表現の知識が必要であることが話題となった。以下、授業はこうした意見を踏まえて、グループでの活発な話し合いに入った。
　その後、先に示した大介の作文についての厚夫の「大介君の意見に賛成なんだけど、ジェスチャーのことで、ジェスチャーする人と受け入れる人の考えが違うから、ジェスチャーは効果がないと思う」という発言から学級全体での話し合いが再開した。ここで、大介の作文にあったコミュニケーションとジェスチャー、身振りの関係のことが話題に上がるわけだが、この後、大介の作文の書き方についての意見が出て授業はやや脱線し、ジェスチャーの問題は一時頓挫する。
　この後、半年間の限定でクラスに滞在中だったアメリカ人の女児の父母（父がアメリカ人、母がタイ人である）が結婚し生活している事実をもとに、習慣とか習わしとかを互い理解し合うことが必要であることやことばの問題としての方言についての意見が出た。ジェスチャーのことが取り上げられて来るのは、これらの意見が出た後、幸男の次の意見からである。

幸男：身振りは効き目がないって大ちゃん（大介のこと―論者注）は言ってるんやけど、アメリカはアメリカでハローとかわかってたらいいし、…（聞き取り不明）…ということが、ちゃんとわかっていれば、身振りの効き目は別にないことはないと思う。
T6：これ（注：考え方や表現の仕方のこと）がわかっていれば、身振り、これもまんざら捨てた物ではないっていうこと？〔黒板上の身振り、

〔ジェスチャーのことばを指して〕理解し合うためには、こんなもんなくていいと。
C：少しあった方がいい。
C：えー、いるでー、絶対。
C：少しぐらいいるわー。
大介：ジェスチャーは、そりゃあ、ちょっとはバイバイ（注：さよならの時の動作の意）が足しになるかもしれないけど、大まかな「今日学校へ行きました」とか言われたら、どうジェスチャーするんですか。そんじゃあ。
C：そんなんできひんわ。そんなん少しぐらい英語しゃべれるやろ。
C：ほんまや。
　言語によるコミュニケーション機能と、ジェスチャーという非言語によるコミュニケーション機能とに意識が向き始めているが、まだ二者択一的な観点での捉え方である。授業は、次の陽太の発言へと続いていく。
陽太：えっと、でもそれ（注：ジェスチャー）は絶対あった方がいい。だって日本人でも難しいものとか、わからないものだって、ジェスチャーした方がわかりやすいし、ことばだけであっても、すごい想像力とかだって不十分だから、絶対あった方がいい。
T7：ことばだけであっても、想像力っていうものが不十分なら、通じん（注：通じない、の意）。理解し合うこと、難しいから、だからそういう時にこれ〔ジェスチャーを指して〕が助けになると。ということでしょ。はい。
梨子：ジェスチャーとかいると思うやんかー。でも、それ勉強するっていうジェスチャーが難しかったら、こうやって物とか使って、これを見せてやったり、〔プリントをかざして〕絵とかを見せてやったりしたらいいと思います。
梨緒：やっぱり、ジェスチャーとか身振りとかいると思うんだよね。あのー、水筒とかの大きさとか聞かれたときに、何十センチとか何リットル入るとか考えないで、これぐらいとか言うやろ。そういうふう

に手で表すことしかできないようなこともあるから、そういうのとか、いると思います。
麻理子：だって絶対道聞かれたら、身振りとかジェスチャーとか少し入ると思うんだけど、そこの角、右に曲がってって言われてもわからんやん。
Ｔ８：口で説明したらえーやんね。あの向こうの黄色い何とかのビルのあるとこの角を右に曲がったらって。
麻理子：先生、今（注：ジェスチャーを）使ったやん。
修一：人間、考えんでもジェスチャー使ってしまうのや。意識せんでも勝手に。
Ｔ９：もうちょっと詳しく言って。
修一：先生のさっきでも、こうやって言いながら指さしてしまうし、何か言ったら、自分でもよーわからんなってたら、だんだん手使ったりジェスチャー……
裕也：お金ちょーだいって言いながらさー。
麻理子：〔手を後ろに組んで、じっとして〕「あれは中学校です」なんて、言われへんやんか。こうやってな。ジェスチャー使って、あれは中学校ですって言われへんやん。だからな、こうやって〔右手で指さす格好をして〕する。
Ｔ10：今みんなが話題にしているのは、これとこれ（注：ことばとジェスチャー・身振りのこと）のつながりを非常に問題にしているわけね。ことばだけでもダメだし、身振り手振りだけでも。両方やっぱりこういるじゃない。それが理解し合うということにつながっていくんじゃないかということ……。
Ｃ：なんか、よーわからんわ。
Ｔ11：なんか、よーわからん？　はい。今まで話しを聞いて。
礼子：やっぱりジェスチャーは、いると思うんや。しゃべってることをより詳しく話すためにもジェスチャーは使われるから、詳しくいろんなことを知ってもらうためにも、少しジェスチャーとかで表した方がわ

第5章 「要素構造図」の改善内容に寄与する実践

かりやすいと思う。

　ことばと想像力との関係で非言語コミュニケーションの意義を考えようとしている陽太の考えは新鮮である。コミュニケーションを考える枠組みが拡大していることがうかがえる。また麻理子や修一は、実際のコミュニケーション場面にもとづいて、言語、非言語の両コミュニケーションが不可分な関係にあることを指摘している。しかし、あくまでも具体例レベルでの気づきである。こうした気づきがメタ化される指導が、コミュニケーション技能育成のためには、次の段階の内容として必要である。
　とは言え、上記逐語記録に見られる学習者の読み（考え）には、まだ一面的、部分的であるものも多い。したがって、さらにもう1時間学級全体での話し合い学習を継続することにした。以下にその記録を示しながら、学習者の読みがどのように拡充し深化していったかを考察する。

(2) **第2時の学習**
　第2時は、プリントに印刷された前時の学習のまとめの作文の中から、まず以下の3人のものを読み、これらの作文内容についての意見をグループで交流し合い、さらに学級全体で話し合うことから学習を始めた。

　　（大介）みんな、ぼくは、ただ「あまりジェスチャーは使えない。」と言ったのに、まったくだめといったように言ってきたので、ちょっとおかしいと思った。
　　<u>ぼくは、やっぱりちょっとしたことだったら、ジェスチャーは通じるけど、あまり長いことばとかではジェスチャーは使い物にはならないと思う。そして、しゃべっていると、ジェスチャーはつきものだし、どうしてもしゃべりにくい場合は出てしまう。これは仕方がないが、他はいらない</u>と思った。

　　（純子）この授業で少し変わったのはジェスチャーのことです。<u>自分の考えと、大介君やこの佐竹さんが書いていたことは、比べてみる</u>

323

とちがいます。私は身ぶりで通じると思っていたけど、やっぱりことばをしゃべれないと身ぶりだけでは難しいと思います。それと最後、佐竹さんは心のやわらかさを持ちたいものであると言っています。それについては一番最初に考えた時と同じです。でも少し違うのは、ことばをしゃべれてマナーもわかって、そのうえ心も必要だということです。私はマナーはともかくことばなしでも通じるかと思っていたから、そこがだいぶちがうところだと思いました。

（麻理子）今日、みんなの意見を聞いて、私は、ジェスチャーがやっぱり最後には必要ってことがわかった。「ジェスチャーは、いらん。」っていう人がいたけど、いつの間にか知らず知らずのうちに、ジェスチャーは使っている。だから、ぜったいに今の世の中、話すには英語と身ぶりアンド（and の意―論者注）ジェスチャーが必要です。
　あと、心で通じ合うっていってた人もいたけど、それはちがうと思う。

　いずれもコミニュケーション場面におけることばとジェスチャー両者の関連が大切であることに触れており、その点では学習に深化が見られるが、言語重視、マナーや心の重視、ジェスチャー重視という視点を固持している。そこで、これらをもとに話し合いを進めることで、コミニュケーションについての考察が拡充することを期待した。以下、佑人の発言から示すことにする。

佑人：この班は、全員いらんっていうふうになったんだけど。
T 12：何が？
佑人：あの、ジェスチャーとかが。（中略）つい出てしまうのは別にして、長いのとか、そういうやつでは、ジェスチャーより言語…なってんけど。あの、言語が使われへんからジェスチャーを使うんだから、そういう長い文とかだったら、ジェスチャーも言語も無理だった

第5章 「要素構造図」の改善内容に寄与する実践

　　　ら、どう言うかってわかれへんから、まず言語の方が大切だと思
　　　う。
麻理子：長い内容はな、あかんって言うけど、それは長い内容なりに言語
　　　と、手振り身振り、ジェスチャーを足しているから、だから、あの
　　　……。
T13：前、昨日も言ってたことやんね。先生が突っ込まれたことやろ？長
　　　い、ま、今もそうですけど、こういうふうにこう、これはこれ、つ
　　　ながりがあって離せないものだから［板書にあることばと身振り・ジ
　　　ェスチャーの語を線で結ぶ］。
麻理子：プラスになっとるから。
T14：プラス？　何がプラス？
麻理子：だから、言語は、詰まったら身振り、ジェスチャーがあるし、ジ
　　　ェスチャーが詰まったら、少しは言語があるやん。だから……

　佑人が、言語優先の意見を出してきたが、これは二者択一的な考え方にとどまっている。もちろん非言語コミュニケーションの意義を全面否定しているわけではないのだろうが、相互関連よりも言語コミュニケーションにより価値を置いての発言と思われる。麻理子はそれを受けて、言語、非言語両者の相互補完関係を強調している。授業は、麻理子の発言の意図を解しにくい趣旨の質問が出たところで、弦太が説明の仕方を変えて、両者の関連性について指摘する。

弦太：だから、言語とジェスチャーというものには、切っても切れない縁
　　　があると。
麻理子：そう、そう、そう、そう！
弦太：言語だけがしゃべれても、わからないこともあるから、そこに少々
　　　のジェスチャーが出てきて、言語がちょっとしゃ…しゃべれ…あん
　　　まりしゃべれないときに、ジェスチャーを使ったりするから。（後
　　　略）

晴香：言語とかで行き詰まったときには、どうしても、あの、ジェスチャーとか出てまうし、例えば長いことばでも、えっとジェスチャーでけへんときには、ことばを使わんと通じへんから、さっきも言ったように、<u>使い分けたらすぐ伝わる</u>と思う。

　ここでは「切っても切れない縁」や「使い分けたらすぐ伝わる」などのことばで、言語と非言語のコミュニケーションの関連性についての考えを進展させようとしていることがうかがえる。さらに、続けて梨子が「10個のうちの5と5で半分やと思うんやんか、両方ともな」「いらんと、いるで、5…五つずつ分かれてるってこと」というふうに言語非言語との関連を割合、比率で説明しようとしてきた。つまり、コミュニケーションにおいては、ことば、身振り、どちらか一方が優勢というのではなく、イーブンの関係にあるのだという指摘である。これを受けて、指導者は次のように整理している。

T15：こう、5対5っていうのは、はっきり分けられないかもしれないけど、ちょっと<u>昨日聞いてるとね、読んでてもそうだったけど、これとこれと（注：ことばと身振りのこと）こう分けて考えるっていう感じはあったよね</u>。これ（注：ことば）は、こっちの方がいいとか、これ（注：身振り）はだめだとか、これは、こっち（注：身振り）の方がよくて、こっち（注：ことば）はだめだとか、どっちが大事だという感じだったけど、<u>今日ちょっと違ってた…違ってきたのは</u>、やっぱこれは……何、何やった？親戚じゃなくて……

C：縁。

T16：あ、縁か。<u>縁があるものなんだと。だから切っても、切り離せないところがあるというと。これが、ちょっと違ってきたね。きのうとはね</u>。（後略）

　コミュニケーションについての考え方が発展してきていることを意識化

第5章 「要素構造図」の改善内容に寄与する実践

させようと働きかけたものである。この比率を用いた考え方は、次の大介の発言からさらに進展を見せた。

大介：5対5って言ってるけど、ぼくはまだ、こう言語が7で、身振りが3やと思うねん。まだ、そういう、まだ言語の方が、ちょっとリードしてるっていうの？言語の方が、まだしゃべってるときに、さっきの梨子さんは5対5に、ぼくには見えへんかったわけよ。まだ、こう手の方がちょっと、あの少ないような感じでやってるから、まだことばの方が7対3で勝ってるんじゃないかなーと。

　大介は、目の前でことばと身振りとの比率が5対5と言っている梨子のコミュニケーションの仕方を見て、イーブンの比率ではないことを指摘したのである。
　授業はこの後、この大介の発言を巡ってのグループでの話し合い活動に入る。そして、その話し合いの内容をもとにして、全体学習の場では、理子が次のように発言をした。

恵美：んー、その行く場所によって、あの何か変わるんじゃないかなと。
T 17：どういうこと？
恵美：だから、もしアメリカに行ったときに、3対7だったら、インドに行ったら9対1とか。そういうのがあるんじゃないかと。

　この発言は、国（場）によって、すなわち相手によって、ことばと身振りとを使う割合は違うということへ意識を向けたものである。この発言は、引き続きことばの比率の方が高いと主張する恵美の発言を経て、麻理子の次の発言を呼ぶことになった。

麻理子：シャープペンシルの芯がなくなったから、この二人（注：同じグループの男子）持ってないから、スージー（注：同じグループのアメ

　　　　リカ人の女児、日本語はわからない）に、こうやってジェスチャーして、こうやってこのやつを入れるやつを、ジェスチャーして〔シャープペンシルの上で、人差し指と親指で芯を入れるようにジェスチャーする〕、で、「プリーズ」って言ったら〔スージーに手を差し出す〕、くれたんやんかー。だから、「プリーズ」っていうのは、今の言語は3で、身振り、ジェスチャーは7なわけやんか。だから、それは、このときはこれで、7対3。たまたま7対3やけど、でも、もし少ししゃべれるんやったら…言語がもし少ししゃべれるってことがあったら、身振りは少しでも使わんで…いいやんか。そしたら3対7のときもあるから、いろんなときがあると思う。

T18：あー、その場合場合によって、その割合みたいなものが変わるんだと。

　身近な外国人との生活の中でのやりとりの中から具体例を引き出し、自分がもっとことばが使えたら、身振りで表現する割合は減るのだというのである。この後、澄江は自己の海外旅行での経験をもとに、相手側は日本人である自分にはことばは通じないのだから、ことばが0で身振りが10だとする発言をした。
　そして、授業では次にコミュニケーションにおける個人差の問題が指摘される。

太郎：ジェスチャーとかは、人とかそういうので違うと思って、さっき亜希さんと恵美さんの意見を聞いとったら、亜希さんは何もジェスチャーしてないんだけど、恵美さんはすごいジェスチャーしてて、だから人によっては、その割合は変わってきて、国によっても変わってくるんじゃないかなと。

　この学習者の発言のすばらしいところは、話題になっているコミュニケーションの仕方の観点でもって、友達の実際の会話を検討していることで

ある。しかも、二人を比べてことばと身振りの割合の違いを明確にしている。えてして一般論で語ろうとしていた話し合いに個別性の観点を付加したことで、学習に広がりが出たように思われる。この発言を受けて、指導者は、自己のコミュニケーションの仕方として、言語よりも身振りが多いタイプか、またはその逆かを問うた。結果的には、ことば優勢タイプが多数を占めた。
　この後、指導者は筆者佐竹氏が述べている「相手の立場を思いやる心をもつこと」についての考察を促すべく、次の礼子の前時の読みとり作文を紹介した。

　　今日、いろいろな意見が出たけれど、みんなも何となく、やっぱり理解し合うのはむずかしいと思っていて、私もそう思った。
　　話すことや意味がわかって、ジェスチャーでくわしく教えてあげたって、やっぱりおかしいと思う人だっていると思う。自分の国が一番だーみたいに思っている人なら、そんなことを何度くり返したって信じてくれないし、説明してる人だって、いやになってくるだろう。やっぱり、無理そうだなあー。（礼子）

　この読みとり作文についての感想を巡る話し合いの結果、修一は先のすみえの外国旅行での買い物時のエピソードを取り上げ、「相手の立場を思いやる心をもつこと」について次のような意見でまとめた。

修一：澄江さんが言ったのは、あのスペインでこれいくらって聞いたときに、相手は日本人だっていうことを、相手の立場に立って考えてくれて、ことばでしゃべらずに、計算機に値段出して、見せてくれたってことが、んー、スペインの人が、澄江さんの日本人だってことの相手の立場を考えて、それで思いやる心を持って計算機を見せたってことだから、相手の「異なる見方、考え方を受け入れるだけの心のやわらかさをもちたいものである」っていうのもいっしょで、

だから、うん相手の立場を考えるっていうこと。

　本時の授業は、この後、外国人と理解し合うことに限らず、日本人どうしであってもコミュニケーションには困難が伴うことについての話し合いへと展開し、終了した。以下に、この授業のまとめとして書いた自由記述の作文（本時の読み取り作文）の中から、授業においてあまり発言のなかった学習者の例を示すことにする。

　　梨緒さんの意見を聞いて、理解のむずかしさより、だからこそ理解するのが大切だと思った。理解は、やっぱりこっちもこうだから、あっちもこうだとかでもめ合うんではなく、互いの意見を尊重し合うような心であるのが理解の第一歩だと思えてきた。（直美）

　　（前略）理解するというのは、すべての物、人のよさを知って、もっと自分の、これが正しい、まちがっているという固定観念をやめて、もっともっといろんなよさを知ればいいと思いました。（純子）

　　今日１日の学習で、がらりと考えが変わりました。それは、とっても理解するのは難しいということです。（中略）日本人どうしが話をするならことばが多くなるし、ことばがほとんど通じないようなところに行くと、ジェスチャーが多くなるのは仕方がないことで、それを理解し合えるような「心」がとても大事なんだとわかった。／はじめに書いた理解するのは難しいということでは、人と人は同じ人なんていないということで、日本人どうしでも誤解や行き違いが起こるので、外国の人たちだともっと難しいとわかりました。（みゆな）

　教材本文では言語（ことば）と身振りは理解し合うための別個の手段として述べられており、コミュニケーションの場における言語と非言語の補完作用や相乗作用については言及されてはいなかったが、学習者たちはコ

ミュニケーションについて述べられた本文についての意見を交流するうちに、コミュニケーションにかかわる別の、しかし本質的な観点での議論を展開するようになった。コミュニケーションにかかわって各自が自己の考えを形成していったのであり、単に叙述内容を確認する読みではなく、説明的文章における創造的な読みを展開したと言える。

第4項　既有知識の想起・活用による新たな読みの形成

　以上、自己の考えを創造的に形成することを促進する説明的文章の学習指導のあり方について、論者による6年生での授業（「外国の人と理解し合うために」佐竹秀雄）の逐語記録をもとに検討し、考察を加えた。学習者自身がテキスト本文を読んで感じたこと、疑問に思ったこと等を書きまとめ、それらの表現をもとに本文の読みを相互交流的に展開していくことで、筆者がテーマとしているコミュニケーションのあり方について学習者は自己の考えを創造的に形成し、コミュニケーションに関わる本質的な意義や留意点、問題点に対する認識を深めることが認められた。

　テキストに書かれている内容はどのようなものかを忠実に読み取ることに終始するのではなく、学習者は読み取った内容をもとにして、そこにコミュニケーションに関する既有知識や自己の生活体験における情報等を加味しながら、外国人と理解し合うということはどういうことか、また人と人とが理解し合うとはどういうことかという観点で意見を交流する場に授業は発展していった。「要素構造図」の「説明的文章教材の特性」セクションにある＜学習活動を発想するための特性＞としての＜既知性＞の部分に反応し、「学習内容」セクションの「既有知識の想起・活用」が継続的、発展的に機能していった実践であったと言える。そして、「説明的文章の学習活動を多様にする視点」セクションの＜学習活動の立場＞にある「①主体的読者」としての読みを推進していった授業であった。

　教材テキストをなおざりにした思いつきで恣意的な意見の出し合いでは意味はないが、筆者の主張を踏まえ、話題になっているテーマに関して自己の考え、思いを表出し、そのことによって所与のテキストに新たな価値

や意味が付加されるような読み方は、説明的文章領域においては重視される必要がある。操作的で無味乾燥な説明的文章の授業から脱却する意味でも、読み手の個性的な考えを形成する授業づくりへの取り組みは欠かせない。

　本実践のようなコミニュケーションそのものをテーマにしたテクストを使用しない場合、テクスト本文の読みを基底にしながらも、本文の枠組みを超えて読者（学習者）自身の個性的な考えを形成することが、どのような学習指導のもとで可能になるのかは追究すべき実践課題である。

第5節　自立した読者を育成する学習指導

　本節では、「要素構造図」の「学習内容」セクションの改善内容のうち「自立した読者」を取り上げ、その育成を意図した実践例について検討する。対象とするのは、本章第3節「高学年における論理の展開構造のメタ認知を促す学習指導」の中でも部分的に考察した6年「人間がさばくを作った」の実践例である。第3節では、本実践をメタ認知能力の育成という観点から考察したが、本実践は同時に本節で考察する「自立した読者」の育成という観点も含み持ったものであった。したがって、児童作文例等、一部第3節と重複する場合があるが、本節では観点を変えて詳細に検討することにする。

第1項　説明的文章の読みの学習指導における自立した読者

　1980年代に見いだされた説明的文章領域における主要な実践課題の一つは、森田信義（1984）によって提言された主体的な読者、質の高い認識主体を育てることであった[22]。読みにおける読者主体の確立である。説明的文章に述べられている内容、事柄は、筆者という一人の認識主体によって産出された情報でありデータであるとして、読者もその情報・データに主体的に対峙し、吟味、批判、評価することが必要であるとするものである。従来、説明的文章の授業といえば教科書所収のテクストを絶対視し、テクストにある情報をどれだけ正確に受容できるかが中心内容であり、一方で要点・要約まとめに代表される形式技能的な学習を無目的に繰り返すことが一般的であった。そこにはテクスト、筆者から読者へという一方向のみのベクトルで構成される読み（学習）しか存在しなかった。しかし、先の森田の提言や文学的文章領域における読者論を導入した読みの提案などの流れを受け、引き続き多くの研究者が説明的文章の読みの指導における読者主体の確立について言及することになった。

植山俊宏(1996)は「筆者がある種の権威として位置づけられ、筆者と読者が上下関係のように受けとめられてきた時期は、意味はすなわち筆者の意図であった。それが、読者主体の確立とその成熟とともに、読者の体験の想起や、読者の疑問・意見なども広義の意味のあり方に含まれていく過程をたどった。要するに読みにおける意味の理解は受容から生成へと大きく広がっていった」[23]と述べ、説明的文章の読みの指導におけるパラダイム転換の経緯について触れた。

　また、寺井正憲(1996)は「読者を中心とした学習活動の極が具体的な学習活動や理論として定位されることによって、すでに定位されていた文章を中心とした学習活動の極をもう一方の極として(中略)、その両極の範囲の中にいろいろな実践的理論的提案を位置づけていくことが可能となってくる」[24]と述べ、読者を文章(筆者)と同列に位置づけて実践や研究に臨むことを提案した。こうした考えに立ち、寺井は「説明的文章の読書指導にかかわる情報読みのようなものも、文章側の情報を補う形で行うのか、それとも読者の世界を構築させる形で行うのかによって、指導や学習活動の在り方が異なってくるだろう」[25]として、望まれる実践の性格について言及している。

　長崎伸仁(1997)においては「確認読み」や「字面をなぞった読み」は「教材の枠に拘束された読み」に相当するとして批判し、それに対して「評価読み」や「納得」の読みに相当するのが「教材を突き抜ける読み」だとした[26]。そして、この「教材を突き抜ける読み」は「教材や筆者から学び、またある時は、教材を厳しく捉え、筆者の意見や判断などに対して、学習者自らが真正面から関わっていく」[27]という自立した読者主体を誕生させるために必要な説明的文章の読みのあり方であると指摘した。

　以上のように、説明的文章の読みの学習指導においては、文章内容や形式を絶対のものとして受容するのではなく、読者を自立した主体、存在としてテクストに対峙させ、批判・評価しながら自己を新たな認識主体に変容させていくような実践のありようが求められることになる。単にどのように要約すればよいのか、どのように要点を捉えさせればよいのかといっ

た類のものとは違った質の実践課題として、自立した読者主体の確立を意識しなければならない。

第2項　授業づくりについて

　自立した読者を育成するために、本実践の学習指導過程（単元レベルのものを指すことにする。以下同じ。）においては、筆者の発想や考え方を読者の立場から批判的・評価的に読むという行為を積極的に導入した。すなわち筆者と読者の相互交流的な読みを学習指導過程に位置づけ、情報の受信・発信の観点から論理的な思考、認識のあり方について検討するというものである。

　具体的には、序論、本論、結論それぞれにおける筆者の発想や考え方を「読者を納得させるための書き方の作戦」とすることで、情報生産、発信、伝達の方略としての筆者の認識・表現のあり方を検討させ、主に対比的、因果関係的思考に培うことにした。また読者の立場から、それぞれの「書き方の作戦」を集約する形で最後に「書き方の作戦・まとめ集」としてまとめること、さらにその「まとめ集」を今度は立場を転換して筆者の立場から読んで検討し返事を書くこと、という二つの立場の相互交流的な学習活動を位置づけた。これは情報を受信する側の立場でのみ捉える傾向にある認識内容や表現方法を、発信者側の立場からも捉え直させることを意図したものであり、筆者の発想や願い、認識方法等を再認識したりメタ化したりすることに培おうとした[28]。

　単元の最終段階では、本文の情報・認識内容を読者自身の問題として考察させるために、本文の情報・認識内容を読者自身の問題と「人間と自然」というテーマで意見文を書かせた。これによって、授業で学んだ認識内容と自身の生活実態、生活認識とどう関連させるか、また学んだ認識・表現力をどう活用するかについて思考を促し、読者としての自立に培おうとした。

第3項　実践の方法

(1) 教材

「人間がさばくを作った」（1996年度版東京書籍6年上）

(2) 対象

兵庫教育大学属小学校第6学年3組32名（男子17名、女子15名）

(3) 実践期間

1998（平成10）年6月1日～6月15日

(4) 目標

○北アメリカ中央部の大草原が砂漠化する前後の生態系のあり方を「つり合い」という観点から対比的に捉え、読者を納得させようとしている筆者の認識・表現の方法を読むことができる。

○序論、本論、結論それぞれの表現方法を既知の表現方法と比較し、評価しながら読むことができる。（序論：問題提示文の非設定、本論：生態系バランスの因果関係的・対比的叙述、結論：筆者の認識内容についてまとめる文の不在など。）

○人間と自然との付き合い方、関係について自分なりの考えを持ち、意見文に表現することができる。

(5) 学習指導過程

本実践の学習指導過程（全10時間）は、図5-3に示すとおりである。

本実践の学習指導過程は、説明的文章の読みの基本的な学習過程を第一次―第四次まで順次「（既有知識との）ずれを知る―（筆者の発想・考え方を）探る―（筆者の発想・考え方を）つきつめる―（自己の発想・考え方を）広げる」と設定し、これに即して共通課題（指導者側から提案する読み＝学習の大まかな方向性）の系列を「（オリエンテーション）―『人間がさばくを作った』ことを読者に納得させるための『筆者の書き方の作戦』を探ろう―筆者になって「まとめ集」を読んだ感想を書こう―『人間と自然』ということについて自分の考えをまとめよう」とした。

(6) 授業の実際的展開

＜第一次「（既有知識とのずれを）知る」段階＞

この段階は単元全体のオリエンテーションとして位置づけ、題名読み、通読、感想を書き交流すること、序論―本論―結論の大まかな構成の確認等の作業を行わせた。感想はいわゆる感想文的なものではなく、Ｂ４横置きの用紙を上下２段に分割したワークシートを用意し、上段には「書いてある内容（中身）」について、下段には「筆者の書き方」についての欄を設け、それぞれ「読んでみて、初めて知ったことや驚いたこと、疑問に思ったことなどを『書いてある内容（中身）』と『筆者の書き方』に分けて書いてみよう」という指示のもと、一人学習をさせる形とした。結果的に導入段階から分析的な学習を課すことになったが、学習者たちは前年度に行った同様な学習の経験を生かしながら（注：論者＝授業者は当該学級を５年生時から継続して担任している）、２時間の一人調べに集中して取り組んだ。

＜第二次「（筆者の発想・考え方を）探る」段階＞

　第一次で書いた感想をもとに、「『人間が砂漠を作った』ことを読者に納得させるための『筆者の書き方の作戦』を探ろう」という共通課題について協同学習を展開した。序論、本論、結論に分けて順次発見した「書き方の作戦」を出し合い、話し合わせた。

　序論部分では、問題提示文を設定せず「簡単には信じられないだろう」と読者に呼びかける形式をとっている本テクストの書き出し方が、「書き方の作戦」として有効であるかどうかを既習テクストの書き出し[29]と対比させて検討させた。

　本論部分では、「つり合い」ということばによって砂漠化前後の生態系バランスのあり方を対比的に述べていること、さらに白人がバイソンを乱獲する叙述の前に、インディアンが僅かだがバイソンを捕るようになった事実を形式段落で１段落分だけ挿入していることの二つについて、その「書き方の作戦」としての有効性を吟味させた。

　結論部分では、結論は第何段落から始まっているとするのが妥当かについて、また筆者の最終段落のまとめの主張がやや不十分であることから、新たにまとめの段落を追加作成することの是非やその内容について、「書

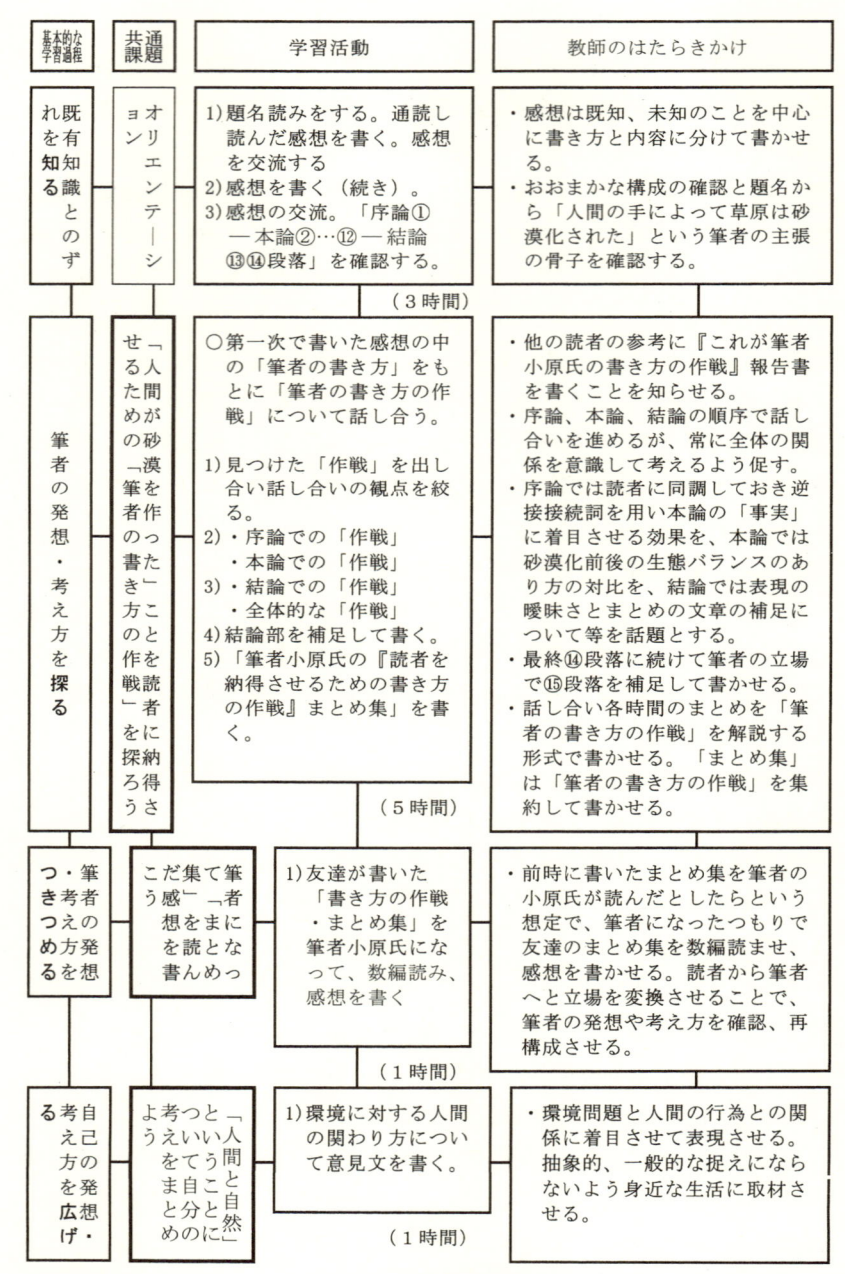

基本的な学習過程	共通課題	学習活動	教師のはたらきかけ
既有知識とのずれを知る	オリエンテーション	1) 題名読みをする。通読し読んだ感想を書く。感想を交流する 2) 感想を書く（続き）。 3) 感想の交流。「序論①—本論②…⑫—結論⑬⑭段落」を確認する。 （3時間）	・感想は既知、未知のことを中心に書き方と内容に分けて書かせる。 ・おおまかな構成の確認と題名から「人間の手によって草原は砂漠化された」という筆者の主張の骨子を確認する。
筆者の発想・考え方を探る	「人間がさばくを作った」筆者の書き方の作戦を読者に納得させるための筆者の書き方」ことを作戦を読者に納得させる	○第一次で書いた感想の中の「筆者の書き方」をもとに「筆者の書き方の作戦」について話し合う。 1) 見つけた「作戦」を出し合い話し合いの観点を絞る。 2) ・序論での「作戦」 ・本論での「作戦」 3) ・結論での「作戦」 ・全体的な「作戦」 4) 結論部を補足して書く。 5) 「筆者小原氏の『読者を納得させるための書き方の作戦』まとめ集」を書く。 （5時間）	・他の読者の参考に『これが筆者小原氏の書き方の作戦』報告書を書くことを知らせる。 ・序論、本論、結論の順序で話し合いを進めるが、常に全体の関係を意識して考えるよう促す。 ・序論では読者に同調しておき逆接接続詞を用い本論の「事実」に着目させる効果を、本論では砂漠化前後の生態バランスのあり方の対比を、結論では表現の曖昧さとまとめの文章の補足について等を話題とする。 ・最終⑭段落に続けて筆者の立場で⑮段落を補足して書かせる。 ・話し合い各時間のまとめを「筆者の書き方の作戦」を解説する形式で書かせる。「まとめ集」は「筆者の書き方の作戦」を集約して書かせる。
筆者の発想・考え方をつかめる	筆者になったつもりで集めた感想を読んで感想を書く	1) 友達が書いた「書き方の作戦・まとめ集」を筆者小原氏になって、数編読み、感想を書く （1時間）	・前時に書いたまとめ集を筆者の小原氏が読んだとしたらという想定で、筆者になったつもりで友達のまとめ集を数編読ませ、感想を書かせる。読者から筆者へと立場を変換させることで、筆者の発想や考え方を確認、再構成させる。
自己の発想・考え方を広げる	「人間と自然」について自分の考えをまとめよう	1) 環境に対する人間の関わり方について意見文を書く。 （1時間）	・環境問題と人間の行為との関係に着目させて表現させる。抽象的、一般的な捉えにならないよう身近な生活に取材させる。

図 5-3 「人間がさばくを作った」の学習指導過程（単元計画）〈全10時間〉

き方の作戦」の有効性の観点から検討させた。それぞれの部分の学習のまとめとしては、授業時間の終末に「これが筆者小原氏の書き方の作戦！」と題する短作文を書かせた。具体的には「今日、発見した『筆者小原氏の書き方の作戦』にタイトルをつけるとすると……」「その『作戦』を解説すると……」というリード文に続けて「作戦」名とその内容とを記させた。さらには１時間をとって、それら各部分のまとめである「これが筆者小原氏の書き方の作戦！」を集約し総まとめする形で「筆者、小原さんの『読者を納得させるための書き方の作戦』まとめ集」を書かせた。

＜第三次「（筆者の発想・考え方を）つきつめる」段階＞

　ここでは「筆者になって『書き方の作戦・まとめ集』を読んだ感想を書こう！」という共通課題の下、前時に書きまとめた「筆者、小原さんの『読者を納得させるための書き方の作戦』まとめ集」の中から指導者側で選択した数編を学習者全員に筆者小原氏の立場で読ませ感想を書かせた。これまで読者の立場で進めてきた読み（学習）を、今度は立場を筆者側に転換させて行わせ、より客観的、自覚的に「書き方の作戦」を捉えさせようとした。

第４項　学習指導過程における読みの様相・特徴ならびに考察

　説明的文章の読みの指導における自立した読者主体の育成を図るには、学習者がテクストの筆者と向き合い[30]、筆者の認識方法、認識内容を吟味し、批判・評価する場を保障すること、さらにはそうしたスタンスの読みを積極的に推進していくことが重要である。

　そこで以下では、二つの観点から実践を検討し、自立した読者主体を育成する説明的文章の学習指導のありようについて考察を加える。一つ目は、設定した学習指導過程における学習者の読みの交流の様相からの検討である。二つ目は、学習指導過程において上述したような自立した読みを展開していった学習者のうち、Ｕ・Ｅ子の読みに着目し、この学習者の読みの実態を分析することによる検討である。

1 授業中の読みの交流における自立的・主体的な読者の姿

　表5-2 は、第二次第3時において結論部分の「筆者の書き方の作戦」を検討した授業の逐語記録の一部である。本項では、この逐語記録をもとに授業中の読みの交流における自立的・主体的な読者の姿を考察してみたい。

　授業では、結論部分は全14段落のうち⑫⑬⑭段落のどこから始まるとするのが妥当かについて話し合った。⑫⑬⑭の三つの段落の叙述は次のようである。（番号は引用者）

　　⑫こうして、豊かな大草原はしだいにあれ果てて、さばくになっていった。北アメリカ中央部のさばくは、大部分、人間が作ったともいえるのである。

　　⑬アメリカの大草原には、数多くの種類の動物がいて、もっと複雑に関係し合っていた。さばくになる過程も、もっと複雑なものであったが、大まかに言えば、このとおりだったのである。

　　⑭アメリカだけではない。いろいろ調べてみると、我々人間は、世界の各地でさばくを拡大したり、さばくとなる原因を作ったりしたらしい。

　Ｔ１の後の純子は、序論との関係で⑫段落からだとし、Ｔ２後の哲雄は、部分と全体との関係から⑭段落のみとした。Ｔ３後の紗季と恵美は、本論部分の対比的構造に着目し、砂漠化前の生態系について述べた前半のまとめが⑦段落にあったことから、同様に後半にもまとめがあるべきだとして、⑫が後半のまとめで、全体のまとめと区別して⑬段落からが結論だと主張した。Ｔ６後のみゆなも⑬段落からという意見だが、本論の内容を問題にし、北アメリカのことが書かれてあるか否かを判断の根拠とした。Ｔ８後の陽太の場合は、みゆが本論の内容でのつながりに着目したことに対応して、結論部分としてのつながりに着目し、⑬⑭段落を結論とした。これらの意見に対して、Ｔ５後の太郎、Ｔ７後の澄江は積極的に反対

第5章 「要素構造図」の改善内容に寄与する実践

表 5-2　第二次第3時：結論部の「筆者の書き方の作戦」を検討する授業の逐語記録（抜粋）

T1：⑪段落までが本論だっていう人から意見を聞こう。
純子：「人間がさばくを作った、と言っても簡単には信じられないだろう。」って序論で言ってあって、⑫段落で「人間がさばくを作ったとも言えるのである。」って、序論の疑問をこの⑫段落で解決している文が書かれてあるから、⑫からは結論に入ると思います。
T2：筆者は作戦を考えているわけだから、ここで出した？を⑫で解決している。つながりがある。だから、ここまで。そういうことだね。次の少数意見。はい。⑭だけが残るっていう意見やね。
哲雄：⑬の終わりまでは、アメリカのことを書いているけど⑭からアメリカだけじゃないって書いてあるから、世界全体を見て書かれてあるから、ここが結論じゃないか、と思う。
T3：ここまでは、アメリカのことだったけども、ここからは世界全体のことが書いてあるから、そういう意味で切れるんじゃないかっていう意見です。筆者の作戦として読者として納得できるかっていうことがあるしね。じゃあ、大多数の⑫までが本論だという人？
紗季：⑦段落で一回まとめがあったやろ。つり合いが保たれとるときのまとめがあるように、⑫段落も⑧⑨⑩⑪のまとめで、それは何かっていったら、「こうして」とか砂漠のこと中心のまとめやんか、だからそれは、普通のときのまとめでもないから、そこは⑪段落とかのまとめであって、⑬段落からが全体のまとめだと思います。
恵美：とにかく⑦までが前半のまとめで、そこまではちゃんとできてて、その後⑧から⑪まででお話をしておいて、⑫は後半の分のまとめで、それで⑬⑭は全体を見たときのまとめ。
T4：以前、だれかが小まとめって書いてたけど、ここで小さいまとめをしておいて、この二つは大きなまとめになるんだ、ということですか。
T5：一番多い人の意見で納得できますか。
太郎：⑬⑭が結論っていうのに反対なんやけど、⑫⑬までが、⑬もまだアメリカの大草原のことを書いているわけだから、まだ⑧から⑪までの結論は⑫⑬まで続いていて最後に大きなまとめ⑭で結論だと思う。だから違うと思う。
T6：こんなに迷わすってことは、小原さん、失敗かね、ここは。本論か

> ら結論に流れるところは失敗かね……。
> みゆな：本論の中では、北アメリカのことが書かれてあるやんか。だから、この最後⑫段落の「北アメリカ中央部のさばく」って言ってるから、本論の中の最後の小さなまとめで、⑬段落から「アメリカだけではない」って言ってるから、ここから大きなまとめになっているのではないかなと思いました。
> Ｔ７：筆者としては、ちゃんと作戦を立てている、と。小さなまとめでくくって、小さなまとめでくくって、そして最後に大きなまとめでくくろうとしている、非常にすっきりとした作戦だっていうんやな。
> 澄江：⑫から結論っていうのと、⑬から結論っていうのと両方に反対意見なんですけど、もし⑫から結論に入っていたとしたら、⑫の最初の文は「こうして」で始まっていて、⑦も本論の前半のまとめで「こうして」って始まっていて、⑫から結論に入っていくと、後半のまとめがないのはおかしいし、あと⑬から始まったとしても、⑬はまだアメリカのことになっているからおかしい。
> Ｔ８：さあ、どうします？⑦段落で、「こうして」というふうに小原さんは書いてる。⑫段落でも「こうして」というふうに始めて書いている。じゃあ、これの方がすっきり、澄江さん？これは、これですっきりしているように思うんやけど。
> 陽太：ぼくは、⑬⑭が結論の方なんだけど、⑬⑭は、⑭の初めに、「アメリカだけではない」っていう⑬につながるように言っているところがあるから、⑬と⑭はつながりがあるから、結論だと思う。
> Ｔ10：これは、つながりがあるように小原さん、書いているんじゃないか、って言うんやね。
> 　　　　　　　　　　　　　　　　　　　　　　（下線は引用者）

の意志表示をし、自己の理由を述べた。

　指導者は、こうした学習者の意見に対して、Ｔ２、Ｔ３で「筆者の書き方の作戦」ということばを繰り返し持ち出し、読みのスタンスへの意識化を図ろうとした。またＴ６では「こんなに迷わすってことは、小原さん、失敗かね、ここは」というように揺さぶりをかけ、筆者は絶対ではないという情報を強化した。形式的に文章構成を調べる学習ではなく、どの学習者も自己の明確な主張をもって相互学習を展開していることがうかがえる。

第5章 「要素構造図」の改善内容に寄与する実践

　Ｔ３後の恵美、紗季、Ｔ６後のみゆな、Ｔ８後の陽太らが述べているように、授業者は⑫段落までが本論で、⑬⑭段落が結論であると考えるが、授業では⑬⑭段落が正解であることを知らせることは敢えてしなかった。その理由は、一つには、先行実践における教材研究[31]においても⑫⑬⑭段落を結論部分とするものがあり、解釈のしようによっては一つに決定しにくい面もあり、全員を納得させることは困難だと考えたことである。二つには、正解を決めることより、なぜそこからが結論部分だと言えるのか、その理由付けを自分としての筋道を明確にして語れることの方が、意欲的、主体的にテクストにかかわるという点、論理的思考力に培うという点で意義があると考えたことである。

　逐語記録に見られた、各々の学習者が各々なりに理由を見出し「……っていうのに反対なんやけど」「両方に反対意見なんですけど」「ぼくは、⑬⑭が結論の方なんだけど」と言いながら、自己の読み、意見をはっきりと他者に伝え説得しようとする、そういう姿に読者主体としての自立した姿を見いだすことができる。そこには、筆者の意図を探り、盲目的に受容しようという消極的な読者の姿は見られない。これも学習指導過程において、「読者を納得させるための『筆者の書き方の作戦』」を探るという学習を中心とした、読者本位の学習活動を設定したことが有効に作用したからだと思われる。

２　Ｕ・Ｅ子の読みに見られる自立的・主体的読者の姿

　表5-3は、第二次「『人間が砂漠を作った』ことを読者に納得させるための『筆者の書き方の作戦』を探ろう」の学習において、序論、本論、結論各部分の「筆者の書き方の作戦」を検討したまとめとして、各授業時間の終末段階でＵ・Ｅ子が書いた「これが筆者小原氏の書き方の作戦」の解説文である。第１時の「小原さんは読者をあっと思わせ、納得させる理由をたくさん書いているのでよい」や、第２時の「次のインディアンのところに書きつないでいくそのまとめ方がうまいと思った」などに、筆者の書きぶりに対するこの子の評価の姿勢が見受けられる。また第１時の「読者

343

表5-3　第二次第1―第3時に書いたU・E子の「これが筆者小原氏の『書き方の作戦』」の解説文

段階	「筆者の書き方の作戦」解説文の内容（下線引用者）
第二次第1時序論	「読者をあっと思わせて納得させよう」作戦 　読者をあっと思わせて納得させようというのは、序論で割と問題をたくさん書き、本論から読む人をあっと思わせて納得させることなんだけど、納得させるためには、かなり人間が砂漠を作ったという理由を書かなければわからない。だけど小原さんは読者をあっと思わせ、納得させる理由をたくさん書いているのでよい。
第二次第2時序論本論	「合いことば、『つりあい』まとめ」作戦 　まず私は⑦段落の「つり合い」ということばは、⑥段落の「えものがふえれば……。」というところとセットで書いてあるから白人たちが来る前まではよかったんだという区別がはっきりとわかり、そうしたところで、次のインディアンのところに書きつないでいくそのまとめ方がうまいと思ったから、合い言葉『つり合い』まとめ作戦ということだと思う。
第二次第2時結論	「ちょっとわからなくなってきて、ゴチャゴチャになってしまったちょっぴり失敗」作戦 　私は最初、結論は⑫段落だと思っていたのだけど、みんなのをいろいろと意見を聞いてみてごちゃごちゃになってしまった。ただ一つ思うことは、⑭段落の最後の小原さんの終わり方が「らしい」だから、それは小原さんの意見も少し混じっていると考えると、⑫⑬段落なのではと思う。これだけ悩ませるのは、あまりいい作戦とは言えないだろう。

をあっと思わせて納得させようというのは、序論で割と問題をたくさん書き、本論から読む人をあっと思わせて納得させることなんだけど」に見られるように、序論や本論のあり方についての展開構造に関するスキーマを機能させた読みを行っていることもうかがえる。

　こうしたU・E子の読みの姿勢は、さらに第3時の結論は第何段落から始まるのが妥当だと考えられるかを話し合う授業のまとめにおける「これだけ悩ませるのは、あまりいい作戦とは言えないだろう」という筆者を批判する記述につながった。（第3時の授業の実際については、その一部を表5-2に示した。）

第5章 「要素構造図」の改善内容に寄与する実践

　続く第二次第4時は、「アメリカだけではない。いろいろ調べてみると、我々人間は、世界の各地でさばくを拡大したり、さばくとなる原因を作ったりしたらしい」という、やや曖昧な表現で締めくくっている最終第⑭段落を取り上げ、第⑮段落を付け加えるかどうか、また付け加えるのであればどういう内容がふさわしいかを考えさせる授業であった。
　第⑭段落に限らず、本テクストは教科書教材ということで分量的制限を受ける性格上、やむを得ず表現を切りつめていると見受けられるところが多いのだが、そうしたいわば空所に当たる部分を学習者なりに補充させようとする意図であった。しかし、最終的には30名中、付け加えた方がよいとする者は7名、付け加えずこのままでよいとする者が23名であった。U・E子は第⑮段落を付け加えた方がよい側で、次のように書いた。

　　そして、あと一つ、今でも私たちは砂漠を拡大しつつある。これを
　　心において、これから私たちはどうしていき、この人間が砂漠を作っ
　　たという事実をどう解決していくのか考えてみてほしいと思う。

　このようにU・E子は、第⑭段落で読者に判断を委ねる締めくくりになっていたのを、不十分ながらも筆者の要望・主張として前面に出す内容として書いた。
　一方、第⑮段落は不要であり、このままでよしとする意見には次のようなものがあった。（下線は引用者）

・いくら⑭段落で「らしい」という終わり方でも、これはこれでよい
　と思う。それは⑭段落は、アメリカも含めて世界に目をちゃんと向
　けて書いているので、⑮段落はいらないと思う。　　　（I・T男）
・私は、⑮段落はいらないと思う。第一に、筆者はあえて⑭段落で終
　わっているわけだし、結論の決定づけのことは、本論で言ってると
　思う。／それに、本論でじゅうぶん読者は納得できる。砂漠になっ
　ていく様子を、順を追って書いていってるから、読者もこれで納得

345

すると思う。／結論がそんなにだらだらと長かったら読みづらいし、それまででも読者が納得しているわけだから、別になくてもいいと思う。　　　　　　　　　　　　　　　　　　　　（S・H子）

　第⑮段落を新たに創作し書き足した子は、筆者の書いた文章をじゅうぶんであるとするのではなく、自分としてはこういう内容が書かれるべきだという意志表示をし、表現を試みたということである。また第⑮段落を不要だとした学習者は、一人の書き手としての筆者を、これもまた一人の読者としての自分の考えで評価したということである。いずれの立場にせよ、読者としてどうテクストに向かい、その書きぶりや内容を判断するかを各自が考える契機になった。

　表5-4は、第二次5時に書いたU・E子の「筆者、小原さんの『読者を納得させるための書き方の作戦』まとめ集」である。第1時～第3時までの「書き方の作戦」の解説文を集約する形で書かせたものであるが、これまでと違って筆者に呼びかける形式をとったため、U・E子はさらに筆者と対等な立場で読みを再構成し記述した。

　例えば、はじめに「いい作戦と思えるところとちょっと分かりにくかったかなと思う作戦もありました」と全体的な評価を述べ、まずは「こんなふうに始まっている説明文は、初めてで、小原さんなりの作戦だと思い、とてもいいと思います」と、よい点として序論の書き方をあげた。次によくない点の指摘として結論の不明確さをあげ、「結局はっきりしないまま終わってしまったのですが、それではいい作戦とは思えません。私は⑫段落からだと思いましたが、⑬⑭段落だと思う人もいたし、⑭だけだと言い張る人もいて、⑮も作ったほどでした」と記した。「それではいい作戦とは思えません」と言い切っているところに、U・E子の自己の読み、さらには仲間の読みに対する自負のようなものが感じられる。さらには「他の説明文で最後の結論がどこからだったのかわからなかったことなどありませんでした。ここは、やっぱり⑮段落を付けるべきだったのではと私は思います。結論をもう少しくわしくわかりやすくすればもっとよかったので

第5章 「要素構造図」の改善内容に寄与する実践

表5-4 第二次5時に書いたＵ・Ｅ子の「筆者、小原さんの『読者を納得させるための書き方の作戦』まとめ集」

> 　小原さん、私（ぼく）たちは、これまでずっとあなたの「書き方の作戦」を探ってきました。みんなで話し合った小原さんの「書き方の作戦」をまとめてみると……いろいろあるのですが、いい作戦と思えるところとちょっと分かりにくかったかなと思う作戦もありました。まず私がいいなと思った作戦は、最初の書き出しです。他の説明文とは違い、「次のような事実がある」というように書き出しているところから、私はどんな事実なのかと不思議に思いました。こんなふうに始まっている説明文は、初めてで、小原さんなりの作戦だと思い、とてもいいと思います。あと、⑦段落から白人が出てきて、いろいろとここも話し合って、「つり合い」ということばは⑥段落の最後の方の「えものが増えれば食う方も……。」という文とセットにまとめるとすごくいいと思いました。そして、⑥段落のそこがあるから、⑦段落の「つり合い」ということばが出てきたのだと思います。そこで次にもっていくというもっていき方についても、すごくいい作戦だと思うし、うまいと思いました。／そして、今度は反対に、ちょっとわかりにくかったと思う作戦を書きますが、まず最後の結論です。ここは、みんなもどこから結論にしていいのかと迷いました。結局はっきりしないまま終わってしまったのですが、それではいい作戦とは思えません。私は⑫段落からだと思いましたが、⑬⑭段落だと思う人もいたし、⑭だけだと言い張る人もいて、⑮も作ったほどでした。比べるのはあまりよくないと思うけれど、他の説明文で最後の結論がどこからだったのかわからなかったことなどありませんでした。ここは、やっぱり⑮段落を付けるべきだったのではと私は思います。結論をもう少しくわしくわかりやすくすればもっとよかったのではと思いました。
> （注：ゴチック部分は、指導者の方が与えたリード文。下線は引用者。以下の表も同じ。）

はと思いました」に至っては、筆者への改善要求を提出しており、テクストを絶対視して受容するのではなく、積極的に評価していこうとする姿勢を見ることができる。

　表5-5は、第三次に書いたＵ・Ｅ子の「筆者小原氏になって『書き方の作戦・まとめ集』を読んだ感想」である。学習指導過程において読者から

347

筆者へと読みの立場を転換させることによって、筆者の発想や願い、認識方法を再認識、メタ化することに有効であることは実践的に手応えを得ているが[32]、ここでも同様な結果が得られた。本テクストの書き出しについては授業の中では評価が分かれたが、そのことについては「特に気にしません」と言い放ち、筆者のことばを借りる形で、テクストの書き出しのあり方についての自己の考えを貫こうとしていることがうかがえる。また結論部分については「今度から書くときには、結論部分をもっとしっかりまとめて書こうと思いました」と記した。これは実際の筆者本人の意見ではないわけだが、こうしたテクストの不備を筆者のことばを借りて指摘させることは、テクストや筆者を無条件に受容し、読者の主体性や自立性を喪失するという事態を回避することには有効であると思われる。

最後に表5-6であるが、これは最終第四次でU・E子が書いた「人間と自然」というテーマによる意見文である。第三次まではテクストに対して

表5-5　第三次でU・E子が書いた「筆者小原氏になって『書き方の作戦・まとめ集』を読んだ感想」

> みなさんが書いてくれた『筆者の書き方の作戦・まとめ集』を読ませてもらいました。読んだ感想を書きたいと思います。まず、私は特に小まとめや大まとめを途中に付けることに気をつかってみましたが、見事にそのように伝わっているということが分かり、うれしく思いました。あと、<u>最初の書き出し</u>にも普通の説明文とはちょっと違うタイプで書いてみたつもりだったのですが、まずまずといった感じみたいでしたが、特に気にしません。／あと、もう一つは、みなさんもあまり分からなくてとまどってしまった「結論」部分ですが、<u>実をいうと、私はあそこが一番悩んだところだったのです。⑮段落を付けようとも思いましたが、みなさんが書いていたように、分かりにくいとか、書かなくても分かるような気がして、結局書かなかったのですがダメだったみたいですね。今度から書くときには、結論部分をもっとしっかりまとめて書こうと思いました。</u>／あと、最後に白人とインディアンを出したところは、<u>みんないい作戦だったと認めてくれたみたいで、とてもうれしかったです。</u>

第 5 章 「要素構造図」の改善内容に寄与する実践

表 5-6　最終第四次でＵ・Ｅ子が書いた「人間と自然」というテーマによる意見文

> 「身近な自然破壊」
> 　ニュースや新聞でよく聞く自然破壊についての問題。身近になさそうで意外にあるような気がする。なぜなら、こういう場があったからだ。／いままでに私は、東京、奈良、京都、兵庫県と転々としてきた。住んでいるその土地によって、あらゆる点が見られる。今、住んでいる兵庫県は、とても自然の豊かな所だ。私が一番好きなのは、家から見える夕日。あのきれいさは、毎日毎日変わり、見とれるほど貴重なものだ。カメラや写真で写そうとしたって、そのスクリーンがあまりにも大きいため収まらない。それほど遠くまできれいなのだ。奈良も、どちらかといえば兵庫県と似ている。家の前は竹やぶで、時には鹿までやってきた。そんな中を走り回って遊んでいたのをよく覚えている。ホタルも一歩踏み出ればみることができ、とてもいいところであったと思う。／変わって京都と東京。どちらもとても便利であった。すぐにデパートやビルがあったし、電車や飛行機など、あらゆる便利な物がそろっていた。外国のいろいろな物もあったし、どのコーナーにも品物がいっぱいあった。それもそれで、その時は便利だった。が、周りに立ち並ぶのはビルばかりで、でも、まだいろいろとビルをつくる計画が立てられているようだった。／あなたならどちらの方がいいと考えるでしょうか。きれいな夕日やホタル。あらゆる草花と自然。とても便利な町。周りにあるのはビルばかり。私はどちらがいいのか考えてみた。でも、はっきりとは言えなかった。だれだってそうであろう。けどビルばっかりふえてしまうということは決してならないと思った。やはり、どちらも同じぐらいでバランスのとれているものでなければならないのだ。私はそう思う。／ところがだ。今、ニュースや新聞では、そのバランスがくずれているみたいだ。このままでいいのだろうか。私は、いま見られている夕日などが、やがて消えてしまうのではないかと心配している。これからどうしたらよいのか。このバランスをどう取り戻すのかが問題だ。

　いかに自立した読者主体であり得るかが問題となったが、ここは「（自己の発想・考え方を）広げる」段階であるから、学習してきたことを生かして、いかに一人の認識主体として自立するかを問う段階であった。

U・E子の場合、自己の転居経験をもとに、身近な自然破壊について記述した。特徴的なのは、兵庫・奈良とをセットにし、東京・京都のセットと対比的な構造で述べようとしていることである。これは、授業で扱ったテクスト「人間がさばくを作った」における対比構造を生かしたものと推察される。また「あなたならどちらの方がいいと考えるでしょうか。」という問題提示文を置いたところも、説明的表現を意識してのものと考えられる。

　そして、主張点としては「バランス」をキーワードとした。これは「人間がさばくを作った」におけるキーコンセプトが「つり合い」ということばで表現された生態系のバランスの大切さであったことに影響されたものだと思われる。「私はどちらがいいのか考えてみた。でも、はっきりとは言えなかった。だれだってそうであろう」と述べ、最後を「このバランスをどう取り戻すのかが問題だ」で締めくくっているところに、無理をせず、身近なところから取り組んでいくことが大切であり、テーマに対して実質的にアプローチしようと考えるこの子の意識と、考え方の手堅さのようなものが認められる。すなわち、一人の読者主体として自立的な読みを展開していったことが、一人の認識主体としての望ましい姿を6年生なりに表出させることにつながったと考えられる。

第5項　読者の立場と筆者の立場を相互交流させることによる自立的な読者主体の育成

　本節では、自立した読者を育成する説明的文章の学習指導のありようについて、第6学年「人間がさばくを作った」の実践を例に考察を行った。その中で、読者である子どもたちをテクストや筆者に従属する位置から解放し、自己の問題意識で主体的にテクストにかかわらせていくためには、学習指導過程において筆者と向き合える場や状況を設定することが必要であることが確認できた。テクストも筆者も絶対視すべき存在ではなく、批判・評価し、そのうえで受容すべきは受容することが望ましい。そういうことを実感できる学習活動を構成することが、指導者としての重要な仕事

となる。本実践の場合、「読者を納得させる筆者の書き方の作戦」を探るという学習活動が、そうした性格を有する学習活動として有効であった。また読者の立場と筆者の立場を相互交流させる学習活動を位置づけることが、読者の主体としての意識を持たせることに機能することも確認された。

　説明的文章の学習を、要点、要旨まとめに代表されるような形式技能的学習を繰り返し徹底することだけでよしとしてしまうと、本節で提案したような読者主体の育成は困難であると思われる。また複雑化、多様化が進展する21世紀社会を生きる子どもたちには、言語による鋭敏なものの見方や感じ方、考え方などを有した主体であることがますます要求されることになる。その意味でも、自立した読者主体を育成することを意図した実践のバリエーションが、発達段階に応じたものとして用意されることが重要である。

　本章では、第4章で提示された「要素構造図」(改訂版)における「学習内容」セクションに新たに位置づけられた要素である「メタ認知」「批判的読み」「自立した読者」それぞれの育成を意図した実践事例について報告した。

　三つの要素ともに、特定の学年の報告ではあったが、それぞれの能力を養うことに十分機能することが認められた。ねらいとする「学習内容」を明確にし、「説明的文章教材の特性」における＜具体性・抽象性＞や＜必然性＞等に着目すること、「説明的文章の学習活動を多様にする視点」の「②筆者」の＜学習活動の立場＞、「②解説型」の＜学習活動の具体的方法＞をとることによって、意図的な実践を行い、具体的な実践においてどのように学習内容として扱われるのか検討することによって、「要素構造図」に位置づける意義と、実践への活用のあり方を確認することができた。

注
1）寺井正憲（1988）「説明的文章の読解指導論―認知的側面からみた形式主義・内容主義の検討―」『日本語と日本文学』筑波大学国語国文学会、8号、pp.9-17
2）寺井正憲（1989）「説明的文章の読解指導における現状―『修辞学的な読み』の指導に関する問題―」『文教大学国文』文教大学国語研究室、pp.15-29
3）岩永正史（1990）「ランダム配列の説明文における児童の文章理解」『読書科学』日本読書学会、第131号、pp.26-33
4）岩永正史（1991）「『モンシロチョウのなぞ』における予測の実態―児童の説明文スキーマの発達―」『読書科学』日本読書学会、第138号、pp.121-130
5）塚田泰彦（1989）「読みの事前指導における意味マップの活用法について」『国語科教育』全国大学国語教育学会、第36集、pp.75-82
6）塚田泰彦（1990）「読みの事前指導における既有知識の位置づけについて」『読書科学』日本読書学会、第133号、pp.102-109
7）岩永正史（1996）「認知科学の二つの流れと国語科教育研究」田近洵一編集代表『国語教育の再生と創造―21世紀へ発信する17の提言―』教育出版、pp.34-51
8）河野順子（2002）「説明的文章の学習指導改善への提案―『メタ認知の内面化モデル』を通して―」『国語科教育』全国大学国語教育学会、第51集、pp.66-73
9）岩永正史（1990）「ランダム配列の説明文における児童の文章理解」『読書科学』日本読書学会、第131号、pp.26-33
10）岩永正史（1991）「『モンシロチョウのなぞ』における予測の実態―児童の説明文スキーマの発達―」『読書科学』日本読書学会、第138号、pp.121-130
11）吉川芳則（1998）「説明的文章の学習指導過程の実態分析にもとづく授業改善の構想」『学校教育学研究』兵庫教育大学学校教育研究センター、第10巻、pp.7-18
12）澤本和子（1991）「事例列挙型説明文の学習方法研究―第三学年の場合」『国語科教育』全国大学国語教育学会、第38集、pp.75-82
13）先にあげた、論理の展開構造を読むことを実践していく際の指導上の配慮は、以下の4点であった。
　　Ⓐ 2年間のどの単元においても「はじめ―中―終わり」の枠組みを繰り返し意識させた。例えば、「中」を読む際には「はじめ」「終わり」

第5章 「要素構造図」の改善内容に寄与する実践

　　　で述べられている事柄との対応、整合性を確かめながら授業を進める、などである。
　　Ⓑ「中」を読む際には、設定された問題の説明や答えを具体的に捉えさせることを重視した。
　　Ⓒ「はじめ―中―終わり」の展開構造をメタ的に把握させる学習活動を位置づけた。
　　Ⓓ「はじめ―中―終わり」の展開のあり方を評価して書く活動を3年生から4年生へと増やしていき、論理の展開構造のメタ的把握の力をさらに高めるようにした。
14）これらのうち「人間がさばくを作った」の実践については、本章第5節「自立した読者を育成する学習指導」において詳述している。
15）三宮真智子（1996）「思考におけるメタ認知と注意」市川伸一編著『認知心理学4　思考』東京大学出版会、pp.157-180　この中で三宮は、メタ認知をメタ認知的知識とメタ認知的活動（経験）に分類し、前者は人変数に関する知識、課題変数に関する知識、方略変数に関する知識からなり、後者はメタ認知的モニタリング、メタ認知的コントロールからなるとしている。メタ認知的知識の中の方略変数に関する知識については、目的に応じた効果的な方略の使用についての知識であり、「あることを相手に大ざっぱに理解させたい場合と深く理解させたい場合とでは、説明の仕方を変える必要がある」といった類のものが該当すると指摘している。
16）同上書、pp.157-180　三宮は、メタ認知的コントロールには「目標設定」「計画」「修正」などが含まれるとしている。
17）山元隆春（1994）「読みの『方略』に関する基礎論の検討」『広島大学学校教育学部紀要』広島大学学校教育学部、第Ⅰ部、第16巻、pp.29-40
18）森田信義（1989）『筆者の工夫を評価する説明的文章の指導』明治図書、pp.38-42
19）植山俊宏（1995）「実感的理解に基づく＜納得＞を重視する―学習課題のあり方を考える―」『実践国語研究』明治図書、No.153、p.69
20）寺井正憲（1996）「問題状況と読み手の極の定位」『戦後国語教育研究の到達点と改革課題』明治図書、『教育科学国語教育　臨時増刊』、No.528、pp.99-100
21）長崎伸仁（1997）『新しく拓く説明的文章の授業』明治図書、pp.13-16
22）森田信義（1984）『認識主体を育てる説明的文章の指導』渓水社、p.2
23）植山俊宏（1996）「意味理解と読者主体の変容」『戦後国語教育研究の到達点と改革課題』明治図書、『教育科学国語教育　臨時増刊』、No.528、pp.101-102

24) 20)に同じ
25) 20)に同じ
26) 21)に同じ、p.15
27) 同上
28) こうした立場の転換については、はじめはとまどいを見せる学習者も見られるが、適切な説明と同様な学習活動の繰り返しによって、筆者の発想や認識方法等を再認識、メタ化することに有効に機能することの手応えを、論者による実践において得ている。詳しくは、吉川芳則（1998）「説明的文章の学習指導研究—読者の立場での読みと筆者の立場での読みを相互交流させる学習活動を組織化した場合—」『言語表現研究』兵庫教育大学言語表現学会、第14号、pp.30-38を参照されたい。また、こうした立場の転換を導入した読み（学習活動）は、どの説明的文章テクスト、どの学習指導過程においても採用されるというものではない。テクストの特性や授業（単元）の目標や内容によって決定されるものである。
29) 当該学級が5年生時に学習した「竹とともに生きる」（上田弘一郎、大阪書籍5年上）の序論部分「日本には、いたるところに竹やぶがある。／日本人は、その竹のいろいろな特性をよく知っていて、竹とともに生き、竹を生活や文化に役立ててきた。では、竹にどんな特性があり、それは生活や文化にどのように役立てられてきたのだろうか」を提示した。
30) ここでいう「筆者と向き合う」というのは、筆者と同等の（同レベルの）知識や認識方法、認識内容等を有しているということを意味してはいない。テクストを読んだときに、当該学年（本実践では第6学年）の読者として、つまり説明対象物や内容についての専門的な知識がない読者として読んだときに、わかりやすい文章であるか否かを自分なりに吟味し、評価できることをもって、「筆者と向き合う」という概念を用いている。
31) 小田迪夫・渡辺邦彦・伊崎一夫編著『二十一世紀に生きる説明文学習—情報を読み、活かす力を育む—』東京書籍、1996年所収の「人間がさばくを作った」の実践報告では、「まとめ」として⑫⑬⑭段落を位置づけている。
32) 吉川芳則（1998）「説明的文章の学習指導研究—読者の立場での読みと筆者の立場での読みを相互交流させる学習活動を組織化した場合—」『言語表現研究』兵庫教育大学言語表現学会、第14号、pp.30-38

第6章 「要素構造図」と説明的文章教材の開発

第1節　教材開発の拠り所としての「要素構造図」

第1項　説明的文章教材の開発上の留意点

　「要素構造図」は、教科書等所収の説明的文章テクストを指導者としてどのように読み、どのような学習活動を設定すればよいか（すなわち、どのように教材研究すればよいか）ということについての地図、インデックスとしての機能を有するものである。しかし、それは見方を変えれば、教室に持ち込むのにふさわしい説明的文章テクストを見いだし、それを教材文として精査し整えていく（リライトしていく）際の地図、インデックスとして活用可能なものでもある。

　説明的文章教材は、すでに公刊されているテクストをリライトする場合がほとんどである。文章量の問題、語彙や言い回しの難易度の問題、認識内容の問題、渋谷孝（1980）が指摘した自立的世界を形成しているかどうかの問題、児童にとってわかり得るひとまとまりの情報として理解できるかどうかの問題[1]等を勘案しながらリライトをしなければならない。しかしながら、教材候補として得られたテクストが授業の中で適切な学習活動を産出し得るものかどうかの吟味は容易ではなく、そのための観点が「要素構造図」のようなもので意識できると、教材開発の作業がはかどるのではないかと考える。

　教材開発、教材化ということに関しては、中洌正堯（2007）が、以下のような考え方を提示している[2]。

ある題材（ここでは竹に関する文章）を教室用のものにすることを教材化するといっている。あるいは、具体的な文章のかたちに整える以前からの活動をふくめると、教材開発といったほうが適当かもしれない。ことば学びのための教材開発となれば、当該の文章を言語の文学性、論理性の大きく二つの側面から吟味することはもちろんであるが、生活・文化の観点（学習者の興味・関心）からも検討を加える。
　〇その題材は身近なものであるか（地域性もふくめて）。
　〇その題材には意外性があるか。
　〇その題材は実験・観察（たしかめ）が可能なものであるか。
　〇その題材から学習者に発見が得られるか。
　〇その題材は他教科ともかかわれるか。

　中洌は「ことば学び」の観点から、文学、説明的文章いずれの教材開発に際しても、「生活・文化の観点（学習者の興味・関心）」からの検討を行うとし、五つの具体的観点を示した。これらの観点は「要素構造図」の内容と共通するものが多い。例えば「その題材は身近なものであるか」「その題材には意外性があるか」は、「説明的文章教材の特性」セクションの＜学習活動を発想するための特性＞の＜既知性＞と重なる。「その題材から学習者に発見が得られるか」は「学習内容」セクションの「認識内容」や「自己世界の創造」との関連性があると考えられる。
　そこで、以下では「要素構造図」を教材開発のためのチェックリスト的機能を有するものと捉え、「要素構造図」を活用した実際の教材開発のありようと可能性について検討する。続く第２項で国語科教育における教材開発の先行研究を検討するとともに、第２節において、４年生「ジャンケンの仕組み」の教材開発例を示す。

第２項　国語科教育における教材開発の先行研究

　「要素構造図」を活用した実際の教材開発について述べる前に、上述した中洌のもの以外に、国語科教育において教材開発がどのように捉えられ

論じられてきたか検討しておきたい。かつて野地潤家（1968）は、説明的文章教材の改善について次のように述べた[3]。

> 学習者の興味と関心を注ぎうる、すぐれた説明文教材は、それほど多くはない。平板・皮相なものに陥りやすいのである。／叙事・記事・論説（議論）・抒情に比べて、説明を主とする教材は、どういう特質をもつか。知的関心を充足させ、論理の筋を通した表現、叙述をもっている文章形態の程度は、叙事・記事の文章に比べて、低くない。／既成の説明文（教材化以前の）には、粗雑・不備なものも少なくない。とすれば、書きおろしにも期待しなければならない。精錬された説明文教材とするためには、コンポジションの筋を通した、本格的な文章となるよう留意して、練り上げていくことがたいせつである。

ここには、学習材としての説明的文章の完成度の高さが要求されている。説明対象レベルの問題にとどまらず、それがいかに学習者の興味や関心をかき立てるかはもちろんのこと、彼らのどのような論理的表現力や読解力に培うのか、その観点や指針を得ることの重要性が指摘されており、「要素構造図」における「説明的文章教材の特性」や「学習内容」の明示化に関する言及と言える。以下では、先行研究に多く見られる「学習内容」に関する論考を中心に検討する。

「学習内容」の重要性について、藤原宏（1974）は説明的文章を取り上げて次のように指摘した[4]。

> Ⓐの「たんぽぽのちえ」を教材として使用するのは、Ⓐの言語表現についての理解能力が指導の目標なのであって、Ⓐに書かれている事柄や、Ⓐの含む意味内容についての理解が終極のねらいではない。Ⓐは二年生の教材として教科書に載せられている文章であるが、この文章の含む意味内容や「たんぽぽ」についての事柄が二年生の学習事項

として必要だから、この教材を載せているのではない。この文章の言語的表現が二年生の言語学習としてふさわしい程度のものだから教材として取り上げられているのである。したがって、Ⓐの言語的表現の理解学習を徹底させないで、「たんぽぽ」について説明されている事柄だけの理解を図ったり、「たんぽぽ」について、この文章に書かれていない事柄を調べさせたりすることは、児童の知識は豊かになり、その知識が教育上望ましいものであっても、国語科の指導にはならない。Ⓐの言語的表現の理解学習を徹底させることが国語科としての指導であるから、言語的表現の態様や言語的要素が同程度のものであるならば、文章のもつ意味内容はⒶのような「たんぽぽ」の生態でなくてもよい。他の植物の生態でもよいし、また、植物の生態である必要もない。全く別の事柄が説明されている文章で一向に差し支えないのである。

　説明対象物の事柄的内容の理解を図ること、知識を増やすことが国語科説明的文章の指導ではなく、言語的表現の理解学習を確実に果たすことこそが必要なのであることを指摘している。言語的表現の理解が適切に果たせるテクストを教材として開発することが必要である。ただし藤原の言う「言語的表現の理解」とはどのようなものを言うのか、具体的な内容が把握されていないと、説明的文章の学習指導は事柄理解中心からは脱却できない。「要素構造図」における「学習内容」セクションの充実と意識化が必要になる所以である。同様なことは、渋谷孝（1973）が『説明的文章の指導過程論』の中でも論じ、渋谷孝（2008）でも「実物観察『信仰』の弱点」として、次のように再度批判した[5]。

　　ある小学校の教員Aが『ジャガイモの花と実』（板倉聖宣著、一九六六年、福音館書店）を使って、国語科説明文の読み方指導を行ったそうである。その実際について、北海道夕張市内のある小学校教員Bが聞いて感動し、実際にBの勤務校の校庭の一隅に畠を作ってじ

第6章 「要素構造図」と説明的文章教材の開発

ゃがいもを植えて、葉が開いて、生長して地下茎にじゃがいもをつけて、それが大きくなって収穫するまでのことを観察させて、『ジャガイモの花と実』の本文と突き合わせたそうである。そのAとBのことを故大西忠治が聞いて感動して、それこそ国語科説明文指導の模範的学習指導であると絶賛している。(中略)すなわち「書かれていることがら」と現実の事物がどのように対応しているかの吟味こそが、説明的文章教材の読み取りの中心になるべきだと述べている。その説は、明快で分かりやすいせいか、賛同する教員が多い。私は不思議でならなかった。一見、もっとものようであるが、その当時光村図書の国語科説明文教材に「大陸は動く」（五年用）という児童の興味をそそる教材があった。この教材に関しては、「『書かれていることがら』と現実の事物がどのように対応しているかの吟味こそが、説明的文章教材の読み取りの中心になるべきだ」などと言ってもどうにもならないことに、どうして気づかないのであろうか。

　説明対象となっている事物、現象を実際に見てテクストの表現や内容と対照することが国語科説明的文章の学習として必要なのではなく、テクストそのものから説明対象について何を、どう読み取るかこそが重要なのである。この他、渋谷は文章の事柄と関連のある物事を見たところで、文章で説明されていることの理解にはあまり役には立たない場合が多いことについても批判した。このように、渋谷は藤原の言う言語的表現の理解の学習に相当するものとして、説明されている事実や現象について直接間接の既得経験をもとに、テクストから類推、想像して理解することを重視すべきであることを一貫して主張した。

　藤原や渋谷の論からも「要素構造図」の「学習内容」セクションにある「類推・想像力」が「既有知識の想起・活用」と関連する形で、テクスト表現に即して機能する教材として開発することが必要であることが示唆された。

　次に、浜本純逸（1979）は国語教材の条件を考える前提として、次のよ

うに言語の特質を指摘した[6]。

　　人間の言表は、すべて表現者によって主体的に構築された世界である。人は、言語をとおして主体的に外界および自己の内面を秩序づけて表現する。その秩序づけ方に個性が現れる。／自己および自己をとりまく外界は無限であるにもかかわらず言語は有限である。言語は自然の単なる模写ではあり得ず、人間主体が自然・人間・社会にはたらきかけて一定の認識をした時にのみ成立する。／言語は人間の側にあって、外界を人間化するためのものである。したがって、自然の存在と言語の構造とは次元を異にしている。それ故に、人間は言語をとおして自然・人間・社会の存在に対して自由にはたらきかけ、存在しているもの以上のものを構築したり、想像したりしうるのである。／そのような言語の性質を利用して、人間は、現実から自由になり、未来に向かって世界を想像し、現実を超えていくのである。人間は、言語によって現実から自由になる。／この言語の性質は、逆に虚偽を表明しうるものであり、人間の現実への認識を誤らせるものともなる。／言語へのこのような認識をたしかにしておくことが国語教育教材の条件を考える前提である。

人間は主体的に言語によって外界、現実にはたらきかけ、認識することによって世界を構築し、現実を超えていくことができる。その長所と短所をも認識してテクストに対することの重要性を指摘している。そのうえで、浜本は国語教材の条件として次の三つをあげた[7]。

　(1)　より人間らしい生活を実現していくために言語を使いこなしていく言語生活力を育てる可能性を持った材料であること。
　(2)　言語について意識化させていく可能性をもった材料であること。
　(3)　言語の法則を学ばせる可能性のある材料であること。

第6章 「要素構造図」と説明的文章教材の開発

　このうちの(1)について、言語による自己および外界の秩序づけ方にその人の認識の仕方があることに目を光らせるような教材でありたいこと、話しことばであれ、書きことばであれ、受け手の常識をゆさぶり、問いを持たせて新たな認識へいたらせる教材が望ましいとした。言葉による認識の更新を図る教材開発の意義を説いている。
　また、想像力の観点からも次のように述べた。

> 　さきに言語は非現実について表現できることを指摘したが、その機能を生かして人間は理想の世界や未来の世界を想像する。だが、現実世界から離れた、まったくでたらめな想像世界は生み出せない。人間は現実世界の何かを変形したり、無関係と思われたものを関係づけて新しい世界を創造するのである。その意味では想像世界は現実世界と見えないところで関連しているのである。しかも何らかの想像世界を創造すると、人はそれに向かって行動しようとし、現在の生活を未来像から規制する。想像世界は人間の現在の生き方を方向づけるのである。豊かな想像力が豊かな未来の生活へ導く。現在の生活を豊かにするためにも、現在を批判し否定して新しい未来へと導く想像力を育てることが望まれる。現在の生活を豊かにしていく、ことばによる想像力を育てるような教材を見つけていくことが必要である。

　ことばによって想像世界を創造することが豊かな未来の生活につながっていくこと、そのためにも想像力は重要であり、その想像力も単なる思いつきではなく、現在を批判し否定し新しい未来へと導くための想像力こそが必要であることを述べ、そのような想像力を育てるような教材開発の必要性に言及している。浜本は、こうした未来の世界を描いていくには論理的に推論していく方法と文学的に形象していく方法とがあり、それぞれにはたらくことばの機能を生かしていくべきであることを提言した。
　また、浜本は情報化社会と言葉との関係についても次のように言及した。

361

書きことばにおいても相互のコミュニケーションを十分に達成するのはなかなか難しいことである。特に現代社会では、マスコミの発達により人びとは情報に振り廻され、受け手である民衆の自己確立はいっそう難しくなっている。情報化社会において、民衆が自己を確立していかないと社会は画一化され、ますます分子化していくであろう。情報収集、整理、選択、主体的判断の能力を育てることは、一時的な読書指導の流行で糊塗することなく本格的に取り組んでいかなくてはならない。

　1979年の時点での言及であるが、メディアリテラシー育成に対応した教材開発の必要性についての指摘であると解される。上述した一連の浜本の教材の条件に関する考察からは、説明的文章教材の開発における観点として、学習内容としての想像力、推論思考、批判的精神（批判的思考）、自己世界の創造、情報活用力などを見いだすことができた。
　さらに浜本（1979）では、教材が表現する対象世界について論じる中で、学習内容としての認識力や認識内容についても次のように述べた[8]。

　　人が言語活動をするのは、言語活動のためにするのではない。話すために話すのではなく、何かを伝達したり、何かを解明したりしていくために話すのである。よりよく生きようとし、価値あるものを求めようとして話すのであり、書くのである。国語の学習指導においては、何について話し、何について書いたり読んだりするか、いわゆる、認識や思考、の対象が具体的な題材になる。例えば、「母の仕事」「ことばと信号」「歴史と人間」などについて話したり書いたりすることをとおして、学習者はそれらの対象（オブジェクト）についての認識を深め、認識力を育て、言語活動を活発にして語彙や文法的な知見を豊かにしていく。学習者が真剣になって取り組み、しかも学び甲斐のある題材を、教師は創造しなければならない。学習者が学ばさ

れていることを忘れるような教材、しかも学習することによって言語使用の能力が着実に育っていくような教材が価値ある教材なのである。それは、学習者の認識世界を広げ、人間としてのより高い体験を成立させる教材である。

　当該教材を学習することでどのような認識内容を得させるのかは、説明的文章の授業においてはとりわけ重要である。表面的な事柄理解で終わる授業は、学習者にとっては新しい発見や知的感動を伴わないつまらないものとなる。わかっているつもりであった説明対象について、自分とは異なる筆者の見方や考え方に触れ、説明対象についての捉え方を深め、広げることこそが説明的文章の学習では必要である。説明対象についての学習者の既知性の程度把握を踏まえ、どのような認識内容を更新することが可能かということは、説明的文章教材の開発においては心すべきことである。
　仲田湛和（1975）は、自主教材選択では何が問題になるかを文種ごとに指摘した。説明的文章については、文学教材ほど理論的・実践的な成果があがっていないとして、次のように述べた[9]。

　　教科書教材のほとんどが啓蒙主義的教材である。しかもそれらは子どもの生活と切りはなされた、非個性的文体で、いかに内容を読みとるかという内容べったりの方法、そのための指示語や接続語の指導で、そこに展開される論理や意味、認識のしかたを読むという立場はうすめられている。そして子どもの生活体験とかかわる読みのできにくいものが多い。当然ここでは、原作に忠実な文章であること、さらに自然についての認識や認識のしかた、人間や社会についての基礎的な認識や認識しかたをおしえなければならない。かたい非個性的な文章からは、子どもの生活体験を根底からゆさぶり、あたらしい価値の発見を感動的に体験することはできない。説明的文章のあたらしい教材の発掘が、いますぐ要求される問題である。

仲田は内容主義、形式主義の説明的文章指導を批判し、論理展開のあり方や認識内容や認識方法を学習内容とすべきことを主張している。また生活認識の更新、新たな価値の発見等も説明的文章教材が保有すべき内容だとしている。これらの点は、現在においても教材開発において重視すべき点である。内容を表面的になぞればすむ、学習者の生活認識に関わりのないところでの形式面での語句指導ですむような教材であったり学習指導であったりしたのでは、学習者の、そして教師の説明的文章嫌いを助長するだけである。
　以上、先行研究の検討からも「要素構造図」の内容が教材開発の観点と重なる部分が多いことを確認できた。次節では「要素構造図」をもとにした説明的文章教材開発の実際について述べることにする。

第2節　教材開発の実際

第1項　4年生教材文案「ジャンケンの仕組み」について

　教材開発の実際として取り上げるのは、加藤良平『多数決とジャンケン』（講談社、2006年）である。本文献は「ものごとはどうやって決まっていくのか」というフレーズが副題として記されている。まえがきには「この本では、多数決をはじめとした『正しさによるものごとの決め方』、そしてジャンケンをはじめとした『偶然の結果によるものごとの決め方』について、いろいろとくわしく述べていきます。どちらも、弱肉強食という一方的な原理を超えた、よりよい社会を作るための大切な考え方です」とある。

　取り上げられている内容としては「多数決」「選挙」「ジャンケン」「コイン投げ」「くじびき」「ジャンケンに代わるこんなルールもある」の六つである。本節では、学習者に最も身近である「ジャンケン」を教材化する場合について検討する[10]。

　「ジャンケン」の原文は、全7項目から構成されている。これらのうち、文章量と内容的なまとまりの観点から、「3すくみという考え方」「勝ち負けもあいこも同じくらいよく起きる」「4種類のジャンケンというのはどうなるか」の三つの内容を取り出して構成し、「ジャンケンの仕組み」という題名で、小学校4年生対象の教材を想定してリライトした。

　　　　ジャンケンの仕組み

①おにごっこの最初のおにをだれにするか、好きなケーキをどっちがとるかなど、ちょっｯしたことを決めるときによく使うのが、ジャンケンです。道具も何も使わず、ほぼ公平な決定ができるので、たいへん便利な決め方で

す。
②ジャンケンという名前は日本独自なものですが、似たようなものは、中国、韓国、フィリピン、インドネシア、ベトナム、マレーシアなど、アジアを中心に幅広く見られます。たとえば、韓国では三種類の手の形も、勝敗関係も日本と同じですが、呼び名は異なり、「カウ・バイ・ボ」と言います。また、中国では「ツァイツァイツァイ」と言いながら勝負をします。日本語のジャンケンという言葉も、中国語の「二つの手」という言葉から生まれたのではないか、と考える人もいます。
③それでは、ジャンケンは、どのような仕組みで成り立っているのでしょうか。
④みなさんが知っているように、ジャンケンで使う手の形は、グーとチョキとパーです。グーはチョキに勝ち、チョキはパーに勝ち、パーはグーに勝ちます。
⑤これを図で示してみましょう。グーがチョキに勝つことを、グーからチョキに向けて矢印が出ていることで表すことにします。チョキがパーに勝つ、パーがグーに勝つ、というのも同じです。すると、図アのようになります。
⑥かりに矢印の方向に進めるのだとしたら、グー→チョキ→パー→グー→チョキ→パーというぐあいに、ぐるぐると回っていくことになります。こういう関係を「三すくみ」と言います。「すくむ」というのは、きん張のあまり、体が自由に動かなくなるという意味です。そこから、三すくみというのは、三つのどれもが同じような力関係で、うまくつり合いが取れている様子を指すときに用います。
⑦この三すくみの関係は、何もジャンケンにかぎったことではありません。たとえば、プロ野球の試合結果にも見られます。たとえば、Aというチームは、Bというチームによく勝ちます。しかし、そのBチームは、別のCというチームにはよく勝ちます。そして、最初のAチームは最後のCチームになかなか勝てません。これなど、三すくみの関係が見られる代表的な例の一つです。
⑧インドネシアでは、三すくみとして、象、人、ありという関係を考えます。象は人より強く、人はありをふみつぶすのですが、ありは象の耳に入ることで象を苦しめることになるというわけです。
⑨まず、三すくみの関係を見る前に、ジャンケンの手が二つだけの場合につ

いて考えてみましょう。ジャンケンをグーとパーだけとか、パーとチョキだけとかの二種類の手で行うというものです。これは、ジャンケンとして成り立つでしょうか。

⑩この場合、たとえばグーとパーだけなら、みんな勝つためにパーを出します。グーを出す人はいません。ですから、パーの連続、つまりあいこばかりで、いつまでたっても決着はつきません。ジャンケンの手が二つだけでは、物事を決めるための手段としては役に立たないということです。

⑪次に、ジャンケンの手が三つの場合を考えてみましょう。もしグーとチョキとパーの間の関係が、図イのようになっていたらどうでしょうか。この場合は、三すくみではありません。これだと、パーを出せばグーにもチョキにも勝てるのですから、みんなそれを出すようになります。つまり、こういう関係では何かを決めることはできません。ジャンケンは三すくみだからこそ、意味を持つのです。

⑫では、四種類で行うジャンケンの場合はどうでしょうか。ここでは、「グー」と「チョキ」と「パー」以外の四種類目の手として、「ピン」というのを用意してみましょう。ひとさし指を一本だけピンと立てたものです。三すくみと同じように四すくみがあるとすれば、図ウのように、四つ一組でぐるぐる回るような関係になります。

⑬しかし、これだけではジャンケンになりません。パーとグー、そしてチョキとピンとの関係がわからないからです。そこで、パーとグーでは、ふつうのジャンケンと同じようにパーが勝つとします。また、チョキとピンでは、チョキが勝つとします。すると、四つの関係は、図エのようになります。

⑭これなら、グーもチョキもパーもピンも、それぞれ勝つ相手ができあがります。つまり、どれかを出せばぜったいに負けないということはなくなります。

⑮ところが、このルールだと、実はピンをだす意味はまったくないのです。なぜなら、ピンもパーも、グーに勝ってチョキに負けるということは同じであるため、ピンを出すよりも、それに勝つパーを出したほうが無条件に得だからです。

⑯こうして見ると、四すくみといっても、実際はグー、チョキ、パーの三すくみになってしまうということになります。そんな中にまじって一人だけピンを出したとしても、四つの手のうち勝つのは一手だけで、あいこ（引

き分け）が一手。そして、二手に負けることになります。
⑰さらに、これら四つの手は、すべて平等に強かったり弱かったりという関係にはなっていません。よく見ると、チョキとパーは、二つの相手に勝って、一つの相手に負ける形になっています。けれども、グーとピンは、一つの相手に勝って、二つの相手に負ける形になっています。これでは、不公平です。やはり三すくみは、公平で、わかりやすい、すぐれた仕組みだということがわかります。
⑱また、ジャンケンは、三すくみの関係のほかに、おたがいに相手が何を出すかがわからないからこそ意味を持つ、という特ちょうがあります。
⑲たとえば、太郎君が別の人と二人でジャンケンをするときに、パーを出したとしましょう。もちろん相手は事前にそれを予測することはできません。したがって、それに対してグーを出してくるかもしれないし、チョキを出してくるかもしれません。また、パーを出してくるかもしれないのです。相手がグーなら、太郎君の勝ち、相手がチョキなら太郎君の負け、そして相手がパーならあいこです。何が出てくるかはまったくわからないのですから、結局一回だけジャンケンをしたときに、勝つことと、負けることと、あいこになることとは、同じくらいよく起きるということになります。
⑳これは、何度もジャンケンをする場合も同じです。おたがいにくせがなければ――あくまでくせがないという前提で考えると――、百回やれば、勝つ回数は三十三回にわりと近くなります。負ける回数もそうですし、あいこの回数もそうです。ぴったりと三十三回とか三十四回とかになるとはかぎりませんが、百回やって、たとえばあいこが五十回も起きることは、かなりめずらしいだろうということです。千回やってあいこが五百回も起きることは、もっとめずらしくなります。そういった意味で、勝ちも負けもあいこも、同じくらいよく起きるのです。
㉑グーがチョキに勝ち、チョキがパーに勝ち、パーがグーに勝つ。ジャンケンは、たったそれだけの、三すくみという単じゅんな、しかしすぐれた仕組みを持つものごとの決め方です。そして、偶然の結果にたよることで、誰にも平等に勝つチャンスがあり、誰もがなっ得できるものごとの決め方でもあります。
㉒こうして見ると、ジャンケンは、よりよい生活を作り上げていくための、人類のすばらしい知恵だと言ってもよいのではないでしょうか。

第6章 「要素構造図」と説明的文章教材の開発

【学習の手引き】
1 筆者は、ジャンケンの仕組みを二つの点から説明しています。それぞれの内容をまとめて書いてみましょう。
2 筆者は「やはり三すくみは、公平で、わかりやすい、すぐれた仕組みだということがわかります。」と述べています。図イ、ウ、エの場合ではなぜだめなのか、説明してみましょう。
3 次の三つの中から、興味のあるものを選んで、取り組んでみましょう。
①五種類のジャンケン（五すくみ）も、ふつうのジャンケンに比べてあいこになることが少ないものの、ジャンケンとしては成り立ちます。グー、チョキ、パー、ピンのほかに、ひとさし指と中指、薬指の三本を立てるということで「サン」というものを作り、図を書いて説明してみましょう。
②ジャンケンで勝つために、どんなことに気をつけていますか。ジャンケンに勝つための「ひみつ」「作戦」などを説明する文章を書いてみましょう。
③日本各地のジャンケンをするときのかけ声、世界各地のジャンケンのルールなどを調べて、図や表、文章などに書いてまとめ、発表してみましょう。

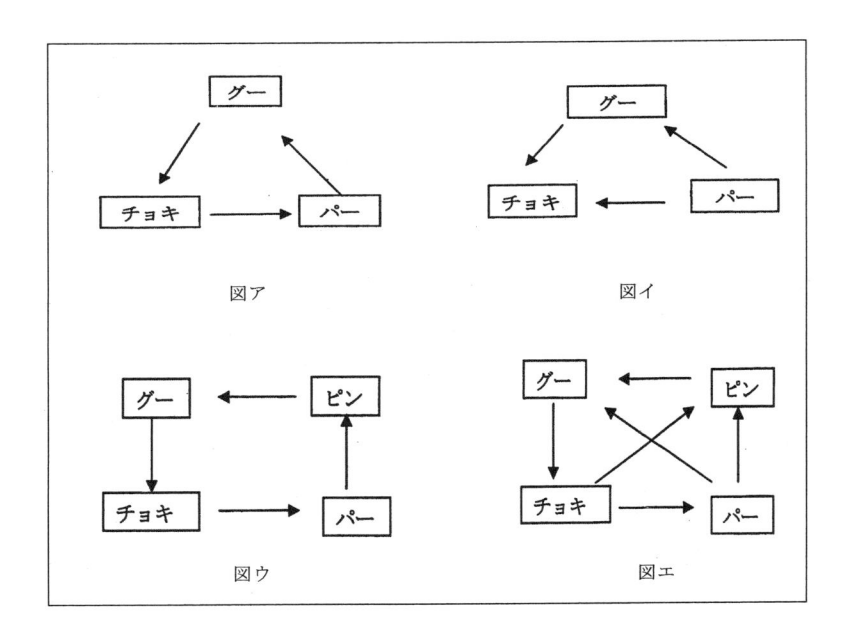

図ア

図イ

図ウ

図エ

以下、開発した本テクストの説明的文章教材としての適性について、「要素構造図」(改訂版)にもとづいて検討を加える。

第2項　「説明的文章教材の特性」セクションの観点から

　まず、＜文章論的な特性＞についてである。「①文章構成の型」に関しては、「はじめ—中—終わり」の典型構造に整理し直した。具体的には①段落で「おにごっこの最初のおにをだれにするか、好きなケーキをどっちがとるか」と述べ、ジャンケンに関する生活体験を想起させるようにした。②段落では、ジャンケンがアジア各国で広く使用されていることを知らせ、③段落で「それでは、ジャンケンは、どのような仕組みで成り立っているのでしょうか」と問題提示を行う形とした。この問題提示文は、原文にはない。「②問題提示部の有無」の観点による補足である。ここまでが「はじめ」に相当する。

　「中」の部分は、④〜⑲段落とし、大きく二つのジャンケンの仕組み(特徴)で構成した。④〜⑰段落の「三すくみ」、⑱〜⑳段落の「おたがいに相手が何を出すかがわからないからこそ意味を持つ」という二つの仕組みである。

　「終わり」の部分は㉑〜㉒段落である。この部分は、原文の「ジャンケン」のテクストにはない。ただし、原著の「あとがき」において、著者は以下のように述べている。

　　　ジャンケン。これはたぶんもっと小さいころから、ごくふつうにやってきたことでしょう。グーがチョキに勝ち、チョキがパーに勝ち、パーがグーに勝つ。たったそれだけの単純なルールなのに、ちょっとしたことを簡単に決めるために、誰にも文句のつけようがない仕組みです。これも人類のすばらしい知恵でしょう。

　こうした著者の考えを参考に、「終わり」の部分でジャンケンの機能や価値への再認識を促す形でのまとめをとることとした。これは「学習内

容」セクションの「認識内容」と「自己世界の創造」ともつながる。

　次に、＜学習活動を発想するための特性＞についてである。

　＜既知性＞に関しては、「①情報内容」としては、ジャンケンそのものは学習者の生活に非常に身近なものであるにもかかわらず、「三すくみ」の構造や機能、意義については意識が向いていないと考えられる。また「中」の後半で述べられている勝敗の確率論的な内容も新たな気づきを生むものであると思われる。したがって、先の中洌が提示した、題材の身近さや意外性という観点にかなったものであると判断できる。

　＜既知性＞の「②文章展開構造」に関しては、「はじめ―中―終わり」という基本構造を捉えやすい形にした。「中」の部分も、先述したように「三すくみ」と「おたがいに相手が何を出すかがわからないからこそ意味を持つ」の二つの仕組みが列挙されている。また「三すくみ」についても、ジャンケンの手が二つの場合、三つの場合、四つの場合と順次説明する形であるので、展開構造的には既知の要素が多いと考えられる。このことは、＜必然性＞の「①取り上げる（事例の）内容」「②述べ方の順序」とも関係する。「三すくみ」の有効性を強調するために、ジャンケンの手数の少→多という述べ方をとって、わかりやすくしようとした。

　＜具体性・抽象性＞の「①説明の過不足・納得度」については、⑫～⑰段落のジャンケンの手が４種類の場合の記述がやや多く難解であると予想できる。ジャンケンの手が二つや三つの場合はイメージしやすく納得度も高いと思われるが、手が四つの場合は勝ち負けのパターンが複雑になる分、わかりにくさは出てくる。図との関連で読ませることを意図した。

　また納得度の点からは、⑱～⑳段落は三すくみ以外のジャンケンの特徴について述べる部分を置いた。「おたがいに相手が何を出すかがわからないからこそ意味を持つ」や⑳段落の「おたがいにくせがなければ―あくまでくせがないという前提で考えると―」「勝つことと、負けることと、あいこになることは、同じくらいよく起きる」（⑲段落）という限定条件の叙述を置いた。これは＜必然性＞の「①取り上げる（事例の）内容」と関連する。⑱―⑳段落に既に三すくみの説明によってジャンケンの仕組みは

371

言い終えている。したがって、この限定条件部分（⑱～⑳段落）があることの意味、納得性については問題にさせたいところである。

＜イメージ性＞では、「③比喩的要素」に関して三すくみについて説明するための⑦段落のプロ野球の試合結果、⑧段落のインドネシアでの象、人、ありの関係の例を残して挿入した。４年生が三すくみを理解するには、こうした比喩的表現は生かした方がよいと判断したことによる。ただし、原文の余分な説明部分は削除し、簡潔な表現に改めた。

第３項　「学習内容」セクションの観点から

このセクションの中核となる二重四角枠内の学習内容のうち＜関係づける力＞としては、⑥段落で「こういう関係を『三すくみ』と言います」と三すくみを＜定義＞づけた上で、⑨～⑱段落でジャンケンの手が二つの場合、三つの場合、四つの場合それぞれを＜比較＞する構成になっている。また、手が二つの場合が物事を決めるための手段としてのジャンケンの意味をなさない＜理由＞は容易に判断がつくとしても、四つの場合になぜジャンケンとしてよくないのかについての＜理由＞は、絵図をたよりに叙述を丁寧に読み取らないと理解しにくい表現となっている。また、三すくみがなぜ「公平で、わかりやすい、すぐれた仕組みだ」と筆者が述べているのか、その＜理由＞を読み取ることも求められるテクストとなっている。

＜既有知識の想起・活用＞については、内容面では題材がジャンケンであるだけに、生活経験上のジャンケンの特徴を思い浮かべながら＜比較＞して読むことができる。また、⑳段落の「おたがいにくせがなければ」「勝ちも負けもあいこも、同じくらいよく起きるのです」などは、前提条件の「おたがいにくせがなければ」という点が経験上とのズレで話題にできる余地がある。文章展開構造面では、「はじめ―中―終わり」の基本構造に即したこと、「中」の部分は中学年に多く見られる事例列挙型を意図したことなどから＜既有知識の想起・活用＞の力を発揮できるテクストであると言える。

＜認識内容＞については、「終わり」の部分に該当する㉑段落には「三すくみという単じゅんな、しかしすぐれた仕組みを持つものごとの決め方」であり「偶然の結果にたよることで、誰にも平等に勝つチャンスがあり、誰もがなっ得できるものごとの決め方」でもあるとしている。さらに㉒段落では「ジャンケンは、よりよい生活を作り上げていくための、人類のすばらしい知恵だと言ってもよいのではないでしょうか」と結んでいる。日常生活のいろんな場面で当然のように使っているジャンケンについてのこうした捉え方は、子どもたちにとっては新鮮であろう。

こうした結論について、テクストを読んだ読者としての自己の考えを表現することは＜批判的思考・読み＞を促すことになる。また「中」の部分で、手が四つの場合だけが他の2種類の手に比べて叙述量的に多いことの是非についても批判的に検討できる余地がある。

第4項 「説明的文章学習活動を多様にする視点」セクションの観点から

実際の授業づくりに際しては様々な学習活動を設定できるだろうが、例えば＜学習活動＞の立場としての「②筆者」、＜学習活動の観点＞の「①立場・視点を換えて」、＜学習活動の具体的方法＞の「②解説型」を採用して、「なぜ筆者が「中」の部分で手が二つ、三つ、四つの場合の3種類を出したのか、筆者になったつもりで解説（説明）する」という活動を設定することができる。

また＜学習活動の立場＞の「説明内容にもとづいて設定された人物」、＜学習活動の観点＞の「①立場・視点を換えて」、＜学習活動の具体的方法＞の「③会話型」を採用すると、「ジャンケンをしている子どもになって、手が二つ、三つ、四つでジャンケンしているときの会話（よいところ、不満なところ、作戦等）を書く（話す）」という活動を想定することも可能である。

さらに、批判的読みを行うという点からは、＜学習活動の立場＞の「①主体的読者」、＜学習活動の具体的方法＞の「①手紙・メッセージ型」ま

たは「②解説型」を採用して、先にも述べたように⑱—⑳段落の三すくみ以外のジャンケンの特徴について述べる部分を筆者が置いたことに対する批判（自己の考え）を書く（発表する）という活動も設定することができる。

　作成した「学習の手引き」における学習活動にも、本セクションの要素を意図して設定したものがある。

　「1　筆者は、ジャンケンの仕組みを二つの点から説明しています。それぞれの内容を　まとめて書いてみましょう。」については、＜学習の立場＞としての「①主体的読者」、＜学習活動の観点＞の「④要約または敷衍して」、＜学習活動の具体的方法＞の「②解説型」を採用したものである。

　「2　筆者は『やはり三すくみは、公平で、わかりやすい、すぐれた仕組みだということがわかります。』と述べています。図イ、ウ、エの場合ではなぜだめなのか、説明してみましょう。」については、＜学習の立場＞としての「①主体的読者」、＜学習活動の観点＞の「②絵図（イラスト）・表を付加して」を「絵図を用いて」と捉えて活用し、＜学習活動の具体的方法＞の「②解説型」を採用したものである。

　「3　次の三つの中から、興味のあるものを選んで、取り組んでみましょう」については、以下の三つのパターンが示されている。順次検討する。

　「①　五種類のジャンケン（五すくみ）も、ふつうのジャンケンに比べてあいこになることが少ないものの、ジャンケンとしては成り立ちます。グー、チョキ、パー、ピンのほかに、ひとさし指と中指、薬指の三本を立てるということで「サン」というものを作り、図を書いて説明してみましょう」については、「2」同様に＜学習の立場＞としての「①主体的読者」、＜学習活動の観点＞の「③絵図（イラスト）・表を付加して」、＜学習活動の具体的方法＞の「②解説型」と「④絵図（イラスト）型」をあわせて用いる形で採用したものである。

　「②　ジャンケンで勝つために、どんなことに気をつけていますか。ジ

ャンケンに勝つための『ひみつ』『作戦』などを説明する文章を書いてみましょう」については、学習者の生活に問いかける形をとっていることから、「説明的文章教材の特性」セクションの＜既知性＞「①情報内容」や、「学習内容」セクションの「既有知識の想起・活用」を意図するとともに「自己世界の創造」へとつながる内容を有した学習活動であると言える。本セクションの要素との関連では、＜学習活動の立場＞としての「②筆者」、学習活動の観点の「①立場・視点を変えて」、＜学習活動の具体的方法＞の「②解説型」と「④絵図（イラスト）型」をあわせて用いる形で採用したものである。

「③　日本各地のジャンケンをするときのかけ声、世界各地のジャンケンのルールなどを調べて、図や表、文章などに書いてまとめ、発表してみましょう」については、＜学習の立場としての「①主体的読者」（情報収集時）と「②筆者」（書きまとめ時）、＜学習活動の観点＞の「①立場・視点を変えて」「③絵図（イラスト）・表を付加して」「④要約または敷衍して」、＜学習活動の具体的方法＞の「②解説型」と「④絵図（イラスト）型」「⑤表型」をあわせて用いる形になる。

このセクションについては、単元全体としてどのような学習活動を中心に位置づけるかによっても活用の仕方は変わってくる。学習者の実態や教材テクストの特性によって使いやすい（使うべき）要素が限定されることも生じることと思われる。どの要素をどのように組み合わせて、どのような学習活動を開発するのか。その点が「要素構造図」を用いて教材開発することのおもしろさでもある。

第5項　「具体的言語活動」セクションの観点から

「具体的言語活動」セクションは、上記の学習活動を「読む」と「書く」「話す」「聞く」という言語活動との関係で捉え直すということになる。すなわち「ジャンケンをしている子どもになって、手が二つ、三つ、四つでジャンケンしているときの会話（よいところ、不満なところ、作戦等）を書く（話す）」であれば、「読む」―「書く」であり、「読む」―「話

す」を意図した学習活動であったということになる。
　逆に「読む」─「書く」というセットで学習活動を設定するとまず意識しておくと、その観点から「説明的文章教材の特性」や「学習内容」のセクションにあるどの要素を主に活用できそうかという発想に立って見ることができ、有効に活用できる。

　以上、4年生教材文案「ジャンケンの仕組み」をリライトし教材化するに当たって、「要素構造図」の各セクションとどのように対応するかを述べ、「要素構造図」が教材開発、教材化のためのインデックス、地図的要素を有しており、活用可能であることを指摘した。とりわけ、一般図書に所収されているテクストから教材文候補を選定しようとする際には、当該テクストが有している情報内容としての価値的側面はまず大事にされねばならない。しかし、児童・生徒である読み手＝学習者が読む（学ぶ）ことを観点とすると、学習材として捉えることが必須の作業となる。その際に、「要素構造図」における「説明的文章教材の特性」セクションの＜学習活動を発想するための特性＞の中の＜既知性＞や＜具体性・抽象性＞、＜イメージ性＞、＜必然性＞などは、当該テクストを見極める最初の有効な観点、要素であると考えられるのである。

注
1）渋谷孝（1980）『説明的文章の教材研究論』明治図書、p.133及びp.148
2）中洌正堯（2007）『ことば学びの放射線―「歳時記」「風土記」のこころ―』三省堂、p.65
3）野地潤家（1968）「国語科教科書の改善」全国大学国語教育学会編『講座「国語教育の改造」　Ⅱ　教材の精選と深究』明治図書、pp.29-47
4）藤原宏（1974）「国語科指導と教材の意味内容（2）」『教育科学国語教育』明治図書、No.198、　pp.108-115及びp.125
5）渋谷孝（2008）『国語科教育はなぜ言葉の教育になり切れなかったのか』明治図書、p.62
6）浜本純逸（1979）「国語教育の教材」倉澤栄吉・田近洵一・湊吉正編著『教

第6章 「要素構造図」と説明的文章教材の開発

育学講座 第8巻 国語教育の理論と構造』学習研究社、p.39、1981年第3刷
7) 同上書、pp.39-44
8) 同上書、p.46
9) 仲田湛和(1975)「教科書の取り扱いと自主教材選択の問題―国語の場合」『授業研究情報 7』明治図書 ここでは中洌正堯編・解説『国語教育基本論文集成 第7巻 国語科教育内容論教材・教科書論』明治図書、pp.242-250によった。
10) 「ジャンケン」を題材にした教科書教材(平成17年版)としては、「じゃんけん」(東京書籍1年下)がある。「じゃんけんの　かちまけの　しくみに　気を　つけて　よみましょう」「いろいろな　じゃんけんに　ついて　はなしあいましょう」という目標が掲げられ、以下のようなテクストとなっている。

じゃんけん

「じゃんけん、ぽん。」
「あいこでしょ。」
　じゃんけんを　する　とき、「グー」「チョキ」「パー」の　どれかを　出します。
どれを　出しても、かったり　まけたり　します。どうしてでしょう。
　「グー」は、石を　あらわして　います。「チョキ」は　はさみ、「パー」は　かみを　あらわして　います。
　「グー」は、「チョキ」に　かちます。石は、はさみでは　きれません。
　「チョキ」は、「パー」に　かちます。はさみは、かみを　きる　ことが　できます。
　「パー」は、「グー」に　かちます。かみは、石を　つつんで　しまうからです。
　このように、「グー」「チョキ」「パー」のどれも、ほかの　二つ　うちの　一つにはかちます。でも、のこりの　一つには　まけるように　なって　います。

　生活場面におけるジャンケンを想起させる書き出しが取られ、冒頭部で「どれを　出しても、かったり　まけたり　します。どうしてでしょう。」と問題提示文が設定されている。本論部では、勝ち負けのありようを「切る」「包む」などの比喩表現を用いて、三すくみのありようを説明し、「つつんで　し

377

まうからです」という理由を表す表現も使われている。結論部では「このように」というまとめの表現を用い、問題提示文に対する答えを位置づけている。1年生最後の説明的文章教材であり、「はじめ—中—終わり」の説明的文章の基本的な展開構造を有するテクストとなっている。

　本節で取り上げる開発教材テクストでも、「はじめ—中—終わり」の基本構造の中でジャンケンの三すくみについて述べているが、その仕組みのよさを、他の四つの手の場合と比較することでより明確に説明しようとしている点が特徴である。

第7章　説明的文章の授業論

　ここまで「要素構造図」の内容の考察、吟味を理論的、実践的両側面から行ってきた。その過程においても、説明的文章を学習者が学びたい、学んで楽しいと思える学習活動を多様に構想し、展開するための方法論については述べてきた。

　本章では、それらを授業論として整理しまとめるとともに、まだ考察が十分になされていなかった内容について、第1節、第2節及び第3節では主に学習指導過程論として、第4節では図表化活動のあり方として、そして第5節では複数教材活用のあり方として取り上げる。これらによって、「要素構造図」の内容を含む説明的文章の学習活動の構成と展開のあり方をより広い観点から総合的に捉えることにした。

第1節　学習指導過程における「目標―内容―方法」の整合性

　第2章において、学習指導過程の類型ならびに各段階における学習活動の特徴を分析することによって説明的文章の学習活動を改善するための五つの要件を示したが、この他に類型の如何にかかわらない共通のこととして、単元の目標と単元計画との間の整合・不整合の問題がある。単元計画の学習活動の内容とその順序性をもって「内容―方法」を示すとすると、学習指導過程における目標と内容―方法の整合・不整合の問題と言い換えることもできる。これは、単元構成、学習指導過程における活動の順序性・流れに関係する問題である。

　説明的文章教材の場合、指導目標（ねらい）としては次の二つに大別で

きる。一つは基礎的・技能的能力（基礎目標）としての要約力・文章構成把握力等を付けること、もう一つは基礎目標に対する高次目標である学びとり方の能力としての論理的認識力を付けることである[1]。したがって、本来なら「要約力を付ける」という基礎目標を達成するには、それにふさわしい「内容─方法」がセットされ学習指導過程が構想されるはずである。また「論理的認識力を付ける」という高次目標についても同様のはずである。しかし実態としては、このセットのありように不整合が生じている学習指導過程が散見される。以下では、第2章でも分析対象とした『実践国語研究』（明治図書）所収の実践（1980年─1996年）について、整合の事例と不整合の事例を示しながら考察を加えることにする。（事例中の矢印以下の部分及び下線は引用者が付加。）

＜事例1　整合＞　6年「人間と道具」、No.108、1991年
　＜目標＞　→　「論理的認識力」中心
　　○人間と道具とのかかわりの本来の意義について認識を深め、自分の考えをもつ。
　　　・事象を客観的に述べているところと、書き手の意見を述べているところとの関係を押さえながら読む。
　　　・書き手のものの見方、考え方について、自分の考えをはっきりさせながら理解する。
　　　・目的に応じて、適切な読み物を選んで読む。
　＜計画＞（全8時間）　→　「論理的認識力」の深化中心
　　　第一次　・題名読み。全文通読し、予想と比べてみて興味を引かれたところについて話し合い、読みの構えをもつ。　（1時間）
　　　　　　　・読み進め方を考える上で気づいたことをノートに書き出し発表する。学習計画を立てる。　（1時間）
　　　第二次　・全文の構成を調べ、提示されている問題・解明・結論・書き手の考えの各部分がどの段落にあたるのかを読み分ける。　（2時間）

第 7 章　説明的文章の授業論

　　　　　・第一の問題の解明部分を読み取り、書き手の論の進め方を
　　　　　　理解する。　　　　　　　　　　　　　　　　（1 時間）
　　　　　・第二の問題の解明部分を読み取り、道具と人間の関わりに
　　　　　　ついて認識を深める。　　　　　　　　　　　（1 時間）
　　　　　・全体の結論と書き手の主張を述べている部分を読み取り、
　　　　　　自分の考えをもつ。　　　　　　　　　　　　（1 時間）
　　　第三次・「人間と道具」で学んだことや考えたことをもとに取材し
　　　　　　意見文を書く。　　　　　　　　　　　　　　（1 時間）

　高次目標としての論理的認識力を目標に位置づけているのに対して、学習指導過程も書き手（筆者）の認識のありようを探らせ、それに対応させる形で学習者自身の認識力を深化させようとしており、論理的認識力を育成することについて「目標―内容―方法」の整合性が図られている事例であると考えられる。

＜事例 2　整合＞　6 年「ノグチゲラの住む森」、No.106、1991 年
　＜目標＞　具体的な記述はないが、実践記録の題目が「要旨をふまえた要約力の育成―中心語句を文章構成からまとめ要約する―」となっていること等から、基礎目標に即して要約力の育成をねらった実践であると思われる。
　＜計画＞（全 6 時間）→要約作業中心
　　　第一次・全文を読み、初めの感想から、読みの課題を持つ。（1 時間）
　　　　　・文章のまとまりごとに要点・小見出しをつけるとともに自
　　　　　　分なりに要旨をとらえ、要約する。　　　　　（1 時間）
　　　第二次・「ノグチゲラと森がどのように助け合っているのか」を読
　　　　　　み取る。　　　　　　　　　　　　　　　　　（1 時間）
　　　第三次・段落の構成に気を付けながら、要旨をまとめる。（1 時間）
　　　第四次・まとめた要旨をもとに要約文を書く。　　　（1 時間）
　　　第五次・文型や語句の練習をする。　　　　　　　　（1 時間）

381

基礎目標としての要約力の育成を目標としているのに対して、学習指導過程は第一次から第四次まで一貫して要約作業に帰結する方向に徹しており、「目標—内容—方法」の整合性が図られている事例であると考えられる。ただし説明的文章の授業においては、教材の如何を問わずこうした要約作業を中心としたタイプの授業が圧倒的に多い。

＜事例3　不整合＞　4年「カブトガニ」、No.115、1992年
　＜目標＞　→どちらかというと基礎目標重視
　　　・筆者の説明していることを、正確に読み取ることができるようにする。
　＜計画＞（全7時間）
　　第1時　全文を通読し初発の感想を書く。
　　第2時　感想文を発表し、もっとくわしく知りたいことを話し合う。
　　第3時　くわしく知りたいことを質問の形にしてカブトガニへ手紙を書き発表する。
　　第4・5時　カブトガニになったつもりで、質問や疑問に答える。
　　第6時　段落ごとに小見出しをつけ、説明の仕方を考えさせる。
　　第7時　要旨をまとめる。
　この実践では「筆者の説明していることを正確に」読ませようとしていることから、認識面よりもどちらかというと読みの技能面を中心にねらっていると考えられる。その点では、第6時、第7時の学習は目標と合致しているといえる。しかし、第3時—第5時ではカブトガニへ質問の手紙を書かせたり、カブトガニにならせて返答させたりするなど、理解と表現の関連を図って子どもが取り組みやすいような配慮はしているものの、「くわしく知りたいことを質問の形にして」という活動に見られるように、本文から離れた調べ学習的な方向に進む可能性も高く、目標の「正確に読み取る」こととは合わない面が出てくるように思われる。つまり目標

に合致した学習活動と合致しない学習活動とが不用意に混在した様相を呈しており、学習指導過程としてはまとまりに欠けていると考えられる。

　以上「目標─内容─方法」の整合性の観点から、学習指導過程の実態について述べた。「内容─方法」を形式的な側面から捉えての検討であるため、実践のありようを十分に把握できていない部分はある。しかし形式的なものであっても、そこに「目標─内容─方法」の不整合を思わせる箇所があれば、実際の学習でも不自然さは生じているはずである。問題は、その不自然さを学習者は感じていても、指導者は気づいていないところにある。

　説明的文章の学習への情意を高め、当該教材で培うべき認知・技能の力を保障するためには、「目標─内容─方法」の整合性が図られた学習指導過程が設定され、実践されねばならない。説明的文章教材の学習の場合、要約力も論理的認識力もどちらも必要であり、それぞれが中核的に培われる場というものも必要である。しかし、実際には一つの単元の中でもあれもこれもと学習活動を位置づけがちである。指導者はよかれと考え行っていることではあるのだが、これではどの教材でも網羅的で、同じような授業内容、展開になることも予想される。

　カリキュラム構築の観点からすると、広岡亮蔵（1972）の言う基礎目標、高次目標[1]それぞれに即して整合性が図られた学習指導過程が、教材の特性に応じて多様に開発され蓄積されることが望ましい。そうした開発、蓄積の作業そのものが、よりよい指導を展開するということに他ならない。子どもの側から発想された学習指導過程、学習活動を設定するためには、目標に即して、どういう学習活動を、どういう順序性・流れで配することが適当であるのか。これに関する実践研究が不可欠である。

第2節　学習指導過程の改善に向けて

第1項　目的性・必然性

　学習における目的性や必然性については、単元学習の実践の立場からは「実の場」ということばとともに一貫して重視されてきた。大槻和夫（1992）は、国語学力との関連で単元学習のありようを捉え、次のように言う[2]。

>　学習者に生きてはたらくことばの力を育てようとすれば、生きてはたらくことばの力を行使せざるをえない『場』に学習者を立たせなければならない。しかも、その『場』が学習者の目的的な行動の結果として立ち現れてきたように仕向けていかなければならない。

　説明的文章指導でいうと、どういう目的的行動を促す場を設定すれば論理的思考力に培うことができるかということにもなるが、そうした場の構成は容易ではない。生活に即し過ぎた問題解決の場を設定すると、国語学力の面での関連性が乏しくなることは戦後の経験学習、単元学習に対する批判に明らかである。場の構成の難しさについては、説明的文章の文章上の特性の点からも、渋谷孝（1980）が次のように指摘した[3]。

>　説明的文章の読みかた学習においては、説明書きを読む時のような、切羽つまった（具体的必要性による）動機づけは行いにくいことを示す。外部からの動機づけには限度がある。より多くの児童・生徒の共通の興味に訴えようとする文章は、日常的な興味や必要性に乏しいのである。

教科書所収の説明的文章を使用して授業づくりに取り組むことを原則としたときに、こうした文章としての特性は学習の場の構成の観点からすると、かなりの障壁となる。
　小田迪夫(1986)は、こうした学習の場の構成に関して「その学習のための活動を生活の立場から必要と感じさせるような場、そのような生活に準じる必要の場を、人為的に教室の中に作っていかなくてはならなくなった」として、次のように提案した[4]。

　　　国語科授業の中に説明文を読む必要の場を設定し、それを読む目的意識を持たせ、それに向かう行動意欲を喚起するには、周到な計画と準備が必要である。スケールの大きい読書生活単元を組織し、その中に説明文を読む必要の場を準備する。あるいは、教科の枠を超えて、ある課題設定のもとに他教科の学習を含めた合科的生活単元的学習を組織し、その中に課題解決、問題追求の一環として説明文を読む場を意図的に設けるなど、従来の教科別一般の授業・学習活動の枠組みにはおさまりきらない指導を展開していくことがのぞまれる。これは、説明文指導が今後取り組むべき実践課題の一つであると考える。

　国語科という教科の枠の中であろうと合科的な枠の中であろうと、説明的文章としての読みの保障という点は外さないようにしつつも、従来の説明的文章の授業論にとらわれない試みをとおして、読みの目的性、必然性を機能させようというものである。こうした授業のありようは、確かに小田も指摘しているように説明的文章指導が「今後取り組むべき実践課題の一つ」であると考えられる。
　しかし、教科書所収の説明的文章教材を使って授業を行うことが多い現実を考え合わせたとき、渋谷が説明的文章は自律的世界を形成していることを指摘したように、一つ一つの教材が必ずしも上述したような単元構想に合致するものばかりとは限らないという問題が残る。また仮に大きな生活的な単元をカリキュラムに位置づけるとしても、年間をそうした大単元

ばかりで埋めるわけにはいかない。その他の説明的文章単元はすべて要素分析的読解活動中心の学習指導過程によるものでよいか、という問題もある。

　小田自身は、教科書所収の説明的文章教材について「量的制約とその指導・学習の総合性のゆえに、その教材は、内容・表現のコンパクトな統一性、自律性が要求され、ために、読物的性格に必要な文体のダイナミズムを備えることがむずかしい」と捉えた上で、「したがって、指導者が意図的に読み手を教材にかかわらせる手だてが必要となってくる」として、「教材に読み手が引き込まれ、あるいは、読み手が教材を引き寄せる磁場を指導者が意図的に作らなければならない」ことを主張した[5]。

　「磁場」には具体的にはどのようなものが位置づけられるかが実践上の課題となるが、大槻が例としてあげている「まず題名を読んで、何を知りたいか、どんなことが書いてあると予想するかといったことを話し合わせ、読みの構えをつくる」ことや、「説明文を書く必要のある場に学習者を立たせて、わかりやすい説明文を書くために教科書の書き方を調べる」ことなどは、「磁場」構成の初歩的・基本的なものと考えてよいであろう[6]。

　「読みの構えづくり」ということでは、「教室では、（好むと好まざるとにかかわらず）学習のために読む、という目的意識の存在を前提としており、その普遍的意識から自立した、単元・教材固有の読みの構えを作ることの必要性」を認識することが重要であるとする小田の見解に耳を傾けたい。「単元・教材固有の読みの構えを作る」ということは、教材の特性をどうとらえ、その特性をどう生かして「磁場」を見いだすかという問題意識に通じるものである。読み手と教材との間の「磁場」構成については、スキーマの働かせ方と関連することでもあり、子どもの側から学習指導過程を構築するためには重要な問題である。

第2項　学習活動の流れ、順序性

　学習活動のあり方そのものと共に、学習指導過程を改善するためのもう一つの観点は、学習活動の流れ・順序についてである。この点について

は、まず小田が指摘した「読みの意識」「情報認識に資する読解指導」について触れなければならない。小田（1986）は、教室での説明的文章の読解と、日常生活における説明的文章の読みとの間にある違いを問題にして、次のように述べた[7]。

　　日常生活行動としての読みにおいては、一般に情報意識が言語意識に先行し、しかもほとんどがその前者によって読書行動が成りたっているばあいが多い。にもかかわらず、国語教室の読みで意図的に後者の意識をはたらかせようとするのは、言語能力を高めるための有効な読ませ方を求めてのことである。（中略）説明文教材指導が不活発な学習状態を招く原因は、まず、そのような日常的な読みの意識に準じた情報意識の形成の不十分なままに文章論的言語意識をはたらかせようとした点にある。読解指導にのぞまれることは、まず、日常の読書行動の内面に形成され流動する情報意識を、集中性の強い、密度の高いものとして、学習者の内面に作り出させることである。

　日常生活における読みと学習における読みは同質でない面もあるが、あまりにも両者の乖離が著しいという事実はある。第2章で行った実態分析における標準型の実践には、そうした様相がいくつもの実践例に見られた。本来、説明的文章は新しい情報や認識を提供するためのものである。学習者も内容に惹かれて読む。しかしその内容の中には、一読して得られる情報と、表現を吟味し読み込んでみてはじめてその価値が納得できる情報とがある。後者の類の情報こそ、授業の中で中核的に扱われるべきであろう。小田は「コンテクスト（文脈）を明瞭に読み手の意識の中に構成する」読みと位置づけてその必要性を説き、「読解指導は、情報認識をめざす文脈形成をむねとし、それに資する言語意識のはたらかせ方を究明、実践していくべきであろう」と提言した[8]。したがって、学習活動を組織し展開していく際には、感覚的・直感的な情報の認識に始まり、表現や論理、筆者の検討を経ながら、より高次な情報認識へと移行していくような

流れを意図する必要がある。

　学習活動の流れという点では、情報の処理・活用過程との関連も重要である。学習内容として情報活用力を位置づけようとすると、学習指導過程としても情報の処理・活用のプロセスが反映されていることが望ましい。これは学習指導過程における表現活動との関連ということにもなる。

　小田迪夫（1996）は、説明的文章における情報を捉える読み方として「題名や冒頭部分から課題、問題をとらえる」「情報を既有の経験・知識にかかわらせて理解する」「課題・問題に照らしてパラグラフの中心文や中心語句を的確にとらえ、情報の要点、中心点をとらえる」「疑問点やさらに知りたいことを見いだし、それに応ずる情報をほかの文章に求める」「読み取った情報を目的に応じて整理し、秩序立てて、新しく情報を構成する」の五つをあげた[9]。これらは、伝達の要素を加えると、そのまま芳野菊子（1992）が情報の活用段階として整理している「検索、収集、整理、蓄積、選択、発想、創造、構成、発信または伝達」[10]と重なる。情報活用の観点から、小田がいう「表現活動の前提としての読みを、筆者の情報の作り方、伝え方を読み取る構えで行わせる」[11]学習活動の展開についての指摘も意識しておきたい。

　次に、学習活動の流れについての考察観点として、広岡亮蔵（1972）の学習過程の最適化論を取り上げる[12]。広岡亮蔵は学習全般における基本的な学習過程として「感性的把握→本質的把握→現実的把握」を措定した。広岡は以下のように述べている[13]。

　　（前略）導入→展開→終末の基本過程は、困ったことには、たんに教師の指導作用の段階をばくぜんと示しているにすぎない。三つの段階のそれぞれにおいて、どんな中味の学習をなりたたすべきかとの内容実質は、なおばくぜんとしている。
　　　そこで私は、思い切って
　　　　　　　感性的把握→本質的把握→現実的把握
　　というコトバによって、導入→展開→終末をおきかえて、基本的な学

習過程をあらわしたいとおもう。この三段階は、学校学習以前の提示の学習には、あるいは高度過ぎて適当ではないかもしれない。だが、概念や原理や問題解決などの学習を主要課題とする高次の学習、つまり学校学習においては、この三段階は基本的な学習過程となるであろう。それも認知領域だけでなく、感情領域や技能領域をもふくんで、学校学習の全領域に共通する基本的な学習過程となりうると仮説して、考察をすすめることにしたい。

 このように広岡は学習の流れ、過程を教師側からではなく学習者側から捉えようとした。学校教育における学習を学習者側から発想する場合の足場とも言える過程段階として、どの教科のどの領域の学習であろうと「感性的把握→本質的把握→現実的把握」を置いて具体的な学習過程を構想することを提唱したのである。その際、学習過程とは、学習者が題材を学びとっていく筋道であり、題材に対して、学習者がどのように接近し、どのように中味をつかみ、これをどのように自分のものにしていくかの筋道、題材に対する学習者の攻め方の筋道、学習方略 learnig strategy であると定義した[14]。
 最初の「感性的把握」は、学習者の過去経験を足場とし、学習意欲をバネとして、学習当初の把握が成立する段階であるとした。過去経験を足場とすることについては、新事態の認知に対して学習者の持つ過去経験が影響を及ぼすことから、経験補充についての指導措置を講じる必要があることを指摘した。また学習意欲については、これを補強するために、新奇、驚き、葛藤を引き起こすような形で題材を提供すること、達成目標を予見し話し合いながら題材を提起することをあげた。さらにこの段階の説明として、次のようにも述べた[15]。

　(前略)当初においては学習者は、物ごとのごくあらましの印象を感受したり、顕著な断片をバラバラに認知したり、ぎこちなく反応したりするにすぎない。つまり、感性的次元の感受や認知や反応をなしう

るにすぎない。これは、おもになお知覚・情緒の次元の把握であり、感性的把握の段階である。

　広岡によると、これは「多少とも情動につきまとわれた、半分化の心意機制」である[16]。部分的、局所的な把握であったり、部分と全体との関係性も曖昧であったりするこうした学習の段階を積極的に認め、この段階にふさわしい指導を適切に施すことが次の「本質的把握」へとつながることになる。

　続く「本質的把握」は「題材の感性的な表皮をとりはらって、その内部構造を『洞察』する」ことである[17]。広岡は次のように述べている[18]。

　本質的把握も立ち向かう学習者は、前段階の感性的把握における半分化でバラバラな認知や感受の残存にたいして、一面では分析と、他面では総合をくわえる。そして、これらの分析と総合の進行につれて、題材の本質的な内部構造を把握するようになる。

　本質的把握の段階は、このように分析と総合を進める段階である。広岡は分析のための主要な指導手段として問いかけと対比をあげ、総合のための主要な指導手段としてはグループでの話し合いと実地検証をあげている。ここでは分析と総合の結果を言語化すること、論理的、心理的に順序よく学習を進行させることが重要な配慮点となる。

　さらに「本質的把握は、分化と統合の心意機制である」とも述べた。前段階の「感性的把握」は「半分化の心意機制」であったが、ここでは分析作用の進行に伴って分化が進み、同時に他面では部分間の総合作用が働くにつれて統合が成立する。

　最後の「現実的把握」については「内向きの方向をとるときには、定着であり、身につけさせることである。また外向きの方向をとるときには、転移であり、活用することである。定着することによってよく転移し、また転移することによってよく定着する」と述べている[19]。

定着させることに関しては、練習（おもに技能性の強い題材に対して）と内面化（おもに心情性の強い題材に対して）の二つの学習行為をあげた。
　もう一方の適用による転移に関しては、次のように述べた[20]。

　　本質的把握をなしえた学習者は、類似の新事態に立ちむかって、これを解決しようとする自然性向をもつことが多い。こうして類似した新事態のなかで活用することによって、さきの本質的把握は、生きてはたらく力となり、転移力を帯びてくる。

　こうした転移の機能については、構造の類似性が重要であると指摘し、「原事態の構造が把握されており、しかも新事態についての場面分析が鋭くなされるときに転移がよく生起する」とし、学習意欲喚起の点からは「解決の必要性を要請する誘意性のさなかに、学習者を立たせること」を主張した[21]。これらは説明的文章の学習指導過程における最終段階をどのような学習活動（表現活動）で構成するのかという問題について、重要な示唆を与えてくれる。竹に木を接ぐような、思いつきの、取って付けたような学習活動を配列することは避けねばならない。
　広岡は、この「現実的把握」の段階は、これまでの「半分化の心意機制」「分化と統合の心意機制」に比べて「可変的な力動機制」と説明した[22]。練習や適用によって部分間の差し替えが行われるにつれて、諸部分間の組み直しや配置替えが滑らかになってくるのである。
　この「感性的把握→本質的把握→現実的把握」という基本的な学習過程を高次目標[23]に即する最適な学習形態としての主体学習に当てはめると、その過程段階は「ズレの感知→つきつめる→新たな立ち向かい」と設定される[24]。
　「ズレの感知」は、学習者が「既有経験と新事態とのあいだにズレを感知し、新事態に魅力を感じ」る段階である。続く「つきつめる」は、生じた「問題事態の中味のつきつめにとりかかる」段階であり、「当初の未分化な低次状態にたいして、学習者が主体的に分析と総合をくわえることに

よって、分化した高次の状態を、自らの手によって打ち出す」段階である。この段階では「岐れ途に立って、自己選択をなし自己決定をなすときに、主体性が確立され、主体的な学習過程が展開される」として「岐れ途思考」を重視した。最後の「新たな立ち向かい」は「岐れ途思考に立ち自己調整をしながら、問題事態の中味をつきつめた主体的な学習者は、ここで満足して活動を停止するのではなく、むしろ隣接する新たな問題へと立ち向かう」段階であり、広岡はこの「新たな立ち向かい」は「主体的な学習過程の第三段階として、しっかり定位されねばならない」と述べている。

　子どもの側から発想された説明的文章の学習指導過程は、広岡のいう高次目標に即した主体学習の様相を呈するものが原則になると考えられる。また「ズレの感知」は、スキーマの活性化に通じる点であることや、つきつめ、新たな問題状況へ向かっていく筋道などは情報活用過程を意図し、表現活動を目ざす学習と関連する要素がある。これらのことを考え合わせると「ズレの感知→つきつめる→新たな立ち向かい」という流れは、学習指導過程を設定するときの足場・参考として示唆的である。

第3項　説明的文章の基本的な学習指導過程

　以上の学習指導過程の足場となる流れをもとにすると、次のような説明的文章の基本的な学習指導過程を仮説的に設定することができる。

　　　　1・2年生段階……「既有知識とのずれを知る―内容と論理をつなぐ―内容と論理をいかす」
　　　　3・4年生段階……「既有知識とのずれを知る―筆者の発想や考え方を探る―自己の発想や考え方を広げる」
　　　　5・6年生段階……「既有知識とのずれを知る―筆者の発想や考え方を探る―筆者の発想や考え方をつきつめる―自己の発想や考え方を広げる」

　これらの流れを足場にして、各段階の意図に即しためあてを、そして学習活動を、個々の教材の内容、特性に対応させて位置づけていくことにな

第7章　説明的文章の授業論

る。ただし、これらは学年段階によって常に厳密に区別して採用するというふうにはならないかもしれない。5年生の授業であっても、教材の特性や時間数の問題、学習者の実態等によって、3・4年生段階の流れに即して学習指導過程を構想するというようなことも出てくると考えられる。あくまで「基本的な学習指導過程」であり、足場としてのものである。状況によって柔軟に対応できるようにすることが必要である。

第3節　説明的文章の単元の学習指導過程における終末段階の学習活動設定の要件

第1項　説明的文章の単元の終末段階における学習活動の問題

　説明的文章領域においては、文章構成読みに代表される画一的な学習指導から脱却し、多様な学習活動、学習展開が試みられるようになってきている[25]。それらの多くは、三読法でいうところの精読段階にあたる読みの活動に工夫を加えたものが多いが、そうした学習を経た後の単元の終末段階の学習活動については、精読段階での学習活動がどのようなものであろうと関係なく、感想文をまとめたり要旨をまとめたりするなど、概して学習者には好まれない活動の繰り返しに陥っていることがしばしば見られる。また、そうしたパターン化したものではない学習活動の場合でも、明確な意図に基づかずに設定されていることが少なくない。

　渋谷孝（1973）は説明的文章の指導過程論について述べる中で、最終の第四次段階においては、第二次、第三次段階においてできる限り第一義的な読解に徹したことの短所を第二義的、第三義的な補助資料を使って補っていくとした。これは第一義的な文脈に即した読み方だけでは限界があるため、第四次段階で図版や映像などによって理解の不十分さを補うこともあるとする立場であり、終末段階の学習活動そのものはあくまで補助的な位置づけとするものであった[26]。

　森田信義（1984）は、指導過程を「①題名読み―②教材文の通読―③教材文の精読―④教材文の総合的把握―⑤まとめ」という五つの段階でとらえ、「まとめ」の具体的な学習活動として「教材文の批評と学習の発展をはかる」ことを位置づけた。⑤の段階は確認した筆者像に問いかけつつ、教材を批評することを中心的な内容とするとして、⑤「まとめ」が、筆者はなぜこのように書いたのかを総合的に問い、評価する段階であると

している[27]。

　森田の言う終末段階の学習活動（教材についての批評文を書くこと）は、精読段階の学習活動と密接な関係性を有し、精読段階の学習内容（読み）を深化・拡充させることに機能している点に特徴がある。すなわち、森田が述べているように、学習者が教材文を読み抜く過程で把握したものを自らの基準に照らしつつ、どのように主体的、個性的に価値判断ができているかが分かるように、ひとまとまりの文章を構成して書くことをねらっており、精読段階での読みの再構成の要素を持った学習活動となっている。これは同時に、精読段階で展開した自己の読みのメタ認知を促す学習活動にもなっており、精読段階の付け足し的な学習活動から脱却し、終末段階の学習活動そのものに意義を与えたものであった。

　寺井正憲（1998）は、自己世界の創造を目ざす説明的文章の学習指導が重要になるとする観点から、次の二つの実践方法の意義について述べた。主体的に豊かに内容や表現形式に関する情報を読み取ることによって表現活動に展開すること、ならびに絵本やニュース番組など生活の中で用いられる言語文化としての情報発信の表現形式に作り変えることである[28]。これによって、終末段階の学習活動として位置づけられることが多い表現活動に、従来意識されることが少なかった自己世界の創造という観点を設定することの意義が示された。

　これらの研究から、終末段階の学習活動に積極的な意義を見いだし、精読段階での学習と関連させた終末段階独自の活動を設定することによって、より高いレベルの認識・思考、表現学習を展開する必要性のあることが実践課題として明確になったが、具体的にどのような形での学習活動の展開を図っていくかについての実践研究は十分ではない。

　そこで本節では、説明的文章の単元の学習指導過程における終末段階の学習活動が、精読段階の学習活動とどのような関連のもとに、どのように設定することが望ましいか、実践例をもとにその要件を考察することとする。考察の対象とする実践例としては、精読段階の読みの活動だけでなく終末段階の学習活動をも重視しており、かつ情報活用、情報生産の観点に

よって精読段階から終末段階にかけての学習活動が比較的詳細に記されている文献として、河野順子（1996）[29]、小田迪夫・渡辺邦夫・伊﨑一夫（1996）[30]、吉川芳則（2002）[31] を取り上げることとする。

第2項　実践事例についての考察

1　河野順子（1996）の実践について

　河野順子（1996）の実践の特徴は、情報生産者の育成をめざし、複数の教材を用いて実践を行うところにある。具体的には先行知識の枠組みを形成することを主としてねらうセット教材や、主体的な情報生産者育成のためのセット教材（2教材以上を対等に位置づけて読み取るための教材）を用意したり、学習者の主体的な読みを促進するために教師が用意する複数の教材を用いたりしながら、実践方法としては「筆者と筆者の対話」を位置づけている。その結果、授業の中では活発な話し合い活動が展開され、単元の終末段階の表現活動の内容も充実したものとなっている。

　このような授業方式をとる河野の実践（5—6年：8実践）における終末段階の学習活動としては、以下のものが示されている。

- ・「自然と人間」について自分の考えをまとめる。　　　（5年1学期）
- ・「わたしたちのくらしとくらしの中のいろいろなもの」について説明文を書く。　　　（5年2学期）
- ・筆者の主張点について自分なりの考えを述べながら話し合う。
　　　　　　　　　　　　　　　　　　　　　　　　　（5年3学期）
- ・二人の筆者のものの見方、考え方をもとに、地球環境についての自分の考えを述べ合う。　　　　　　　　　　　　　　　（6年1学期）
- ・討論を通して、「森林と私たち」について、自分なりの考えを持つ。　　　　　　　　　　　　　　　　　　　　　　　　（6年2学期）
- ・自分の感動体験を題材として選び、杉村さん型、寺崎さん型のどちらかを選んで、説明文を書く。　　　　　　　　　　　（6年2学期）

・二十一世紀に向けて自分たちはどうしたらよいのか５年生に伝える説明文を書く。　　　　　　　　　　　　　　　　（６年３学期）
・「私たちと言葉」についてそれぞれの問題意識にしたがって発表会をし、意見交換をする。

　これらを見ると、教材文と同様なテーマで話し合ったり、説明文を書いたりする活動が中心的に設定されていることが分かる。表現形式としては必ずしも多様なわけではないが、これらの活動では一貫して自分の考えを持つことが重視されており、精読段階で学んだ認識内容、認識方法を活用することがめざされている。
　５年２学期実践（単元名「わたしたちのくらしの中のいろいろなものについて考えよう！」：セット教材「粉と生活」「くらしの中のまるい形」）における「わたしたちのくらしとくらしの中のいろいろなもの」について説明文を書く学習活動[32]を例に、具体的に検討する。単元の授業の流れ（総時数20時間）は、以下のとおりである。

　　第一次（読みの構えづくりⅠ）　　　　　　　　　　……１時間
　　・「わたしたちのくらしの中のいろいろなもの」という単元名をもとに、思ったことを自由に話し合い、２教材のうち、読んでみたい作品を選ぶ。
　　第二次（筆者の発想へ向かっての問題づくり：読みの構えづくりⅡ…ペア対談）　　　　　　　　　　　　　　　　　　……４時間
　　・自分が選んだ作品について一人読みをし、相手に聞く質問を考える。
　　・ペア対談をする。
　　第三次（情報生産者としての読みの実現：各教材の筆者の立場のグループに分かれ、グループ対グループによる対話＝筆者と筆者の対話）
　　　　　　　　　　　　　　　　　　　　　　　　　　……８時間
　　・ペア対談で出てきた問題についての討論会

第四次（情報生産活動…表現活動）　　　　　　　……7時間
　　・「わたしたちのくらしとくらしの中のいろいろなもの」について
　　　説明文を書く（題材探し、情報収集、構想、叙述、推敲、清書）。

　情報を生産することに向けて、第一次からの各段階の学習活動が密接に関連するよう単元が構成されていることがうかがえる。「わたしたちのくらしの中のいろいろなもの」について考えを深めていくことは単元の導入から終末まで一貫しており、教材文の読みはそのために機能する形となっている。

　終末段階における説明文を書く活動については、河野は表現活動への抵抗が少なかったこと、どの学習者も自己の説明文の中に理由付けによる論理的思考、序論―本論―結論の3段構成を生かすことができた点を取り上げて、評価している[33]。

　掲載されている学習者の作文例でも、「土とはいったいどんな物なのだろう」という題名で書いた学習者の場合、序論で「土と人間のかかわり」について述べ、本論では「土の仕組みと働き」の事例を二つ、続いて「人間と土の関係の深さ」の事例、そして「土の働き」の事例を二つの計5事例を展開させて結論へとつないでいる。またその間、論理的思考を度々駆使して記述している。

　終末段階の表現活動においてこうした成果を収めた要因として、河野は次の3点を指摘している[34]。

　　(1)　「筆者と筆者の対話」形式の学習[35]によって、先行知識との往復
　　　　が活発に行われ、実感として理解できたこと。
　　(2)　対話をとおしての読みそのものが情報生産の読みに他ならなかっ
　　　　たこと。
　　(3)　2教材の比較によって自分なりの考えが構築されていったため、
　　　　自分の着想、発想を対話の中で獲得していくことができたこと。

(2)(3)にかかわっては、「筆者と筆者の対話」形式の学習を継続する中で、テーマである「わたしたちのくらしの中のいろいろなもの」について考えるために、自分に必要な情報を自己の経験や資料等から収集・補足し、活用する活動が精読段階から繰り返し行われていた。すなわち情報活用能力が駆使されていたことが、最終段階の説明文を書く表現活動の際に直接的に生かされたことを指摘している。

　説明文を書くための内容や方法のソースとなる精読段階における読みの学習の際には、「説明の対象が生活の中の身近なものを取り上げていることもあり、子どもたちはかなり積極的に生活の中から情報を補足し、本文理解に活用していた」と述べ、生活（体験）と対応させた実感的な情報生産活動（読み）を促していることがうかがえる。しかし、一方では「子どもがうまく情報の活用、操作ができない場合には教師側が資料を用意しておくことが大切である」として、テーマに関係した図書資料8編を教室に用意している[36]。

　こうした河野の実践からは、精読段階の学習活動のあり方を学ぶことができる。すなわち、終末段階で説明文を書くなど自己の考えをまとめる表現活動を設定する場合には、終末段階に来てはじめて新たに情報を求める作業を開始するのではなく、精読段階での読み（学習活動）が、認識内容的にも表現方法的にも最終の表現活動のためのシミュレーション的な情報生産活動の要素を有している必要があるということである。（→＜要件3＞注：→＜要件＞は、ここで述べた内容が、「3　まとめと今後の課題」における当該番号の要件とつながりが深いことを示している。以下同じ。）

　そこには必然的に、当該テーマについて自分はどのように考えるのか、という自己の考えを明確に持たせる学習活動として、精読段階から終末段階へと連なっていることが要求されることになる。（→＜要件2＞）

　この意味では、終末段階の学習活動として、教材文の内容と似通ったテーマであることだけで安易に表現活動（調べ学習や作文活動）を設定することは学習者にとっても負担であり、認識面、表現面でも質の高まりや広がりも期待しにくいことになる。（→＜要件5＞）

2　小田迪夫・渡辺邦夫・伊﨑一夫（1996）の実践について

　小田迪夫・渡辺邦夫・伊﨑一夫（1996）の書名の副題は「情報を読み、活かす力を育む」となっており、彼らの研究は情報活用の観点から説明的文章の学習指導の改革を図ろうとするものである。その中で小田迪夫（1996）は、国語科の＜学習読み＞においては情報そのものに目的があるのではなく、情報を読み取る力、情報が分かる力を付けることに目的があるとして、説明的文章教材における次の四つの指導目標を設定した[37]。

(1)　情報の読み方・分かり方を学ばせる
(2)　情報の表し方・伝え方を学ばせる
(3)　情報の求め方・生かし方を学ばせる
(4)　情報の分かり方や表し方を明快、明確にする思考の仕方を学ばせる

　この中で、終末段階の学習活動のあり方と直接的に関係するのは(2)の「情報の表し方・伝え方を学ばせる」と(3)「情報の求め方・生かし方を学ばせる」である。
　(2)の「情報の表し方・伝え方を学ばせる」について、小田は情報化社会では基礎学習として説明表現の方法を学ばせることは必須の学習事項とならねばならないと述べ、そのためには学習者を情報の作り手、送り手の立場に立たせ、情報読み学習から情報伝達の学習へと指導過程を発展させる必要があるとした。
　また、(3)の「情報の求め方・生かし方を学ばせる」については、情報発信者の立場から情報を求め、選択し、構成し、記述する過程で説明表現作りを実践し、その仕方を身に付けさせることが必要であること、またそれは情報活用力を育てることであるとし、そのためには教科書教材の情報に関わる情報を外に求め、それらを取捨選択して加工することが必要であるとした。
　したがって、これらの小田の見解を参考にすると、終末段階において表

現活動を設定する場合には、情報を生産し発信していく学習の流れ、スタイルを精読段階から一貫してとっておくことが重要となる。(→＜要件１＞)

　学習指導過程を構想するにあたっても、情報を収集する読みを行う過程で自己の問題意識にかなった新たな情報を生産（創造）し、それらを総合する形で最終的な情報の伝達・発信活動に結び付けていく、という流れになるよう配慮することが必要である。(→＜要件１＞＜要件２＞)

　以下では、小田・渡辺・伊﨑（1996）の実践編において、終末段階の学習活動が、精読段階の学習活動とどのような関係で設定されているのか検討する。

　掲載されている実践例は１年生から６年生まで全部で15編である。終末段階の表現活動としては、図鑑、クイズ、新聞、カレンダー、カード、カタログ、インタビュー、作文（説明文）、絵本など多様に展開されており、要旨をまとめたり要約したりする文章構成活動が直接的に配置されてはいない。

　この中から、６年生「人間がさばくを作った」の実践例を取り上げることにする[38]。本実践の単元計画（全８時間）は、以下のとおりである。

　　第一次（１時間）
　　　・学習の見通しを持つ。
　　第二次（３時間）
　　　・書かれていないことを読み取る。
　　第三次（３時間）
　　　・絵本作りをし、読み取ったことを分かりやすくかき表す。
　　第四次（１時間）
　　　・絵本を発表し合い、感想を述べ合う。

　終末段階の学習活動としては、第三次と第四次の絵本作りに関する内容が該当する。絵本を書くに当たっては「豊かな大草原の様子」「つり合いが保たれている様子」等、教材文の内容に沿うことを基本形として指定

し、4—14ページの絵本ができ上がったとしている。実践者は、この学習活動の評価を「学習のまとめとして絵本作りを行うことで、自分の得た情報をもう一度整理し、必要な情報だけを選択することができた。また、中には見落としていた新たな情報に出会うことさえあった。そして、何よりもできた満足感が味わえた」と述べている。

　確かにもう一度読み直したり、叙述内容を確認したり、必然的に内容を要約したりすることができた点では効果があったと思われる。しかし、絵本作りについての学習者の感想を見ると、「絵の中に動物の体長を書き込んだり、文章を短くしたりするなどして、分かりやすくなったと思う」「いざ絵本を作ってみると、簡単な話なのに、なかなかうまくまとまらない。絵も思うようにかけない」など、絵本に仕立てるという表現技法上の意義や課題についての意見が感想のほとんどを占めている。実際の絵本の文章例は、以下のようである。

　　　ところが、人間が、バイソンをたくさんとってしまいました。そして、原っぱをかってにつかって、こんどはウシやヒツジを育てはじめたのです。オオカミは、バイソンが減ってしまって、食べるものがないので、ウシやヒツジをおそいました。すると、人間は、オオカミが、飼っているウシやヒツジを食べるので、こんどは、オオカミを退治してしまいました。

　自筆の挿絵とともにコンパクトにまとめられているが、本文の内容を整理したレベルにとどまっている。読み取った内容を再構成することの学習成果は認められるが、6年生という発達段階にふさわしいものを考えた場合には、絵本という表現形式をとるにしても、自己にとっての新たな認識内容や認識方法の発見に関わる事柄についての記述がほしいところである。寺井正憲（1998）の言う言語行動の過程において想が発展し、それが何らかの自己世界として結実する方向[39]のものでなければ、単元の終末段階の学習活動としては、時間を費やす割には学習者自身のものの見方や

考え方の深まりと広がりという点で不十分なものに終わることは否めない。

その点、6年「『太陽のめぐみ』『オゾンがこわれる』ほか」の実践例[40]においては、終末段階の学習活動として新聞作りを設定しており、「人間が危ない」とタイトルを付けた新聞例には「社説」欄が設けられ、自己が認識した内容を書き込む形式になっている。学習者は次のように記している。

　　今は、いろいろな地球問題がおきているが、これは、大部分が、人間が原因である。人間が問題をおこすということは、人間にかえってくることだと思う。だから、世界でこの問題を考えていく時だと思う。

こうした手だてを施すことが、自己世界の創造の場を保障し、精読段階で行ってきた情報読みの学習、得た認識内容を生かすことにつながるものと考える。

寺井（1998）は、学習者の想を発展させ結実させるためには、学習指導過程において、内容に関する情報や表現のための方法や形式に関する情報が、いつどのような形で与えられるのかが重要であると指摘しているが[41]、終末段階の学習活動をただ内容的に関連するものがあるからということで、表現活動におけるテーマや表現形式の自由度を高くし学習者側に委ね過ぎると、上述した実践例のように認識面での深まり・広がりに物足らなさを生じさせることになると考えられる。絵本の文章になる事柄は精読段階の読みで得られているわけであるから、それらの情報内容が拡散的、網羅的にならず、自己の問題意識とそれに対する自己の考えとして絵本の中に表現されるようにしたい。（→＜要件5＞）

そのためには、やはり教材文の内容や精読段階での学習活動との関係から、テーマや表現形式の条件設定を適切に行い、限られた時間の中で効果的な情報生産活動がなされ、認識の更新に培い、自己世界の創造に深化・

拡充をもたらすような終末段階の学習活動が設定されることが望ましいと考える。(→＜要件6＞)

3 吉川芳則 (2002) の実践について

　吉川芳則 (2002) は、説明的文章の単元の学習指導過程と学習活動のあり方について検討した。教材の特性、学習内容、学習者が夢中で取り組む活動類型、具体的言語活動を総合して、学習者の側から発想された学習活動を設定することの意義について論じるとともに、説明的文章の学習指導過程を構想する際の足場となる基本的な学習過程を、学年層ごとに以下のように設定した[42]。

　　1・2年
　　「既有知識とのずれを知る―内容と論理をつなぐ―内容と論理をいかす」
　　3・4年
　　「既有知識とのずれを知る―筆者の発想や考え方を探る―自己の発想や考え方を広げる」
　　5・6年
　　「既有知識とのずれを知る―筆者の発想や考え方を探る―筆者の発想や考え方をつきつめる―自己の発想や考え方を広げる」

　こうした流れに即して、学習指導過程における各段階の意図に沿っためあてや学習活動を個々の教材の内容、特性に対応させて位置づけるとしている。また、これらの基本的な学習過程を設定するに際しては、スキーマの活性化、情報活用過程、表現活動をめざす学習活動に関する知見を参考にしている。

　したがって、終末段階の学習活動としては、「内容と論理をいかす」「自己の発想や考え方を広げる」というように、先に示した河野や小田らにおいても目ざしていた情報活用・生産の観点や、寺井の主張した想の発展に

第7章 説明的文章の授業論

よる自己世界の創造に通じる観点が含まれた形となっている。実践例としては1—6年の計6実践が所収されており、終末段階の学習活動は、それぞれ以下のようである。

　　1年……教科書に出てこなかった自動車の中から好きな自動車を一つ選んで、その説明文を書く。絵も合わせて描いて絵本風にする。(「じどう車くらべ」)
　　2年……筆者に宛てて、手紙を書く。(「ビーバーの大工事」)
　　3年……自分で集めた絵文字について、その特長を見つけて解説し、絵文字図鑑を作る。(「くらしの中の絵文字」)
　　4年……本文に出てきた体を守る仕組みをうまく働かせるための生活の仕方を考えて、書きまとめ、読み合う。(「体を守る仕組み」)
　　5年……実際に体験したこと、マスコミ等を通じて見聞したことをもとに、阪神大震災のことをウェゲナーに知らせる報告文を書く。(「大陸は動く」)
　　6年……これまでの自分を振り返ってみて「私たちは21世紀をどう生きるべきか」書きまとめる。(「二十一世紀に生きる君たちへ」)

　いずれの実践でも書くことを重視し、説明文、解説文、報告文、意見文等、説明的表現活動を中核に置き、自己の体験や活動とつなぐ形での表現活動が目ざされている。
　以下、5年生「大陸は動く」の実践を検討する[43]。単元計画（全8時間）は次のとおりである。

　　第一次（2時間）
　　　・通読し感想を書く。音読練習をする。
　　　・音読練習、言葉の学習をする。
　　第二次（2時間）

405

・ウェゲナーがこの文章を読んだら、どの部分で、どんなことを筆者に言ったり、たずねたりするか話し合う。
第三次（1時間）
　・筆者の立場で、どういう考え・思いで「大陸を動く」を書いたのかをウェゲナーに知らせる文章を書く。
第四次（1時間）
　・実際に体験したこと、マスコミ等を通じて見聞したことをもとに、阪神大震災のことをウェゲナーに知らせる報告文を書く。

　精読段階では、文中に登場する「大陸移動説」の提唱者であるウェゲナーの立場に立って、本文の内容や書き方について筆者に意見を伝えるという形をとっている。文中にウェゲナーが頻繁に登場する教材の特性に着目しての学習活動の設定である。
　文中人物の立場を借りて教材本文を批判的に読む形式のこうした学習に引き続いて、単元の最終段階の学習活動を設定するに当たっては、自己の生活を捉え直したり見つめ直したりさせること、読み取った内容を教材文の中だけに閉塞させるのではなく、可能な限り生活へと深化・拡充させていくことに留意したとして、大陸移動説の提唱者であり阪神大震災のことは何も知らない、本文の登場人物であるウェゲナーに伝える形をとって表現させている。以下は学習者の作文例である。

　　九五年、二年前に阪神大震災という地震が、兵庫県の神戸に起きた。その地震は一日で、神戸のほとんどの物をつぶして、炎でつつまれた。（中略）この大地震の原因は、ウェゲナーさんが何年も研究していた「大陸移動説」と関係があった。日本の近海では、日本海溝という大きな溝みたいなものがある。それは、ウェゲナーさんが見つけられなかった原動力の岩盤と岩盤がぶつかり合って、下へ下へと行って溝みたいなものができた。でも、その岩盤は絶えきれず、破裂して、それが元となって地震が起きる。今回は、破裂の仕方が、大きか

ったと思う。(中略)／この地震の原因などがわかって今よりも科学が発達すれば、地震の影響も減らせると思う。世界が進歩すれば、地震に負けない力を手に入れると思う。

　精読段階で読み取った内容をもとにして、身近に起こった出来事やそれに係る情報を付加して表現する形式をとったこと、またウェゲナーに向けて書くという設定にし、伝える相手を明確にしたことによって、単に本文の表現をなぞって終わるというレベルにとどまらない表現が産出されている。また「今回は、破裂の仕方が、大きかったと思う」「この地震の原因などがわかって今よりも科学が発達すれば、地震の影響も減らせると思う。世界が進歩すれば、地震に負けない力を手に入れると思う」など、自己の認識のありようを記すことにもつながったものと思われる。
　精読段階の学習で読み深めた教材文の内容（テーマ）の枠を逸脱せず、かつ新たな見方・考え方でその内容（テーマ）に迫っていくことができる表現活動を設定した点では、学習者の情報生産活動を容易にした。(→＜要件5＞)
　しかし、高学年であれば、もう少し一般的な地震発生のメカニズムや、阪神大震災の発生要因等についての情報が文中に挿入されてもよいと考えられる。「プレートの移動については補足説明した」としているが、関連図書・資料等を与えていないことが要因となって、認識面の拡充という点では、やや不十分な面が出ていると思われる。
　関連図書・資料等による調べ学習等の読書活動が意図的にセット化されていれば、さらに成果の向上が認められたであろうと思われる状況は、4年「体を守る仕組み」の実践にも見られる[44]。この実践では、本文に出てきた体を守る仕組みをうまく働かせるための生活の仕方を考えて、書きまとめ、読み合う活動（学習のめあて：「体を守る仕組みを大事にする生活の仕方を考えよう」）が終末段階に位置づけられている。教材文を読んで認識を新たにしたことに基づいて、自己の生活を見つめ直すというものである。例示された学習者の作文は以下のとおりである。

まず、熱が出たときのことです。今まで、熱を悪いものあつかいしていました。でも、⑪段落で筆者が「体の中の戦いがかなりきびしいときだ」と教えてくれたので、これから熱が出たときは、体を休めて、白血球をおうえんしてやりやいです。／つぎは皮ふやせん毛などです。皮ふは「きずでもないかぎり、微生物は入ってこない」と説明してあるから、きずには注意したい。せっかく微生物を入らせないようにしてあるんだから。なみだは微生物を殺してくれるし、せん毛は微生物を外へ外へとおし出す役わりをはたしているから、体の調子が悪いときは、なみだを出したい（出せるかな～）。／まとめてみると、生活しているときは、つねに体を守る仕組みが働きつづけていることをいしきし、くらしたいです。先生が「きずをしたときは、すぐ水で洗いなさい。」って言っている意味がわかったような気がしました。微生物が空気中にいることも覚えておいて、「体を守る仕組み」にかんしゃして、健康に毎日を送りたいです。これからもよろしくお願いします。

　この作文について、吉川は「教材で学んだこととの対応で自分のこれまでの生活を振り返り、発熱に対する見方の変化、傷口を洗うことの意味の確認など素直に記している」と評価している。また、論理に飛躍が見られる部分もあるとした上で、「このように書いたからといって、すぐにケアの仕方が変わるということではないにしても、何かの機会に思い出し、実行していく素地固めの一つにはなるように思われる」と、この表現活動の意義の位置づけを述べている[45]。

　この表現活動の事前学習としては、これまでの自分の生活の仕方を振り返り合う場を設ける指導が行われており、4年生の段階として、こうした自己の生活体験を見つめ直し、表現に生かす活動で十分であるとも考えられる。しかし、終末段階に1―2時間程度、または精読段階の課外自由時間に、関連図書・資料を調べる学習環境が整えられていると、体を守る

仕組みについての新たな認識内容を付加した作文が産出されたと思われる。すべての学習者に資料等を活用することを義務づけるというわけにはいかないだろうが、終末段階の表現学習の広がりや深まりを保障するための読書環境の設定は、精読段階からも含めて、できる限り整えておく必要がある。(→＜要件4＞)

第3項　情報活用、情報生産の観点からの学習活動の位置づけ

　ここまで、情報活用、情報生産の観点から三つの実践例を検討し、説明的文章の単元の学習指導過程における終末段階の学習活動設定の要件を個別に見いだし、＜→要件1＞等の形でその都度示してきた。それらを集約した結果、説明的文章の単元の学習指導過程における終末段階の学習活動を設定する要件を、以下のように整理した。

　まず、要件として(1)精読段階の学習活動と終末段階の学習活動の連携に関する要件、(2)終末段階の学習活動のあり方そのものに関する要件の二つに大別して捉え、次にそれぞれの具体的要件として整理した。

(1)　精読段階の学習活動と終末段階の学習活動の連携に関する要件
＜要件1＞精読段階から一貫して、情報を生産し、発信していく学習の流れ、スタイルをとること。
＜要件2＞精読段階から、自己の問題意識に基づく情報生産学習を行い、教材文の内容に関する自己の考えを明確に持たせる学習指導過程をとること。
＜要件3＞精読段階での読み（学習活動）が、認識内容面、表現方法面に関して、最終の表現活動のためのシミュレーション的な情報生産活動の要素を有すること。
＜要件4＞終末段階の表現学習の広がりや深まりを保障するための読書環境の設定を、精読段階も含め、できる限り整えておくこと。

(2)　終末段階の学習活動のあり方そのものに関する要件
＜要件5＞精読段階の学習で読み深めた教材文の内容（テーマ）の枠をできるだけ逸脱しないようにした上で、新たな見方・考え方で当

　　　　　該内容（テーマ）に迫っていくことができる表現活動を設定すること。
＜要件６＞教材文の内容や精読段階での学習活動との関係から、終末段階の学習活動におけるテーマや表現形式の条件設定を適切に行い、限られた時間の中で効果的な情報生産活動がなされるようにすること。

　今回考察した実践例における学習指導過程では、情報生産、情報活用の学習が意図されていた。教材文の内容に閉ざされてしまうのではなく、教材文の内容から自己のものの見方や考え方（認識）を拡充していくことを目ざした終末段階の学習活動を設定しようとすると、情報生産、情報活用型の学習指導過程をとり、最終段階の表現（発信）活動を位置づけることになる。すなわち、終末段階の学習活動を精読段階の付け足し的なもので終わらせないようにするために、学習指導過程全体を情報生産活動、情報生産能力や情報活用力育成の観点からも捉え、学習者のものの見方や考え方（認識）の深化・拡充に培い、要した学習時間にふさわしいまとめ・発展の学習となるよう、実践を開発していくことが望まれる。

　情報生産活動、情報生産能力や情報活用力育成の観点からの実践開発という点では、「要素構造図」との関連で言うと、「学習内容」セクションに情報活用力を位置づけていた。また学習者のものの見方や考え方（認識）の深化・拡充に培うことに関しては、同じく「学習内容」セクションに認識内容を獲得させることによって学習者の自己世界の創造を促進する道筋を位置づけたことが対応している。

第4節　説明的文章の学習活動としての図表化活動の意義と可能性

第1項　説明的文章の学習活動としての図表化活動

　説明的文章の読むことの学習活動の一つである図表化活動は、テクストの当該部分の内容を絵や図、表などに書き換えることによって、読みの具象化、要約を図ろうとするものである。図表化活動は、澤本和子（1991）や、巳野欣一（1996）が指摘するように情報の処理・活用の観点からも有効であること[46)][47)]、またいわゆる文章構成読みに偏向した画一的な説明的文章の学習から脱却する要素を有していることなどから、説明的文章の学習指導においては有効な学習活動の一つであると考えられる。しかし、実践としては形式的に表の枠の内容を埋めることにとどまるなど、ねらい、活用方法等、明確にされないまま行われている現状がある。

　そこで本節では、説明的文章の学習指導における効果的な図表化活動のあり方について検討する。具体的には、まず教科書所収の小学校説明的文章教材の学習の手引きに見られる図表化活動の実態について分析する。学校での多くの授業は学習の手引きに即して展開されることが多く、手引きのありようが図表化活動の活用方法を現実的に規定していく面がある。したがって、図表化活動を効果的に行うための留意点についても、学習の手引きのあり方から見いだすことができると考えた。

　また、説明的文章の学習指導において図表化活動を取り入れた実践に関する先行研究としては、青木幹勇（1976）、小松善之助（1981）、澤本和子（1991）などがあげられる[48)][49)][50)]。これらの成果を検討することによっても、効果的な図表化活動のあり方についての知見が得られるものと考えた。

　本節では、小学校説明的文章教材の学習の手引きに見られる図表化活動の実態と、先行実践研究の成果とをあわせて検討することによって、効果的な図表化活動の要件を示すことにする。

第2項　教科書の学習の手引きに見られる図表化活動の特徴

1　図表化活動の設定状況

　表7-1は、平成17年度版各社教科書所収の説明的文章教材の学習の手引きにおける図表化活動の設定状況を示したものである。

　5社全体で、1—6年生における説明的文章教材は90教材あったが、そのうちの33教材、36.7％の教材の手引きには図表化活動に係る内容が記されており、小学校の説明的文章教材の学習指導において図表化活動が重要な位置づけになっていることが認められた。

　学年別では3年生が52.9％、5年生が53.8％といずれも約半数の教材に図表化活動が設定されていた。1年生については、入門期ではまだ図表にまとめ直す作業は高度な面があると考えられるため14.3％と低率だが、それでも2社については1年生段階から導入していた。また6年生については2社が設定してないため、2～5年生に比べて比率が若干低下した。

　教書会社別では3社が30％—35％であるのに対して、1社については60％の教材について図表化活動が設定されており差異が見られた。なお学習の手引きに見られる図表39例中35例（89.7％）が表形式のものであり、絵図は4例のみであった。手引きで求めている図表化活動が表形式に集約されている傾向が認められた[51]。

2　図表化活動の内容

　表7-2は各社教科書会社所収の説明的文章教材の学習の手引きにおける図表化活動の内容を示したものである。所収39例の図表について、当該図表を用いた学習活動を行うことによって主にはたらくと考えられる認識・思考力と、当該図表を用いて行われると想定される具体的な学習活動の二つの側面から分析を試みた。

(1)　**図表例において主にはたらくと考えられる認識・思考力について**

　図表例において主にはたらくと考えられる認識・思考力の側面を検討するに当たっては、西郷竹彦（1991）や櫻本明美（1995）の認識・思考力の

第7章　説明的文章の授業論

▼「すがたをかえる大豆」には、大豆の食べ方がいくつに分けて書いてありましたか。ノートに、おいしく食べるくふうと食品を書き出して管理しましょう。

	おいしく食べるくふう	食品
1	その形のまま、いったりにたりして、やわらかくする。	・豆まきの豆 ・に豆
2		

図7-1　「すがたをかえる大豆」の手引き

書かれていることを、夏・秋・冬・春にわけて、ひょうにまとめましょう。

夏	秋
えだやはを大きく広げる。	みずなら
	どんぐり
	どうぶつたち

図7-2　「どんぐりとどうぶつたち」の手引き

夏の はじめ	たまごが 生まれる
たまごが 生まれてから およそ 一か月後	幼虫になる
つぎの 年の 四月	「土まゆ」を 作ってから やく 五週間後
さなぎに なってから 二週間後	
成虫に なってから 二、三日後	

図7-3　「ほたるの一生」の手引き

表7-1　教科書所収の説明的文章教材の学習の手引きにおける図表化活動設定状況

	光村		東書		教出		学図		大書		計		
	a	b	a	b	a	b	a	b	a	b	a計	b計	b/a
1年	2	1	3	1	3		3		3		14	2	14.3%
2年	2	1	3	1	4	1	3	1	4	2	16	6	37.5%
3年	2	1	4	1	4	4	4	3	3		17	9	52.9%
4年	2		3	1	4		4	4	4	1	17	6	35.3%
5年	2	1	2	1	3	1	3	2	3	2	13	7	53.8%
6年	2		3	1	2		3	1	3		13	3	23.1%
計	12	4	18	6	20	4	20	12	20	7	90	33	36.7%
b/a	33.3%		33.3%		20.0%		60.0%		35.0%				

a…当該学年の教科書所収の説明的文章教材の数
b…学習の手引きに図表化活動が設定されている教材の数

413

表 7-2　各社教科書所収の説明的文章教材（平成 17 年度版）の学習の
　　　　手引きにおける図表化活動の内容

番号	教科書会社	学年	上下	教材名	主にはたらく認識・思考力					想定される具体的な学習活動	備考
1	光村	1	上	どうぶつの赤ちゃん	列挙	類別	比較			該当箇所の抽出・説明	
2		2	下	一本の木		類別		順序		該当箇所の抽出・説明	図
3		3	下	すがたをかえる大豆	列挙	類別				該当箇所の抽出・説明	
4		5	上	ニュース番組作りの現場から	列挙	類別		順序		（要点）	
5	東京書籍	1	上	いろいろなふね	列挙	類別	比較			該当箇所の抽出・説明	
6		2	下	たんぽぽ	列挙	類別		順序		該当箇所の抽出・説明	絵画
7		3	上	自然のかくし絵	列挙	類別				（要点（書いてあること））、段落意識	
8		4	上	ヤドカリとイソギンチャク	列挙	類別				（要点（書いてあること））、段落意識	
9		5	上	動物の体	列挙	類別				小見出し、段落意識	
10		6	上	イースター島にはなぜ森林がないのか	列挙	類別				要旨（段落の内容）、文章構成	
11	教育出版	2	下	さけが大きくなるまで	列挙	類別		順序		該当箇所の抽出・説明	
12		3	下	広い言葉、せまい言葉		類別				該当箇所の抽出・説明	図
13		5	下	日本語を考える	列挙	類別				該当箇所の抽出・説明	
14		6	下	人類よ、宇宙人になれ		類別				要点、小見出し	
15					列挙	類別				書きぶりの分類	
16					列挙	類別	比較			該当箇所の抽出・説明	
17	学校図書	2	上	ほたるの一生		類別		順序		（要点）	
18		3	上	とんぼのひみつ	列挙	類別				該当箇所の抽出・説明、文章構成	
19		3	上	ミラクルミルク	列挙	類別				該当箇所の抽出・説明、段落意識	
20		3	下	年の始まり	列挙	類別				（要点）	
21					列挙	類別				該当箇所の抽出・説明	
22		3	下	合図としるし	列挙	類別				該当箇所の抽出・説明、段落意識	
23		4	上	地下からのおくりもの	列挙				原因・理由	（要点）、展開構造	問題提示文、擬問の提示
24		4	上	あめんぼはにん者か	列挙				原因・理由	（要点）、展開構造	問題提示文、擬問の提示
25		4	下	手で食べる、はしで食べる		類別				要点、段落意識	
26					列挙					該当箇所の抽出・説明	
27		4	下	点字を通して考える		類別				見出し、文章構成	
28					列挙	類別	比較			該当箇所の抽出・説明	
29		5	上	谷津干潟の生き物たち		類別				該当箇所の抽出・説明	図
30		5	下	心と心をつなぐ「もうひとつのお金」	列挙	類別	比較			該当箇所の抽出・説明	
31		6	下	自分の脳を自分で育てる	列挙	類別				該当箇所の抽出・説明	
32						類別			原因・理由	該当箇所の抽出・説明、事実と意見	
33	大阪書籍	2	上	道具	列挙	類別				該当箇所の抽出・説明	
34		2	下	どんぐりとどうぶつたち	列挙	類別	比較	順序		該当箇所の抽出・説明	
35		3	上	動物たちのしぐさ	列挙	類別	比較			該当箇所の抽出・説明	
36		3	下	自転車の活やく		類別				該当箇所の抽出・説明	
37		4	上	進化した路面電車	列挙	類別	比較			該当箇所の抽出・説明	
38		5	下	マンガの表現を楽しむ	列挙	類別				該当箇所の抽出・説明	
39		6	上	花を食べる	列挙	類別				該当箇所の抽出・説明	

※「主にはたらく認識・思考力」の欄の「列挙」が「列挙する力」、「類別」は「類別する力」、「比較」は「比較する力」、「順序」は「順序をたどる力」、「原因・理由」は「原因・理由を求める力」の略。
※「想定される具体的な学習活動」欄の（要点）や（要点（書いてあること））は、手引きには要点の語が明示されていないが、内容的には要点をまとめる活動と同様であると認められたものを指す。
※「想定される具体的な学習活動」欄の「段落意識」は「段落意識を図る学習活動」、「小見出し」は「小見出しをつける学習活動」、「文章構成」は「文章構成をつかむ学習活動」、「展開構造」は「展開構造に気づく学習活動」、「事実と意見」は「事実と意見」に着目し、両者を区別する学習活動」の意。

第7章　説明的文章の授業論

表7-3　学習の手引きの図表例において主にはたらくと考えられる認識・思考力

教科書会社	手引きにおける図表例数	主にはたらくと考えられる認識・思考力					
		列挙	類別	列挙＋類別	比較	順序	原因・理由
光村	4	3	4	3	1	2	
東書	6	6	6	6	1	1	
教出	6	3	6	3	1	1	
学図	16	11	14	9	2	1	3
大書	7	6	7	6	3	1	
計	39	29	37	27	8	6	3
全図表例数に占める割合		74.4%	94.9%	69.2%	20.5%	15.4%	7.7%

図7-4　「自分の脳を自分で育てる」の手引き

（図中：実験／結果／結果から言えること／意見／事実／筆者の考えをつかむために、前頭前野のはたらきを活発にするために、どんな実験結果からどんなことが言えると筆者は考えていますか。まとめましょう。）

表7-4　学習の手引きの図表例において想定される具体的な学習活動

教科書会社	手引きにおける図表例数	想定される具体的な学習活動									
		該当箇所の抽出・説明	いが明示された活動（要点」「まとめ」の語a）	いが明示されない同種の活動（要点」「まとめ」の語b）	（a）＋（b）	段落意識を図る活動	（小）見出し付け	文章構成の把握	展開構造に気づく活動	要旨（内容）の把握	事実と意見の区別	書きぶりの分類
光村	4	3		1	1							
東書	6	2		2	2	3	1	1				
教出	8	3	1		1		1					1
学図	16	10	1	4	5	3	1	2	2		1	
大書	7	7										
計	39	25	2	7	9	6	3	3	2	1	1	1
全図表例数に占める割合		64.1%	5.1%	17.9%	23.1%	15.4%	7.7%	7.7%	5.1%	2.6%	2.6%	2.6%

分類[52)][53)]をもとにした。その結果、39の図表例には列挙する力、類別する力、比較する力、順序をたどる力、原因・理由を求める力に培う要素が含まれていると考えられた。

　列挙する力については、類別する力とセットになって発揮される場合が多いと考えられるが、例えば図7-1の「すがたをかえる大豆」（光村図書3年下）の例などが該当するものとした。

　上段の「おいしく食べるくふう」の欄には、「食べるその形のまま、いったりにたりして、やわらかくする」「こなにひく」というように工夫が列挙され、それに対応させて下段の「食品」の欄には「豆まきの豆」「に豆」「きなこ」などのように例が挙げられることになるため、列挙する力に培うことになるとした。また、これは同時にそれぞれの工夫に対応した

415

食品相互の異同を明確にし、分類して整理し記入することになるため、類別の力を育てることになるとした。

比較する力については、図7-2の「どんぐりとどうぶつたち」（大阪書籍2年下）のような例などが該当するものとした。比較するためには、対象を抽出し列挙しなければならない。また比較しただけでは整理したことにはならないため、当然そこには分類・類別作業が付随してくる。しがって、図表化活動の際には列挙する力、類別する力、比較する力は相互に密接に関わり合うことになる。

順序をたどる力については、図7-3の「ほたるの一生」（学校図書2年下）のような例などが該当するものとした。書かれている事柄の順序を正確にたどって、該当する内容を記入していくという形式のものであり、比較的低学年に多く見られた。

「原因・理由を求める力」については、図7-4の「自分の脳を自分で育てる」（学校図書6年上）のような例などが該当するものとした。この表では、実験の内容、結果と結論との因果関係をまとめる形式になっている。実験の内容、結果と結論との間に整合性があるよう表に整理する必要があり、単に列挙し類別するだけの表とは整理の仕方が異なっている。

以上、図表例において主にはたらくと考えられる認識・思考力として五つの力を設定した上で、それぞれがどれくらいの比率で位置づけられる形になっているのかを示したのが表7-3である。

結果は「類別」が94.9％で最も高く、次いで「列挙」の74.4％、「列挙＋類別」の69.2％であった。残る「比較」「順序」「原因・理由」は、20.5％、15.4％、7.7％と低率となっており、学習の手引きを用いて行われる図表化活動が、事例など必要箇所を取り出して列挙し、適切に分類・整理する力の育成に資するものが中心となっていることが明らかになった。

(2) 当該図表を用いて行われると想定される具体的な学習活動について

次に、当該図表を用いて行われると想定される具体的な学習活動について検討する。見いだされた学習活動としては、要点をまとめる活動、要点をまとめることに類する活動、要旨（段落の内容）の把握、小見出しを付

ける活動、該当箇所を抽出・説明する活動、段落意識を図る活動、文章構成をつかむ活動、展開構造に気づく活動、事実と意見に着目し両者を区別する活動、書きぶりを分類する活動等があった。

表7-4は、これらの学習活動が全図表例数に占める比率を示したものである。最も比率が高かったのは該当箇所を抽出・説明する活動であり、64.1％と大半を占めた。この活動は、例えば図7-5の「自転車の活やく」（大阪書籍3年下）の図表から想定されるもの等が該当する。

これは文章の内容を読み取るために必要な項目を提示し、その項目内容に対応した事柄を文章表現から抽出したり、抽出したことをもとに要約したり説明したりするものである。上の例では、本文の三つの大きなまとまりごとに、その内容を整理することを求める形となっている。

この例の他にも、「いろいろなふね」（東京書籍2年下）において、項目として「ふね」「どんなことをするか」「くふう」を提示し、それぞれに対応した事柄を表にまとめさせる形式のものや、「日本語を考える」（教育出版、5年下）において、項目として「留学生A君の質問」「筆者の考え」を提示し、まとめさせる形式のもの等、様々な図表の形式を用いて位置づけられている。この活動では、項目の設定の仕方が当該教材の読みの観点を示したり教材文全体をとらえる形式になっていたりすることが多く、読むこと、情報を整理することを支援する要素が多いと考えられる。

次に比率が高かった活動は、要点まとめ並びに要点まとめと同種の活動であった。「文章の前半についてまとまりごとに要点を書きましょう」という指示のもと、表に要点をまとめていく直接型のもの（「手で食べる、はしで食べる」学校図書4年下）は2教材、5.1％と低率であった。しかし、「ヤドカリとイソギンチャク」（東京書籍4年下）のように、「それぞれのだんらくに書いてあることを、短くまとめて書きましょう」という指示のもと、設定された「だんらく」「書いてあること」の項目に即して要点まとめと同種の学習活動が行われることが想定されるタイプのものは7教材、17.9％あり、両者をあわせると要点まとめに当たる活動を導く図表を有する教材は23.1％であった。

この他「段落意識の喚起を図る学習活動」や「小見出しを付ける学習活動」等、比率が低い学習活動には、表中に「だん落」や「小見出し」等の項目が設定されているのみというレベルのものが多かった。

一方、２例のみ（5.1％）ではあった特徴的なものとしては、「展開構造に気づく学習活動」があげられる。図 7-6 は、「地下からのおくりもの」「あめんぼはにん者か」（学校図書４年上）の手引きに示された表である。

これらの表の特徴は、上段で問題提（「どうして」）、その問題に対する答え（「一つめのわけ」「二つめのわけ」）を列挙し、まとめ（「そのために」「このように」）をするという文章の展開構造を示す形式になっていることである。これは「はじめ—中—おわり」の基本的な展開構造でもあり表を完成させることによって、学習者は基本的な文章の展開構造をメタ的に捉えることができる。

自転車のぼうけん旅行として、どんなことをしたか。	自転車で空をとぶことにちょうせんした人は、どんなことをしたか。	阪神・淡路大震災では、自転車はどんな活やくをしたか。

図 7-5 「自転車の活やく」の手引き

「地下からのおくりもの」
次の表をかん成させましょう。

どうして	一つめのわけ	でもこれだけだと	二つめのわけ	そのために	このように
温泉に入ると体調が良くなるのか。		ただのお湯だ。			

「あめんぼはにん者か」
次の表をかん成させましょう。

どうして	一つめのわけ	でもこれだけだと	二つめのわけ	そのために	このように
あめんぼはうまく水面にうかんだり、走ったりできるのか。					

図 7-6 「地下からのおくりもの」「あめんぼはにん者か」の手引き

先にも述べたように、教科書の学習の手引きに見られる図表を用いて行われると想定される具体的な学習活動には、要点をまとめることに類する活動、要旨（段落の内容）の把握、小見出しを付ける活動、該当箇所を抽出・説明する活動等が多くを占める傾向にあるが、文章の展開構造のメタ認

知を促すようなこの種の図表の開発はもっと試みられてよいと思われる。

　ここまで教科書の学習の手引きにおける図表化活動の特徴を分析することによって得られた、図表化活動の効果的なあり方ついての留意点は、次のとおりである。

　〇小学校説明的文章教材の36.7%に相当する学習の手引きには図表化活動に係る内容が記されており、そのうちのほとんど（89.7%）が表形式のものであった。表にする活動（以下、表化活動）の充実がまず重要である。
　〇認識・思考力の観点から見ると、類別、列挙、列挙＋類別の力に培う図表例が多く（95%—70%）、比較、順序、原因・理由の力等に培う図表例は少なかった（20%—8%）。これらの認識・思考力に培うことを明確に意図した図表化活動が展開されるよう配慮されねばならない。
　〇手引きの当該図表を用いて行われると想定される具体的な学習活動としては、テクストの該当箇所を抽出・説明する活動が64.1%を占めた。その他の学習活動としては、要点まとめに類する活動、小見出しを付ける活動があった。これらは形式的な活動になりがちであるため、図表化活動とその前後の学習活動との関連が重要となる。

　次項では先行実践例を検討し、これらの課題について考察する。

第3項　効果的な図表化活動の設定・活用方法

1　表の項目の決定について

　先行実践を検討する中で明らかになった図表の効果的な活用方法の一つは、最も多かった表化活動における表の項目の決定の仕方である。

　第2項で示した図7-1—7-6は、いずれも整理をするための項目が予め枠内に記入されているものであった。指定された内容に該当する内容・事柄をテクストから拾い出し、整理していくという学習活動である。しかし先行実践例では、発達段階、教材の特性によっては、表の項目をどのように設定するかの話し合い等を学習活動そのものとして重視していた。

青木幹勇（1976）は、「一万一千メートルの深海へ」という5年生の記録文を用いた実践[54]において、時刻を軸に書かれている本文の記述の特徴を生かし、表形式に図表化する学習活動（以下、表化活動）を導入した。具体的な表化活動としては、表の項目名（時刻、深度等）を決定し、文章を読んで内容を表の中に書き込んでいく作業を位置づけ、その際に学習者自身が表の項目を決定することを学習活動として重視した。学習者によって最終的に作成された表の枠組みとしては、時刻から右へ深度・船の状況・深海の状況・感動という順序に項目が設定された。

　叙述内容を表化する活動を導入する場合、授業展開上の混乱・煩雑さを避け、効率的に進めたいがために表の形式や項目などについては指導者側で統制することが多くなりがちである。しかし、青木は教師が表の枠組みを作っておいて、子どもはその枠組みに読み取ったことを書き込んでいくタイプのものがあることを承知した上で、どんな項目を立て、どんな枠組みにするか、そこから学習者が考えていくタイプの活動に意義があるとした[55]。

　澤本和子（1991）も同様な考え方で行った3年生の実践を報告している。澤本は、方法意識を育てる観点から、教材「子どもたちの祭り」の実践において事例整理の仕方、文章構成上の位置づけ方について、相談して方法意識を持たせながら学習させる方法をとった。具体的には、どういう祭りがあるのか説明を一覧表にまとめるに際し、観点と表組みの方法を話し合って項目を決めさせた。「いつ」「どこで」「だれが」はすぐに意見が出され、その後に「何を」「どうする」「何のために」の項目を付け加えたとしている。

　さらに、続いて行った教材「おにの話」の実践では、教材が先の「子どもたちの祭り」と同じ列挙型の展開構造を持つ教材であったために、その構造の特性をすぐに発見し、先の学習と同様の方法を用いながらも手順の省略や・入れ替えを行い、ひとり学びの時間の確保、時間の短縮が可能になったことを報告している[56]。教材の展開構造の特徴に基づき事例を列挙し、分類するための表化活動であるとの認識を明確に持ち、項目をどう

するか考えさせている。

　今回分析した教科書の手引きすべてが予め枠組みを設定しておき、読み取ったことをそこへ書き込んでいくタイプの活動であっただけに、表の項目を学習者自身に決定させていく上記実践の方法は示唆的である。ただし、全体丸ごとの項目を考えさせることに無理が生じる場合も考えられる。したがって、一部の項目について考えさせたり、1学期の教材では全部示し、2、3学期の教材で学習者に考えさせたりする等、学習者の実態や系統性の観点からも配慮が必要になってこよう。澤本実践のように、類似した展開構造の教材を用意し、自力で項目立てができるようにすることも重要である。

　また自力で項目を設定するための手だてとして、参考例を示した実践に武西良和（1997）がある[57]。武西は教材「キョウリュウの話」の実践において、キョウリュウの種類を表にして分けさせた。その中で「キョウリュウの種類を表にして、分けてみよう」と問うことで、かなりの子ができるものの、わからない場合は、種類、色、味の分類項目を入れたぶどうの例を記した表（枠組み）を出して示せば、だいたいの子どもが表化する方法を知ることができることを指摘した。表化したい対象のキョウリュウに関する項目を直接示すのではなく、果物を例にとって示し、そこからキョウリュウの場合を類推させ、あくまで自力で表の項目を決定させることを重視したものであり、武西はこれを自分の視点で考え、まとめることであると述べている。このように類推が可能になるような例を手引きとして示すことは、対象認識の方法をメタ認知させる点でも有効である。

2　図表化活動前後の学習活動の組織化について

　先行実践を検討する中で明らかになった図表の効果的な活用方法の二つめは、図表化活動前後の学習活動の組織化を図ることである。
　小松（1981）は、図式化を中核的な手だてとして用いた「魚の感覚」（5年）の実践について述べる中で、授業中の学習活動は図式化だけではないことを強調した。すなわち、いきなり図式化活動をさせるわけにはいかな

いとの考えから、ウォーミングアップに当たる活動として「ひとり読み―書きこみ」の活動を位置づけた。また終末段階の活動としては、小見出し付けの活動を設定した。小松は、これを図式化活動の成果を結晶させる活動と述べた[58]。こうした前後の活動にはさまれる形で、図式化を通して読みとった内容とテクストとを比べて話し合い、読み深める活動が位置づけられるのである。この話し合いの中身としては、読み取り、図式化したこと（結果）の確かめ、図の追補、訂正などをあげている[59]。

　ひとり読みや書きこみなどは、オーソドックスな学習活動である。しかし、こうした個人作業があってこそ図式化活動が機能するということであり、また図式化活動ができたからそれで終わりというのではなく、これも説明的文章の学習ではよく行われる小見出しづけの活動が図式化活動後に位置づけられている。小見出しづけが単独で行われたり、いきなり設定されたりしたのでは、一般的には学習の停滞を招くことが懸念されるが、こうして図式化活動とセットにされることで、相乗的な効果が期待できると考えられる。

　また、武西（1997）は教材「キョウリュウの話」の実践において、先に述べたように学習者自身に表の項目を決めさせ、分類・まとめさせた後、それだけでは体系化する力の育成には不十分であるとして、次にキョウリュウの種類を二つに分類させた。「大型―小型」「草や木の葉（を食べる）―肉・魚（生き物）（を食べる）」等に分類の観点を出させ、学習者それぞれにできそうな分類の仕方で取り組ませた上で、樹形図型の図（図7-7）にまとめさせ、さらにはその図を説明する形で文章表現活動を課した[60]。

　図7-7に示した「おとなしい―あらい」という分類の観点を採用した学習者は、次のような説明文を書いた。

　　　キョウリュウは、まず二つの種類に分けられます。一つは、性質がおとなしいキョウリュウと、もう一つは性質があらいキョウリュウです。おとなしいキョウリュウの中には、（中略）という三つの種類があり、性質のあらいキョウリュウの中には、同じように（中略）と三

つの種類があります。さらに、おとなしいキョウリュウの中のイクチオサウルスは魚を食べます。おとなしいキョウリュウの中のブラキオサウルスとブロントサウルスは、ともに草や木の葉を食べます。（後略）

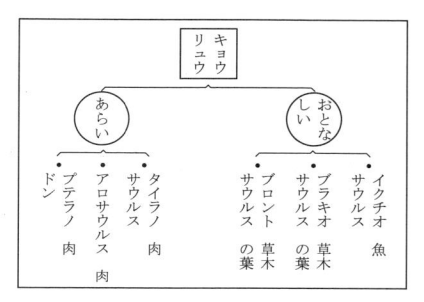

図7-7 「キョウリュウの話」における分解図

既に図に整理したことを説明するいうこと、図を見ながら構造的に、順序立てて説明するということで、容易に表現活動が展開されたものと推察される。

　この実践の特徴は、活動面では表化活動と図化活動、説明文を書く活動の三つの活動をにセットにしたことである。とりわけ図表化して捉えたことを最終的に説明的表現をさせ、確実に捉えさせているところが周到である。また認識・思考力育成の面では、活動の内容を変えながら、「類別＋列挙」「比較」の力を繰り返し駆使させる形となっており効果的であったと思われる。武西は、こうして図示しながら説明できるということは自分なりに体系化できたということであるとして評している。

　小松、武西の両実践は、図表化活動そのものが目的化してしまってはいけないことを示している。したがって、手引きの当該図表を用いて行われると想定される具体的な学習活動として最も多数を占めた、テクストの該当箇所を抽出・説明する活動についても、単に本文から当該部分を抜き出し、表を完成させることが中心の授業構成になったのでは不十分である。

　図表化活動に向けての書きこみ等の個人学習の充実、図表の内容の是非を巡る話し合い活動の設定・充実、複数の図表化活動のセット化、図表化活動とその内容をまとめる文章表現活動との連携・組織化などを考慮した、授業全体の中における位置づけ方が重要である。しかし、教科書の学習の手引きにおける指示は「下のひょうにまとめましょう」「次の表を完

成させましょう」等の投げかけのみであるものがほとんどであり、図表化活動の位置づけ、取扱いについての指導者の自覚がないと、単発的な学習活動で終わることになると考えられる。

第4項　読む力に培う多様な図表化活動の開発
　今回の学習の手引きの実態分析で、相当数の教材に図表化活動に係る内容が記されていることが明らかになった。したがって、図表化活動を授業の中核に据えた実践の開発がもっと試みられてよい。ただし次のような特徴、課題も明らかになった。
- 小学校説明的文章教材の学習の手引きにおける図表化活動に係る内容のうちのほとんどが表形式のものであったこと。表化活動の充実がまず重要であること。
- 認識・思考力の観点から見ると、類別、列挙、列挙＋類別の力に培う図表例が多く、比較、順序、原因・理由の力等に培う図表例は少ない。これらの認識・思考力に培うことを明確に意図した図表化活動が必要であること。
- 手引きの当該図表を用いて行われると想定される具体的な学習活動としては、テキストの該当箇所を抽出・説明する活動が多い。その他としては、要点まとめに類する活動、小見出しを付ける活動があった。これらは形式的な活動になりがちであるため、図表化活動とその前後の学習活動との関連が重要であること。

　本節で示したように、表の項目を学習者に検討させることを中心に授業を構想するとどのような展開が考えられるのか、また表化活動とどのような文章あるいは音声による表現活動を連動させると効果的なのか等、説明的文章の多様な学習活動の開発という点からも、図表化活動の開発はまだまだ未開拓であると言える。

　単純にテキスト本文の当該部分を取り出し、表の形式に埋め込んでいくというような活動に終始するのではなく、そうした図表化活動がどのような言語能力、思考力に培うことになるのかを明確にして学習活動の開発に

臨むことが必要である。発達段階や学習者の実態に即した開発であることも要求される。図表化活動のあり方そのものの検討とともに、本節で検討した表の項目決定のあり方等、図表化活動に適した指導方法のあり方もセットにして考察することへの配慮も欠かさないようにしたい。

第5節　説明的文章の学習指導における複数教材活用の視点

第1項　説明的文章の学習指導における複数教材の活用
　説明的文章の学習指導においては、単数教材を用いることが多く、複数教材を用いることは低調であるのが一般的な傾向である。「総合的な学習の時間」の実施もあり、複数の情報を処理・活用することの重要性は認知されているものの、なかなか説明的文章の授業への導入は進んでいないのが現状である。

　説明的文章の学習指導において複数教材を活用することに対する批判は、これまでにもなされてきた。森田信義（1989）は複数の教材を視野に入れつつ、読み広げ、読み深めを目指す指導は、特定の教材を無条件に絶対化することを避ける意味では評価できるものの、読み広げが中心となって、散漫な学習になりがちであり、教材の数を増やすことは学習者の負担を増やし、一つひとつの教材の読みを粗いものにする可能性が大きく、実践的にも欠陥が目立つことを指摘した[61]。また森田信義（1998）は、複数教材の導入は、自己との比較という活動が成立しがたい時に細心の注意を払って行うのでなくてはならないのであり、単一教材の学習すら不十分な時に複数教材の学習をすることによって期待できるものは少なく、時には有害ですらあるとした[62]。渋谷孝（1999）も教材論、授業論の動向から、説明文教材を情報資料として見る立場とその授業の問題点について述べる中で、当該教材と関連する情報を多く与えたなら、それが学習としてどのような意味があるのかを省みることが必要であることを指摘した[63]。

　これらを見ると、目標に対応した形での複数教材を活用した学習の内容と方法とが整理されていないことが実践上の問題点であると考えられる。複数教材を用いた説明的文章の学習では、何を中心的にねらい、そのためにどういうことを、どのような指導によって学ばせることが望ましいのか。このことについての知見は、まだ曖昧な状況であると思われる。

本研究では、先行実践例を検討し、その特徴を整理することで複数教材を効果的に活用するための実践的な視点を見いだすことにする。なおここで言う複数教材を活用した学習指導は、比べ読み、セット読みと呼ばれて実践されているものを含めたものとする。

第2項　分析・考察の対象とする実践事例

　先にも述べたとおり、複数教材を用いた実践は単数教材を用いたそれとは違い必ずしも多くはない。そうした現状において、以下で検討対象とする事例は、学会誌掲載論文または単行本所収実践レベルでの数少ない本格的な報告である。これらは実践記録や考察部分の記述が丹念になされており、これらを超える複数教材対象の実践報告は、実践そのものが低調であることを受けて、管見では他には見当たらない。したがって、これらの実践例を検討することで、複数の説明的文章教材を効果的に活用するための視点を見いだすことは意義があると考えた。

　なお複数教材を用いた説明的文章の実践事例を検討するに当たっては、実際の実践のありようから取り扱う教材数によって＜2教材活用型＞と＜多教材（3教材以上）活用型＞の二つに分類することにした。

＜2教材活用型＞

　A　田中美也子（1989）…「通潤眼鏡橋」「橋と日本人」を用いた授業（中学2年）[64]

　B　澤本和子（1991）……「子どもたちの祭り」「おにの話」を用いた授業（3年）[65]

　C　河野順子（1996）……「粉と生活」「くらしの中のまるい形」を用いた授業（5年）[66]

＜多教材活用型＞

　D　河野順子（1996）……「二十一世紀に生きる君たちへ」「君たちはどう生きるか」「生きることの意味…ある少年のおいたち」の初めの言葉「ぼくが世の中に学んだこと」の終わりの言葉「『わたし』とはだ

427

　　　　れか」を用いた授業（6年）[67]

E　吉井一生（1996）……「太陽のめぐみ」「オゾンがこわれる」「人間がさばくを作った」「宇宙船地球号」他を用いた授業（6年）[68]

第3項　実践事例についての考察

1　2教材活用型の実践の場合
(1)　田中美也子実践について

　本実践の特徴は、「比較読み」指導の有効性を問うているところである。実践者は自身が行った古典短歌の調べ学習指導の反省点として、内容的なまとめについては資料が多いほど資料にひきずられやすい傾向があったことを指摘し、収集した情報をどのように理解し活用させていったらよいかという中間の手だてを講じず生徒各自の読み取りにまかせたことを課題としてあげた。そして、こうした課題克服のための具体的方策として「比較読み」を取り上げたとしている。

　具体的には「通潤眼鏡橋」「橋と日本人」の2教材を選定した。その際、「同じ課題を扱いながら、筆者のものの見方、捉え方の違いが明確に出ているもの、文章スタイルにも違いがあるもの」を選定の観点とした。また「比較読み」を進めるに当たっての手だてとしては、「用いられている語句や中心となっている語句などの違い」「話題のとり上げ方の違い」等の7項目を生徒に示している。こうした具体的な観点が示されることで、初めて比較して読むことが可能になり、漠然とした「比べ読み」を回避することになったと考えられる。単元展開（全7時間）は、以下のようである。

　　・学習のねらいと進め方、方法の提示を行った後、2教材を通読。大意を捉え、興味を持ったことや疑問に思ったことをあげて、比較項目に基づいて予測をたてる。

・比較項目に基づく文章の比較検討（グループ学習。1グループ（4〜5名）で二つの項目を選んで学習。結果をプリントにまとめる。）
・グループ学習の結果を発表する。発表内容をもとに、全体でのまとめを行う。

　プリントにまとめる際には、2教材の文章の比較内容がよく分かるように、小見出しの活用、表や図式化などの書き方の工夫をするよう指導している。
　こうした学習の成果について、実践者は最終発表に向けて生徒がまとめたプリントの内容を比較項目に照らし合わせて分析し、次のような結果を得たことを報告している。すなわち、生徒は一つの比較項目を検討することで、その観点で文章を読み比べ、読み比べた結果をまとめることで、筆者のものの見方や考え方の違いを捉えることができた。具体的には、上記7項目のうちの①「用いられている語句や中心となっている語句などの違い」③「説明の詳しい部分の違い」④「筆者の考えの筋道（展開の仕方）の違い」⑤「筆者の言いたいこと（意見）の違い」の項目の結果に有効性が認められたとしている。
　本実践では、比較して読むという読み方に特化し、めあても「筆者のものの見方・考え方の違いをとらえさせる」ことを中核に、「比較する」という課題解決方法の技能習得に置かれた。そして、こうしためあてを達成するために二つの教材を同時に与え、それらの題材は同じにし、その題材の捉え方（発想）、文章構造は差異のあるものを選定した。また比較のための観点を具体的に示すとともに、比較項目を一つのグループにつき二つに限定するなど、「比較読み」のための手だてが周到になされたことが、複数教材を活用する上で有効に作用したと推察された。

(2)　**澤本和子実践について**
　本実践は、3年生の説明的文章の学習指導上の問題点として、個々の事例を関係づけて要旨に結ぶこと、事例の機能に目を向けることをあげ、学習者が教材特性を捉えて適切な読みの方法を用いられるよう方法意識を育

てることを意図して行われた。実践に当たって選定された2教材は事例列挙型説明文であり、題材も文章構成も似たものとなっている。こうした教材選定の観点は、先の田中実践が二つの教材を同時に与え読ませる方法をとった場合とは異なっている。

　澤本はこうした教材選定について、先行する「子どもたちの祭り」で教師と共に精読を行い、次に「おにの話」で学習者の自立的な読みを行うよう配慮した結果であり、本単元を3年生の説明的文章学習の仕上げとして位置づけたと述べている。単元展開は以下のとおりである（末尾のマル数字は時数。以下同じ）。

- 「子どもたちの祭り」を読み内容をまとめる。④
- 「おにの話」を読み、内容をまとめる。②
- 「ながしびなの里」を読みまとめる。（時数不明）
- 書き出し・結びの書き方や事例の挙げ方の特徴を捉える。調べたことを整理し紹介し合う。①
- 構想を立てて作文を書く。（時数不明）

「子どもたちの祭り」では、次のような学習が具体的に行われた。

- 事例ごとに読んで内容を要約し、表を完成する。
- 事例の説明方法と構成の確認、話題提示・まとめの段落の要約をする。
- 表を完成し文章構成を確かめながら、説明の手法—事例列挙の方法、説明の観点や話題提示とまとめの仕方—、情報としての価値など確認する。

　方法意識を育てるために、事例列挙の方法等をメタ的に捉えさせようとしている意図がうかがえる。
　続く「おにの話」の授業については、ねらいどおりに学習者はすぐに

第7章　説明的文章の授業論

「子どもたちの祭り」と同様の列挙型であることに気づき、学習の見通しを立て、同様の方法を用いながらも手順の省略や入れ替えを行い、一人学びの時間を確保した上で、短時間にまとめて授業を行ったこと、また学習者は容易に内容を整理し、大半の者が自力で事例の段落を捉えることができたことを報告している。

本実践は先の田中実践とは異なり2教材を同時には扱わず、1教材ずつ順に学習する展開であった。その際、題材的にも文章構成的にも共通性のある教材を用いることで、事例列挙の展開構造のスキーマを働かせることを主眼に方法意識の育成を図った点が特徴的であった。

このように、本実践からは特定の認識方法、スキーマの形成・活用を目ざす場合には、題材、発想、文章構造が類似した教材を用い、共通点を発見、意識させながら、読みの方略面から自覚的な学習を繰り返し行うことの重要性が示唆された。

(3) **河野順子実践**について

河野順子の実践では、情報の処理、活用能力に培うことをめざして、論理の過程を読み取る力、筆者のものの見方、考え方、論理の述べ方を読み取る力を鍛えることが必要であるとし、そのためには読みの初めから想の読み取り[69]による筆者を意識した読みが必要であるとした。そして、具体的な方策として2教材以上を対等に位置づけるセット教材を用意し、読み取りを「筆者と筆者の対話」で行うことを提案した。

セット教材の設定は、内容面、構造面、論理的思考面の3点から考察されている。ここで取り上げる5年生2学期の実践で用いられた2教材（三輪茂雄「粉と生活」光村図書5年上、坂口康「くらしの中のまるい形」東京書籍5年上）は、発想に共通性があるが題材は異なっている（どちらも暮らしの中に生かされているものを取り上げているが、それが「粉」と「まるい形」で違う）セット教材として設定された。単元展開（全20時間）は以下のとおりである。

　　第一次……読みの構えづくりⅠ

431

・「わたしたちのくらしの中のいろいろなもの」という単元名をもとに話し合い、2教材のうち読んでみたい作品を選ぶ。①
第二次……読みの構えづくりⅡ（ペア対談）
・ペア対談へ向けて自分が選んだ作品を読む。／相手に聞く質問を考える。／ペア対談をし、相手にもっと聞きたい質問、相手から追求されるであろう問題を整理する。④
第三次……グループ対グループによる対話
・ペア対談で出てきた問題についての討論会。⑧
第四次……表現活動
・「わたしたちのくらしの中のいろいろなもの」について説明文を書く。⑦

　河野はこうした学習の成果として、学習者自らが表現者の立場に立つことになり、従来の受け身的な説明的文章の読みではなく、学習者自らが考える能動的主体的活動を生んだこと、筆者の発想へ向かう読みを実現し、対話の過程が情報生産の過程そのものとなり、その子なりの発想、想を育て、文章表現への転化がスムーズに行われたことをあげている。
　このような成果を上げた要因としては、一つには、本実践における2教材の扱い方があげられる。ここでは2教材を同時に扱ったが、先の田中実践のように一人の学習者が2教材ともに読むことはしていない。しかし、それぞれ一方の教材を読んだ者どうしが筆者の立場に立って、もう一つの教材側へ質問したり応答したりする活動スタイル（「筆者と筆者の対話」形式）をとっていることから、結果的に選択した教材の読みを深くすることになった。
　二つには、2教材の教材間の関係である。本実践の場合、2教材ともに暮らしの中に生かされているものを取り上げているという発想面での教材の共通性があった。一方で題材面、文章構造面では差異がある教材であった。そのため、どちらも同じように暮らしの中に生かされているものを取り上げている文章なのに、なぜこのように事例の取り上げ方や述べ方が違

うのか等、筆者の見方・考え方に迫っていくことができた。

　題材、発想、構造の各面において、何がどのように共通であり違っているかという観点から、組み合わせる教材のあり方、そして活用の仕方を検討することの重要性が、河野実践によっても示された。

2　2教材活用型の実践例の特徴

　表7-5は、検討した三つの＜2教材活用型＞の実践事例の特徴をまとめたものである。特徴を整理する項目として「教材活用の方法」「単元の目標」「選定した教材間の関係」「指導の方針」「時数」「学習活動」「指導上の留意点」を置いた。得られた＜2教材活用型＞の授業づくりへの示唆は、以下のとおりである。

- ・2教材の活用によって、筆者のものの見方・考え方を捉えることを主なねらいとする。・教材選定に当たっては、題材、発想、文章構造を観点として設定し、各観点における共通性、差異性のありようがどのようであるかを検討する。
- ・選定した教材をどのように活用するかについては、同時活用（2教材を同時に与え活用させる場合）と順次活用（1教材ずつ順に与え活用させる場合）とに分けて考えることができる[70]。
- ・同時活用の場合、題材、発想、文章構造の観点のうち一つ（とりわけ題材）を共通にしておき、後は差異にするなど、観点を絞って限定的に比較できるようにする。それによって、比較作業をしやすくし、結果を明確にすることができる。
- ・順次活用の場合、基本となる主要教材の読み（学習）を中心に置き、教材の扱いの比重を考える[71]。
- ・特定の認識方法、スキーマの形成・活用をめざす場合には、題材、発想、文章構造が類似した教材を用い、共通点を発見、意識させながら、読みの方略的に自覚的な学習を繰り返し行うことの導入が考えられる。

表7-5　複数教材を活用した実践の構成　＜2教材活用型＞

実践例	対象学年	教材活用の方法	単元の目標	選定した教材間の関係			指導の方針	時数	学習活動	指導上の留意点
				題材	発想	文章構造				
A1 田中実践	中2	同時活用	・筆者のものの見方・考え方の違いの把握 ・「比較する」技能の習得	共通	差異	差異	比較読み	7	・比較項目に基づく文章の比較検討（グループ学習）。 ・グループ学習の結果発表。全体のまとめ。	・比較項目の設定・比較内容がよく分かるように、小見出しの活用、表や図式化などの書き方の工夫を指示。 ・1グループにつき、比較する項目を二つ選び、学習を実施。
A2 澤本実践	小3	順次活用	・表現上の特徴に注意して内容を理解する。 ・列挙された事例を読み取って整理する方法を身に付ける。 ・身近な伝統行事を八百字程度の作文にまとめる。	共通	共通	共通	第1教材で、事例整理の仕方、文章構成上の位置づけ方を方法意識を持たせながら学習。第2教材で自立的に読む。	7+α	・第1教材を読み、内容をまとめる。 ・第2教材を読み、内容をまとめる。 ・別教材を読みまとめる。 ・書き出し、結びの書き方や、事例のあげ方の特徴を捉える。調べたことを整理し、紹介し合う。 ・構想を立てて作文を書く。	・同じ観点で複数の事例を整理。 ・表を用いて、全体の中に事例説明の段落を位置づけさせる。 ・事例の説明そのものを丁寧に読み、本文とつなぐ。文章全体の中で役割を確認しながら学習を進める。 ・第1教材では教師と共に精読。第2教材では学習者の自立的な読みを実施。
A3 河野実践	小5	同時活用※	・情報の処理・活用能力・論理の過程を読み取る力 ・筆者のものの見方、考え方、論理の述べ方を読み取る力	差異	共通	差異	・2教材を対等に位置づける。 ・「筆者と筆者の対話」形式	20	・単元名をもとにした話し合い ・選択した教材を読み、ペア対談する。相手に聞きたい質問、相手から追求されるであろう質問を整理する。 ・ペア対談で出てきた問題についての討論会（グループ対グループの対話）	・筆者になって答え、相手の筆者に問う対話活動（ペア対談、グループ対話）の重視。

※　同時に提示するが、学習者個人は1教材のみを詳しく読む。

第7章　説明的文章の授業論

3　多教材活用型の実践の場合
(1)　河野順子実践について

　本実践は、小学校生活最後の学習として位置づけられたものである。単元名は「二十一世紀に生きるわたしたち―どういうことを考え、行っていけばよいのであろうか？」となっており、主要教材に教科書教材「二十一世紀に生きる君たちへ」（司馬遼太郎、大阪書籍6年下）を位置づけ、そのほかにセット教材として計5教材が用意されている。これらの教材は、学習者自らが情報を活用し、筆者の発想を読み取ることができるようになることを意図して、セットにする教材は指導者側で準備された。具体的には、内容補足のためのセット教材と筆者の発想を読み取るためのセット教材との2種類に分け、以下のように設定している。

　　・内容補足のためのセット教材……(1)「君たちはどう生きるか」（吉野源三郎、新潮社）
　　・筆者の発想を読み取るためのセット教材……(2)「生きることの意味…ある少年のおいたち…」の初めの言葉（高史明　筑摩書房）、(3)「ぼくが世の中に学んだこと」の終わりに書かれている「ぼくたちの生きる社会」より（鎌田慧、筑摩書房）、(4)「『わたし』とはだれか」（河合隼雄、光村図書6年下）

　このうち、筆者の発想を読み取るためのセット教材(2)(3)については、生きることについての題材の取り上げ方は共通だが、生きることについて述べる際の筆者の発想の視点が主要教材を含め三者三様で異なっているもの、ただし筆者の根底にあるのは、どれも生きるうえにおいて、人との関わりを大切にすること、自分に厳しく相手には優しくする心の大切さを訴えていることが読み取れるものを教材として位置づけた。(4)については、主要教材に対して題材が異なり、発想に共通性のある教材として、情報生産へ向けて「わたし」の視点から見つめていくことができるよう設定されたものである。これらの教材群は全員に配布されたが、とくに自分がこだ

435

わりたい文章を学習者自らが選び、主教材とセットして活用させる方式がとられた。

また内容補足のためのセット教材(1)については、テクスト10章分を1章ごとに毎日印刷し、学習者が各自自宅で読むように設定している。単元の流れは以下のとおりである。

　　第一次……読みの構え、学習課題づくり
　　・「二十一世に生きるわたしたち」を考え合う。①
　　・「二十一世紀に生きる君たちへ」を読んで、筆者に尋ねたいことを見つけ、ペア対談等を通して学習課題作りをする。①
　　第二次……学習課題に添って読み進める
　　・学習課題を解決しながら、段落ごとの要点を読み取る。⑥
　　・筆者の発想を読み取り、二十一世紀へ向かっての生き方について自分なりの考えを持つ。⑥
　　（一人調べ②、鎌田、高、河合各氏の文章とセットして読み取る③、筆者の主張を読み取り、自分なりの考えを持つ①）
　　第三次……二十一世紀へ向けて自分たちはどうしたらよいのか5年生に伝える説明を書く。④

　主教材である「二十一世紀に生きる君たちへ」を自力で読むことを経て、筆者の発想を生かしながら用意された複数教材を自分のこだわりに基づいて学習者が自己選択、主教材とセットにして活用し、第三次で長文の説明文を書く成果を収めた。

　河野はこの実践について、読み取った筆者の発想のあり方は、他教材のそれぞれの筆者の発想のありようと重ね比較する活動を通して、次第に学習者本人の中に自分なりのものの見方、考え方の基盤を形成するようになったこと、筆者の視点を通して複数の情報を処理、活用してきたことが情報生産に生かされたことを指摘している。

(2)**吉井一生実践**について

本実践は、6年生を対象に複数教材を利用して環境問題について考える新聞作りを行ったものである。吉井は、自分を確立し始める時期である6年生に、自分たちがはっきり知らなかった様々な環境問題を知り、悪化を食い止めねばならないという意識を持たせるとともに、要旨、要約の学習を組むことにしたとしている。

　用意された教材は、先の河野実践同様に計5教材である。ただし、河野が教科書外にも積極的に教材を求めたのに対し、すべて各社教科書所収の同様な発想・題材（人間と自然との関わりの中で環境を悪化させている状態に警鐘を鳴らすこと）の教材である（「太陽のめぐみ」「オゾンがこわれる」光村図書6年上、「今、地球の大気に」日本書籍6年下、「人間がさばくを作った」東京書籍6年上、「宇宙船地球号」学校図書6年下）。一部、学習者自身で教材（資料）を見つけ活用することを認めているが、基本的には教材は指導者で設定している。単元でねらう力としては、情報収集力、情報整理力、情報再構成力、情報伝達力などからなる情報を操作する力を位置づけた。最終的な表現活動として新聞作りを行うこととし、単元計画（全12時間）を以下の3段階で構成した。

・基礎的学習……使用している教科書教材について要旨を捉える学習を学級全体で行う。⑦
・練習学習……基礎的学習の段階と同様な学習を別教材で行う。②
・応用・発展学習……個人の考えに基づいて教材（資料）を選択し活用していく。③

　各段階ごとに2教材（「太陽のめぐみ」「オゾンがこわれる」）、1教材（「今、地球の大気に」）、2教材（「人間がさばくを作った」「宇宙船地球号」）を配し、学習した教材ごとに新聞作りを進行させていく方法をとっている。共通教材から学習者の自己選択教材へという流れ、読み（学習）が散漫にならないよう、ねらいに即して教材文を指導者側で選定し与えているところは河野実践と共通である。

実践の成果としては、3段階の学習で情報操作力（要旨、要約、敷衍等）が付いたことをあげた。また複数教材活用の効用として新聞作りにおいて作成した社説記事をあげ、「今、地球はいろいろな大問題を抱えています。この新聞の中には載っていませんが、ゴミ問題、自然破壊の問題もあります。（中略）いつまでも、私たちを守ってくれるように、私たちも環境を守ろうではありませんか」という記述に見られるように、教材から離れた問題まで引き出して学習者が自分の意見を書くことができたことを報告している。

4　多教材活用型の実践例の特徴

　表7-6は検討した二つの＜多教材活用型＞の実践事例の特徴をまとめたものである。得られた多教材活用型の授業づくりへの示唆は、以下のとおりである。
- ・順次活用を基本とする。同時活用では学習が散漫になりがちとなる。
- ・教材数が多くなり文章構造については差異性が強くなるため、題材、発想について共通性のあるものも相当数設定しておく必要がある。
- ・主教材とその他の教材の学習時間、学習方法に明確に差異を設け、単元のねらいに即した学習とする。

第4項　複数教材活用に向けての示唆

　ここまで2教材活用型と多教材活用型とに分けて先行実践を検討し、各々の特徴を示した。最後に課題とともにそれらをまとめておきたい。

1　単元の目標と活用型との関係について

　表7-7は単元の目標による活用型の特徴を示したものである。これによると、2教材活用型の場合は、主に認識方法を習得させたり筆者のものの見方、考え方をつかませたりすることを目ざして、また多教材活用型は主に自己の発想の獲得を目ざして実践されていることが分かる。情報活用力については、多くの教材からの情報を処理・活用することになるため、多

第7章　説明的文章の授業論

表7-6　複数教材を活用した実践の構成＜多教材活用型＞

対象学年	教材活用の方法	教材数	単元の目標	選定した教材間の関係			指導の方針	時数	学習活動	指導上の留意点
					題材	発想	文章構造				
B1 河野実践 小6	順次活用	5	・テーマについて自分なりの発想を獲得する。 ・学習者自ら情報を補足、取捨選択、再構成、活用しながら、一教材の筆者の発想を読み取る。	五つのうち四つは共通	五つのうち二つと別の三つが各共通	差異	・自力で一教材を読み抜き、自分なりの発想を獲得できるようにセット教材を位置づける。	18	・主教材のテーマについて考え合う。 ・主教材を読み、筆者に尋ねたいことを見つけ、学習課題作りをする。 ・学習課題に添って読み進める。 ・テーマについての自分の考えを説明文に書く。	・学習課題づくりはペア対談を通して行う。 ・セットにする教材はすべて教師で用意する。 ・主要教材を中心に読み取り、他教材は主要教材の読みを補充する位置づけ。 ・主教材の内容補足ための教材は、1章ごと毎日配布、自宅で読むこととする。 ・他の教材は、全員配布するが、各自がこだわりたいものを自ら選び、主教材とセット化させる。 ・説明文は5年生に伝えるものとして書く。
B2 吉井実践 小6	順次活用	5	情報を操作する力（情報収集力、情報整理力、情報再構成力、情報伝達力）	共通	共通	差異	関連性のある複数教材を、基礎的学習、練習学習、応用・発展学習の三段階に分けて学習する。	12	・教科書教材の要旨を捉える。（基礎的学習） ・別教材の要旨を捉える。（練習学習） ・個人の考えに基づいて教材を選択し、新聞記事を書く。	・新聞記事づくりは、学習した教材ごとに進めていく。 ・各段階ごとに記事のスペースを指定、記入のポイントを示した手引きを配布。

439

表 7-7　単元の目標による活用型の特徴

目標の具体的方法	2教材活用型	多教材活用型
認識方法の習得	A1　A2	B1
筆者のものの見方、考え方の把握	A1　A2　A3	
自己の発想の獲得		B1
情報活用力	A3	B1　B2

＊A1…田中美也子実践　　A2…澤本和子実践　　A3…河野順子実践
　B1…河野順子実践　　B2…吉井一生実践

教材活用型においてより意識されていることがうかがえる。
　したがって、指導の際には、まず当該単元で認識方法の習得や、筆者のものの見方、考え方の把握を主にめざすのか、自己の発想の獲得を中心的にめざすのかによって、取り扱う教材数を2教材にするか、3教材以上にするか決定することが必要である。

2　教材選定の観点について

　教材選定に当たっては、題材、発想、文章構造を観点として設定し、各観点における共通性、差異性のありようがどのようであるかを検討する。
　2教材活用型の場合は比較作業が行いやすいため、三つの観点のうち一つを違える（共通、または差異にする）ことで、授業を構成しやすくなる。
　多教材活用型は教材数が多くなり、文章構造については差異性が強くなるため、題材、発想については共通なものを相当数設定しておくことが必要である。

3　教材の活用方法について

　選定した教材の活用方法は、同時活用と順次活用とに分けて考える。
　2教材活用型の場合は、当該授業で付けたい力（単元の目標）の設定の仕方によって、同時活用と順次活用を使い分けることが望ましい。とくに同時活用を採用する場合には、題材、発想、文章構造の3観点のうち一つ

（とりわけ題材）を共通にしておき、後は差異にするなど観点を絞って限定的に比較できるようにする。逆に特定の認識方法、スキーマの形成・活用を目ざす場合には、題材、発想、文章構造が類似した教材を順次活用として用い、共通点を発見、意識させながら、読みの方略の面から自覚的な学習を繰り返し行うことが考えられる。多教材活用型では、同時活用の方式をとると学習が散漫になりがちであるため、順次活用を基本とする。

　さらに順次活用であれ同時活用であれ、基本となる主教材の読み（学習）を中心にして他の教材の扱い方と差異を設け、単元のねらいに合致するよう配慮する。

　また、発達段階的には概ね小学校段階では＜２教材活用型＞で順次活用による比較の観点を限定した活用を基本とするようにする。その後、学習者の状況に応じて同時活用の導入を適宜図っていく。

　本章では、説明的文章の授業論として、学習指導過程論、図表化活動のあり方、そして複数教材活用のあり方の観点から考察した。これらによって、「要素構造図」の内容を含む説明的文章の学習活動の構成と展開のあり方をより広い観点から総合的に捉えようとした。

　「要素構造図」の内容は、基本的に多様な言語活動を設定するための要素として位置づけられているため、ややもすると点として捉えることにもなりやすい。学習活動を発想したり、構想したりすることには効果的に機能するが、開発した学習活動を実際に授業の中で、また単元を通して機能させるためには、本章で考察した学習指導過程における「目標―内容―方法」の整合性や、目的性・必然性、順序性の問題は基本的な事柄として重要である。また、よりダイナミックな学習活動、学習展開を意図するとなると、単元の終末段階における学習活動のあり方や図表化活動のあり方、さらには複数教材の活用方法などは避けては通れない問題となる。

　「要素構造図」に基づき、「要素構造図」から発展していく説明的文章の授業づくりを探究していくためには、本章で取り扱った他にも実践で検証していくべき内容は見いだされると思われる。そうした内容を求めてい

き、より充実した多彩な説明的文章授業を構築するための足がかりとしての本章での考察内容としたい。

注
1） 広岡亮蔵（1972）『学習過程の最適化』明治図書、1975年5版、pp.51-64において、図のような同心円構造の学力モデルを示し、「知識内容等（外層円）の習得に関する目標」を基礎目標、「知識内容等（外層円）の習得にとどまらないで、さらに、学びとりかた・考え方等（内層円）の形成をめざそうとする指導目標」「知識等の結果の習得とともに、知識等の過程の形成をめざそうとする指導目標」「外層円と内層円とをふくんで、全円にわたる習得と形成をめざそうとする目標」を高次目標と定義している。
2） 大槻和夫（1992）「国語の学力と単元学習」日本国語教育学会『ことばの学び手を育てる国語単元学習の新展開Ⅰ　理論編』東洋館出版、pp.49-50
3） 渋谷孝（1980）『説明的文章の教材研究論』明治図書、p.127、1986年4版
4） 小田迪夫（1986）『説明文教材の授業改革論』明治図書、p.30
5） 同上書、p.37
6） 2）に同じ、p.52
7） 4）に同じ、p.114
8） 4）に同じ、pp.55-56
9） 小田迪夫（1996）「説明文の指導—何のために、何を、どう学ばせるか—」小田迪夫・渡辺邦彦・伊﨑一夫編著『二十一世紀に生きる説明的文章学習—情報を読み、活かす力を育む—』東京書籍、p.13
10） 芳野菊子（1992）「国語科における情報活用能力の育成」『国語科教育』全国大学国語教育学会、第39集、p.16
11） 9）に同じ、p.15
12） 1）の文献に同じ
13） 1）の文献に同じ、pp.40-41
14） 1）の文献に同じ、p.41
15） 1）の文献に同じ、p.43
16） 1）の文献に同じ、p.44

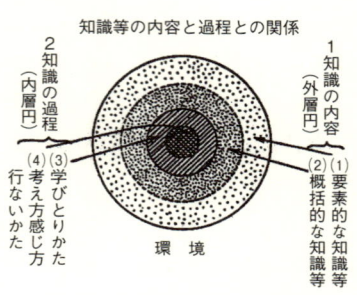

第 7 章　説明的文章の授業論

17）1）の文献に同じ、p.44
18）1）の文献に同じ、p.44
19）1）の文献に同じ、p.47
20）1）の文献に同じ、p.48
21）1）の文献に同じ、p.49
22）1）の文献に同じ、p.49
23）1）の文献に同じ、pp.59-62
24）1）の文献に同じ、pp.101-107
25）寺井正憲（1998）「説明的文章教材の学習における自己世界の創造」『月刊国語教育研究』日本国語教育学会、No.317、pp.56-61　この中で寺井は、説明的文章教材の多様な実践研究の状況として、筆者の表現の工夫や表現・認識に方法を読むもの、問題を持ちながら読むもの、批判的に読むもの、調べ学習を展開するもの、複数教材を取り扱うもの、その他多数をあげている。
26）渋谷孝（1973）『説明的文章の指導過程論』明治図書、1982 年 7 版、pp.216-217
27）森田信義（1984）『認識主体を育てる説明的文章の指導』渓水社、pp.119-153
28）25）に同じ、pp.56-61
29）河野順子（1996）『対話による説明的文章セット教材の学習指導』明治図書
30）小田迪夫・渡辺邦彦・伊﨑一夫編著（1996）『二十一世紀に生きる説明文学習―情報を読み、活かす力を育む―』東京書籍
31）吉川芳則（2002）『小学校説明的文章の学習指導過程をつくる―楽しく、力のつく学習活動の開発―』明治図書
32）29）に同じ、pp.66-99
33）29）に同じ、p.91
34）29）に同じ、pp.91-92
35）河野順子は、29）の文献、p.16 において、「筆者と筆者の対話形式」の授業とは、教材を読んだ読者である学習者がその教材の筆者となり、別々の教材を読んで、筆者となった学習者どうしで対話する方法であると定義している。
36）29）に同じ、p.89
37）9）に同じ、pp.9-15
38）30）に同じ、pp.106-116
39）25）に同じ、p.60
40）30）に同じ、pp.166-172

41) 25) に同じ、pp.60-61
42) 31) に同じ、pp.175-179
43) 31) に同じ、pp.109-129
44) 31) に同じ、pp.91-108
45) 31) に同じ、p.107
46) 澤本和子（1991）「事例列挙型説明文の学習方法研究—第三学年の場合」『国語科教育』全国大学国語教育学会、第38集、pp.75-82
47) 巳野欣一（1996）「情報化社会における発信能力の育成」国語教育実践理論研究会編著『情報化時代「説明文」の学習を変える』学芸図書、pp.26-32
48) 青木幹勇（1976）『考えながら読む』明治図書、1989年新装版、pp.91-114
49) 小松善之助（1981）『楽しく力のつく説明文の指導』明治図書、pp.125-218
50) 46) に同じ
51) 33教材中、複数（2ないし3）の図表の手引きが掲載されているものが5教材あるため、教材数より多い39例となっている。
52) 西郷竹彦（1991）『ものの見方・考え方—教育的認識論入門』明治図書
53) 櫻本明美（1995）『説明的表現の授業—考えて書く力を育てる』明治図書、pp.21-32
54) 48) に同じ、pp.91-102
55) 青木幹勇（1986）『第三の書く　読むために書く　書くために読む』国土社、p.115
56) 46) に同じ、p.79
57) 武西良和（1997）「自分の視点で体系化する力を育てる」『実践国語研究』明治図書、No.169、pp.70-71
58) 49) に同じ p.198
59) 49) に同じ、p.138
60) 57) に同じ
61) 森田信義（1989）『筆者の工夫を評価する説明的文章の指導』明治図書、pp.47-48
62) 森田信義（1998）『説明的文章教育の目標と内容—何を、なぜ教えるのか—』溪水社、p.40
63) 渋谷孝（1999）『説明文教材の新しい教え方』明治図書、pp.80-81
64) 田中美也子（1989）「説明的文章における『情報読み』学習の指導についての一考察—複数の資料の『比較読み』指導を通してみた文章と情報とのかかわり—」『国語科教育』全国大学国語教育学会、第36集、pp.51-58
65) 46) に同じ
66) 29) に同じ、pp.66-99

第 7 章　説明的文章の授業論

67) 29) に同じ、pp.146-165
68) 吉井一生（1996）「今、地球が危ない―複数教材を利用した新聞づくり―」小田迪夫・渡辺邦彦・伊﨑一夫編著『二十一世紀に生きる説明文学習　情報を読み、活かす力を育む』東京書籍、pp.166-172
69) 倉澤栄吉は、『作文教育における評価』（第一法規、1970年、ここでは『倉澤栄吉国語教育全集5』、1988年によった）において、「イメージ＝想」であるとし、「想とは、原経験から遮断されていてしかも原経験とつなぐ媒介になる不安定で、力強い場である。（p.504）」と述べている。河野（1996）は「筆者の想を読むことは、筆者の発想の読み取りを起点とすることによって、より可能になる」とし、「書き手がどのような観点から物事を見つめ、考え、そしてそのことをどのような論展開、述べ方によって表現しようとしているかを捉えることによってこそ、読み手は、今まで自分の中にはなかった筆者の見方、考え方を発見することができる」と述べている（p.25）。
70) 渡辺邦彦（1996）「重ね読みが子どもを主体的にさせる」小田迪夫・渡辺邦彦・伊﨑一夫編著『二十一世紀に生きる説明文学習　情報を読み、活かす力を育む』東京書籍、p.151では「同時活用」「順次活用」と言わず、「同時提示」「時間差提示」と呼んでいる。
71) 吉田礼子（1996）「雪国の人々の知恵と工夫を調べよう―『二教材の重ね読み』から『絵本作り』へ―」小田迪夫・渡辺邦彦・伊﨑一夫編著『二十一世紀に生きる説明文学習　情報を読み、活かす力を育む』東京書籍、pp.140-150では、2教材の重ね読みの実践に当たって、当初同時提示か時間差提示か迷ったが、一つの教材を主教材に据え、ある程度理解を深めてから次の教材を提示することで文章の異同が明確になり、比較が容易になったことを報告している。

第8章　他教科における説明的文章と国語科説明的文章の連携を図る学習活動の設定に向けて

第1節　教育課程における説明的文章の学習指導

　説明的文章読解力の育成は国語科の緊要な実践課題の一つであるにもかかわらず、書かれている情報を単に取り出し要約する等の画一的な授業が繰り返されることが少なくない。また、教科書の説明的文章教材への配当単元数や時間数は必ずしも十分ではなく、このことも説明的文章読解力の育成を妨げる要因となっている。
　一方、国語科以外の各教科の教科書のテクストは、そのほとんどが説明的文章である。国語科で学習する説明的文章とは質的、量的に違いはあるものの、例えば国語科において育てるべき説明的文章読解力と国語科以外の教科で育てるべき説明的文章読解力の独自性、共通性が明らかになれば、各教科の授業の特色は生かしつつも、教科横断的に説明的文章の読解力を育成することが可能である。説明的文章の読解力を、国語科の中の限られた配当単元数と時間数の説明的文章教材の学習だけで育てるという発想ではなく、国語科以外の教科でも説明的文章の読解力を高めるための学習活動を積極的に導入し、国語科の説明的文章授業と連携しながら、教科横断的な観点から相乗的に読解力を高めていくための実践的な方策を検討することが必要である。
　中央教育審議会（2008）が出した答申では、学習指導要領改訂の基本的な考え方の一つに「『生きる力』という理念の共有」を掲げ、そのために重視すべきことを3点示した[1]。将来の職業や生活を見通して、社会にお

第8章　他教科における説明的文章と国語科説明的文章の連携を図る学習活動の設定に向けて

いて自立的に生きるために必要とされる力が「生きる力」であること、各教科等をあげて思考力・判断力・表現力等を育成すること、コミュニケーションや感性・情緒、知的活動の基盤である国語をはじめとした言語の能力の重視や体験活動の充実を図ることである。思考力、判断力、表現力等を育成するためには、基礎的・基本的な知識・技能をしっかりと習得させ、それらを活用する学習活動を重視した。そして、観察・実験やレポートの作成、論述といった言語活動を具体的に示し、これらの活動を充実させるには国語科以外の教科等も積極的に責任を果たさねばならないことを明示した。これまで、各教科等の連携を意識することなく、それぞれがそれぞれの守備範囲の中で、独立して別個に指導に当たってきたことを学校全体の取り組みとして、また各教科等が連携することによってなされるものとの認識で推進することをうたっていることが重要である。

　具体的には、思考力・判断力・表現力等の育成を意図して、次のような観点での学習活動を示した。

　　①体験から感じ取ったことを表現する
　　②事実を正確に理解し伝達する
　　③概念・法則・意図などを解釈し、説明したり活用したりする
　　④情報を分析・評価し、論述する
　　⑤課題について、構想を立て実践し、評価・改善する
　　⑥互いの考えを伝え合い、自らの考えや集団の考えを発展させる

　これらを見ると、習得した知識を活用し、新たな知を形成する力に培うことを重視していることが分かる。とりわけ、②事実を正確に理解し伝達する、③概念・法則・意図などを解釈し、説明したり活用したりする、④情報を分析・評価し、論述する、などは、説明的文章の学習における読解、表現の学習と重なるところが大きい。これらを社会科や理科では社会事象や自然事象を直接的に対象にし、国語科では文章表現されたテクストを対象にして学習するということになるが、その思考方法、ものの見方や

考え方は、どの教科でも共通して取り組めば相乗的に効果が得られる。また社会科や理科で事象認識する際にも、教科書をはじめ種々の文献等に記述されているテクストを読むことによって、そうした作用が促進されることが当然出てくる。したがって、説明的文章を読む力は、各教科の中で必要となるものであり、育成することができるものでもある。答申では、上述した六つの学習活動を行うに当たっての留意点を次のように述べている。

　　これらの能力の基盤となるものは、数式などを含む広い意味での言語であり、その中心となるのは国語である。しかし、だからといってすべてが国語科の役割というものではない。それぞれに例示した具体の学習活動から分かるとおり、理科の観察・実験レポートや社会科の社会見学レポートの作成や推敲、発表・討論などすべての教科で取り組まれるべきものであり、そのことによって子どもたちの言語に関する能力は高められ、思考力・判断力・表現力等の育成が効果的に図られる。

　表現力に限らず、読解力についても国語科だけが担えばよいということではなく、非連続型テキストを読むこと等、説明的文章テクストに関する学習を教育課程全体の中で意図的に行うことが必要となる。したがって、国語科の説明的文章授業で身に付けるべき表現力、読解力とともに、社会科や理科等、国語科以外の他教科の教科書等に掲載されている説明的文章テクストを読むことで得られる表現力や読解力の内容を明らかにし、それらを連携・関連させて効果的に学ばせることが重要となる。
　国語科教科書における説明的文章教材への配当単元数や時間数が必ずしも十分ではない現状を考えると、他教科においても論理的思考・表現に効果的、着実に培うような説明的文章の授業への取り組みが積極的になされる必要がある。国語科と他教科が連携することで、説明的文章の読解力、説明的表現力は相乗的に高められる。

第8章　他教科における説明的文章と国語科説明的文章の連携を図る学習活動の設定に向けて

　以下では、国語科以外の教科として、社会科、算数科、理科を例に教科書のテクストを検討し、当該教科における説明的文章の学習指導の可能性について考察する。

第2節　他教科教科書における説明的文章の検討

第1項　社会科教科書における説明的文章の検討

　本節では、国語科教材以外の説明的文章テクストとして小学校社会科教科書の記述のありようを分析し、児童が国語科教科書所収の説明的文章教材以外の説明的文章テクストを読むためには、どのような力、読み方（＝学習内容）が求められるのかを考察する。

1　社会科教科書テクストの分析方法

　分析対象とする社会科教科書掲載の説明的文章テクスト（以下、社会科テクスト）は、5年生の森林資源の働きに関する単元のものとし、3社（教育出版、東京書籍、大阪書籍）の平成18年度版所収のものを取り上げた（以下、教出本、東書本、大書本とする）。これは、高学年の教科書では一定量の文章が記載されており分析に適していること、また平成18年度版東京書籍5年下の国語科教科書に「森林のおくりもの」という森林資源の働きに関する説明的文章が所収されており、比較考察が可能であると考えたことによる。社会科テクストの分析に当たっては、3社のものを総合的に扱うこと、教出本を中心テクストとして詳細に分析し、他の2社のテクストは副次的な扱いとすることの2点から行った。

　また分析の観点としては、社会科テクストについての先行研究から得られた知見と国語科説明的文章テクストにおける学習内容の知見とをあわせ、仮説的に設定した。

2　先行研究に基づく分析観点の設定

　社会科テクストのあり方について論じた先行研究としては、山口康助（1976）がある[2]。山口は社会科教育の研究者の立場から、社会科教科書における説明的文章のあり方について、説得的な文章、現状について批判

第8章　他教科における説明的文章と国語科説明的文章の連携を図る学習活動の設定に向けて

的に考えさせるような文章が必要であり、単に正確性や伝達性、論理性があるだけでは足りないとした。またその上で、次のように指摘した。

　　（前略）私が社会科における情報読解力あるいは情報処理能力として期待もし強調もしたいのは、単に所与の説明文を誤りなく読解し、送り手の意図を過不足なく汲みとるということを超えて、断片的な場当たり的な情報を自分の頭で取捨選択し関連づけ、意味のあるまとまったイメージに構築する努力と能力を自ら鍛え、また子どもたちにもそのような努力と習慣ができるよう基礎的訓練をほどこしていくことなのである。

　こうした山口の指摘から、社会科テクストを分析する観点の一つとして、「批判的に読むことができるか」を設定した。山口は社会認識としての社会の現状への批判的思考を要請しているものと考えられるが、読みのありようの観点からは、寺井正憲（1992）が批判的反応の実際として提案している読み方[3]を援用することにした。すなわち、素朴に「分からない」「おかしい」「なぜか」「そのとおりだ」「自分の考えとちがう」などの不明点、疑問点、肯定や否定の反応をするというものである。これはまた「説得性はどのようであるか」という観点で分析することにも通じる。素朴に反応していく中で、またはそうした学習行為の集積、成果として必然的に、述べ方や語句が抽象的でよく分からない、述べられている事柄相互の関係が分かりにくい等、説得性への意識化を図ることは可能であると考えられる[4]。社会科テクストにおいて、こうした批判的な読みや説得性の吟味を要請するような表現がどのような形で、どの程度あるのか、という観点である。
　二つ目としては、「関係づける力をどのように必要としているか」である。山口は、断片的な場当たり的な情報を自分の頭で取捨選択し関連づけ、意味のあるまとまったイメージに構築することを重視した。これは、説明的文章領域の研究において櫻本明美（1995）が言うところの「関係づ

ける力」をどのように発揮することができるか、ということにつながるものである[5]。比較、順序、推理などの論理的思考力を使って新たな情報を創造する可能性がどのようにあるのか、という観点である。

　ところで、山口の言う説明的文章テクストの条件、読みの力は、2004年に公表された「生徒の学習到達度調査」(PISA 2003: Programme for International Student Assessment) の結果を受けて、文部科学省 (2005a) が打ち出した改善の方向性と軌を一にするものである[6]。すなわち、テクストを肯定的に捉えて理解する（情報の取り出し）だけではなく、テクストの内容や筆者の意図などを解釈すること、テクストについて内容、形式や表現、信頼性や客観性等を評価すること、自分の知識や経験と関連づけて建設的に批判することなどを読みのあり方として積極的に推進していこうというものである。また上述した、いわゆる PISA 型読解力に対応したものとしては、社会科テクストにおいては後述するように図表等も多く挿入されていることから、文部科学省 (2005b) が言う「多様なテキストに対応した読む能力の育成」という観点からも分析した[7]。

　以上、社会科テクストを分析する際の学習内容の観点としては、批判的読み・説得性、関係づける力、多様なテキストに対応した読む能力の3点を仮説的に設定した。

3　社会科教科書テクストの分析と考察
(1) 森林資源に関する単元における表現の特徴

　まず国語科テクストと比較しながら、3社の社会科テクストを総合的に検討した。表8-1には、小学校5年生教科書（社会科及国語科）の森林資源に関する単元における表現の特徴をまとめた。社会科3社の中では、大書本のページ数が大幅に少ないため、他の2社に比べ構成要素に一部欠落が生じたり、数量的に少なかったりしている面があるが、3社とも概ね同様な内容であることがうかがえた。

　社会科テクストの特徴の一つ目は、小見出しの設定である。3社ともに共通して設定されていた。一方、国語科の「森林のおくりもの」には小見

第8章　他教科における説明的文章と国語科説明的文章の連携を図る学習活動の設定に向けて

表8-1　小学校5年生教科書（社会科及び国語科）の森林資源に関する単元の構成

教科	社会科			国語科
出版社	教育出版	東京書籍	大阪書籍	東京書籍
単元名（題材名）	環境を守る (2)森林と生きる	わたしたちの生活と森林	自然を守る運動 森林がはたす役わり	森林のおくりもの
ページ数	12（B5判）	12（B5判）	4（変形B5判）	11（B5判手引き1ペ含む）
本文中の小見出し	森林に親しむ子どもたち	金色のあゆがいる赤石川	森林のはたらきを調べる	―
	森林からのおくりもの	赤石川上流のぶな林	森林を守る活動を調べる	
	木を生かすには？	人々と森や川とのかかわり合い		
	森はまたよみがえる	森林資源を育てる		
	昔から伝わる木の文化を見つけよう	身近にある森林を見つめて		
		自然とのかかわり方を考えてみよう		
本文中における会話文の挿入箇所数	1	2	3	―
関係者の話（「○○さんの話」）の設定数	4	3	―	―
写真数（顔写真除く）	22（9）	27（20）	5（5）	6（6）
絵図数	5（3）	4（3）	1（1）	―
グラフ数	2（2）（円グラフ、棒グラフ各1）	3（3）（棒グラフ）	2（2）（円グラフ、棒グラフ各1）	―
地図数	3（3）	5（4）	2（1）	―
欄外の記述　学習のめあて	4	5	4	―
学習の手引き	1	2	―	―
子どもの吹き出しによるコメント	4	4	2	―

（注）写真数、絵図数、グラフ数、地図数における（　）内の数字は、キャプションが付されているものの数（内数）

453

出しの設定はない。本教材に限らず、国語科の説明的文章テクストにおいては、小見出しが設定されていないのが通常であり、逆に当該部分の小見出しを設定すること自体が学習活動としてしばしば行われる。「森林のおくりもの」「木を生かすには？」等の小見出しを読み、それがどのように本文で書かれているのか具体化したり敷衍したりする力が求められる。

　特徴の二つ目は、社会科テクストでは、本文中に会話文が多く挿入されるということである。教出本の単元導入部は、以下のようである。

　　秋田県秋田市河辺地区の森の中で、子どもたちがさまざまな体験をしたり、活動を行ったりしています。みんなに感想を聞いてみましょう。／「おいしい空気を思いっきりすうことができて、とても気持ちがいいわ。」／「初めて木登りをしてこわかったけれど、木にさわるとあたたかい感じがしたよ。」／「のこぎりで木を切るのは大変だな。でも、この木を切ってしまってよいのかな。」

　いずれも森林の機能等、学習すべき課題に関する内容を会話で代弁させる形となっている。東書本では「あゆやいかがよく育つ赤石川の水はどのようにして生まれるのかな？」等の会話文があり、学習課題がより直接的に示されている。3社とも単元の導入部にはそろって会話文は見られ、教出本、東書本については若干の説明文に続いて挿入されているが、大書本の場合はいきなり会話文が入り、その後に説明文が続く書きぶりである。会話文を挿入して親近感を持たせ、学習課題を意識化させようという意図だと思われる。しかし、会話文相互、会話文と前後の説明文それぞれの関係性が文によって示されているわけではないため、文脈や論理展開を推しはかって読まねばならない場合も少なくない。また、一連の読みの中で、説明的文章と一人称の語りとの二つのタイプの文章を読み分けて情報を取り出すことが求められることになる。

　特徴の三つ目は、森の案内人、林業に携わっている人等が語るという設定の「関係者の話」（「○○さんの話」）の欄の掲載である。これも先の子ど

第8章　他教科における説明的文章と国語科説明的文章の連携を図る学習活動の設定に向けて

もたちの会話文同様に現実感、親近感を持たせるための工夫であると考えられる。しかし、その書きぶりは以下の例に示すように、同じ教科書内で連続して出てくる場合でも、一人称としての語りのもの（①）と、説明的文章そのもの（②）とが混在している。

　　＜三浦さんの話＞①
　　わたしは、緑豊かな山村で生まれ育ちました。そのころの体験は、今も心の中に生きていますよ。森を大事にしてくれる子どもを育てたいという思いから、ボランティアとしてこの活動を始めたのです。／森に入ると、気持ちがゆったりしますね。（後略）

　　＜三浦さんの話＞②
　　森林は、わたしたちのくらしに必要な木材を生産する場となるだけではありません。風・砂・雨・雪などから建物やわたしたちを守ってくれるうえに、しん動やそう音をさえぎり、二酸化炭素をすって空気をきれいにします。また、人々の心をなごませ、森林浴やハイキング、キャンプなどの楽しみの場ともなります。（後略）

　東書本の場合は、挿入されている三つの「○○さんの話」のいずれもが説明的文章タイプであったが、教出本のような混在型であると、先の子どもたちの会話文の場合と同様に、一連の読みの流れの中で２種類のタイプの文章の読み分けを要求されることになる。また「○○さんの話」は、内容的にも文章量的にもコンパクトである。簡潔であるが故に、文脈や論理展開を推しはかって捉える力や、内容を具体化したり敷衍したりして捉える力が要求される。
　特徴の四つ目は、写真や絵図、グラフ等、PISA調査の結果で取り上げられた非連続テキストと呼ばれるものの掲載である。これらは、いずれも国語科テキストに比べ格段に多い。絵図、グラフについては、今回の説明的文章テキストには掲載されていなかった。国語科が文章中心であること

は当然としても、社会科で多くの非連続テキストの読みが本文との対応関係の中で求められることを考えると、説明的文章教材のあり方も見直される必要がある。

　特徴の五つ目は、欄外の記述である。社会科テクストにおいては、＜学習のめあて＞（「森林とわたしたちのくらしとの結びつきを調べよう」等）、＜学習の手引き＞（「絵のちがいを示しながら、森林のはたらきを説明してみよう」等）、＜子どもの吹き出しによるコメント＞（「和紙の原料も、木の皮だったわ」等）の三つのタイプが見られた。こうした欄外情報は国語科テクストにおいては、ほとんど見られない。国語科テクストは一続きの文章であるが、社会科の場合は本文と独立した形で欄外に情報が掲載されているため、読む順序は一定ではない。欄外記述と本文とを往復しながら、情報を総合して読むことが要求される。こうした読み方は、先に取り上げた写真等の非連続型テキストを読む場合にも共通する。

　表8-2では、以上5点の社会科教科書表現の総合的な特徴と、それらに対応して必要となる読みの力について整理した。

(2)　社会科テクスト（教出本）の具体について

(2)-1　構成と内容

　以下では、教出本の森林資源に関する単元（5年下）を中心に、第3項で設定した分析の観点に即して考察する。まず単元の概要は以下のようである。

　　小見出し①「森林に親しむ子どもたち」
　　　学習場面の設定→子どもたちの会話文→話題の展開→「森の案内人」三浦さんの話①→学習の方向性の提示→学習課題の提示
　　小見出し②「森林からのおくりもの」
　　　話題の展開→三浦さんの話②→内容の説明
　　小見出し③「木を生かすには？」
　　　内容の説明→林業に携わる吉岡さんの話①
　　小見出し④「森はまたよみがえる」

第8章　他教科における説明的文章と国語科説明的文章の連携を図る学習活動の設定に向けて

表 8-2　5年生社会科教科書の森林資源に関する単元における表現の特徴と対応する学習内容

5年生社会科教科書の森林資源に関する単元における表現の特徴	表現の特徴に対応して必要となる読みの力
小見出しの設定	具体化、敷衍する力
会話文相互、会話文と前後の説明文それぞれの関係性が文によって示されておらず曖昧	文脈、論理展開を推しはかって読む力
会話文等の一人称の語りと説明的文章の二つのタイプの文章が混在	異なるタイプの文章を読み分け、情報を取り出す力
挿入されている関係者の話（「○○さんの話」）は内容的、文章量的にコンパクト	文脈や論理展開を推しはかって読む力　具体化、敷衍する力
写真や絵図、グラフ等の非連続テキストの多用	本文と非連続テキストとを対応させ、情報を総合して読む力
欄外記述の存在	本文と欄外記述とを対応させ、情報を総合して読む力

　　　話題の展開→吉岡さんの話②

　小見出しごとに四つのパートに分けられ、「わたしたち＝5年生の子どもたち」が語り手になり展開していく形式である。語り手が森の中で活動している子どもたちに感想を聞くという学習場面の設定から始まり、子どもたちの会話文（感想）、学習課題（「森林とわたしたちのくらしには、どんな結びつきがあるのだろう」）が提示される。話題を展開する部分と内容を説明する部分とからなる本文と、「三浦さんの話」のような関係者の話とがセットになって説明がなされる構成である。一続きのテクストである国語科説明的文章に比べ、異なるタイプの短い複数のテクストが並列的に配列、構成されている。

(2)-2　批判的読み・説得性ならびに「関係づける力」の観点から
　次に、批判的読み・説得性と「関係づける力」の観点から検討を行う。まず、「関係者の話」として挿入されている「三浦さんの話」の中の二つ

目の話を取り上げる。「森林のおくりもの」という小見出しの後の本文「わたしたちは、まず上の２まいの絵を比べながら、森林のはたらきについて調べて見ました」に続いて置かれた説明的文章体のテクストである。一部再掲となるが引用する。（文単位で改行、文番号を付し、ルビは削除した。以下同じ。）なお２枚の絵は山間部の同じ場所を描いたもので、一方は森林が存在し「森林のはたらき」というキャプションが、もう一方は森林が極端に少ない絵で、「森林がないと…」というキャプションが付いている。

1　森林は、わたしたちのくらしに必要な木材を生産する場となるだけではありません。
2　風・砂・雨・雪などから建物やわたしたちを守ってくれるうえに、しん動やそう音をさえぎり、二酸化炭素をすって空気をきれいにします。
3　また、人々の心をなごませ、森林浴やハイキング、キャンプなどの楽しみの場ともなります。／
4　動物にとっては、大切なすみかとなるほか、食料となる木の実をもたらしてくれます。
5　川の上流に豊かな森林があると、森林の土の中にふくまれる栄養分が、川から海へと流れこんで、多くの魚や貝を育てます。／
6　森林は、まさに、自然のめぐみの母なのです。

内容的には、1、3、4については、直接間接に見聞したり、経験したりすることも多いため、比較的容易に納得、了解できると思われる。2については、雨から守ってくれるということはイメージしにくい。また、砂、雪からというのは、地域によっては理解しにくいと考えられる。さらに、振動を遮るというのはどういうことか理由と具体的な機能については分かりにくい。したがって、経験や事実をもとに、これらの関係性を具体化し推しはかることは、どちらの教科においても行いたい学習である。

第8章　他教科における説明的文章と国語科説明的文章の連携を図る学習活動の設定に向けて

　5については、「森林の土の中にふくまれる栄養分」とあるが、どのようなものなのか、なぜ土中に栄養分が発生するのか、分かりにくい。6は説明的文章の結論に当たる文である。「自然のめぐみの母」とあるが、どういう意味か、なぜそのように言えるのか、具体的にどのような事実によってそのように述べているのか等、考察を要する。

　以上から、「関係者の話」のうち説明的文章の書きぶりを有する本テクストは、既有の知識・経験と照らし合わせながら、具体的内容を問いかけていく読み、すなわち批判的な読みを行うための構えを形成していく読みを要求する表現を有していると言える。言い換えると、既有の知識・経験に基づいて文脈、内容を具体化し敷衍する読み、意味や関係性を推しはかる読みを要求するものであるということができる。これらは、櫻本明美の「関係づける力」でいうと、比較する力、原因や理由を求める力、推理する力等を要求するものと解せられる。

　次に図8-1の左側に示したのは、この「三浦さんの話」に続いて本文として記載されているテクスト（主に森林の保水機能について述べた部分）である。図では、国語科「森林のおくりもの」の中の同様な内容を述べた部分をあわせて掲載した。社会科とは参考にした原資料は同じものではないと思われるが、記述の特徴を見るために並べて提示した。左側の社会科テクストは、内容面で括ると以下の五つとなる。

　　7・8　（森林の保水機能による川の渇水や洪水の防御）
　　9・10　（日本は川が短く急流なため降水量は多くても水が不足しがちであること）
　　11　　（森林の保水機能の見直し）
　　12　　（森林・水の資源の確保）
　　13・14（輸入木材への依存の限度と森林資源の育成）

　一方、右側の国語科テクストは、内容面で括ると、以下の四つである。

459

A～C　（なぜ川は渇水しないのか。問題提起）
　　　D・E　（急斜面の国土。雨はすぐに海へ流れて行っても当然なのに、なぜ
　　　　　　晴れた日でも川が流れるのかの問い）
　　　F～K　（問いに対する答え。森林の保水機能の説明）
　　　L　　（渇水しないのは森林のおかげ。まとめ）

　さらに、この四つは論理展開の面で見ると、「序論―本論―結論」という枠組みで捉えることができる。すなわち、A～Cの部分とD・Eの部分とは問題提起に当たる序論部に、F～Kの部分は問いに対する答えを説明する本論部に、Lはまとめとして結論部に当たる。テクスト全体の中の一部分ではあるが、「序論―本論―結論」という説明的文章の典型的な展開構造を有していると言える。

　こうして見ると、社会科テクストは国語科に比べて論の展開が曖昧であるために、ひとまとまりの内容として捉えにくいことがわかる。社会科は冒頭7で「森林は、緑のダムの役わりも果たしています」と述べ、キーワードである「緑のダム」が登場する。しかし、8では「森林には、雨水をたくわえて、少しずつ流すはたらきがあるので」となる。読み手とすれば、これが「緑のダム」の説明なのだろうと推測しながら読む形となるが、この置き換えは難しい。例えば、7の後に「緑のダムというのは、森林がダムのように水をためるはたらきがあることを表しています。」などの説明があって、その後に「つまり」などのつなぎ言葉を位置づけて8の文に接続していれば、読み方は変わってくる。

　さらに続く9からは、日本の水不足と、その原因として川が急流であるために利用できる水が限られているとする内容が挿入され、11で「水を有効に利用するために」「緑のダムとしての森林の果たす役わりが見直されています」と続く。緑のダムという語がいきなり使われるのだが、読み手としては「緑のダムとしての森林の果たす役わり」と言われても、ここでも8の内容だろうと推測するしかない。また「緑のダムとしての森林の果たす役わり」を見直すことが、なぜ「水を有効に利用する」ことになる

第8章　他教科における説明的文章と国語科説明的文章の連携を図る学習活動の設定に向けて

社会科＜森林からのおくりもの＞ （教出5年下）		国語科「森林のおくりもの」（東書5年下）
7　さらに、森林は、緑のダムの役わりも果たしています。 8　森林には、雨水をたくわえて、少しずつ流すはたらきがあるので、川の水がかれたり、こう水になったりすることを防いでくれます。／ 9　日本は、降水量の多い国ですが、水は不足しがちです。 10　日本の川は短くて、流れが急なために、利用できる水に限りがあるからです。 11　水を有効に利用するため、水の節約を進める一方で、緑のダムとして森林の果たす役わりが見直されています。 12　国土の約3分の2をしめる森林を守り、水資源を確保していかなければなりません。／ 13　また、日本では、使用する木材の多くを輸入にたよっています。 14　外国の森林にも限りがあるので、国内の森林資源を守り育てていくことが大切です。		A　あなたは、川の水がなぜなくならないか、考えたことがありますか。 B　水は上から下へ流れています。 C　ですから、いつかなくなってもよさそうなものなのに、なくならないのはなぜでしょうか。 D　日本のような急しゃ面の国土では、雨は一日で海へ行ってしまってもよいはずです。 E　それなのに、晴れた日でも流れているのはなぜでしょうか。／ F　そのひみつこそ森林にあります。 G　森林は、そのふところ深く雨を受け入れると、少しずつ地下へ送りこみ、やがて下流へはき出してくれます。 H　地下水の流れは、非常にゆっくりとしています。 I　ふった雨が地下にしみこみ、再び地表にわき出てくるには、三百年も五百年もかかっているほどです。 J　ですから、わたしたちは、江戸時代の雨も飲んでいることでしょう。／ K　ゆっくりと地下をくぐってきたわき水は、集まって谷川になり、小さな川になり、やがて大きな流れになって、平野をうるおしてくれます。 L　日本で、少しくらい日照りが続いても水が絶えないのは、国土の三分の二をしめる大森林のおかげです。

図8-1　森林の保水機能について述べた社会科及び国語科教科書の記述（表現）の比較
注）矢印は、内容的に対応していると考えられる部分を示している。

461

のか、説明不十分なために分かりにくい。また9、10との関係性についても理解しにくい。

　社会科テクストの場合は、文章量の制限もあるのだろうが、総じて、文と文、部分と部分とのつながり、関係性が曖昧である。これは、つなぎことば（接続詞等）が少ないことにも現れている。少ない情報量の内容を断片的に並べている感が強く、情報を補い、内容どうしの関係を推しはかって読む力が必要である。ここでも櫻本明美の言う「関係づける力」としての比較する力、原因や理由を求める力、推理する力等が重要となる。

(2)-3 多様なテキストに対応した読む能力の観点から

　3-(1)でも述べたように、社会科テクストには写真や図表等のPISA型読解力でいう非連続型テキストが多い。図表等そのものをどう読み理解するかということに加え、本文テクストやキャプションと対応させた当該図表等の読み方が、さらに問われる。

　教出本の「森はまたよみがえる」の小見出し部分には、見開き2ページにわたって二重円を七つの部分に区切った絵図が示されている。これには、「苗木を育てる」から「伐採」まで森林の7段階の育成過程が、各段階とも仕事内容の見出し、年数、森林の状態を表す絵の三つの要素をセットにして描かれている。さらに、各部分の仕事内容を詳細に知らせるために、仕事の様子を写した写真とその説明（キャプション）が、吹き出しのように絵図の外に引き出され示されている（全7枚）。

　例えば、第6段階の区切り部分には「間伐」という仕事内容の見出し、「20～50年」という苗木を植えてからの年数表示、木々がかなり生長し混み合っている様子を表した絵が記載されている。また絵図外へ引き出されている写真には、チェーンソーで間伐作業をしている人の写真に「木と木との間を広げて、太陽の光がよくとどくように、弱っている木を切ります。」というキャプションが付されている。「森はまたよみがえる」の小見出しに続く本文テクストは、以下のようである。

　　　わたしたちは、吉岡さんに、森林の広がる山を案内していただくこ

第 8 章　他教科における説明的文章と国語科説明的文章の連携を図る学習活動の設定に向けて

とにしました。／山に入ると、「ウィーン、ウィーン」というすぎを切るチェーンソーの音や、「バリッ、バリッ」という木のたおされる音が聞こえてきます。切りたおされたすぎは、枝を落として集められ、トラックに積みこまれて貯木場へ運ばれます。

　これは第 7 段階の「伐採」部分の内容である。小見出しと記述内容が対応しておらず、これを読んでも森林育成についての情報は得られない。したがって、欄外情報にある「すぎを守り育てる人たちのくふうや努力について調べよう」という学習のめあてを解決するには、絵図を読み、写真やキャプションの情報から考えることになる。この「森はまたよみがえる」という小見出しは、見開き 2 ページの絵図の前ページにある「関係者（吉岡さん）の話」の次のような記述に連なって出てきたと思われる。

　　15　木造の家や木の製品には、あたたかみがあり、じょうぶで長い間使えるというよさがあります。
　　16　しかし、森林を自然のまま放っておいたのでは、よい木材は生産できません。それに、森林のもつはたらきも、失われてしまいます。
　　17　ですから、計画的に木を育てて、切り出したあとにまた植えることが大切なのです。
　　18　そうすると、森林は貴重な資源になります。
　　19　木が育つまでに長い年月はかかりますが、森はまたよみがえるからです。

　17、18、19 の具体的な内容を示したのが、見開き 2 ページの絵図ということになる。
　また、絵図の下の部分に、小見出し「森はまたよみがえる」の本文テクストに続いて掲載されている以下のような「関係者（吉岡さん）の話」にも、課題解決のための情報が記されている。

463

20 このすぎの木は、みなさんのおじいさんがまだ子どものころに植えられました。
21 人間が植えた森林は、最後まで人間が世話をしてやらなければなりません。
22 せっかく苗木を植えても、下草がりや間伐などの手入れをしないと、木の育ちが悪くなるからです。／
23 山の急なしゃ面で根気よく木の世話をするのは、きびしい仕事ですが、自分の植えた木が大きく育ち、やがて森林をつくるのだと思うと夢がありますね。
24 最近は、この仕事をするわかい人が減っているので残念です。
25 すぎをしっかり守り育てて、みなさんが大人になるころにりっぱな森林を残していきたいと思います。

　先の15～19のテクストが、絵図の内容のうち、森林の計画的な育成に関するものであったのに対し、20～23は森林育成に関わる仕事内容についての、24、25は後継者問題についての言及である。
　こうして見ると、絵図、写真、キャプション、「関係者の話」にある情報内容を相互に関連させ、意味づけを図ることが必要であることが分かる。絵図に書かれている情報だけでは、「関係者の話」にある「計画的に木を育てて、切り出したあとにまた植えることが大切」や「木が育つまでに長い年月はかかりますが、森はまたよみがえる」などの具体的な内容は十分につかめない。また絵図だけでも、これが何を言おうとしているものなのかはつかみきれない。絵図と写真との対応関係も同様である。「関係づける力」のうち、比較する力、原因や理由を求める力、推理する力等を駆使して、抽象的、断片的に記載されている内容を具体化、敷衍して、情報を総合的に捉え、精緻化することが必要となる。

4 多種多様なテクストを関係づける力の育成

　本研究では、国語科説明的文章教材以外の説明的文章テクストとして、小学校社会科教科書の記述のありようを分析し、児童が国語科教科書所収の説明的文章教材以外の説明的文章テクストとしての社会科教科書テクストを読むためには、どのような力、読み方が求められるのかを考察した。社会科教科書テクストとして5年生森林資源に関する単元を例に、3社を総合的に検討するとともに教出本単元を詳細に分析した結果、育成すべき学習内容として、以下の6点を得た。

① 小見出し等を設定した短いまとまりのテクストとして記載されているため、具体化し敷衍して読む力が要求される。
② 会話文や「関係者の話」等が多く挿入され、それらと本文の説明的文章との関係性が必ずしも明確ではないため、文脈や論理展開を推しはかる力が要求される。
③ 読みの過程で異なる複数のタイプのテクストを読み分け、情報を取り出す力が要求される。
④ 欄外と本文それぞれのテクストを相互に読み合わせながら、情報を総合的に把握、理解する力が要求される。
⑤ 抽象的、断片的な情報内容である写真、図表等の非連続テクストと本文等の説明的文章テクストと対応させながら敷衍し、具体的、総合的に捉える力が要求される。
⑥ 上記①〜⑤を支える力として、比較する力、原因や理由を求める力、推理する力等の「関係づける力」の育成を一層重視する必要がある。

　これらの中には、⑥の「関係づける力」はもとより、文脈や論理展開を推しはかる力、具体化、敷衍する力等、国語科の説明的文章授業の中でも積極的に扱うべきものがある。こうした学習内容を意図的、積極的に位置づけるとなると、国語科説明的文章の授業は、必然的に情報（内容）を論

理の展開構造のあり方と緊密に関係づけて捉えることを志向するようになり、要点・要約まとめなど画一的な読みの授業からの脱却を促進することになると考えられる。

　一方、③④⑤に見られるように、社会科教科書のテクストを読むことは、ややもすると断片的な情報（内容）相互を関係づけることが主流になる。したがって、こうした読み方だけでは、長く、まとまりのある文章の内容や論理展開を読むことに抵抗を感じることになると考えられる。国語科の説明的文章独自の学習として、内容的にも、論理的にもまとまりがあり、一定の文章量のあるテクストを読むことは保障されねばならない。

第2項　算数科教科書における説明的文章の検討

1　算数科教科書における説明的文章

　本項では、算数科教科書における説明的文章テクストの特徴を明らかにすることによって、従来国語科授業という限定された時空間の中だけで育成されがちであった説明的文章の読解力、論理的思考力・表現力等を、教科を超えたより広い枠組みで育成するための観点について考察する。すなわち、算数科教科書を用いて上記の力をどのように育成することができるか、算数科教科書掲載の説明的文章テクストを検討することによって明らかにする。

　算数科教科書掲載の説明的文章テクストのあり方についての先行研究には、算数・数学科教育の立場からの平林一栄（1976）がある[8]。数学的文章の言語教育的機能を認めた上で、算数科教科書における文章は、条件反射を刺激するだけの短い問題文の寄せ集めであり、子どもが論理的構成を伴いながら読まねばならない文章となっていないことを指摘した。そして、説明文としては真理性が専ら論証によって行われる類型のものが、算数・数学科教育と国語科教育とが最も深い関連を持つ分野の文章だとした。具体的な改善策や、国語科説明的文章との関連性については不十分であるが、説明的文章の観点から算数科教科書に対する批判を述べたものと

して注目される。

　算数の文章題の理解・解決過程に関しては、認知科学の領域での研究がある。吉田甫（1991）は、足し算や引き算を中心とした文章問題においては、「部分—全体」の構造を発見すること、問題が要求していることを正確に把握することが重要であることを指摘した[9]。また多鹿秀継（1995）は、文章題の理解過程とは、問題文に記述されている内容に適したスキーマを形成することであるとし、一文ごとの意味を理解する過程（変換過程）と、記述されている内容に関連する知識を利用して文間の関係をまとめ上げる（統合過程）知識構造（スキーマ）が必要であるとした。変換過程においては主に言語的知識が、統合過程においては主に算数・数学の概念的知識が要求されるとした[10]。文章題の理解・解決過程に限定した言及であるが、スキーマを活用して読むこと、思考することの必要性については、国語科説明的文章の学習指導に通じるものがある。

　岩崎秀樹・山口武志（2002）は、数学教育学の立場から算数・数学の教科書分析を行った[11]。小5と中1の特定単元についてテクストの述部に着目し、小5は昭和48年版と平成14年版、中1は昭和48年版と平成14年版とを比較した上で、いずれの年代においても、規約文（定義文）や観察文（図等とセットになった文）が、算数科より数学科において増加していることや、問題解決思考が数学科で著しく低いこと等を報告した。詳細なテクスト分析がなされているが、小・中、年代別の数学的内容に関する比較が中心であり、国語科説明的文章との関連には触れていない。

　以上の研究の内容、手法を踏まえ、算数科教科書の説明的文章テクストの特徴を、国語科説明的文章を中心とした読むことや表現することの力を高めることの観点から検討することにする。

2　算数科教科書テクストの分析の方法

　分析対象とする算数科教科書は、平成19年度版東京書籍発行の2年生と5年生のものとした。以下では、算数科の4領域（数と計算、量と測定、図形、数量関係）のうち、数と計算、図形の2領域に限定し、各学年から

各1単元分について分析した。取り上げた単元は次のとおりである。
　「数と計算」領域
　　　2年　「たし算とひき算のひっ算」
　　　5年　「小数のかけ算とわり算」
　「図形」領域
　　　2年　「三角形と四角形」
　　　5年　「垂直・平行と四角形」
　上記各単元における説明的文章テクストをセンテンス単位で取り出し、数学教育の分野の岩崎・山口（2002）を参考に、平叙文と非平叙文（疑問文）、述語の形式的分類と数学的認識との総合（観察文、操作文等）といった観点を設定した。また論理的表現としてのテクストの特徴を見るために、櫻本（1995）の論理的思考力の枠組みを援用した[12]。
　これらの観点での特徴に、具体的なテクスト表現のあり方や、認知心理学の分野の吉田（1991）、多鹿（1995）らのスキーマ構成の観点、説明的文章の学習指導の観点からの考察を加味し、算数科教科書テクストの活用のあり方を検討した。

3　分析の結果と考察
(1)　算数科教科書の内容構成の概要
　大単元の導入に当たって、冒頭に既習事項の振り返り（「どんなかけ算やわり算があったかな？」5年）や、興味づけと後続内容との関連（「何を買おうかな？」2年）を意図した内容が1ページ設定されている。既有のスキーマを喚起し、レディネスを高めようと配慮していることがうかがえる。
　単元の一般的な内容としては、問題文、解法、まとめ、定義、練習問題等で構成されている。したがって、社会科や理科の教科書にあるようなまとまった説明的文章テクストはほとんど見られない。短いテクストとイラストや図表、写真等がセットになった形で問いや説明がされている。
(2)　センテンス単位による分析
(2)-1　センテンス数

第8章　他教科における説明的文章と国語科説明的文章の連携を図る学習活動の設定に向けて

表8-3　各単元における総センテンス数

学年	領域	単元名	センテンス数
2年	数と計算	たし算とひき算のひっ算	96
	図形	三角形と四角形	17
5年	数と計算	小数のかけ算とわり算	106
	図形	垂直・平行と四角形	99

　表8-3には、各単元におけるセンテンスの総数を示した（なお、キャラクター等が吹き出しのような形で話しているテクストは分析対象外とした）。短くても複数のセンテンスから構成されていればテクストには文脈がある。センテンス単位で分析することの弊害もあると考えられるが、これによって全体的な傾向を捉えることにした。傾向としては、短いものや、同じ文言で繰り返し出てくるものが多い。そのため、単元のページ数の関係もあるが、センテンス数は比較的多い。

(2)-2 平叙文・非平叙文（疑問文）の観点から
　表8-4は、総センテンス数に占める平叙文、非平叙文（今回は疑問文）の比率を示したものである。平叙文については後続する項で考察するため、ここでは、両学年とも15%〜30%弱の比較的高い比率となった非平叙文（疑問文）について検討する。
　疑問文が多いのは、問題を解くことが中心となる算数科教科書の特徴による。具体的な疑問文の表現としては、「いくらですか」「いくつになりますか」「何○（人、個、本等）ですか」「どれですか」「どちらが…でしょうか」「どんな…ですか」「どのようにして…でしょうか」等があった。
　疑問文は、国語科説明的文章においては、序論部における問題提示文の形で頻繁に位置付けられている。例えば以下のようなものがある。
　　A「どのようにして、たまごをうむのでしょうか。」（2年「すなはまに上がったアカウミガメ」大阪書籍）
　　B「どんな生きものたちが、どんなかかわり合いをしているのでしょうか。」（2年「サンゴの海の生きものたち」光村図書）

表8-4　総センテンス数に占める平叙文、非平叙文（疑問文）の比率

学年	領域	単元名	平叙文	非平叙文（疑問文）
2年	数と計算	たし算とひき算のひっ算	84.4%	15.6%
	図形	三角形と四角形	76.5%	23.5%
5年	数と計算	小数のかけ算とわり算	70.8%	29.2%
	図形	垂直・平行と四角形	84.8%	15.2%

　C「これらの和紙と洋紙には、どのようなちがいがあるのでしょうか。」（5年「和紙の心」学校図書）
　D「どうして、こんなばしょにさいているのでしょう。」（2年「すみれとあり」教育出版）
　算数科では、「いくらか」「何か」「どれか」等、一つのことを直接的な問いで問う疑問文が多い。国語科説明的文章には、そうした型のものは少ない。しかし、Aのように方法を問う型のものは見られる（「積に小数点をうつときに、小数点の位置はどのようにして決めればよいですか」5年、「下の図で、(ア)の直線をのばすと、(イ)の直線とどのように交わりますか」5年）。
　またCのように特徴を問うものは「①、②、③は、それぞれどんな四角形のなかまといえばよいでしょうか」（5年）、「どんな式を書けばよいでしょうか」（5年）のような形で、少数だが認めることができた。Bの、複数の観点で問う型のものは「どちらの線が、どれだけみじかいでしょうか」（2年「長さのたんい」）のように、他の単元では見られたものの、今回対象とした4単元では認められなかった。
　Dの理由を問う型のものは、4単元の中には見られなかった。教科書を全般的に見ても、「なぜ」と問う型のものは見当たらない。授業中の教師の発問としては機能することが多いと思われるが、教科書のテクストには位置づかず、この点についての国語科説明的文章との共通点は見いだせなかった。
　吉田（1991）は、メイヤー（1985）の研究を引き、文章問題を割り当て

第8章　他教科における説明的文章と国語科説明的文章の連携を図る学習活動の設定に向けて

文、関係文、質問文の三つの要素に分類し、誤答する子どもたちは問題が何を要求しているかをきちんと把握していないことを原因にあげ、状況を方向付ける地図のような役目をする質問文の重要性を指摘している[13]。

算数科教科書には問いが単純な形で示される分、何が、どのように問われているのかを確かに把握させることが必要である。とりわけ低学年段階で、音読、視写等によって、問いの文を問いとして明確に意識させ、内容を把握させるよう継続的に取り組むことが大切である。

(2)-3「誘いかけ文」の観点から

表8-5は、総センテンス数に占める「誘いかけ文」の比率を示したものである。ここでいう「誘いかけ文」というのは「〜ましょう」「〜ていこう」「〜よう」等、行為を促す文を指すものとした。両学年共に、数と計算領域で36.5%、32.1%、図形領域では47.1%、54.5%と高い比率であった。5年生の図形領域においては、平叙文のみで見ると64.3%が「誘いかけ文」である。

(2)-4 述語の形式と数学的認識とを総合した観点から

表8-6は、述語の形式と数学的認識とを統合した観点から分類したセンテンス数を示したものである。岩崎・山口（2002）では、規約文、観察文等、7種類で分類したが、ここではそれらを参考に、規約文、参照文（観察文を名称変更）、操作文、概念形成文の4種類で検討した。各文の特徴は、以下のようである（例文を示した）。

規約文………「〜という」等。定義する場合に多い。ここでは、表8-7の「定義」の欄に示し、表8-6では重複するため省略した。

表8-5　総センテンス数に占める「誘いかけ文」の比率

学年	領域	単元名	「誘いかけ」文
2年	数と計算	たし算とひき算のひっ算	36.5%
	図形	三角形と四角形	47.1%
5年	数と計算	小数のかけ算とわり算	32.1%
	図形	垂直・平行と四角形	54.5%

表 8-6 述語の形式と数学的認識とを統合した観点での分類によるセンテンス数

学年	領域	単元名	参照	操作	概念形成
2年	数と計算	たし算とひき算のひっ算	2	1	1
	図形	三角形と四角形	6		
5年	数と計算	小数のかけ算とわり算	6		
	図形	垂直・平行と四角形	34	4	2

参照文………「〇〇図は〜である」「〇図のように」等。
操作文………「〜計算できる」「〜ですることができます」等。
概念形成文…「なかまに入れることができます」「〜とくべつな場合です」等。

　規約文（定義する文）とともに、参照文が多いのが特徴である。これは、図表等とセットになって問いが設定される場合が多いことによる。国語科説明的文章では「下の図で」「右の図をもとに」「〇ページにある」等の表現は少ない。しかし、レポートや資料を読んだり、それらを引用して書きまとめたりする活動を想定すると、不可欠な表現である。算数科教科書による学習を図り、効果を上げたい。

(2)-5 論理的思考力の観点から

　表 8-7 には、論理的思考力に関する表現を有するセンテンス数を示した。定義、推理に関する表現が多く、理由（因果関係）に関する表現が続いた。

　定義に関しては、新しい算数用語、概念を学ぶ場合でないと出てこない表現であるので、単元による差異が生じると思われる。それにしても、「3本の直線でかこまれた形を三角形といいます」「直角に交わる2本の直線は、垂直であるといいます」等の定義する表現は、算数科、理科にとくに顕著であり、固有性の強い表現である。一方、国語科説明的文章では触れることが少ない。また、算数科では理科以上に各学年、各単元にわたっ

第8章　他教科における説明的文章と国語科説明的文章の連携を図る学習活動の設定に向けて

表8-7　論理的思考力に関する表現を有するセンテンス数

学年	領域	単元名	定義	推理	理由(因果関係)	比較	順序	類別
2年	数と計算	たし算とひき算のひっ算	1	1	5	1	2	
	図形	三角形と四角形	3					1
5年	数と計算	小数のかけ算とわり算		7				
	図形	垂直・平行と四角形	8	3				

て高い頻度で出てくる。算数科において意図的に習得させたい。

　推理に関する表現例としては「歯をみがくとき、水を流したままにすると、1回で11.4 l の水がむだになるとします」「その2本の直線を対角線として四角形をかくと、どんな四角形ができますか」等、仮定、想定型のものが多かった。前提条件をイメージし確かに捉え、結果と整合性をもって考えられる力は、説明的文章の読みにも生かされる。

(2)-6 順序立てて説明する記述について

　センテンス単位での分析でも「はじめに」等のことばを付した順序に関わる表現が認められたが、それとは別に、一連の内容を順序立てて読むこと（表現すること）が要求されるテクストが教科書にある。

　2年生では「37＋28のひっ算のしかた」として、おはじきの絵、筆算の式、説明を横並びに置き、説明している。「くらいをたてにそろえて書く」→「一のくらいの計算　7＋8＝15」→「十のくらいに1くり上げる」→「十のくらいの計算　くり上げた1と3で4。4＋2＝6」というものである。これら分割されているテクストを一連のものとして理解し、説明できることは重要である。

　5年生では「帯グラフや円グラフのかき方」が、「①各部分の割合を百分率で求める」から始まり三つのセンテンスで示されている。これを読んで、その過不足を問題にし、より適切な「かき方」に表現し直すことは、国語科説明的文章の学習指導と通じるものであり、積極的に展開したい。

4　規約、参照、操作、概念形成の機能を有する表現の指導

　限られた領域での検討であったが、それでも規約文（「～という」等）、参照文（「〇〇図は～である」「〇図のように」等）、操作文（「～計算できる」「～することができます」等）、概念形成文（「なかまに入れることができます」「～とくべつな場合です」等）の算数科特有の説明的表現が見られた。中でも、規約文（定義する文）とともに、参照文が多いのが特徴であった。これらの表現は、国語科説明的文章ではあまり用いられない傾向にある。しかし、図表を含む説明的文章を読む機会は今後ますます多くなることを考慮すると、国語科以外でしかこれらの読み方を指導する機会が保障されにくいと捉え、対処することも必要である。センテンス単位の特徴として検討した疑問文、定義文等の表現そのものの理解、活用を算数科でも状況に応じて図っていくことが望まれる。

　また多鹿（1995）が指摘したように、スキーマを活性化させ、知識や経験をもとに文や文章内容に積極的に意味づけていく読み方、捉え方を促進することも重要である。これら両面から国語科説明的文章、算数科教科書テクストの独自性と共通性を意図した学習指導を行うように取り組みたい。

第3項　理科教科書における説明的文章の検討

1　理科教科書における説明的文章

　本項では小学校理科教科書を分析・考察対象にし、説明的文章の学習指導の観点から見た特徴を明らかにする。それによって理科教科書に掲載されている説明的文章を読むことに必要な学習内容を明らかにするとともに、教科横断的に説明的文章の読解力を育成するための内容、観点を得ることにする。

　説明的文章の学習指導のあり方について国語科と理科それぞれの教科の特性に着目して論じた研究としては、高橋金三郎（1976）や渋谷孝（1984）などがある。高橋金三郎（1976）は、理科教育の立場から説明的文章の必

第 8 章　他教科における説明的文章と国語科説明的文章の連携を図る学習活動の設定に向けて

要不可欠な条件として以下の 4 点を指摘した[14)]。

> ①文の内容は子どもにとって未知のもの、あるいは日常見なれていたものでも全然気づかれなかった性質でなければならない。そうでなければ説明文にはならない。
> ②実物やスライド、写真の類を教室内に持ちこむことは、一見効果的に思われても、結局は授業をだめにしてしまう。子どもの関心は文を離れて実物へいってしまうからだ。
> ③内容は、対象のもっとも基本的なことでなければならない。そうでなければ、作者が情熱をこめて書くこともできないし、従って読者の子どもにも感銘を与えることはできないだろう。
> ④子どもは文からだけで、真実を推論しなくてはならない。だから、説明文は子どもの想像力を刺激するような、いきいきした形容句でできていなくてはならない。

ここには、未知と既知の問題、直接認識と間接認識の問題、認識内容の問題、筆者の問題、文体の問題等、説明的文章の教材論、学習指導論の基本的な問題があげられている。こうした指摘は、渋谷孝（1984）でもなされた[15)]。

> （前略）理科に於いて、たんぽぽについて学習することがあったとしても、その立場と、国語科の読み方指導において、「たんぽぽのちえ」（光村図書二年）、「たんぽぽ」（東京書籍二年）などを学習する立場との相違点となって表れてくるべきものである。理科において第一義的な教材は、ものごとや現象そのものであり。文章は第二義的なものである。これに対して国語科においては第一義的な教材は文章そのものであり。実物や写真、イラストレーションは、第二義的なものでしかない。
> 　ところが、この二つの立場の相対的な違いが分かっていない教師

が、管見による限り、必ずしも少なくはない。たとえば、小学校五年生担任の教師に次のような授業をする人がいる。理科の授業では実験や観察をほとんど行わないで教科書を読んで大事なところに傍線を引かせて説明を加えて終わりにするのに対して、国語の授業では、一年間に四回ほど出てくる説明文の授業となると児童に植物や写真集（または図鑑）や模型を持って来させて、それと文章をつき合わせて説明するのである。これは、国語科読み方指導における科学的読み物の扱い方の問題点を象徴的に示すものとなっている。

　渋谷は、理科は内容教科であり国語科は技能教科であるととらえた上で、理科において第一義的な教材はものごとや現象そのものであり、文章は第二義的なものであるとした。国語科説明的文章については、科学的な読み物を読み取って分かるということは、学習者が既有の体験的知識や考え方を基盤として未知のことを類推でき、想像できることであるとして、ことばによる間接的な経験を深めることの重要性を指摘した。
　それぞれの教科教育研究の立場からではあっても、ことばによって既知の内容から未知の内容を類推、推論することが、説明的文章テクストのあり方としても、また読み方としても重要であることを指摘したものと解される。
　一方、実際の理科授業のあり方に目を向けると、教科書を国語科のように読むことが中心となることは少ない。この点について、理科教育の立場から中村重太（2000）は多くの理科教科書は読めば分かるように詳しく記述されていること、知識の再生・再認能力を問う受験の影響もあり、教科書中心の理科授業が行われている現状があることを指摘した上で、そうした授業は、実験や観察などを通して科学的な問題解決の能力や態度を育成する教科である理科の目標とは大きくかけ離れているとした。ただ、理科教科書は教師の指導用書ではなく、子どもの学習活動用書として区別して認識されてきつつある状況があるとも指摘している[16]。この学習活動用書としての機能、意義を重視する点からは、理科教科書掲載の説明的文章

のあり方、読み方を検討することは重要であると考えられるが、この面での研究は進んでいない。したがって、その特徴の一端を明らかにすることによって、学習活動用書としての理科教科書の活用への途を開くことができる。

2　分析方法

　分析対象とする理科教科書は、表現及び内容的特徴が網羅されていることから6年生のものとした。具体的には、平成18年版東京書籍発行の教科書『新編新しい理科』（上下巻）を中心テクストとし、適宜他社の教科書についても検討した。理科では、領域として「A　生物とその環境」「B　物質とエネルギー」「C　地球と宇宙」の三つが設定されている[17]。本研究では、このうちA領域の「動物のからだのはたらき」とB領域の「水よう液の性質とはたらき」の2単元を中心に取り上げた（一部同学年の別単元を考察対象とした）。前者は実験、観察の内容を含みながらも図表等の資料をもとに解説するテクストが相当量あるタイプの単元として、後者は実験が中心的な学習活動に設定されているタイプの単元として選定した[18]。

　分析の観点としては、一つ目に、単元全体の内容構成のあり方を検討した。単元内には各種テクストが混在しているため、どのようなテクストが、どの程度配置されているのかを分析した。

　二つ目には、論理的表現としてのテクストの特徴を検討した。櫻本明美（1995）は国語科教科書における説明的文章教材及び説明的表現教材の分析と先行研究の整理に基づき、比較、原因や理由を求める力、推理する力等を論理的思考力として位置づけ、対応する教科書掲載の表現例を示した[19]。本研究でもこの枠組みを援用し、理科教科書の説明的文章を読むことでどのような論理的思考力に培うかを分析した。

　三つ目に、PISA型読解力でいう非連続型テクストを読むことに関連したテクストの特徴について検討した[20]。実験、観察が多い理科教科書の場合、同じ内容教科である社会科の教科書以上に絵図や表、グラフ等の非連続型テクストが多用されている。これらを的確に読み取るために、関連

したテクストの特徴を把握することが必要であると考えた。

四つ目に、批判的読みの観点から検討した。寺井正憲（1992）は、批判的な読みの実践理論を立論していくためには、まず文章に批判的に反応することの重要性が論じられるべきであるとし、記述内容について「分からない」「おかしい」「なぜか」「そのとおりだ」「自分の考えとちがう」等、不明点や疑問点、肯定や否定の反応をすることの重要性を指摘した[21]。また文部科学省（2005b）は、PISA調査（読解力）の結果を踏まえた指導の改善の取り組みの一つとして「テクストを理解・評価しながら読む力を高めること」をあげた。そこでは、内容、形式等を自分の知識や経験と関連付けて建設的に批判する読み（クリティカル・リーディング）を充実することが指摘された[22]。これらの観点から、児童が批判的にテクストを読むことを促すような部分が、理科教科書にどのような形で認められるかについて検討を加えた。

3　分析の結果と考察

以下では、分析方法の項で示した分析の観点に即して考察する。

(1) テクストの全体的特徴

(1)-1 指導内容と情報構成

「水よう液の性質とはたらき」の単元（以下「水よう液」単元）の内容構成は、以下のようである。

```
1  水よう液にはなにがとけているか
     実験1
     「理科のひろば」…炭酸水の実験
2  水よう液をなかま分けしよう
     実験2
     「理科のひろば」…指示薬の解説、野菜等を使っての指示薬作
   成方法提示
     「理科のひろば」…酸性雨の解説
```

第8章 他教科における説明的文章と国語科説明的文章の連携を図る学習活動の設定に向けて

　　3　金属を水よう液に入れるとどうなるか
　　　実験3　実験4
　　「とびだせ」（発展学習）…「水よう液の、ものをとかすはたらき」についての解説
　　「とびだせ」（発展学習）…「水よう液の混ぜ合わせ」「酸性の土を変えるくふう」についての解説
　「たしかめよう…」（単元全体のまとめの設問）

　Ｂ5版で全14ページのテキストは「問いの文→実験の手順説明→注意事項→学習のまとめ」という流れを基本とし、加えて「理科のひろば」のような囲み記事的な解説文や読み物資料、そして発展学習のページが適宜位置づけられている。「動物のからだのはたらき」の単元（以下「動物のからだ」単元）、他学年の教科書についても内容構成のあり方は同様である。また写真、図表がキャプションや解説付きで多数掲載されている。男女の子どもや博士などのキャラクターも登場し、吹き出しの形で問いやその答え、考察のためのヒントなどが提示されている。

(1)-2 センテンスの種類と数
　表8-8は、単元内の総センテンス数に占める上記各種のセンテンス数の

表 8-8　単元内の総センテンス数に占める各種センテンス数の比率

単元名	問題提示文	本文 説明文	本文 とくに位置づけのない	本文 学習のまとめ	読み物資料、発展学習	キャラクターの言葉	注意事項	実験（観察）リード文	実験（観察）手順説明	実験（観察）問い	実験（観察）評価	写真キャプションの説明
6年「水よう液の性質とはたらき」	2%	10%	5%	16%	11%	21%	6%	16%	6%	3%	3%	
6年「動物のからだのはたらき」	4%	15%	15%	11%	21%	3%	4%	13%	5%	2%	8%	

479

比率を示したものである。「本文」は、実験（観察）結果等から分かったことを解説している「学習のまとめ」、内容と関連した「読み物資料」や「発展学習」のページ、それら以外の「とくに位置づけのない説明文」からなる。三つをあわせた「本文」の割合は「水よう液」単元で31％、「動物のからだ」単元で41％であった。

　これらのうち、理科教科書においてひとまとまりの文章として読むことができるのは「学習のまとめ」と「読み物資料」や「発展学習」の部分である。「学習のまとめ」については「水よう液」単元の5％に比べ「動物のからだ」単元は15％と高かった。これは「動物のからだ」単元では直接確かめることができない人体内部の事柄が多く、知識として解説する必要があるためだと考えられる。一方「読み物資料」や「発展学習」の部分については「水よう液」単元の16％が「動物のからだ」単元の11％より若干高かった。これは「水よう液」単元では、実験で直接確かめられたことに関する基礎的な知識は少ないものの、それらを応用したり、それらと関連したりする自然事象等への知識の広がりを期待して記述されているものと推察できる。したがって、これらのテクスト内容が的確に理解されるかどうかは、当該単元における知識の習得、活用の点からも重要である。

　その他に特徴的であるのは「実験（観察）」の「手順説明」が16％、13％と、比較的高率になっていることである。同様に「注意事項」（「薬品が手についたらすぐに、水道水で、しばらくの間あらい流す」等）は、危険を伴う実験が多い「水よう液」単元では21％と、「動物のからだ」単元の3％に比べて高かった。またこれら以外では、キャラクターのことば（「もとの金属のままで、とけているのかな。」等）が11％、21％と相当数挿入されていた。

　以上の実態は、理科教科書には岸学（2004）のいう宣言的説明文と手続き的説明文とが混在しており、両タイプのテクストの読解力が必要であることを示している[23]。

(2) 論理的表現の特徴

　次に、論理的表現の観点からどのような特徴が見られるのか検討する[24]。

第8章 他教科における説明的文章と国語科説明的文章の連携を図る学習活動の設定に向けて

(2)-1 全体的な傾向

　表8-9は、論理的思考力の観点に基づくセンテンスの数及び比率を示したものである。論理的思考力の枠組みは、櫻本（1995）を援用した。1単元における実験や観察の注意事項、説明等、短いセンテンスが多いため、いずれも比率は低い。それでも、論理的思考力の各種類に対応した表現は、一部を除いて認められた。また「理由（因果関係）」に関する表現が、「水よう液」単元では20％となっており、多用される傾向にあることがうかがえた。

(2)-2 論理的表現の具体

　本文の中で論理的思考力に関するテクストが多く見られるのは「学習のまとめ」に当たる部分である。「学習のまとめ」は、実験や観察の手順が示された部分に後続するテクストであり、実験、観察の結果をまとめたものである。当該単元で習得すべき知識、内容に該当する。

　「水よう液」単元において、水溶液を蒸発させ、溶けていた物質を析出させる実験の後に置かれた「学習のまとめ」は以下のように記されている。（文頭の番号、下線は引用者。センテンスごとに改行した。／は段落冒頭の1字下げを示す。以下同じ。）

　　1　／<u>食塩水、石灰水は</u>、蒸発させると白いつぶ（固体）が出てくるが、<u>塩酸、炭酸水、アンモニア水は</u>、なにも残らない。
　　2　なにも残らないのは、気体がとけた水よう液である。
　　3　／炭酸水からあわが出たり、塩酸やアンモニア水を蒸発させると強いにおいがしたりするのは、水にとけている気体が出てくる<u>からである</u>。
　　4　<u>このように</u>、水よう液には、固体がとけている<u>ものや</u>気体がとけている<u>ものがある</u>。

　1で実験の結果（事実）を示し、2で結果の意味を説明している。3では、他の事象を例に出して2で述べた意味の補説をし、4で1〜3のまと

表 8-9　論理的思考力の観点に基づくセンテンスの数及び比率

論理的思考力	単元「水よう液」	単元「動物のからだ」
理由（因果関係）	20%（25）	6%（7）
比較	2%（2）	7%（8）
類別	5%（6）	0%（0）
順序	4%（5）	2%（2）
定義	2%（2）	4%（4）
推理	2%（2）	1%（1）

注：（　）内はセンテンス数。総センテンス数は「水よう液」が126、「動物のからだ」が113である。

め（結論）を述べている。櫻本（1995）の論理的思考力の枠組みで検討すると、1では「食塩水、石灰水」と「塩酸、炭酸水、アンモニア水」とを「比較」して述べている。3では事象の「理由」を述べ、4の結論では「類別」して整理しまとめている。

　別の箇所では、薄めた塩酸にアルミニウム箔が溶けた液を蒸発させて出てくる物を調べる実験に続く「学習のまとめ」として、次のようなテクストが掲載されている。

　　5／塩酸にアルミニウムはくがとけた液を蒸発させて出てきたものは、あわを出さずに塩酸にとけたり、水にもとけたりすることから、もとのアルミニウムとはちがうことがわかる。
　　6／このように、水よう液には、金属を変化させるものがある。

5では「―することから―ことがわかる」という「理由（因果関係）」を、6では、上述4のセンテンスと同様に「このように」で結論を示し「―ものがある」と類別思考を促す表現がとられている。

　こうした表現は、「動物のからだ」単元でも見られる。でんぷんがだ液によって変化するかどうかを確かめる実験後の「学習のまとめ」では、消化の仕組みについて、次のような説明がなされている。

第8章　他教科における説明的文章と国語科説明的文章の連携を図る学習活動の設定に向けて

　7　／でんぷんにだ液を加えたものに、ヨウ素液を入れても色が変わらなかった<u>ことから</u>、だ液には、でんぷんを変化させるはたらきがある<u>ことがわかる</u>。
　8　食べ物が、歯などで細かくされたり、だ液などでからだに吸収されやすい養分に変えられたり<u>することを</u>、消化<u>という</u>。
　9　／だ液<u>のほかに</u>、胃液など<u>にも</u>食べ物を消化するはたらきがある。
　10　これらの、食べ物を消化する液を、消化液<u>という</u>。
　11　／消化された食べ物の養分は、水とともに、おもに小腸から吸収されて、血液に取り入れられ、全身に運ばれる。

　7では「理由（因果関係）」、8と10では「定義」、9では「比較」の論理的思考力に培う表現が認められる。こうしたテクストに関しては、説明的文章の学習指導の観点からは、例えば7の「―ことから」の前後の実験結果（色の無変化）と考察内容（唾液の消化機能）とに必然性があることを確認させ、こうした「―ことから―ことがわかる」という表現に意識を向けさせたいところである。
　また、「動物のからだ」単元のテクストに見られた「―を―という」という「定義」の表現は、「水よう液」単元では以下のようなリトマス紙を使った水溶液の分別実験後の「学習のまとめ」の文章にも見られる。

　12　／水よう液のなかで、青色リトマス紙だけを赤く変えるものを酸性の水よう液、どちらの色のリトマス紙も変えないものを中性の水よう液、赤色のリトマス紙だけを青く変える<u>ものを</u>アルカリ性の水よう液<u>という</u>。

　「―ものを―という」の定義する表現は、新しい事柄や知識を説明、解説することが多い理科、さらには社会科、算数科（数学科）の教科書でも比較的多く見られる。国語科説明的文章でも「初めの画面のように、広い

483

はんいをうつすとり方を『ルーズ』といいます。次の画面のように、ある部分を大きくうつすとり方を『アップ』といいます。」（光村4年下「アップとルーズで伝える」）のように見いだすことはできる。ただ、それほど頻繁に出てくるわけではない。「定義」する表現は、レポート等を書くことの活動において使用する場合が多い。したがって、理科等の教科書でこうした「定義」に関する表現に触れ、意識させることで相乗効果が期待できると考えられる。

　また12の文では、酸性、中性、アルカリ性、三つの水溶液を並列して列挙する形で定義している。「列挙」についても、理科教科書で学ぶことができる特徴的な論理的表現として捉えておきたい[25]。

　以上、取り上げた両単元の本文（「学習のまとめ」）については、短い中に「理由（因果関係）」「比較」「類別」「定義」等、論理的表現の要素を含み持つテクストとなっていることが認められた。

(3) 非連続型テキストを読むことに関連したテクストの特徴

　理科教科書には、習得すべき知識内容や実験・観察の仕方（手順）の説明を絵図等（PISA型読解力でいう非連続型テキスト）を用いて行う場合が多い。

　習得すべき知識内容の説明については、「動物のからだ」単元の「血液の流れとはたらき」の項に、体内の血液循環を示した図とともに、次のような「学習のまとめ」のテクストが記載されている。

　　18／血液は、心臓から送り出され、血管を通って、全身に運ばれる。
　　19　血液によって運ばれた酸素や養分は、からだの各部分で、いらなくなった二酸化炭素などと入れかわる。
　　20　そして、血液は再び心臓にもどり、さらに肺に送られて、そこで二酸化炭素が酸素と入れかわる。
　　21／このように、血液は、からだのすみずみにまではりめぐらされた血管の中を流れ、全身をめぐりながら、酸素や二酸化炭素、養分などを運ぶはたらきをしている。

第8章　他教科における説明的文章と国語科説明的文章の連携を図る学習活動の設定に向けて

　このテクストは、18—20 と 21 の二つの部分に分けることができる。前半で具体的な血液循環のルートと機能が血液の流れに即して順序よく説明され、21 では、前半部の内容をまとめて言い換えている。こうした同じ内容を具体と抽象で言い分ける述べ方は習得させたい説明的表現である。また前半部については、普通はテクストの記述を図で確認するという手順になる。しかし、順序性がはっきりした表現を意識させるには、図だけを頼りに血液の流れと機能を自力で（書いて、話して）説明し、その後に本文テクストを読ませて比較させる活動等を構想することができる。いずれにしても、図と文章とを対応させ確かに読み取ることが求められる箇所である。

　次に、実験（観察）の「手順説明」について検討する。このテクストも理科特有のものであり、岸（2004）のいう手続き的説明文に該当する。岸によると、文の間のつながり、文脈等については、国語科説明的文章に多い宣言的説明文が因果関係、意味的・論理的関係に基づいているのとは対照的に、手続き的説明文は時間や空間の順序に従っており、文章の全体構造は不明確である。説明内容は図や表が中心となって表現され、文章が補助する形である[26]。

　「水よう液」単元では「うすめた塩酸にアルミニウムはくがとけた液を蒸発させて、出てくるものを調べよう」という問いに続いて、以下の手順が示されている。

　　①　アルミニウムはくがとけた液をろ過し、その液を2〜3てき、ピペットで蒸発皿にとってから熱して、蒸発させる。
　　②　アルミニウムはくがとけた液から出てきたものが、アルミニウム（金属）かどうか調べる。

2段階の手順で示されているが、①の中には、ろ過、液の採取、加熱、蒸発の四つの一連の作業が含まれている。読んで、この手順が的確にイメ

ージできねばならない。絵図でも手順は示されているので、それと対応した読み方が求められる。また、②では「調べる」とあっても、具体的な手順はない。絵図の合間に「出てきたものを少量入れて、ふる」という文言があり、そのテクストを参照せねばならない。さらには、ページ最下段に、問いの形で「塩酸に入れたら、もういちどあわを出してとけるか。また、水に入れると、どうなるか」の文言があり、これと対応させないと、②の内容だけでは活動はできない。

　岸は、国語科における手続き的説明文の指導は、理解面よりも表現（作文）面が主流となっていることを指摘した上で、読み手の意識化、読み手の知識状態を想定した書き分けの練習、的確な表現の選択等が必要であることや、文章と実際の説明対象、操作対象の様子との間に不整合があるかどうかの点検によって、適否が確認できるとしている。こうしたことも勘案すると、説明的表現の学習として、自己（グループ）の実験手順の確認のために、事前に①の手順を細分化して示したり、絵図の合間に挿入されたテクストや、問いの形で示されたテクストもあわせて、②の手順を詳細化したりする等、手順説明を再構成して記述する活動などは、理科、国語科どちらにとっても有効であると考えられる。

(4)　批判的読みの観点での特徴

　次に、批判的読みの観点から検討する。対象とするのは、宣言的説明文である本文の中の「読み物資料」や「発展学習」のテクスト及び手続き的説明文である実験の「注意事項」を記したテクストである。これらのテクストについては、量的な制限から抽象的であったり、言い尽くせていなかったりするものも多い。以下では、そうしたテクストの特徴を見いだし、具体化し補って読む行為を「批判的読み」として定義し、検討する。

　前者のテクストについては、科学的読み物の要素がある。ただし量的な制限から、抽象的であったり、言い尽くせていなかったりするものも多く、批判的、評価的に読んだり、具体化し補って読んだりすることが必要なものが見られる。後者の「注意事項」のテクストは、実験を伴う理科教科書に特徴的に見られるものである。

第8章　他教科における説明的文章と国語科説明的文章の連携を図る学習活動の設定に向けて

(4)-1 情報内容の必然性、関連性

　まず、前者の「読み物資料」や「発展学習」のテクストから検討する。例えば、「動物のからだ」単元の「発展学習」のページ「人のからだの内部をさぐろう」にある三つの項のうち「小腸のつくりとはたらき」のテクストは以下のようである。

　　　13／小腸の内側のひだには、たくさんの小さくつき出たものがあります。
　　　14／この中には、毛細血管が入りこんでいて、食べ物にふくまれている養分は、毛細血管から血液にとり入れられます。

　これには、小腸のひだと毛細血管を図示したもの、ひだを拡大した写真があわせて掲載されている。したがって、小腸の内側の様子は大方把握できる。ここで重要なのは、学習者が13を読んだときに「なぜひだ状なのか」「なぜ『たくさんの小さくつきでたもの』が必要なのか」等の問いが持てるかどうかである。また14の「食べ物にふくまれている養分が毛細血管から血液にとり入れられる」という内容と関係づけ、13のひだ状になっている必然性を理解することができるかどうかである。こうした批判的、関係認識的な読み方は、国語科説明的文章の読み方と連動することで高められる。

(4)-2 不足している情報内容の補足

　「水よう液」単元の「理科のひろば」というコラム記事のスペースには、「水とかんきょう」というテーマが示され「酸性雨」が取り上げられている箇所がある。以下のようなテクストである。

　　酸性雨
　　　ふつうの雨水でも、空気中の二酸化炭素がとけているので、弱い酸性を示します。しかし、石油や石炭などの化石燃料や、わたしたちが生活のなかで出すごみを燃やすときに出る物質が、空気中で変化して

雨水にとけると、ふつうの雨水よりも、強い酸性の雨になってふることがあります。これを特に、**酸性雨**とよんでいます。

あわせて2枚の火力発電所の写真が掲載されており「空気をよごすもとになる物質をとりのぞく装置」というキャプションと「火力発電所のくふう　化石燃料を燃やすときに出る、さまざまな物質をとりのぞくためのくふうがされている」という説明が掲載されている。最後の一文にあるように、このテクストは酸性雨とは何かを定義、説明することが主眼のものである。したがって、強い酸性の雨ができることは分かっても、それがたとえば私たちの生活にどのような影響を与えるのか（与えているのか）については、触れられていない。

以下に示す啓林館発行の教科書（『わくわく理科』6年上）所収の同単元にある酸性雨についてのコラム記事と比較してみることにする。

酸性雨とその影響

　雨は、生物に欠かせない水をあたえてくれるよね。<u>ところが、その雨が、生物に悪いえいきょうをおよぼすことがあり、多くの国で大きな問題になっているんだ。</u>

　空気中には、自動車や向上などから出るはい気ガスがふくまれている。それらが雨やきりにとけこむと、ふつうの雨やきりより強い酸性になるんだよ。このような雨は酸性雨とよばれ、<u>金属でできた像をいためたり、生物に悪いえいきょうをあたえたりすることがあるんだ。</u>

　みんなの地いきでふる雨は、どんな雨かな。一度、酸性・中性・アルカリ性を調べる試薬で、調べてごらん。

あわせて湖のイラストが掲載されており「ヨーロッパなどでは、酸性雨によって湖の水が酸性になり、魚などがすめなくなったところもある」という説明が付されている。このテクストは酸性雨とは何かを述べるだけでなく、下線部にあるように、酸性雨がもたらす影響の内容までも知らせる

ことを目標に書かれたものである。したがって、先のテクストと情報量に違いがあるのは当然である。問題は「酸性雨」のテクストを読んだ児童が、「酸性雨とその影響」のテクストにあるように、酸性雨が降ると何が問題なのか、どんな事態が生じるのかといった事柄に相当する疑問を持つかどうかである。また、授業においてそのようなテクストの活用の仕方をするのかどうかである。このテクストに続くテクストを産出することが批判的な読みのあり方として求められる。後者の「酸性雨とその影響」のテクストにしても「生物に悪いえいきょうをあたえたりすることがある」と記されているが、どのような悪い影響があるのだろうと問いを持つことができる読み手であり学習者であることが求められる。

(4)-3 情報内容の理由（因果関係）

次に、実験の「注意事項」を記したテクストについて検討する。「水よう液」単元の「注意事項」を整理すると、単純に指示だけが記されているタイプのものと、なぜそのようにするのか（してはいけないのか）という理由を付加したタイプのものが認められた。指示だけのものを単純指示型、理由を付加したタイプのものを理由付加型として、各々の具体例を示すと以下のようである。

＜単純指示型＞
・実験には、かならず、うすめた薬品を使う。
・水よう液を蒸発させるときは、かならず窓をあける。また、たくさんの量を蒸発させない。
・調べる水よう液に、じかにふれないように注意する。また、調べる水よう液どうしを、絶対に混ぜ合わせてはいけない。

＜理由付加型＞
・<u>混ぜ合わせると、有害なものができる水よう液があるので</u>、むやみに混ぜ合わせてはいけない。
・水酸化ナトリウム水よう液は、<u>たいへん危険な薬品なので</u>、かならず、うすめたものを使い、皮ふについたり、目に入ったりしないよ

うに、特に注意する。

「水よう液」単元全体では15個の「注意事項」のテクストがあった（センテンス数にかかわらず、ひとまとまりの注意を示しているものは1個とカウントした）。そのうち理由付加型は33％であった。したがって、一方の単純指示型が「注意事項」全体の3分の2を占めており、なぜその「注意事項」が大切なのか、それを守らなかったらどのような不都合が生じるのか等、批判的にとらえ、検討し補足していく読み方が要求されることになる。指導者が説明、確認をする場合があるだろうが、学習者はまず自身に問い、そうした推論を行うことが必要である。

(4) 情報内容の量的、質的不均衡

さらに本研究の考察対象外の単元ではあるが、6年「電流のはたらき」（東京書籍）の「読み物資料」に「電気を起こす」がある。1ページ全面を使ったセンテンス数10の理科教科書では長文のテクストである。冒頭の1段落は、以下のようである。

　　15／わたしたちが毎日使っている電気は、発電所でつくられています。
　　16 発電所では、おもに火力、水力、原子力のエネルギーを利用して発電機を回し、電気を起こしています。
　　17 また、太陽光や風などを利用した発電方法も、実用化が進められています。

下線を付した発電方法が紹介されており、続く第2段落以降で、火力、水力、太陽光・風力の順に各々の長所短所が述べられている。しかし、原子力についての記述はない。写真は3枚掲載されているが、風力、水力、太陽光についてのもので、ここにも原子力の写真はない。この場合も、このテクストを読んだときになぜ原子力についての情報がないのか、という批判的な読み方（反応）ができるかどうかは重要である。原子力も含めた

第8章　他教科における説明的文章と国語科説明的文章の連携を図る学習活動の設定に向けて

各発電方法の長所短所を比較し、電力事情や生活における電気の使い方の学習へと広げる試みは構想されてよい。

こうした批判的な読み方は、国語科説明的文章の読みの学習でなされておれば、理科教科書にあるこのようなテクストの読みに自力で活用することが可能となる。逆に理科教科書のテクストで内容と関連させた批判的な読みが適宜行われれば、国語科説明的文章の読みの姿勢にも反映されると考えられる。

以上、批判的な読み方を国語科、理科双方の教科書を活用して実施することの可能性が示唆された。

4　宣言的説明文と手続き的説明文の差違に着目した指導

本項では、理科教科書掲載の説明的文章を分析し、それらを読むことに必要な学習内容を明らかにするとともに、教科横断的に説明的文章の読解力を育成するための内容、観点を得ることを目的とした。結果、以下の点が明らかになった。

＜テクストの全体的特徴＞

理科教科書掲載の説明的文章には、実験（観察）結果等から分かったことを解説した「学習のまとめ」、内容と関連した「読み物資料」や「発展学習」等、国語科説明的文章に通じるひとまとまりのテクスト群（宣言的説明文）と、実験（観察）の「手順説明」「注意事項」等のテクスト群（手続き的説明文）とが混在しており、それぞれのテクストに対応した読み方が要求される。

＜論理的表現の特徴＞

宣言的説明文である「学習のまとめ」（習得すべき知識内容）のテクストでは、少ない文章量の中にも「理由（因果関係）」「比較」「定義」等の論理的思考力に培う表現が認められ、国語科説明的文章の学習との相乗効果が期待できる。

＜非連続型テクストを読むことに関連した特徴＞

習得すべき知識内容の説明や実験・観察の仕方（手順）を説明する場合

に非連続型テキストがあわせて用いられている。したがって、絵図だけでまず説明を書き、後に実際のテキストと比較して検討する、本文テキストの手順説明を再構成して表現する等、非連続型テキストとそれに関連したテクスト双方をつなげて理解する学習活動を理科、国語科説明的文章の授業双方で開発することが重要である。

＜批判的読みの観点での特徴＞

宣言的説明文、手続き的説明文のいずれにも批判的に読むことが好ましいテキストが認められた。情報内容の必然性、関連性等、理由（因果関係）の記述の不十分さ、情報量や認識する観点の過不足等について批判的に読むことが、国語科、理科双方で指導可能である。

注
1) 中央教育審議会（2008）「幼稚園、小学校、中学校、高等学校及び特別支援学校の学習指導要領等の改善について」（答申）（平成20年1月17日）
2) 山口康助（1976）「社会科教育よりみた説明文指導」『国語科教育学研究』明治図書、第3集、pp.86-97
3) 寺井正憲（1992）「批判的な読みの理論の検討―実践的立場から理論構築の在り方を考える―」『月刊国語教育研究』日本国語教育学会、No. 239、pp.46-51
4) 同上書において寺井は、批判的に反応するとは、論理の欠陥や矛盾に気づくことではないとしながらも、「わからない」等の素朴な反応をする態度は批判的な読みを行うための構えであり、批判的に反応する態度を促せば、既有知識の賦活や読みの立場の決定が起きてくると判断されるとしている。
5) 櫻本明美（1995）『説明的表現の授業―考えて書く力を育てる―』明治図書、pp.22-62
6) 文部科学省（2005a）『読解力向上プログラム』
7) 文部科学省（2005b）『読解力向上に関する指導資料～PISA調査（読解力）の結果分析と改善の方向』東洋館出版、p.17
8) 平林一栄（1976）「算数科教育よりみた説明文指導」『国語科教育学研究』明治図書、第3集、pp.98-108
9) 吉田甫（1991）『子どもは数をどのように理解しているのか』新曜社、pp.144-168
10) 多鹿秀継（1995）「高学年の文章題」吉田甫・多鹿秀継編著『認知心理学からみた数の理解』北大路書房、pp.104-119

第8章　他教科における説明的文章と国語科説明的文章の連携を図る学習活動の設定に向けて

11) 岩崎秀樹・山口武志（2002）「算数・数学教科書分析の方法の考察とその適用(2)」第16回全国数学教育学会発表資料
12) 5)に同じ、pp.21-32
13) 9)に同じ、pp.163-166
14) 高橋金三郎（1976）「理科教育よりみた説明文指導―説明文の中の自然科学―」『国語科教育学研究』明治図書、第3集、pp.109-119
15) 渋谷孝（1984）『説明的文章の教材本質論』明治図書、pp.127-128
16) 中村重太（2000）「教科書中心主義」武村重和・秋山幹雄編『理科重要用語300の基礎知識』明治図書、p.27
17) 平成20年版『小学校学習指導要領』では、理科は「A　物質・エネルギー」「B　生命・地球」の2領域に再編成された。「水溶液の性質」はA領域に、「人の体のつくりと働き」はB領域に位置づけられている。
18) 小学校3―6年生の理科教科書（平成20年版東京書籍）の全単元を検討したところ、その記述・構成内容から、観察、実験、実験＋観察＋解説、解説、観察＋実験、実験＋調査、調査、製作の8タイプに分類できた。実験は観察のタイプとともに37.2％と最も多い。
19) 5)に同じ、pp.22-32
20) PISA型読解力に関する文章を指す場合には「テキスト」を、それ以外の一般的な文章を指す場合には「テクスト」を用いた。
21) 3)に同じ
22) 7)に同じ、p.14
23) 岸学（2004）『説明文理解の心理学』北大路書房、pp.2-4　岸は、宣言的説明文は「～は～である」のように表現される命題型記述をとり科学論文や論説文が例としてあげられること、また手続き的説明文は「～ならば～せよ」のように表現されるproduction system型記述をとりマニュアルや操作説明書が例としてあげられると定義している。
24) 本来は同様な観点による国語科説明的文章テクストの表現分析の結果と比較考察することが望ましいが、説明的文章領域では櫻本明美（1987）「説明的文章の教材に関する研究」『国語教育攷』「国語教育攷」の会、第3号、pp.49-65において、時間的順序、非時間的順序（列挙型、総括型）の観点で教材数の割合を算出している研究の他には、論理的表現の特徴を観点別に分析した研究は見当たらない。したがって、本稿では、理科教科書テクストの結果のみを提示する形とした。
25) 5)に同じ、pp.22-24　櫻本は論理的思考力の3段階（知覚する力→関係づける力→意義づける力）のうち最も具体的思考を要求する段階として「知覚する力」を置き、これに該当する論理的思考力の要素として「列挙する

493

力」をあげている。
26）23）の文献に同じ

終　章

　本研究では、学習者が主体的に取り組み、論理的思考力、情報活用力等、身に付けさせるべき力を保障する説明的文章の学習活動を構成・展開するために必要な要素、条件等について考察した。すなわち、説明的文章の教材論、学力論、教授方法論の観点から、学習活動を設定するための要素を一覧できる構造図（「説明的文章教材の特性に応じた多様な学習活動を設定するための要素構造図」）の開発を試み、実践における活用方途について考究した。

　「要素構造図」の開発は２段階で行った。まず説明的文章の学習指導論に関する先行研究の成果、説明的文章の先行実践における学習活動の実態分析の結果、さらには論者の実践研究の成果等に基づいて「要素構造図」（初版）を案出した。次いで「要素構造図」（初版）を活用して行った実践の成果と課題、「要素構造図」（初版）後に新たに得た先行研究の知見と、それに基づく実践研究の成果等によって「要素構造図」（初版）の内容を改善した「要素構造図」（改訂版）を提示した。

　この「要素構造図」作成作業の過程及び結果において、教材の特性に応じた多様な説明的文章の学習活動を開発する可能性を見いだすことができた。「要素構造図」の内容に即して、教材の特性の捉え方、学習内容の措定、学習活動の観点や立場の設定、具体的な言語活動の関連性のあり方等を学習者の側から発想し直すことによって、学習者の主体性に培い、説明的文章教材としてふさわしい学習活動を多様に開発することが可能となった。

説明的文章教材の特性の把握

　学習者の側から発想する学習活動の開発の要点の一つ目は、説明的文章

教材の特性の把握の仕方である。教材の特性を文章構成の型や接続語・指示語等の文章論的な側面からの捉え方以外に、説明的文章が有する読み物的文体や潤色性等、読み手である子どもたちに対する配慮が施されている箇所や、批判的な読みを促す箇所等の表現に積極的に着目することの効用について提案した。形式的論理性の側面からのみの硬直化した教材の捉え方しかできないのでは、学習活動に多様性は生じようもない。

学習内容の構造化

　要点の二つ目は、学習内容についてである。従来の要約力、要旨把握力等だけではなく、先行研究の知見をもとに認識、認知科学、情報活用等の面からも目ざすべき力を位置づけ、広がりのある捉え方を示したことである。また学習内容の全体構造としても、そうした内部要素としての諸能力に培いながら、最終的に目ざすところを生活認識や自己世界、自立した読者というように発展的、構造的に位置づけ把握しようとした点も特徴である。一部の技能的な学習内容だけを取り立てて指導することでよしとすることが少なくない説明的文章の学習指導の実態を考えると、学習内容を構造化し、それらの関係性や階層性を意図しながら指導に当たることは重要である。

学習活動の多様性

　要点の三つ目は、学習活動の多様性に関することである。これについては「学習者が夢中になる活動類型」(「要素構造図」(改訂版)では「説明的文章の学習活動を多様にする視点」) セクションを設け、説明的文章の学習活動に視点論的発想や、対話性、具体性、作業性等の観点を導入した。こうした面から学習活動を開発する発想が、従来の授業づくりにおいては希薄であった。「要素構造図」にあるような説明的文章教材特有の＜学習活動の立場＞、＜学習活動の観点＞、＜学習活動の具体的方法＞をセットにして意識することで、学習活動を開発する際の拡張性と安定性が保障されることになる。教材の特性や学習内容との関連で、＜学習活動の立場＞、＜学習活動の観点＞、＜学習活動の具体的方法＞それぞれの中のどの要素を選択するか、そこに指導者の授業づくりの力量が問われることになる。

言語活動の関連

　要点の四つ目は、言語活動の関連である。これについては、「要素構造図」においては「具体的言語活動」のあり方としてセクションを設定した。説明的文章の学習活動に価値ある多様性を求めようとすると、「読むこと」と「書くこと」や「話すこと・聞くこと」との効果的な関連を図ることが欠かせない条件となる。言語活動を関連させることの意義と必要性を認識した学習活動を構想することを意図して「具体的言語活動」セクションを設定した。

　「具体的な学習活動」のありようとしては、上述した「学習者が夢中になる活動類型」（「要素構造図」（改訂版）では「説明的文章の学習活動を多様にする視点」）にある要素に近似してくるが、それを言語活動の関連という側面から捉えるとこのように考えられるという性格のものである。単調な学習活動の連続にならないよう、関連性の側面を意識した「具体的言語活動」のあり方を考えることが重要である。

実践と理論との相互作用による「要素構造図」の改善

　本研究の特徴のもう一つは、「要素構造図」を（初版）から（改訂版）へと改善する作業を行ったことである。全体構造はほぼそのままとしたが、各セクションの内部事項については、「学習内容」を中心に、少なからず加除修正を施した。

　改善内容は実践と理論とを相互作用させながら見いだした。「要素構造図」（初版）に基づいて実践を行う中で、活用の価値が認められた要素もあれば、逆に活用頻度が低く可能性としては想定できてもあまり実際的ではないと判断された要素もあった。

　また「学習内容」を中心に、「要素構造図」（改訂版）で新たに挿入した要素のほとんどは、「要素構造図」（初版）以降に理論面で得た新たな知見によって、当初は位置づけていなかった要素の必要性を実践の中で確認したものである。「批判的思考・読み」「メタ認知」「自己世界の創造」などは、「要素構造図」（初版）では意識はあっても十分に「要素構造図」の内容としては反映させることができなかった。しかし、その後の研究で説明的文

章の学習においては重要な学習内容であることを理解し、実践研究の中で繰り返し導入したものであった。「具体的言語活動」セクションの言語活動の関連性の様相を一つのパターンに整理・統合したのも、実践から帰納した結果によった。こうした取り組みは、実践と理論との融合を図る研究の一つのあり方であると思われる。

　また本研究では、説明的文章の学習指導において不可欠かつ重要な内容として、第7章で説明的文章の授業論に関する内容を取り上げた。具体的には、説明的文章の学習活動の構成、展開の問題を単元の学習指導過程レベルで検討することの重要性について述べた。また、学習活動の「目標―内容―方法」の整合性が図られていない実践が少なくないこと、その整合性の問題は単元の終末段階の学習活動の設定のありようにも顕著に現れていること、テクスト内容を図表化することは教科書の学習の手引きには多く位置づけられてはいるものの、授業における実際の活用方法については未整備な面が多いことを指摘した。また、複数教材の活用のあり方についても、目標と活用方法との関係、教材選定の観点、教材の活用方法の観点から留意すべき点を述べた。

他教科の学習と国語科説明的文章の学習指導との連携

　第8章で考察した他教科の学習と国語科説明的文章の学習指導との連携の問題については、小学校高学年の社会科、算数科、理科の教科書のテクスト分析を国語科説明的文章テクストと比較しながら検討し、その共通性と独自性を見いだした。どの教科でも共通して指導することで効果が上がる学習内容と、国語科説明的文章の授業でこそ指導すべき内容とを整理し、意識して実践に望むことは、ますます重要度を増すものと思われる。

説明的文章の実践研究に向けて

　「要素構造図」における各セクションの要素や構造のありようの検討、修正の取り組みは、学習者にとってのよき説明的文章の授業を求めていくためには継続されるべき営為である。本研究では「要素構造図」の（改訂版）を提示したが、これとて新たな理論と実践の融合研究によって改変の対象となるものである。この図から授業を発想し、実践し、そしてまたこ

終　章

の図のありようの確認、吟味、修正へと戻ってくる―こうした循環プロセスそのものが、説明的文章の授業の質を向上させていく実践研究そのものである。

　また、第7章で考察した単元構成・組織のあり方に関して、単元レベルでの学習活動のあり方を考究することも、学習者からも授業者からも嫌われる傾向が強い説明的文章の実践実態を考えると重要な問題である。このことは学習者の主体性を保障するという観点からは、外すことのできない実践課題である。論理性重視の画一的で言語操作主義的な授業に陥ってはならない。

　さらには「学習内容」セクションで示した要素の内容を的確に身に付けさせる単元の学習指導過程はどのような基本的な特徴を有するべきか、読むことと書くことの関連を図った説明的文章の学習活動にはどのような系統性を見いだすべきか等、解決しなければならない実践・研究課題は多い。その際、「要素構造図」に示された要素、構造を一つの案内図、インデックスとして活用することによって、国語科で、そして教育課程全体で取り組むことが可能な説明的文章領域に関する学習指導事項が明らかになる。

　説明的文章の学習が、学習者にとっても、指導者にとっても、主体的に取り組め、学ぶことの意義を感じられるようなものになるよう、今後も継続して研究を推進していきたい。

引用・参考文献一覧

青木幹勇（1965）「論理主義の強い圧力」『教育科学国語教育』明治図書、No.75、pp. 32-36
青木幹勇（1976）『問題をもちながら読む』明治図書、1989 年新装版初版
青木幹勇（1976）『書きながら読む』明治図書、1989 年新装版初版
青木幹勇（1976）『考えながら読む』明治図書、1989 年新装版初版
青木幹勇（1980）『表現力を育てる授業』明治図書
青木幹勇（1986）『第三の書く　読むために書く　書くためによむ』国土社
秋田喜代美（2008）「文章の理解におけるメタ認知」三宮真智子編著『メタ認知　学習力を支える高次認知機能』北大路書房、pp.97-109
阿部昇（1996）『授業づくりのための「説明的文章教材」の徹底批判』明治図書
阿部昇（2007）「言語の『吟味』という切り口が教科教育を変える」日本教育方法学会編『教育方法 36　リテラシーと授業改善― PISA を契機とした現代リテラシー教育の探究―』図書文化、pp.122-135
有元秀文（2008）『必ず「PISA 型読解力」が育つ七つの授業改革―「読解表現力」と「クリティカル・リーディング」を育てる方法―』明治図書
石田佐久馬編（1985）『説明文をきらいにしない授業のヒント』東洋館出版
井関龍太・海保博之（2001）「読み方略についての包括的尺度の作成とその有効性の吟味」『読書科学』日本読書学会、第 175 号、pp.1-9
市川伸一（1996）「批判的思考力の育成と評価」若き認知心理学者の会『認知心理学者教育評価を語る』北大路書房、pp.64-75、2001 年初版第 3 刷
市川伸一（2001）「批判的に読み、自分の主張へとつなげる国語学習」秋田喜代美・久野雅樹編著『文章理解の心理学―認知、発達、教育の広がりの中で―』北大路書房、pp.66-79、2003 年初版第 2 刷
市毛勝雄（1985）『説明文の読み方・書き方』明治図書
井上一郎（1993）「新しい説明文指導の立脚点」『実践国語研究　別冊　「ヤドカリの引っ越し」「ありの行列」「『わたし』とはだれか」の教材研究と全授業記録』明治図書、No.131、pp.8-63
井上一郎（2005）『誰もがつけたい説明力』明治図書、2006 年 3 版
井上尚美（1977）『言語論理教育への道―国語科における思考』文化開発社
井上尚美（1983）『国語の授業方法論』一光社
井上尚美（1989）『言語論理教育入門―国語科における思考―』明治図書
井上尚美（1998）『思考力育成への方略―メタ認知・自己学習・言語論理』明治図書

井上尚美（2000）「新時代の国語教育を考える―第3のミレニアムと21世紀を迎えて―」井上尚美編集代表『言語論理教育の探究』東京書籍、pp.1-16
井上尚美（2005）『国語教師の力量を高める―発問・評価・文章分析の基礎―』明治図書、2006年3版
井上尚美（2007）『思考力育成への方略―メタ認知・自己学習・言語論理―＜増補新版＞』明治図書
井上尚美・福沢周亮（1996）『国語教育・カウンセリングと一般意味論』明治図書
井上敏夫（1995）『説明的文章の読み方読ませ方』光村図書
井上裕一（1998）『説明的文章で何を教えるか』明治図書
井上利加子（1995）「説明的文章の理解におけるイメージの役割」『読書科学』日本読書学会、第153号、pp.91-98
岩槻恵子（2003a）「グラフの読解と利用における表示慣習知識の役割」『読書科学』日本読書学会、第183号、pp.1-11
岩槻恵子（2003b）「説明文読解時の表象構築過程におけるグラフの役割」『読書科学』日本読書学会、第185号、pp.79-87
岩永正史（1990）「ランダム配列の説明文における児童の文章理解」『読書科学』日本読書学会、第131号、pp.26-33
岩永正史（1991）「『モンシロチョウのなぞ』における予測の実態―児童の説明文スキーマの発達―」『読書科学』日本読書学会、第138号、pp.121-130
岩永正史（1996）「認知科学の二つの流れと国語科教育研究」田近洵一編集代表『国語教育の再生と創造　21世紀へ発信する17の提言』教育出版、pp.34-51
岩永正史・梅澤実（1997）「入門期説明文教材と教師の指導意識（2）―『物語型説明文』教材による調査をもとに―」『平成9年（1997）度　山梨大学教育人間科学部研究報告』山梨大学教育人間科学部、第48号、pp.221-229
植山俊宏（1986a）「説明的文章の読みを規定する条件」『国語科教育』全国大学国語教育学会、第33集、pp.115-122
植山俊宏（1986b）「認識変革・認識形成の契機となる説明的文章の叙述―学習者の反応を手がかりとして―」『広島大学大学院　教育学研究科博士課程論文集』広島大学大学院教育学研究科、第12巻、pp.117-123
植山俊宏（1987）「説明的文章の読みの過程―読みの実態調査の検討を通して―」『教科教育学会紀要』広島大学教科教育学会、第4号、（『国語教育基本論文集成　第15巻／国語科理解教育論（5）説明文教材指導論Ⅱ』明治図書、pp.525-548所収）
植山俊宏（1988）「説明的文章の読みにおける児童の反応力と認識形成との関わり―発達論的考察を通して―」『国語科教育』全国大学国語教育学会、第35

集、pp.36-43
植山俊宏（1993）「説明的文章の授業における論理的認識の形成―教材および認識形成状況調査の分析を通して―」『国語科教育』全国大学国語教育学会、第40集、pp.75-82
植山俊宏（1995a）「実感的理解に基づく＜納得＞を重視する―学習課題のあり方を考える―」『実践国語研究』明治図書、No.153、p.69
植山俊宏（1995b）「説明的文章の教材整備に関する考察―『魚の感覚』を例に―」『京都教育大学　国文学会誌』京都教育大学国文学会、第26号、pp.11-22
植山俊宏（1996a）「言語論理の教育―説明的文章学習による論理的認識力育成の実質―」田近洵一編集代表『国語教育の再生と創造　21世紀へ発信する17の提言』教育出版、pp.156-168
植山俊宏（1996b）「意味理解と読者主体の変容」『戦後国語教育研究の到達点と改革課題』明治図書、pp.101-102、『教育科学国語教育』7月号臨時増刊、No.528
植山俊宏（1998）「説明文における事実表現の読み―＜説得＞と＜納得＞を軸にして―」『月刊国語教育研究』日本国語教育学会、No.320、pp.28-33
植山俊宏（2002）「説明的文章の領域における実践研究の成果と展望」全国大学国語教育学会『国語科教育学研究の成果と展望』明治図書、pp.277-286
植山俊宏（2005）「説明的文章の文体に着目させる指導―小学校低学年における反応力育成―」『月刊国語教育研究』日本国語教育学会、No.404、pp.4-9
宇佐美寛（1979）『論理的思考―論説文の読み書きにおいて―』メヂカルフレンド社、1988年18刷
内田伸子（1999）『発達心理学』岩波書店
内田伸子（1996）『ことばと学び―響きあい、通いあう中で―』金子書房
梅澤実・岩永正史（1996）「入門期説明文教材と教師の指導意識（1）―『宣言型説明文』教材による調査をもとに―」『平成8年（1996）度　山梨大学教育人間科学部研究報告』山梨大学教育人間科学部、第47号、pp.83-91
梅澤実・岩永正史（1998）「入門期説明文教材と教師の指導意識（3）―『質問回答型説明文』教材による調査をもとに―」『平成10年（1998）度　山梨大学教育人間科学部研究報告』山梨大学教育人間科学部、第49号、pp.1-9
Yエンゲストローム著、山住勝弘、松下佳代、百合草禎二、保坂裕子、庄井良信、手取義宏、高橋登訳（1999）『拡張による学習―活動理論からのアプローチ―』新曜社、1999年初版第2刷
大久保忠利（1991）『大久保忠利著作選集　第一巻　国語教育Ⅰ　説明文・文学文』三省堂
大河内祐子（2001）「文章理解における方略とメタ認知」秋田喜代美・久野雅樹

編著『文章理解の心理学―認知、発達、教育の広がりの中で―』北大路書房、pp. 66-79、2003年初版第2刷
大河内祐子（2002）「文章の理解をつくる読解中の活動―再読時の発話プロトコル法による検討―」『読書科学』日本読書学会、第180号、pp.45-53
大槻和夫（1982）「認識能力を育てる指導をこそ」『教育科学国語教育』明治図書、No.306、pp.17-22
大槻和夫（1983）「説明的文章の授業の現状と問題点」『たのしくわかる中学校国語の授業2』あゆみ出版、pp.123-137
大槻和夫（1992）「国語の学力と単元学習」日本国語教育学会『ことばの学び手を育てる国語単元学習の新展開Ⅰ　理論編』東洋館出版、pp.49-50
大槻和夫（1998）「言葉と事実」『月刊国語教育研究』日本国語教育学会、No.320、p.1
大西忠治（1981）『説明的文章の読み方指導』明治図書
大西忠治（1983）「たのしくわかる説明的文章の授業」『たのしくわかる中学校国語の授業2』あゆみ出版、pp.139-154
大西忠治（1991）『大西忠治「教育技術」著作集　第13巻　説明的文章「読み」の指導技術』明治図書
岡本恵太（1996）「リポーターになって筆者の『願い』を探ろう『インタビュー作り』で説明文を読む」小田迪夫・渡辺邦彦・伊﨑一夫編著（1996）『二十一世紀に生きる説明文学習―情報を読み、活かす力を育む―』東京書籍、pp.84-94
沖林洋平（2003）「文章内容に対する熟達度が学術論文の批判的な読みに及ぼす影響」『読書科学』、日本読書学会、第186号、pp.150-160
小田迪夫（1978）「必要条件として活かすべき提案」『文芸教育』明治図書、第24号、pp.26-34
小田迪夫（1986a）「なぜ説明文指導を重視するか」『教育科学国語教育』明治図書、No.353、pp.5-11
小田迪夫（1986b）『説明文教材の授業改革論』明治図書
小田迪夫（1989a）「説明文教材指導の課題―読む楽しさと読む力の両面を―」『実践国語研究』明治図書、No.90、pp.110-111
小田迪夫（1989b）「要点読みの改善」『教育科学国語教育』明治図書、No.405、pp.13-16
小田迪夫（1990a）「論理的実感的にわかる力を」『文芸教育』明治図書、No.53、pp.18-23
小田迪夫（1990b）「説明文の指導を見直す」『月刊国語教育研究』日本国語教育学会、No. 213、pp.3-7

小田迪夫（1996）「読解力の内実と読解過程のさらなる研究を」『戦後国語教育研究の到達点と改革課題』明治図書、pp.93-94、『教育科学国語教育』7月号臨時増刊、No.528

小田迪夫（2001）「基礎的授業研究と実地的授業研究のかかわり方について―説明文教材の読解指導の研究事例から―」井上一郎編『神戸大学教授浜本純逸先生退官記念論集　国語科の実践構想―授業研究の方法と可能性―』東洋館出版、pp.70-77

上寺久夫（1992）「教師の教育実践」兵庫教育大学学校教育学部附属小学校『文部省研究開発学校指定　第3次（最終）研究報告書　幼稚園及び小学校の連携を深める教育課程の開発―言語並びに数量に関する能力の形成を企図した新教科設立の試み―』、pp.5-12

河合章男（1996）「情報化と説明文」国語教育実践理論研究会編著『情報化時代「説明文」の学習を変える』学芸図書、pp.20-25

河野順子（1996）『対話による説明的文章のセット教材の学習指導』明治図書

河野順子（2002）「説明的文章の学習指導改善への提案―『メタ認知の内面化モデル』を通して―」『国語科教育』全国大学国語教育学会、第51集、pp.66-73

河野順子（2006）『＜対話＞による説明的文章の学習指導』風間書房

河野庸介編著（2002）『絶対評価を踏まえた中学校説明的な文章の指導法』明治図書

神田綾子（1988）「『ありの行列』（光村）」森田信義編著『説明的文章の研究と実践―達成水準の検討―』明治図書、p.109

岸学（2004）『説明文理解の心理学』北大路書房

北尾倫彦・速水敏彦（1986）『わかる授業の心理学』有斐閣、1992年初版第8刷

吉川芳則（1993）「叙述をイラスト化することを中核に据えた説明的文章の授業づくり」『凱風』凱風会、第5集、pp.78-91

吉川芳則（1994）「『たんぽぽのちえ』授業の構想と単元計画」「『たんぽぽのちえ』「生きている土」教材研究と全授業記録』明治図書、『実践国語研究』、No.141、pp.31-37

吉川芳則（1995a）「子どもと創る説明的文章の授業―「たんぽぽのちえ」（光村2年上）の場合―」『国語教育探究』国語教育探究の会、第4号、pp.25-41

吉川芳則（1995b）「教材に対する問いの深化・拡充」『実践国語研究』明治図書、No.153、pp.18-22

吉川芳則（1996）「学習過程の整合性についての検討―説明的文章教材の場合―」『兵庫教育大学教科教育学会紀要』兵庫教育大学教科教育学会、第9号、pp.54-59

吉川芳則（1997a）「1年『じどう車くらべ』の授業研究」『国語教育探究』国語

教育探究の会、第8号、pp.35-50
吉川芳則（1997b）「説明的文章の学習活動を改善するための実践的方略—読者と筆者の立場の相互作用的な読みを中心にした場合—」、第92回全国大学国語教育学会自由研究発表資料
吉川芳則（1997c）「文章との距離を縮小する学習活動の展開」『実践国語研究』明治図書、No.169、pp.18-22
吉川芳則（1998a）「読者・筆者・文中人物に着目した説明的文章の学習指導」『国語教育探究』国語教育探究の会、第10号、pp.77-94
吉川芳則（1998b）「説明的文章学習指導における構造的認識力の育成」、第94回全国大学国語教育学会自由研究発表資料
吉川芳則（1998c）「説明的文章の学習指導過程の実態分析にもとづく授業改善の構想」『学校教育学研究』兵庫教育大学学校教育研究センター、第10巻、pp.7-18
吉川芳則（1998d）「説明的文章の学習指導研究—読者の立場での読みと筆者の立場での読みを相互交流させる学習活動を組織化した場合—」『言語表現研究』兵庫教育大学言語表現学会、第14号、pp.30-38
吉川芳則（1998e）「説明的文章の学習活動を改善するための一考察」『国語科教育』全国大学国語教育学会、第45集、pp.81-90
吉川芳則（1998f）「画一化された説明的文章の学習指導過程の改善」『国語教育探究』国語教育探究の会、第11号、pp.45-60
吉川芳則（1999a）「自立した読者を育成する説明的文章の学習指導研究—第6学年『人間がさばくを作った』の場合—」『学校教育学研究』兵庫教育大学学校教育研究センター、第11巻、pp.111-120
吉川芳則（1999b）「説明的文章の学習指導における構造的認識力の育成」『言語表現研究』兵庫教育大学言語表現学会、第15号、pp.115-124
吉川芳則（1999c）「小学校国語科のカリキュラム内容の精選に関する一考察」『学校教育研究』兵庫教育大学学校教育学会、第10巻、pp.61-77
吉川芳則（2000a）「説明的文章の教材の特性としての具体性・抽象性と多様な学習活動の構想」『学校教育学研究』兵庫教育大学学校教育研究センター、第12巻、pp.27-36
吉川芳則（2000b）「テクスト産出的な読みを促進する説明的文章の学習指導—6年『外国の人と理解し合うために』（佐竹秀雄）の実践を例に—」『言語表現研究』兵庫教育大学言語表現学会、第16号、pp.12-22
吉川芳則（2001）「述べ方の順序性に着目し、段落相互の関係を読む説明的文章の授業」『凱風』凱風会、第13集、pp.15-24
吉川芳則（2002a）『小学校説明的文章の学習指導過程をつくる—楽しく、力の

つく学習活動の開発—』明治図書
吉川芳則(2002b)「表現の潤色性に着目しながら題名の意味を具体的に追求していく説明的文章の授業づくり」『国語教育探究』国語教育探究の会、第15号、pp.55-62
吉川芳則(2003a)「小学校中学年における論理の展開構造に着目した説明的文章の学習指導」『月刊国語教育研究』日本国語教育学会、No.373、pp.48-53
吉川芳則(2003b)「説明的文章の展開構造のメタ認知を促す学習指導」『国語科教育』全国大学国語教育学会、第54集、pp.59-66
吉川芳則(2003c)「説明的文章の展開構造を把握することに生きる板書」『凱風』凱風会、第15集、pp.9-14
吉川芳則(2004a)「説明的文章の単元の学習指導過程における終末段階の学習活動設定の要件」『国語科教育』全国大学国語教育学会、第56集、pp.50-57
吉川芳則(2004b)「説明文の展開構造を意識させる小学校三年生一学期の学習指導」『凱風』凱風会、第16集、pp.17-23
吉川芳則(2005)「小学校説明的文章の学習指導における効果的な図表化活動のあり方について」『国語科教育』全国大学国語教育学会、第58集、pp.74-81
吉川芳則(2006a)「『もうどう犬の訓練』(吉原順平)—叙述内容を具体化して、実感的な読みを促す—」兵庫教育大学附属小学校教育研究会『真の「確かな学力」を育てる』黎明書房、pp.28-33
吉川芳則(2006b)「自立した読み手の育成を意図した説明的文章の授業づくり」人間教育研究協議会編『いま求められる＜読解力＞とは』金子書房、pp.39-48
吉川芳則(2007a)「小学校社会科教科書掲載の説明的文章を読むことに必要な学習内容」『国語科教育』全国大学国語教育学会、第62集、pp.27-34
吉川芳則(2007b)「説明的文章の学習指導の観点から見た小学校理科教科書」『国語科教育研究』全国大学国語教育学会、第113回岡山大会発表要旨集、pp.69-72
吉川芳則(2007c)「説明的文章の表現形式を変換して読む学習活動の検討—青木幹勇の実践を例に—」『凱風』凱風会、第17集、pp.42-47
吉川芳則(2010)「説明的文章の学習指導の観点から見た小学校理科教科書のテクストの特徴」『言語表現研究』兵庫教育大学言語表現学会、第26号、pp.1-12
吉川芳則・柳生利昭・竹下樹(1994)「論理的思考力としての『推理する力』に培う説明的文章の授業研究—『キョウリュウをさぐる』(光村4年上)の場合—」『研究紀要』兵庫教育大学附属小学校、第13集、pp.5-12
儀間朝善・他(1985)『読む力を作文につなぐ説明文指導』明治図書

楠見孝（1996）「帰納的推論と批判的思考」市川伸一編『認知心理学　4　思考』東京大学出版会、pp.37-60
倉澤栄吉（1970）『作文教育における評価』第一法規、『倉澤栄吉国語教育全集5』角川書店、1988に所収
倉澤栄吉（1971）『これからの読解読書指導』国土社、1972年再版
倉澤栄吉（1972）「説明的文章の教材化について」『講座説明的文章の教材研究　第四巻』明治図書、pp.7-16
倉澤栄吉（1976）「説明的文章の読書指導」『国語科教育学研究：3』明治図書、pp.5-33
倉澤栄吉（1982）「情報社会における説明的文章」『教育科学国語教育』明治図書、No.306、pp.5-10
倉澤栄吉・青年国語研究会（1972）『筆者想定法の理論と実践』共文社
黒沼弘美（1998）「多様な学習活動の中で、読む力を育てる」『実践国語研究』明治図書、No.187、p.20
桑原隆（1991）「情報を求め、加工し、創造する人」『月刊国語教育研究』日本国語教育学会、No.225、pp.2-3
国語教育実践理論研究会編著（1996）『情報化時代「説明文」の学習を変える』学芸図書
国立教育政策研究所監訳（2007）『PISA2006年調査　評価の枠組み　OECD生徒の学習到達度調査』ぎょうせい
興水実（1965）『国語科の基本的指導過程　第3巻　説明文教材等の基本的指導過程』明治図書、1969年10版
小嶋惠子（1996）「テキストからの学習」波多野誼余夫編『認知心理学5　学習と発達』東京大学出版会、pp.181-202
小松善之助（1969）『説明文読解指導の構想』明治図書
小松善之助（1976）『国語の授業組織論』一光社
小松善之助（1978）「読解との関連があいまい」『文芸教育』明治図書、24号、pp.35-42
小松善之助（1981）『楽しく力のつく説明文の指導』明治図書
小松善之助（1982a）『小学校　読みの指導における日本語』教育出版
小松善之助（1982b）「説明的文章の指導で育てる言語能力とは―ねらい・動機づけ・指導事項との関連で考える―」『教育科学国語教育』明治図書、No.306、pp.29-34
米田猛（2006）『「説明力」を高める国語の授業』明治図書
近藤紀美（1997）「具体的な活動を生かす授業づくり」『実践国語研究』明治図書、No.171、pp.33-37

引用・参考文献一覧

西郷竹彦（1978）「説明文指導のめざすもの―説得の論法を中軸として」『文芸教育』明治図書、24号、pp.6-26
西郷竹彦（1980）「文芸・説明文教材の系統指導」『文芸教育』明治図書、30号、pp.7-21
西郷竹彦（1983a）「認識と表現の力を育てる系統指導」『文芸教育』明治図書、40号、pp.6-32
西郷竹彦（1983b）「説明文指導のめざすもの―本質を認識する力を育てる」『文芸教育』明治図書、39号、pp.5-11
西郷竹彦（1985）『説明文の授業 理論と方法』明治図書
西郷竹彦（1987）『国語科関連・系統指導入門』明治図書
西郷竹彦（1988）『説明文の指導―認識と表現の力を育てるために―』部落問題研究所出版部
西郷竹彦（1991）『ものの見方・考え方―教育的認識論入門』明治図書
佐伯胖（1995）『「わかる」ということの意味［新版］』岩波書店、1999年第6刷
佐伯胖・宮崎清孝・佐藤学・石黒広昭（1998）『心理学と教育実践の間で』東京大学出版会
櫻本明美（1987）「説明的文章の教材に関する研究」『国語教育攷』「国語教育攷」の会、第3号、pp.49-65
櫻本明美（1993）「説明的表現の指導に関する研究（Ⅰ）―論理的思考力に着目して―」『大阪市教育センター研究紀要』大阪市教育センター、第58号（Ⅰ）、pp.5-42
櫻本明美（1995）『説明的表現の授業―考えて書く力を育てる―』明治図書
佐藤公治（1996）『認知心理学からみた読みの世界―対話と協同的学習をめざして―』北大路書房
澤本和子（1991）「事例列挙型説明文の学習方法研究―第三学年の場合」『国語科教育』全国大学国語教育学会、第38集、pp.75-82
澤本和子（1993）「授業リフレクションを教材研究に結ぶⅠ―説明的文章『ねむりについて』の事例研究―」『山梨大学教育学部附属教育実践研究指導センター研究紀要』山梨大学教育学部附属教育実践研究指導センター、No.1、pp.34-42
澤本和子（1996a）『わかる・楽しい説明文授業の創造―授業リフレクション研究のススメ―』東洋館出版
澤本和子（1996b）『学びをひらくレトリック―学習環境としての教師―』金子書房
澤本和子・野田光子（1995）「学習者の主観化過程に配慮した説明的文章理解指導―描写的説明の学習指導事例研究―」『読書科学』日本読書学会、第153

号、pp.81-90
三宮真智子（1996）「思考におけるメタ認知と注意」市川伸一編『認知心理学4　思考』東京大学出版会、pp.157-180
三宮真智子（2008）「メタ認知研究の背景と意義」三宮真智子編著『メタ認知　学力を支える高次認知機能』北大路書房、pp.1-16
児童言語研究会編（1971）『国語科新教科書の分析と批判―説明文教材編―』明治図書
渋谷孝（1973）『説明的文章の指導過程論』明治図書、1982年7版
渋谷孝（1978）「自律的世界の全体的な理解の必要性―西郷氏の提案を全面的に否定する」『文芸教育』明治図書、24号、pp.35-42
渋谷孝（1980）『説明的文章の教材研究論』明治図書、1986年4版
渋谷孝（1984）『説明的文章の教材本質論』明治図書
渋谷孝（1987）「説明的文章の読みの指導どこが問題か」『教育科学国語教育　臨時増刊　国語教育研究年鑑'87年版』明治図書、pp.73-76
渋谷孝（1990）「説明文教材でつける読解能力―『調べ読み』・『述べ方読み』の克服への途―」『教育科学国語教育』明治図書、No.434、pp.5-14
渋谷孝（1999）『説明文教材の新しい教え方』明治図書
渋谷孝（2008）『国語科教育はなぜ言葉の教育になり切れなかったのか』明治図書
渋谷孝編著（1981）『説明的文章の授業研究論』明治図書、1985年4版
高久清吉（2000）『哲学のある教育実践―「総合的な学習」は大丈夫か―』教育出版
高橋金三郎（1976）「理科教育よりみた説明文指導―説明文の中の自然科学―」『国語科教育学研究』明治図書、第3集、pp.109-119
竹長吉正編著（1996）『説明文の基本読み・対話読み1―3』明治図書
武西良和（1997）「自分の視点で体系化する力を育てる」『実践国語研究』明治図書、No.169、pp.70-71
多鹿秀継（1994）「認知と思考」多鹿秀継編著『認知と思考―思考心理学の最前線―』サイエンス社、pp.1-10、1994年初版第2刷
田近洵一（1993）『読み手を育てる―読者論から読書行為論へ―』明治図書
田近洵一（1997）『国語教育の方法―ことばの「学び」の成立―』国土社
田近洵一編（1996）『情報と論理を追求する　説明文の授業』国土社
田中孝一・小森茂編著（2008）『「読解力」で授業をかえる』ぎょうせい
田中拓郎（2005）「論理的思考力を高める読みの指導についての基礎的研究―『順序』という観点にみる小学校説明文教材の表現構造―」『読書科学』日本読書学会、第192号、pp.61-71

田中美也子（1989）「説明的文章における『情報読み』学習の指導についての一考察―複数の資料の『比較読み』指導を通してみた文章と情報とのかかわり―」『国語科教育』全国大学国語教育学会、第36集、pp.51-58
塚田泰彦（1989）「読みの事前指導における意味マップの活用法について」『国語科教育』全国大学国語教育学会、第36集、pp.75-82
塚田泰彦（1990）「読みの事前指導における既有知識の位置づけについて」『読書科学』日本読書学会、第133号、pp.102-109
鶴田清司（2007）「PISA型読解力と今後の国語科教育の課題―教科間の連携・協力をめざして―」『月刊国語教育研究』日本国語教育学会、No.422、pp.32-35
寺井正憲（1986）「説明的文章教材論―文章構成に着目した説明的文章の典型と系統化―」『人文科教育研究』人文科教育学会、XⅢ、pp.75-90
寺井正憲（1987）「自然科学的な説明的文章における文章構成モデル―問いに対する解決過程としての説明・探究の論理に着目して―」『人文科教育研究』人文科教育学会、第14号、渋谷孝編集・解説『国語教育基本論文集成　第15巻国語科理解教育論（5）説明文教材指導論Ⅱ』明治図書、pp.500-525に所収
寺井正憲（1988）「説明的文章の読解指導論―認知的側面からみた形式主義・内容主義の検討―」『日本語と日本文学』筑波大学国語国文学会、8号、pp.9-17
寺井正憲（1989）「説明的文章の読解指導における現状―『修辞学的な読み』の指導に関する問題―」『文教大学国語国文』文教大学国語研究室、第18号、pp.15-16
寺井正憲（1990a）「説明的文章の読解指導研究の文献レビュー―問題状況に関する現状認識を中心に―」『国語指導研究』筑波大学国語指導研究会、第3集、pp.21-38
寺井正憲（1990b）「説明的文章の読解指導論における『筆者』概念の批判的検討」『読書科学』日本読書学会、第34巻、pp.110-120
寺井正憲（1992）「批判的な読みの理論の検討―実践的な立場から理論構築の在り方を考える―」『月刊国語教育研究』日本国語教育学会、No.239、pp.46-51
寺井正憲（1995）「説明的文章の学習における読み手の確立について」『人文科教育研究』人文科教育学会、第22号、pp.51-58
寺井正憲（1996）「問題状況と読み手の極の定位」『戦後国語教育研究の到達点と改革課題』明治図書、pp.99-100、『教育科学国語教育』7月号臨時増刊、No.528
寺井正憲（1998）「説明的文章教材の学習における自己世界の創造」『月刊国語教育研究』日本国語教育学会、No.317、pp.56-61
寺井正憲（2006）「時代が追いついた筆者想定法―テクスト創造、PISA型読解

力との関わりで—」『月刊国語教育研究』日本国語教育学会、No.413、pp.28-31
東京学芸大学国語教育学会・望月久貴編著（1983）『思考力を伸ばす表現指導』学芸図書
都教組荒川教研国語部会（1963）『批判読み』明治図書
長崎育恵（1998）「情報活用能力につながる比較読み教材の開発と授業」『実践国語研究』明治図書、No.190、pp.151-160
長崎伸仁（1989）「説明的文章の読みの系統—西郷竹彦氏の場合—」『国語科教育』全国大学国語教育学会、第36集、pp.43-50
長崎伸仁（1990）「『筆者を読む』の理論的考察」『国語教育攷』「国語教育攷」の会、第6号、pp.52-61
長崎伸仁（1991）「論理展開の整合性を考えさせる説明的文章の指導」『国語教育攷』「国語教育攷」の会、第7号、pp.79-87
長崎伸仁（1992a）『説明的文章の読みの系統—いつ・何を・どう指導すればいいのか—』素人社
長崎伸仁（1992b）「説明的文章の学習指導の研究—問題提示を有しない教材に問題提示を作らせることの指導—」『国語教育攷』「国語教育攷」の会、第8号、pp.30-39
長崎伸仁（1997）『新しく拓く説明的文章の授業』明治図書
中洌正堯（1982）「文章の性格と読み手の課題意識との積」『教育科学国語教育』明治図書、No.306、pp.11-16
中洌正堯（1983）「説明的文章指導の問題点」国語教育研究所編『国語教育研究年鑑　'83年版』明治図書、pp.59-62、『教育科学国語教育』6月号臨時増刊、No.319
中洌正堯（2007）『ことば学びの放射線—「歳時記」「風土記」のこころ—』三省堂
中村重太（2000）「教科書中心主義」武村重和・秋山幹雄編『理科重要用語300の基礎知識』明治図書、p.27
鳴島甫（1991）「日常性の場から問い直す」『月刊国語教育研究』日本国語教育学会、No.232、pp.4-8
難波博孝（1997a）「説明文を中心にした授業の構想（1）」『国語教育の理論と実践　両輪』神戸大学発達科学部　浜本研究室内　両輪の会、第22号、pp.8-21
難波博孝（1997b）「説明文を中心にした授業の構想（2）」『国語教育の理論と実践　両輪』神戸大学発達科学部　浜本研究室内　両輪の会、第23号、pp.74-83
難波博孝（1998）「説明文指導研究の現状と課題」『国語教育の理論と実践　両

輪』神戸大学発達科学部　浜本研究室内　両輪の会、第 26 号、pp.6-15
難波博孝・牧戸章（1997）「『言語活動の心内プロセスモデル』の検討―国語学力形成の科学的根拠の追究―」『国語科教育』全国大学国語教育学会、第 44 集、pp.11-20
難波博孝・三原市立木原小学校（2006）『楽しく論理力が育つ国語科授業づくり』明治図書
西垣順子（2002）「児童期における説明文の包括的読解力とそれに関わる要因」『読書科学』日本読書学会、第 179 号、pp.1-9
日本認知科学会編（2002）『認知科学辞典』共立出版、2007 年初版 4 刷
野地潤家（1968）「国語科教科書の改善」全国大学国語教育学会編『講座「国語教育の改造」Ⅱ　教材の精選と深究』明治図書、pp.29-47
野田弘・香国研（1969）『表現過程追跡による読むことの学習指導』新光閣書店、1973 年 3 版
野田弘・香国研（1970）『筆者想定法による説明的文章の指導』新光閣書店
橋浦兵一・渋谷孝編著（1986）『中学校説明的文章の授業研究論』明治図書
長谷川孝士（1986）『ひびきあう国語教室の創造』三省堂
八戸音読研究の会（1998）『説明的文章の音読学習』明治図書
八戸小学校国語教育研究会（1993）『書いて深める説明文の授業』国土社
濱田秀行（2007）『クリティカルな思考を育む国語科学習指導』渓水社
浜本純逸（1979）「国語教育の教材」倉澤栄吉・田近洵一・湊吉正編著『教育学講座　第 8 巻　国語教育の理論と構造』学習研究社、pp.37-47、1981 年第 3 刷
浜本純逸（1984）「認識と表現の力を育てる系統指導について」『文芸教育』明治図書、44 号、pp.57-64
浜本純逸（1988）「説明的文章の構造と文学作品の構造」『国語科教育』全国大学国語教育学会、第 35 集、pp.28-35
S. I. ハヤカワ・大久保忠利訳（1985）『思考と行動における言語　原書第四版』岩波書店、1992 年第 13 刷
林進治（1969）『一読総合法による説明文の読解指導』明治図書
林進治・小松善之助（1975a）『説明文・読みの理論と実践―初級―』一光社、1989 年 5 刷
林進治・小松善之助（1975b）『説明文・読みの理論と実践―上級―』一光社、1989 年 5 刷
広岡亮蔵（1972）『学習過程の最適化』明治図書
広岡亮蔵（1973）『学習論―認知の形成―』明治図書、1976 年 3 版
深谷優子・大河内祐子・秋田喜代美（2000a）「小学校歴史教科書における談話構造が学習者に及ぼす影響」『読書科学』日本読書学会、第 171 号、pp.1-10

深谷優子・大河内祐子・秋田喜代美（2000b）「関連する情報への注意喚起の信号が歴史教科書の読み方に及ぼす影響」『読書科学』日本読書学会、第174号、pp.125-129
藤井圀彦（1987a）「『説明文の読ませ方』をこう改善したい─『ことがら読み』から『述べ方読み』への転換を─」『教育科学国語教育』明治図書、pp.5-13
藤井圀彦（1987b）『説明的文章「述べ方読み」授業の実際』図書文化
藤川尚子（1997）「『作って話す』学習活動で生きたことばの力を育てる」『実践国語研究』明治図書、No.169、pp.23-27
藤原宏（1974）「国語科指導と教材の意味内容（2）」『教育科学国語教育』明治図書、No. 198、pp.108-115 及び 125
藤原宏（1987）「国語学力論序説」藤原宏編著『思考力を育てる国語教育』明治図書、pp.12-52
藤原宏・長谷川孝士編著（1984）『小学校説明文教材指導実践事典』教育出版
福岡文芸教育研究会（1982）『説明文の系統指導』明治図書、1985年5版
J.T. ブルーアー著、松田文子・森敏昭監訳（1997）『授業が変わる─認知心理学と教育実践が手を結ぶとき』北大路書房、2004年初版第4刷
堀江祐爾（2007）『国語科授業再生のための5つのポイント─よりよい授業づくりをめざして─』明治図書
牧戸章・難波博孝（1998）「言語活動の発達の契機と過程」『国語科教育』全国大学国語教育学会、第45集、pp.61-73
間瀬茂夫（1993）「説明的文章指導における方略教授の有効性─文章構造の把握を中心に─」『国語科教育』全国大学国語教育学会、第40集、pp.35-42
間瀬茂夫（1998）「説明的文章の読みの学力における暗黙知の推論の位置」『国語科教育』全国大学国語教育学会、第45集、pp.51-60
間瀬茂夫（2006）「論理的思考力と国語学力観─同一教材の二つの授業記録の検討から─」『月刊国語教育研究』日本国語教育学会、No.411、pp.4-9
松崎正治（1991）「《メタ言語能力》を育てる教材の開発」『国語科教育』全国大学国語教育学会、第38集、pp.27-34
松崎正治・荻原伸（1993）「物語文の理解と記憶におけるメタ認知方略の効果と発達」『国語科教育』全国大学国語教育学会、第42集、pp.103-112
丸野俊一（1993）「心の中のスーパービジョン」『現代のエスプリ　自己モニタリング』至文堂、pp.9-24
丸野俊一（2008）「心を司る『内なる目』としてのメタ認知」『現代のエスプリ』至文堂、第497号、pp.5-17
道田泰司（2008）「メタ認知の働きで批判的思考が深まる」『現代のエスプリ』至文堂、第497号、pp.59-67

引用・参考文献一覧

水川隆夫（1992）『説明的文章指導の再検討』教育出版センター
巳野欣一（1996）「情報化社会における発信能力の育成」国語教育実践理論研究会編著『情報化時代「説明文」の学習を変える』学芸図書、pp.26-32
向井小百合（2004）「小中学生の文章理解の発達―要点把握から応用問題解決への移行―」『読書科学』日本読書学会、第188号、pp.39-49
望月善次編著（1991）『説明文教材実践文献解題』明治図書
森岡健二（1963）『文章構成法―文章の診断と治療―』至文堂、1963年2版
森島久雄（1991）「『情報を読む』指導とは、いかなる営為なのか」『月刊国語教育研究』日本国語教育学会、No.225、pp.4-8
森田信義（1984a）『認識主体を育てる説明的文章の指導』溪水社、1988年2版
森田信義（1984b）『説明的文章教育の実践・研究目録』溪水社
森田信義（1986）「説明的文章教材論（1）―国語教科書の教材と原典の関係―」『広島大学学校教育学部紀要』広島大学学校教育学部、第Ⅰ部　第9巻、pp.107-120
森田信義（1987）「説明的文章教材論（2）―小学校国語教科書の単元編成の実態と問題点―」『広島大学学校教育学部紀要』広島大学学校教育学部、第Ⅰ部　第10巻、pp.91-104
森田信義（1988a）『説明的文章の研究と実践―達成水準の検討―』明治図書
森田信義（1988b）「説明的文章の教材研究論（1）」『広島大学学校教育学部紀要』広島大学学校教育学部、第Ⅰ部　第11巻、pp.77-89
森田信義（1989）『筆者の工夫を評価する説明的文章の指導』明治図書
森田信義（1990）「新しい読みの追求―昭和三十年代以降の努力と成果―」『文芸教育』明治図書、No.53、pp.24-29
森田信義（1991）『説明的文章教材の実践・研究目録　第二集』溪水社
森田信義（1992）「説明的文章指導論の史的考察Ⅰ―香国研の『筆者想定法』を中心に―」『学校教育研究科創設十周年記念論文集』広島大学大学院学校教育研究科創設十周年記念論文集刊行委員会、pp.61-72
森田信義（1993）「説明的文章指導論の史的研究　Ⅱ―『東京都青年国語研究会（青国研）』の場合―」『広島大学学校教育学部紀要』広島大学学校教育学部、第Ⅰ部、第15巻、pp.13-26
森田信義（1996a）「説明的文章指導論の史的考察　Ⅲ―1960年代の『児童言語研究会』を中心に―」『広島大学学校教育学部紀要』広島大学学校教育学部、第Ⅰ部、第18巻、pp.1-15
森田信義（1996b）「一九六〇年代の理論と実践の意味」『戦後国語教育研究の到達点と改革課題』明治図書、pp.95-96、『教育科学国語教育』7月号臨時増刊、No.528

森田信義（1997）「説明的文章指導論の史的研究　Ⅳ―徳島県中学校国語教育研究会の場合―」『広島大学学校教育学部紀要』広島大学学校教育学部、第Ⅰ部、第19巻、pp.1-15
森田信義（1997）「国語教室を超える『読み』の創造」『実践国語研究』明治図書、No.169、pp.6-11
森田信義（1998）『説明的文章教育の目標と内容―何を、なぜ教えるのか』溪水社
森田信義（1999）「説明的文章指導論の史的研究　Ⅴ―倉沢栄吉氏の『筆者想定法の理論』について―」『広島大学学校教育学部紀要』広島大学学校教育学部、第Ⅰ部、第21巻、pp.1-10
森田信義（2000）「説明的文章指導論の史的研究　Ⅶ―小田迪夫氏の『説明文教材の授業改革論』を中心に―」『広島大学教育学部紀要』広島大学教育学部、第一部、第49号、pp.95-104
森敏昭編・21世紀の認知心理学を創る会（2001）『おもしろ思考のラボラトリー』北大路書房
森敏昭編・21世紀の認知心理学を創る会（2002）『認知心理学者新しい学びを語る』北大路書房
文部科学省（2005）『読解力向上プログラム』
文部科学省（2006）『読解力向上に関する指導資料―PISA調査（読解力）結果分析と改善の方向―』東洋館出版
矢口龍彦（1992）「どちらが生たまごでしょう＜教出三年下＞」『国語教材研究事典』明治図書、pp.516-517
安河内義巳・サモエール国語の会（1989）『説明文の読み・書き連動指導』明治図書
山口康助（1976）「社会科教育よりみた説明文指導」『国語科教育学研究』明治図書、第3集、pp.86-97
山元隆春（1994）「読みの『方略』に関する基礎論の検討」『広島大学学校教育学部紀要』広島大学学校教育学部、第Ⅰ部、第6巻、pp.29-40
山本八重子（1985）「たんぽぽのちえ（光村）」『説明文重要教材の授業展開　小学1・2年』明治図書、p.3
吉井一生（1996）「今、地球が危ない―複数教材を利用した新聞づくり―」小田迪夫・渡辺邦彦・伊﨑一夫編著『二十一世紀に生きる説明文学習　情報を読み、活かす力を育む』東京書籍、pp.166-172
吉田礼子（1996）「雪国の人々の知恵と工夫を調べよう―『二教材の重ね読み』から『絵本作り』へ―」小田迪夫・渡辺邦彦・伊﨑一夫編著『二十一世紀に生きる説明文学習　情報を読み、活かす力を育む』東京書籍、pp.140-150

芳野菊子（1991）「国語科を情報処理教科として捉え直す―非言語情報を読むためのメディア教材の開発―」『月刊国語教育研究』日本国語教育学会、No.225、pp.9-13
渡辺邦彦（1996）「重ね読みが子どもを主体的にさせる」小田迪夫・渡辺邦彦・伊﨑一夫編著『二十一世紀に生きる説明文学習　情報を読み、活かす力を育む』東京書籍、p.151

おわりに

　思い返せば、説明的文章の学習指導についての実践研究に触れたのは、大学を卒業してすぐに新任教員として赴任した全学年単学級の公立小学校に勤めたときであった。その小学校がたまたま国語科、わけても説明的文章の学習指導について校内研究を始めたばかりで、その流れに巻き込まれる形でというのが実際のところであった。それまで国語科教育について深く学んだわけでもなかった。もちろん授業の力量もなかった。それでも、それなりに研究書も読み、先輩諸氏に指導をいただきながら、教材研究と授業づくりに必死に取り組んだ。とにかくよい授業をしたいという一念で、説明的文章の教材文に向かっていたことを懐かしく思い出す。

　ちょうどその頃（1980年代はじめ）は、説明的文章の学習指導研究が盛んになってきた頃と軌を一にする。渋谷孝『説明的文章の指導過程論』（明治図書）は1972年が初版だが、新米教員だった私が購入したものは7版であった。渋谷の説明的文章研究の三部作とも言われた『説明的文章の教材研究論』（1980）、『説明的文章の授業研究論』（1981）、『説明的文章の教材本質論』（1984）（いずれも明治図書）も版を重ねていた。森田信義『認識主体を育てる説明的文章の指導』（渓水社1984）、小田迪夫『説明文教材の授業改革論』（明治図書1986）なども続々と出版されていた。それらの著作を、わけがわからぬまま線を引きながら必死になって読んだ。説明的文章の学習指導研究に取り組むことになった原点は、公立校でのこの新任の4年間にあったのだと今になって思う。

　その後も、兵庫教育大学附属小学校、兵庫県教育委員会、兵庫教育大学と仕事の場は移したが、授業公開や学会発表等をとおして、細々とでも説明的文章の実践研究に一貫して取り組んできた。とりわけ附属小学校に在籍した15年間は、厳しくも楽しく実践研究に取り組めた日々だった。俗っぽい言い方になるが、目の前の子どもたちが目を輝かせ、喜々として学

習に取り組むような説明的文章の授業は、何を、どのようにすればよいのか、そのことに懸命に力を注いだ時期であった。附属小学校時代に学んだ兵庫教育大学大学院修士課程での研究テーマも説明的文章の学習指導過程に関するものであった。

　こうした経緯を振り返ってみると、本書は教師になって以来の自身の、教育実践研究の現時点までのまとめという性格を有しているとも言える。遅々たる歩みであるがゆえに、27年という年月が必要であった。

　本書は、2010年9月に兵庫教育大学大学院連合学校教育学研究科に提出し、受理された学位請求論文（論文博士）「説明的文章の学習活動の構成と展開に関する研究」に加除、修正を加えたものである。上述したように遅々たる歩みではあった。しかし、実践研究を継続し学位論文としてまとめることができたのは、ありきたりの言い方になってしまうが、本当にたくさんの人の支えがあったからである。

　まず、この度の学位論文審査で主査を務めてくださった堀江祐爾先生（兵庫教育大学教授）である。先生には、私が附属小学校にあるときから「凱風会」という大学の国語教育講座の先生方と附属学校や公立学校教員とで構成される月例研究会で継続的にご指導を賜っていた。また大学院修士課程に在籍中も、授業はもちろんのこと何かにつけて声をかけていただいた。先生はいつも「理論と実践をつなぐ」ことの大切さを様々な事例をもとに説いてくださった。それらのご指導の中で、学会発表や論文執筆の手がかりを数多くご示唆いただいたように思う。博士論文の構想をお話しした際も、突然のお願いであったにもかかわらず笑顔で主査をお引き受けくださり、論文提出に向け内容面でのご指導はもとより進行管理面でも実に懇切丁寧にご調整くださった。先生の緻密なお導きがなければ、学位論文としての形にならなかったのではないかと実感している。

　副主査を務めてくださったのは、菅原稔先生（岡山大学名誉教授）である。先生には、堀江先生同様、「凱風会」でも大学院修士課程でもご指導いただいた。さらに附属小学校では、直属の上司（校長）としてずいぶん

とお世話くださった。学位論文をまとめようという段になってからは、博士論文と修士論文との違い、一つの論としてまとめることの大切さ、さらには表記や用語の統一に至るまで、ご自身のご経験をもとに具体的にご教示くださった。論文としてのまとまりをつけるのに難渋しているときにいただいたお一言に、視界が開けていく感覚を得たことを覚えている。先生は、とにかく健康に留意して取り組みを進めるようにと励ましてくださった。そのことが、最後まで支えとなった。

　同じ国語教育学の立場から審査に携わってくださった村井万里子先生（鳴門教育大学教授）は、拙論のよいところを積極的に見いだそうとしてくださった。先生の柔らかな口調から繰り出されるご質問やご感想のお一つお一つが、今後の研究の道標になった。

　また職場の先輩である山岡俊比古先生（兵庫教育大学教授）には英語教育学の見地から、前田貞昭先生（同教授）には書誌学的な見地から、いずれも鋭く的確なご助言をたくさん頂戴した。資格審査の際に委員として参画くださった原田智仁先生（同教授）は、兵庫教育大学大学院連合学校教育学研究科長という多忙な職務に就いておられるにもかかわらず委員をお引き受けくださった上に、拙論に丁寧に目を通してくださり、社会科教育学のお立場からたくさんの貴重なご意見を賜った。先生がご指摘くださった諸点に、論文が有する本質的な問題点を少なからず見いだすことができた。

　そして、恩師の中洌正堯先生（兵庫教育大学名誉教授）である。大学院修士課程で先生の研究室に籍を置かせていただいた期間はもとより、「凱風会」「国語教育探究の会」の活動を通して、先生には私の教員生活のほぼすべての時期にわたって何らかの形でご指導いただいてきた。説明的文章の学習指導に関するこれまでの実践研究の蓄積を博士論文としてまとめたい旨を具体的にご相談申し上げたのは、私が兵庫教育大学に籍を移してからであった。その折、先生は兵庫教育大学の学長を退かれた後しばらくの時期を経て、特任教授として大学にお帰りになったばかりであった。構想を何度もお見せするばかりで遅々として進まぬ論文執筆の作業を、先生

は何もおっしゃらず、ただただ見守ってくださった。しかし、博士論文の骨格、基盤となる点については明確に示してくださった。顧みれば、いつも先生は、自分の足で進めるだけ進むようにと導いてくださったように思う。今の自分は、そしてこれからの自分は、何を、どうすべきか。先生のおことばを思い出しては力に変えていく自分がいた。先生がご在任中に学位論文をまとめられなかったのは、すべて私の不徳のいたすところである。精進して研究に努め、学恩に報いていきたい。

　他にも多くの方に導いていただいた。先に挙げた「凱風会」を立ち上げられた、故長谷川孝士先生（兵庫教育大学名誉教授）には日本国語教育学会全国大会での非文学分科会（1989年当時はそういう名称が残っていた）での実践発表の機会を与えていただいた。附属小学校に着任して3年目のことだった。「凱風会」の例会後に「そろそろ発表してみませんか」とお声がけいただいたことを覚えている。全国的な場で実践を発表することは、それが初めてであった。まとめ、伝えることの難しさと楽しさを実感する契機となった。

　長崎伸仁先生（創価大学教授）は、常に刺激と励ましをくださっている。中洌正堯先生を代表とする「国語教育探究の会」を立ち上げ、その研究の輪の中に招いてくださったのも長崎先生であった。同じ説明的文章の学習指導を研究テーマとする先達としても、いつも活力をいただいている。

　長崎先生同様、中洌研究室の先輩である佐藤明宏先生（香川大学教授）、櫻本明美先生（神戸親和女子大学教授）、棚橋尚子先生（奈良教育大学教授）、河野順子先生（熊本大学教授）、岸本憲一良先生（山口大学教授）には、これまでの実践、研究生活の中で、その時々にふさわしい形で、何かにつけ声をかけていただいてきた。いただいたことばの一つ一つが、次へと歩んでいくための力、勇気となった。

　同じ説明的文章領域の研究の牽引者でいらっしゃる植山俊宏先生（京都教育大学教授）は、私の荒削りな実践研究報告について、いつも的確に指摘をしてくださった。先生のご研究はもちろん、学会や懇親会等で伺った

おわりに

お話を参考にさせていただきながら、懸命に実践を構想していた日々を思い出す。同じ説明的文章領域で常に先駆的なご研究をなさっている難波博孝先生（広島大学教授）は、いつも刺激を与えてくださっている。牧戸章先生（滋賀大学准教授）とお二人で附属小学校の私の６年生の教室にお越しになり、二日間連続で説明的文章の授業をＶＴＲ撮影され、その授業をもとに全国大学国語教育学会（於：熊本大学）のラウンドテーブルで協議したこともあった。折に触れ研究の足元を見直す観点を示してくださっている。

他にも、兵庫教育大学附属小学校の同僚、国語教育探究の会、凱風会の仲間等、ご教示いただいたり励ましていただいたり、共に学び合ったりした方々は、数知れない。いちいちお名前を記すことはしないが、心からお礼と感謝を申し上げる。

また、本書に収めた私の実践において、懸命に学習に取り組んでくれた兵庫教育大学附属小学校の子どもたち一人一人にも感謝の意を表したい。拙い指導であったにもかかわらず、彼らは次々に出される私の注文に対し、実に豊かな発想と表現力で、こちらの予想をはるかに超える知を創出していった。彼らの言動、表現にどれほど教えられたことだろう。どれほど励まされたことだろう。もう少し感度のよいセンサーを持ち得ていれば、もっと彼らの声を汲み取り、実践に生かすことができていただろうと思う。

最後に、妻初子へのことばを記すことをお許しいただきたい。私が実践の場にあったときも、行政の場に身を置いたときも、そして大学へと転じてからも、高等学校国語科非常勤講師として教鞭を執りながら３人の子ども（麻奈美、修史、顕史）の世話を一手に引き受け、効率の悪い仕事、研究しかできない私に、できるだけ時間を提供するよう努めてくれた。学位論文をまとめる前年に図らずも体調を崩した折も、その回復に専念していた折も、そして意を決して論文作成の作業に多くの時間を割くようになった折も、静かに応援をしてくれた。先に、論文執筆には27年の月日が必

要であった旨を述べた。その年月は、そのまま妻が間接的に論文作成の過程に関わった時間であったとも言える。

　本書の刊行に関しては、独立行政法人日本学術振興会平成24年度科学研究費補助金（研究成果公開促進費）が交付された。関係各位に謝意を表したい。出版に際しては、株式会社溪水社の木村逸司社長、ご担当くださった木村斉子氏にたいへんお世話になった。心よりお礼申し上げる。

　これを機に、説明的文章領域はもとより、国語教育実践学の進展に向けてさらに深く、広く学んでいく決意である。実践に機能し、実践を豊かにするための研究を少しずつでも進めていくこと、そして発信していくこと。それが自身に与えられた使命であると考えている。

　2012（平成24）年　6月

　　　　　　　　　　　　　　　　　　　　　　　　　吉川　芳則

索　引

〈人名〉

青木幹勇　24, 62, 65, 69, 72, 76, 87, 96, 102, 119, 222, 411, 420, 444
秋田喜代美　240, 270, 271
阿部昇　252, 253, 255, 272
有元秀文　263, 273
井上一郎　268, 274
井上尚美　27, 31, 33, 44, 72, 73, 74, 119, 222, 244, 245, 246, 255, 272
井上敏夫　21, 23, 72, 105, 117, 220, 222
岩崎秀樹　467, 493
岩永正史　45, 46, 47, 74, 116, 222, 275, 277, 352
植山俊宏　36, 70, 73, 76, 77, 78, 98, 102, 110, 220, 266, 267, 273, 314, 334, 353
宇佐美寛　254
大槻和夫　37, 73, 384, 442
大西忠治　13, 61, 71, 76, 252, 254, 275, 359
荻原伸　242, 271
小田迪夫　11, 20, 23, 41, 42, 46, 53, 55, 58, 72, 74, 75, 87, 97, 102, 110, 117, 148, 220, 354, 385, 388, 396, 400, 442, 443, 445
上寺久雄　149, 223
河合章男　110, 220
河野順子　102, 243, 272, 275, 354, 396, 427, 431, 435, 440, 443
岸学　480, 493
吉川芳則　277, 280, 289, 315, 352, 354, 396, 404, 443
楠見孝　239, 264, 271, 273

倉澤栄吉　24, 43, 48, 55, 58, 72, 75, 250, 262, 268, 274, 376, 445
国語教育実践理論研究会（KZR）　43, 74, 220, 444
国立教育政策研究所　259, 273
小松善之助　53, 59, 69, 75, 76, 232, 250, 254, 271, 272, 411, 444
西郷竹彦　31, 32, 46, 52, 54, 58, 73, 75, 111, 113, 221, 232, 271, 412, 444
櫻本明美　25, 31, 72, 73, 111, 134, 221, 222, 232, 271, 412, 444, 451, 459, 462, 477, 492, 493
澤本和子　113, 221, 278, 352, 411, 420, 427, 429, 440, 444
三宮真智子　239, 271, 298, 353
児童言語研究会　59, 75, 250
渋谷孝　11, 12, 17, 23, 24, 26, 40, 41, 53, 71, 74, 75, 104, 111, 117, 118, 220, 222, 355, 358, 376, 384, 394, 426, 442, 443, 444, 474, 475, 493
青年国語研究会　48, 75
高橋金三郎　474, 493
武西良和　421, 444
多鹿秀継　116, 222, 467, 492
田近洵一　31, 73, 220, 222, 269, 274, 352, 376
田中美也子
塚田泰彦　45, 47, 74, 275, 352
寺井正憲　14, 45, 46, 47, 58, 71, 74, 76, 87, 92, 99, 102, 104, 220, 233, 254, 263, 267, 268, 270, 271, 272, 273, 275, 314, 334, 352, 353, 395, 402, 443, 451,

525

478, 492
都教組荒川教研国語部会　248, 272
外山滋比古　41
トゥルミン　29, 30
長崎伸仁　11, 22, 23, 33, 34, 58, 66, 69, 72, 73, 76, 84, 96, 102, 119, 220, 222, 314, 334, 353
中洌正堯　355, 376, 377
仲田湛和　363, 377
中村重太　476, 493
鳴島甫　148, 223
難波博孝　38, 73, 243, 271
野地潤家　357, 376
野田弘・香国研　48
濱田秀行　273
浜本純逸　15, 33, 71, 73, 359, 376
林進治　75, 251, 272
平林一栄　466, 492
広岡亮蔵　383, 388, 442
藤井圀彦　46, 58
藤原宏　30, 39, 73, 357, 376
フラベル　240
ブルーアー　240, 271
牧戸章　243, 271
松崎正治　241, 242, 271
丸野俊一　238, 270
道田泰司　265, 273
巳野欣一　411, 444
森田信義　11, 34, 52, 54, 55, 58, 68, 73, 75, 76, 87, 102, 105, 148, 220, 223, 232, 250, 254, 255, 256, 257, 262, 266, 271, 273, 314, 333, 353, 394, 426, 443, 444
文部科学省　262, 273, 452, 478, 492
矢口龍彦　222
山口康助　450, 492
山口武志　467, 493

山元隆春　242, 271, 312, 353
吉井一生　428, 436, 440, 445
吉田甫　467, 492
吉田礼子　445
芳野菊子　388, 442
山本八重子　223
渡辺邦彦　74, 97, 102, 220, 354, 442, 443, 445

<事項>

【あ】
足あとが語る人間の祖先 297, 298, 303, 304, 306, 307, 310, 311
ありの行列 88, 274, 279, 292, 293
イメージ性 68, 71, 104, 105, 109, 183, 192, 218, 372, 376
イラスト化 123, 124, 127, 128, 130, 132, 133, 222

【か】
絵図 3, 63, 65, 96, 105, 123, 124, 127, 132, 146, 162, 184, 226, 230, 235, 236, 237, 372, 374, 375, 412, 453, 455, 457, 462, 463, 464, 477, 484, 486, 492
外国の人と理解し合うために 314, 316, 317, 318, 319, 331
学習活動の流れ 386, 388
学習指導過程 5, 6, 7, 8, 9, 10, 61, 69, 71, 78, 80, 81, 82, 83, 84, 85, 86, 87, 89, 90, 92, 93, 100, 101, 102, 103, 104, 106, 109, 116, 117, 118, 120, 122, 124, 125, 126, 137, 136, 138, 139, 140, 141, 142, 143, 144, 146, 149, 150, 151, 152, 155, 156, 161, 167, 168, 170, 172, 173, 174, 175, 177, 178, 179, 184, 185, 193, 194, 203, 205, 206, 212, 213, 216, 281, 282, 285, 290, 291, 297, 315, 335, 336, 338, 339, 343, 347, 350, 352, 354, 379, 380, 381, 382, 383, 384, 386, 388, 391, 392, 393, 394, 395, 400, 403, 404, 409, 410, 441, 443, 498, 499
学習者の側 3, 4, 12, 23, 24, 25, 70, 118, 164, 255, 404, 495
学習内容 8, 9, 11, 18, 26, 32, 33, 34, 35, 40, 41, 44, 48, 55, 68, 69, 70, 71, 78, 91, 101, 103, 109, 111, 113, 114, 115, 117, 118, 119, 120, 121, 122, 132, 133, 140, 145, 146, 149, 150, 151, 153, 161, 162, 165, 166, 184, 192, 193, 204, 217, 218, 219, 220, 388, 395, 404, 410, 450, 452, 457, 465, 474, 491, 495, 496, 497, 498, 499
学習者が夢中になる活動類型 8, 11, 103, 118, 121, 123, 133, 147, 162, 166, 179, 184, 203, 204, 217, 218, 219, 224, 225, 270
確認読み 55, 257, 314, 334
体を守る仕組み 94, 95, 191, 192, 193, 194, 195, 196, 197, 198, 199, 200, 201, 279, 293, 294, 295, 405, 407, 408
関係づける力 31, 32, 134, 231, 232, 372, 451, 452, 457, 459, 462, 464, 465, 493
関係把握力 30, 39
既知性 3, 104, 109, 147, 162, 165, 179, 192, 218, 226, 230, 331, 356, 363, 371, 375, 376
基本的な学習過程 149, 150, 151, 161, 184, 193, 204, 281, 290, 336, 388, 389, 391, 404
既有知識 16, 25, 47, 60, 84, 94, 162, 167, 184, 193, 206, 210, 231, 232, 233, 267, 281, 290, 293, 315, 331, 336, 352, 359, 372, 375, 392, 404, 492
教材開発 8, 10, 242, 355, 356, 361, 362, 364, 365, 375, 376
キョウリュウをさぐる 87, 94, 98, 133, 134, 135, 136, 137, 138, 139, 140, 141, 145, 222, 279
吟味読み 252, 253, 254
具体性・抽象性 104, 105, 109, 132, 146, 162, 183, 184, 218, 226, 230, 351, 371, 376
具体的言語活動 8, 11, 103, 121, 133,

527

147, 163, 184, 204, 217, 218, 219, 224, 225, 237, 270, 375, 404, 497, 498
くらしと絵文字　279, 288, 289, 290, 291
構造読み　61, 62, 253, 254
【さ】
算数科教科書　466, 467, 468, 469, 471, 472, 474
自己世界の創造　99, 100, 101, 102, 231, 233, 271, 356, 362, 371, 375, 395, 403, 405, 410, 443, 497
自己の考え　53, 119, 167, 193, 233, 238, 263, 267, 270, 314, 315, 316, 331, 348, 373, 374, 399, 403, 409
じどう車くらべ　88, 164, 165, 166, 168, 171, 178, 221, 223, 405
順序性　14, 184, 191, 198, 199, 200, 201, 202, 223, 237, 253, 259, 294, 312, 313, 379, 383, 386, 441, 485
情報活用力　9, 42, 69, 71, 91, 101, 110, 132, 133, 146, 147, 162, 218, 231, 233, 234, 362, 388, 400, 410, 438, 440, 495
自立した読者　9, 50, 221, 231, 232, 233, 239, 266, 269, 270, 275, 333, 334, 335, 339, 349, 350, 351, 353, 496
社会科教科書　450, 452, 456, 457, 465, 466
主体的読者　119, 133, 147, 162, 184, 203, 217, 219, 236, 331, 343, 373, 374, 375
熟考・評価　19, 244, 247, 259, 260, 261, 262
潤色性　23, 68, 72, 105, 117, 220, 222, 223, 229, 496
スキーマ　9, 24, 41, 44, 45, 46, 47, 69, 70, 71, 74, 87, 91, 94, 100, 101, 104, 106, 111, 116, 117, 118, 162, 218, 219,

230, 231, 232, 233, 241, 275, 276, 277, 279, 280, 293, 344, 352, 386, 392, 404, 431, 433, 441, 467, 468, 474
ストーリー性　104, 106, 109, 192, 203, 218, 226, 230
図表化　6, 10, 64, 379, 411, 412, 413, 414, 416, 419, 420, 421, 423, 424, 425, 441, 498
説得性　53, 54, 451, 452, 457
説明的文章教材の特性　4, 8, 11, 12, 68, 69, 71, 103, 104, 107, 119, 121, 132, 146, 147, 162, 165, 179, 183, 192, 203, 217, 218, 224, 225, 226, 227, 254, 269, 270, 331, 351, 356, 357, 370, 375, 376, 495
説明的文章の自律性　12, 17
宣言的説明文　480, 487, 486, 491, 492, 493
全体試行型
想像　18, 23, 40, 41, 69, 71, 101, 104, 111, 117, 118, 119, 132, 133, 135, 141, 142, 145, 146, 147, 184, 188, 189, 192, 202, 203, 206, 218, 231, 232, 321, 323, 359, 360, 361, 362, 475, 476
【た】
大陸は動く　84, 202, 205, 206, 213, 214, 215, 359, 405
多様な学習活動　4, 8, 87, 90, 101, 103, 121, 217, 234, 394, 424, 495
単元の終末段階　10, 394, 396, 402, 441, 498
単線的な言語活動　121, 122, 133, 147, 163, 184, 204, 219, 237, 238, 289
たんぽぽのちえ　60, 86, 88, 96, 147, 148, 150, 151, 152, 223, 357, 475
手続き的説明文　480, 485, 486, 491, 492, 493

528

索引

展開構造　15, 69, 104, 106, 111, 112, 113, 114, 115, 116, 117, 192, 221, 226, 230, 233, 275, 276, 277, 278, 279, 280, 281, 285, 286, 290, 292, 293, 295, 296, 297, 298, 299, 301, 303, 305, 307, 308, 309, 310, 311, 312, 313, 333, 344, 352, 353, 371, 372, 378, 414, 415, 417, 418, 420, 421, 431, 460, 466
トゥルミンモデル　30
どちらが生たまごでしょう　123, 124, 125, 126, 131, 222
トップダウン　46, 87, 102, 105, 117, 233

【な】

内容の再構成　86, 88, 89, 94, 95, 96, 97, 98, 100
納得　20, 22, 29, 37, 53, 66, 73, 90, 105, 114, 119, 132, 145, 146, 162, 184, 190, 229, 235, 236, 257, 262, 285, 290, 294, 297, 298, 300, 301, 308, 311, 314, 334, 335, 336, 337, 339, 341, 343, 344, 345, 346, 347, 351, 353, 371, 372, 387, 458
二十一世紀に生きる君たちへ　297, 299, 307, 311, 405, 427, 435, 436
人間がさばくを作った　88, 114, 221, 297, 298, 299, 300, 304, 305, 306, 307, 309, 310, 311, 333, 336, 338, 341, 350, 353, 354, 401, 428, 437

【は】

PISA型読解力　19, 259, 260, 273, 452, 462, 477, 484, 493
ビーバーの大工事　84, 183, 185, 190, 405
「筆者」概念
筆者想定法　48, 49, 50, 52, 55, 75, 78, 250, 262, 267, 268, 273
筆者の工夫　54, 55, 75, 102, 105, 220, 241, 255, 262, 271, 353, 444
筆者の発想　193, 195, 204, 207, 250, 254, 281, 290, 293, 315, 316, 335, 336, 337, 339, 348, 354, 392, 397, 404, 432, 435, 436, 439, 445
必然性　16, 27, 91, 149, 157, 165, 226, 229, 230, 351, 371, 376, 384, 385, 441, 483, 487, 492
批判的読み　9, 44, 244, 245, 246, 247, 248, 249, 250, 254, 255, 260, 264, 266, 270, 275, 351, 373, 452, 457, 478, 486, 492
批判的思考　9, 27, 231, 232, 234, 239, 244, 245, 264, 265, 266, 270, 273, 362, 373, 451, 497
評価読み　55, 66, 250, 257, 266, 314, 334
表現形式　3, 13, 16, 62, 64, 65, 69, 92, 95, 99, 100, 151, 395, 397, 402, 403, 410
標準型　80, 81, 82, 83, 84, 85, 86, 87, 88, 89, 90, 289, 291, 302, 309, 387
非連続型テキスト　260, 448, 456, 462, 477, 484, 491, 492
複合的な言語活動　121, 122, 166, 219, 237, 289
複数教材　10, 90, 276, 379, 426, 427, 429, 434, 436, 437, 438, 439, 441, 443, 445, 498
部分試行型
文章と学習者の距離　164
文中人物　106, 119, 202, 203, 204, 207, 209, 210, 211, 212, 213, 214, 215, 216, 223, 235, 236, 406
ボトムアップ　46, 102

【ま】

めだか　279, 280, 281, 282, 283, 284,

529

285, 286, 287
メタ認知　9, 73, 101, 231, 232, 239, 240, 241, 242, 243, 244, 265, 270, 271, 272, 273, 275, 276, 277, 296, 297, 298, 299, 300, 301, 303, 305, 307, 309, 310, 311, 312, 313, 333, 351, 352, 353, 395, 418, 421, 497
もうどう犬の訓練　279
目的性　88, 91, 384, 385, 441
「目標―内容―方法」の整合性　498
モニタリング　239, 240, 241, 242, 243, 265, 270, 271, 276, 296, 353

【や】
「要素構造図」　4, 5, 7, 8, 9, 10, 11, 32, 101, 103, 109, 111, 123, 132, 133, 146, 147, 161, 163, 164, 165, 166, 179, 183, 192, 193, 217, 219, 220, 224, 225, 226, 234, 238, 239, 270, 271, 275, 331, 333, 351, 355, 356, 357, 358, 359, 364, 370, 375, 376, 379, 410, 441, 495, 496, 497, 498, 499

【ら】
理科教科書　474, 476, 477, 478, 480, 484, 486, 490, 491, 493
レトリック認識　46, 55, 56, 78
論理的思考力　3, 4, 11, 26, 27, 31, 32, 40, 65, 68, 78, 90, 110, 111, 112, 113, 114, 132, 133, 134, 146, 147, 150, 156, 159, 161, 162, 166, 192, 193, 218, 219, 222, 231, 232, 244, 280, 343, 384, 452, 466, 468, 472, 473, 477, 481, 482, 483, 491, 493, 495
論理的認識力　36, 66, 73, 218, 220, 380, 381, 383
論理的表現力　110, 132, 146, 162, 231, 232, 357
類推　17, 18, 23, 36, 40, 41, 69, 71, 101, 104, 105, 111, 117, 118, 132, 133, 146, 147, 184, 218, 231, 232, 245, 359, 421, 476

著 者

吉川　芳則（きっかわ　よしのり）

1960 年　兵庫県生まれ
1983 年　神戸大学教育学部初等教育科卒業　兵庫県公立小学校教諭
1987 年　兵庫教育大学附属小学校教諭
1997 年　兵庫教育大学大学院修士課程言語系コース（国語）修了
2002 年　兵庫県教育委員会事務局指導主事
2006 年　兵庫教育大学大学院学校教育研究科教授　現在に至る
2010 年　博士（学校教育学）兵庫教育大学

主な著書
『言語表現の研究と教育』三省堂（共著）　1991 年
『"記号科"で国語教育を見直す』明治図書（共著）1996 年
『子どもとひらく国語科学習教材　音声言語編』明治図書（共著）1998 年
『小学校説明的文章の学習指導過程をつくる―楽しく、力のつく学習活動の開発―』明治図書　2002 年
『思考力、表現力を育てる文学の授業』三省堂（共編著）　2010 年

説明的文章の学習活動の構成と展開

2013（平成 25）年 2 月 20 日　発 行

著 者　　吉川　芳則

発行所　　株式会社　溪水社
　　　　　広島市中区小町 1 - 4（〒730-0041）
　　　　　電 話（082）246-7909/FAX（082）246-7876
　　　　　e-mail：info@keisui.co.jp
　　　　　URL：www.keisui.co.jp

ISBN978-4-86327-211-8　C3081
©2013 Printed in Japan